经济学研究丛书

JINGJIXUE YANJIU CONGSHU

中国审计发展报告（2018）

——经验探索、制度建构、公告概览和前景展望

ZHONGGUO SHENJI FAZHAN BAOGAO（2018）

南京审计大学　编著

新华出版社

图书在版编目（CIP）数据

中国审计发展报告.2018：经验探索、制度建构、
公告概览和前景展望 / 南京审计大学编著.—北京：
新华出版社，2019.2
ISBN 978-7-5166-4513-0

Ⅰ.①中… Ⅱ.①南… Ⅲ.①审计－研究报告－中国
－2018 Ⅳ.①F239.22

中国版本图书馆 CIP 数据核字（2019）第 038406 号

中国审计发展报告.2018：经验探索、制度建构、公告概览和前景展望

作　　者：南京审计大学

责任编辑：徐文贤
封面设计：人文在线

出版发行：新华出版社
地　　址：北京石景山区京原路 8 号　　　邮　　编：100040
网　　址：http：//www.xinhuapub.com
经　　销：新华书店
购书热线：010-63077122　　　中国新闻书店购书热线：010-63072012
照　　排：北京人文在线文化艺术有限公司
印　　刷：廊坊市海涛印刷有限公司
成品尺寸：170mm×240mm　1/16
印　　张：20.25　　　　　　　　　　字　　数：346 千字
版　　次：2019 年 3 月第一版　　　印　　次：2019 年 3 月北京第一次印刷
书　　号：ISBN 978-7-5166-4513-0
定　　价：80.00 元

中国审计发展报告（2018）
经验探索、制度建构、公告概览和前景展望

编 委 会

主　　编：晏维龙　　刘旺洪

副 主 编：王会金　　张金城　　裴　育　　董必荣

执行主编：郑石桥

撰 稿 人：郑石桥　　张耀中　　吕君杰　　吴春梅

前　言

  《中国审计发展报告（2018）：经验探索、制度建构、公告概览和前景展望》聚焦我国政府审计在 2018 年的发展，定位于两个角度：一是描述我国政府审计在 2018 年的发展状况；二是在此基础上，对未来的发展趋势做一简要展望，同时也对一些发展状况做一简要评述。

  关于政府审计发展状况的描述，最好的方法是定量和定性相结合。然而，由于各种原因，我国政府审计的定量数据在当年难以获取，所以，本发展报告是根据各级审计机关公开报道的信息，主要从定性角度来描述发展状况，包括三个方面：一是经验探索；二是制度建构；三是公告概览。经验探索主要是各级审计机关在 2018 年审计工作的各种创新，而制度建构是 2018年各级审计机关出台的新制度，公告概览是 2018 年各级审计机关公告的审计结果。上述三个方面，从定性的角度，在较大程度上描述了我国政府审计在 2018 年的发展状况。

  关于前景展望，主要是对某审计类型或事项在未来的发展做一简要构想，同时在可能的情形下，也指出现在存在的一些问题。

  本发展报告分为三个模块：模块一是综合报告，这部分内容聚焦我国政府审计发展中的综合性经验探索和制度建构问题，这些经验探索和制度建构不属于某一类审计业务，而具有全局性，对审计机关具有整体性影响。2018年，我国政府审计发展的综合性经验探索和制度建构主要体现在四个方面：设立中央审计委员会，优化审计署职责；审计委员会会议精神；审计整改及其制度创新；加强对内部审计工作的指导和监督。模块二是分报告，这部分内容聚焦各类审计业务的发展，根据我国政府审计目前的审计业务类型，在2018年的发展报告中，选择了八类审计业务，形成八个分报告：本级政府预算执行审计及财政决算审计发展状况与前景展望；部门预算执行审计和部门决算审计发展状况与前景展望；经济责任审计发展状况与前景展望；金融审计发展状况与前景展望；企业审计发展状况与前景展望；固定资产投资审计发展状况与前景展望；资源环境审计发展状况与前景展望；外资运用审计和境外审计发展状况与前景展望。模块三是专题报告，这部分内容对审计出现的一些新问题进行专门的调研，2018年选择了三个专题：党和国家监督体系中的国家审计；完善政府审计业务制度的十个问题；政府审计舆情分析。

本报告由晏维龙教授、刘旺洪教授总体策划，王会金教授、张金城教授、裴育教授、董必荣教授参与总体策划，郑石桥教授组织实施，各报告具体分工如下：综合报告，郑石桥；本级政府预算执行审计及财政决算审计发展状况与前景展望，张耀中；部门预算执行审计和部门决算审计发展状况与前景展望，张耀中；经济责任审计发展状况与前景展望，张耀中；金融审计发展状况与前景展望，张耀中；企业审计发展状况与前景展望，吕君杰；固定资产投资审计发展状况与前景展望，吕君杰；资源环境审计发展状况与前景展望，吕君杰；外资运用审计和境外审计发展状况与前景展望，吕君杰；党和国家监督体系中的国家审计，郑石桥；完善政府审计业务制度的十个问题，郑石桥；政府审计舆情分析，吕君杰。

以政府审计为对象，编写审计发展报告，是一项新的尝试，我们希望这本报告能在一定程度上发挥智库的作用，对我国政府审计的发展有所裨益。书中的错误和缺陷，请读者指正！

本书材料主要来源于各报刊媒体及审计机关网站，在此，向各原文献的作者表示感谢！

作　者

2018.12.15

目　录

第1篇 综合报告

综合报告聚焦我国政府审计发展中的综合性经验探索和制度建构问题，这些经验探索和制度建构不属于某一类审计业务，而具有全局性，对审计机关具有整体性影响。2018 年，我国政府审计发展的综合性经验探索和制度建构主要体现在四个方面：设立中央审计委员会，优化审计署职责；审计委员会会议精神；审计整改及其制度创新；加强对内部审计工作的指导和监督。

党和国家机构改革：设立中央审计委员会，优化审计署职责

中共中央印发《深化党和国家机构改革方案》

近日，中共中央印发了《深化党和国家机构改革方案》，并发出通知，要求各地区各部门结合实际认真贯彻执行。

……

一、深化党中央机构改革

……

（三）组建中央审计委员会。为加强党中央对审计工作的领导，构建集中统一、全面覆盖、权威高效的审计监督体系，更好发挥审计监督作用，组建中央审计委员会，作为党中央决策议事协调机构。主要职责是，研究提出并组织实施在审计领域坚持党的领导、加强党的建设方针政策，审议审计监督重大政策和改革方案，审议年度中央预算执行和其他财政支出情况审计报告，审议决策审计监督其他重大事项等。中央审计委员会办公室设在审计署。

……

三、深化国务院机构改革

……

（三十三）优化审计署职责。改革审计管理体制，保障依法独立行使审计监督权，是健全党和国家监督体系的重要内容。为整合审计监督力量，减少职责交叉分散，避免重复检查和监督盲区，增强监督效能，将国家发展和改革委员会的重大项目稽查、财政部的中央预算执行情况和其他财政收支情况的监督检查、国务院国有资产监督管理委员会的国有企业领导干部经济责任审计和国有重点大型企业监事会的职责划入审计署，相应对派出审计监督力量进行整合优化，构建统一高效审计监督体系。

不再设立国有重点大型企业监事会。

……

（时间：2018 年 03 月 21 日　来源：审计署官网）

胡泽君在审计署党组中心组学习（扩大）会上强调：
做深化党和国家机构改革的拥护者、支持者、参与者

3月23日至27日，审计署党组以"深入学习贯彻党的十九届三中全会、党中央关于深化党和国家机构改革的决定以及方案精神，扎实推进审计管理体制改革，更好发挥审计在党和国家监督体系中的重要作用"为主题，召开2018年第一季度中心组学习（扩大）会。党组书记、审计长胡泽君主持会议并讲话，其他署领导做了交流发言。

胡泽君指出，党中央作出深化党和国家机构改革的重大决策部署，对坚持党的全面领导、加强党的长期执政能力建设，对新时代坚持和发展中国特色社会主义，对推进国家治理体系和治理能力现代化，对实现"两个一百年"奋斗目标和中华民族伟大复兴意义重大。

胡泽君强调，深化党和国家机构改革具有鲜明的时代特征。这次改革实现了国家机构职能体系的全方位优化和重构，力度之大、范围之广、程度之深、亮点之多前所未有，解决了不少长期想解决而没有解决的难题，办成了不少过去想办而没有办成的大事，充分体现了以习近平同志为核心的党中央将改革进行到底的坚强决心、宏大魄力和责任担当。

胡泽君指出，党的十九大和十九届三中全会作出改革审计管理体制的重大决策部署，决定组建中央审计委员会、优化审计署职责，充分体现了党中央对审计工作的高度重视和充分信任，我们备受鼓舞、倍感振奋，深感使命光荣、责任重大。全体审计干部一定要不负厚望、不负重托，把思想和行动统一到中央精神上来，牢固树立"四个意识"，坚持"四个服从"，坚决贯彻党中央决策部署，做深化党和国家机构改革的拥护者、支持者、参与者。一要提高政治站位，统一思想认识；二要加强领导，担当尽责抓好落实；三要加强思想政治工作，确保改革平稳推进；四要严格改革工作纪律，营造良好改革环境；五要扎实做好当前各项审计工作，确保审计质量；六要以改革为契机，进一步增强审计干部队伍的政治责任感、历史使命感和职业荣誉感。

审计署机关各单位、各派出审计局、各特派员办事处、各直属单位主要负责同志共70多人参加了学习会。（时间：2018年03月30日，关金宝）

审计委员会会议精神

中央审计委员会会议精神

习近平主持召开中央审计委员会第一次会议，强调加强党对审计工作的领导，更好发挥审计在党和国家监督体系中的重要作用

新华社北京 5 月 23 日电　中共中央总书记、国家主席、中央军委主席、中央审计委员会主席习近平 5 月 23 日下午主持召开中央审计委员会第一次会议并发表重要讲话。习近平强调，改革审计管理体制，组建中央审计委员会，是加强党对审计工作领导的重大举措。要落实党中央对审计工作的部署要求，加强全国审计工作统筹，优化审计资源配置，做到应审尽审、凡审必严、严肃问责，努力构建集中统一、全面覆盖、权威高效的审计监督体系，更好发挥审计在党和国家监督体系中的重要作用。

中共中央政治局常委、国务院总理、中央审计委员会副主任李克强，中共中央政治局常委、中央纪律检查委员会书记、中央审计委员会副主任赵乐际出席会议。

习近平在讲话中指出，审计是党和国家监督体系的重要组成部分。审计机关成立 30 多年来，在维护国家财政经济秩序、提高财政资金使用效益、促进廉政建设、保障经济社会健康发展等方面发挥了重要作用。特别是党的十八大以来，为促进党中央令行禁止、维护国家经济安全、推动全面深化改革、促进依法治国、推进廉政建设等做出了重要贡献。

习近平强调，中央审计委员会要强化顶层设计和统筹协调，提高把方向、谋大局、定政策、促改革能力，为审计工作提供有力指导。审计机关要树立"四个意识"，自觉在思想上政治上行动上同党中央保持高度一致，坚决维护党中央权威和集中统一领导，落实党中央对审计工作的部署要求。要拓展审计监督广度和深度，消除监督盲区，加大对党中央重大政策措施贯彻落实情况跟踪审计力度，加大对经济社会运行中各类风险隐患揭示力度，加大对重点民生资金和项目审计力度。地方各级党委要加强对本地区审计工作的领导。

习近平指出，审计机关要坚持以新时代中国特色社会主义思想为指导，

全面贯彻党的十九大精神，坚持稳中求进工作总基调，坚持新发展理念，紧扣我国社会主要矛盾变化，紧紧围绕统筹推进"五位一体"总体布局和协调推进"四个全面"战略布局，依法全面履行审计监督职责，促进经济高质量发展，促进全面深化改革，促进权力规范运行，促进反腐倡廉。

习近平指出，要深化审计制度改革，解放思想、与时俱进，创新审计理念，及时揭示和反映经济社会各领域的新情况、新问题、新趋势。要坚持科技强审，加强审计信息化建设。要加强对全国审计工作的领导，强化上级审计机关对下级审计机关的领导，加快形成审计工作全国"一盘棋"。要加强对内部审计工作的指导和监督，调动内部审计和社会审计的力量，增强审计监督合力。

习近平指出，要加强审计机关自身建设，以审计精神立身，以创新规范立业，以自身建设立信。审计机关各级党组织要认真履行管党治党政治责任，努力建设信念坚定、业务精通、作风务实、清正廉洁的高素质专业化审计干部队伍。

习近平强调，各地区各部门特别是各级领导干部要积极主动支持配合审计工作，依法自觉接受审计监督，认真整改审计查出的问题，深入研究和采纳审计提出的建议，完善各领域政策措施和制度规则。中央审计委员会各成员单位更要带头接受审计监督。各地区各部门特别是各级领导干部要及时、准确、完整地提供同本单位本系统履行职责相关的资料和电子数据，不得制定限制向审计机关提供资料和电子数据的规定，已经制定的要坚决废止。对有意设置障碍、推诿拖延的，要进行批评和通报；造成恶劣影响的，要严肃追责问责。审计机关要严格遵守纪律，对违反纪律规定的要严肃查处。

会议审议通过了《中央审计委员会工作规则》《中央审计委员会办公室工作细则》《2017年度中央预算执行和其他财政支出情况审计报告》《2018年省部级党政主要领导干部和中央企业领导人员经济责任审计及自然资源资产离任（任中）审计计划》等文件。

中央审计委员会委员出席会议。（时间：2018 年 05 月 23 日　来源：新华社）

各省市审计委员会会议精神

1. 海南省委审计委员会召开第一次会议

近日，海南省委审计委员会召开第一次会议，深入学习贯彻习近平总书记在中央审计会员会第一次会议上的重要讲话精神，研究部署省委审计委员会工作。省委书记、省委审计委员会主任刘赐贵主持会议。

会议审议通过了《中共海南省委审计委员会工作规则》《中共海南省委审计委员会办公室工作细则》（以下简称《工作细则》），听取了《海南省审计厅关于 2017 年以来审计发现问题整改工作情况的报告》。

会议强调，习近平总书记在中央审计会员会第一次会议上的重要讲话，政治性强、思想深刻、内涵丰富、立意高远，从新时代党和国家工作全局出发，围绕更好发挥审计在党和国家监督体系中的重要作用，构建集中统一、全面覆盖、权威高效的审计监督体系，推进国家治理体系和治理能力现代化进行了深刻阐述，对审计工作提出了更高的定位、更严的要求，为审计工作指明了前进方向，提供了根本遵循。全省各级党委政府和审计机要牢固树立"四个意识"，坚定"四个自信"，做到"两个坚决维护"，在政治立场、政治方向、政治原则、政治道路上同以习近平同志为核心的党中央保持高度一致，落实好习近平总书记对审计工作的要求。全面强化依法审计职责，拓展审计监督的广度和深度，消除监督盲区，加大对重大政策措施贯彻落实情况跟踪审计力度，加大对经济社会运行中各类风险隐患揭示力度，加大对重点民生资金和项目审计力度，推动审计工作迈上新台阶。

会议强调，当前，海南正深入学习贯彻落实习近平总书记"4·13"重要讲话和中央 12 号文件精神，加快推进全面深化改革开放，谋划建设自由贸易试验区。全省审计机关要认清形势发展要求，找准定位，做到守土有责、守土尽责，在建设"三区一中心"的国家战略定位中发挥不可替代的重要作用。一要深入细致地研究国务院赋予海南自由贸易试验区建设的各项任务要求，紧扣审计主责主业，找准工作的切入点、发力点，主动作为、攻坚克难，努力创新审计管理体制机制，探索开放型经济下国家审计监督职责的内涵和外延，围绕国家的战略定位和海南的历史使命，发挥好审计监督保障作用。二要实现对公共资金、国有资产、国有资源和领导干部履行经济责任情况审计全覆盖，凡是管理分配使用公共资金、公共资产、公共资源的部门和单位，凡是行使公共权力、履行经济责任的主要领导干部，都要依法自觉接受审计监督。三要深化大数据审计改革，实现数据审计在审计工作中的广泛运用，服务和推进审计全覆盖，提升审计工作效能。四要按照习总书记提出的"三立"要求，不断强化政治建设、能力建设、业务建设、廉政建设，打造信念坚定、业务精通、作风务实、清正廉洁的高素质专业化审计干部队伍。

会议强调，对审计认定的问题，必须以巡视整改同样的要求进行整改。要强化执行，提高审计整改的质量和效率。被审计单位主要负责人作为整改第一责任人，要亲自抓、亲自管，尤其是对重点问题、难点问题和难啃的硬骨头，要亲自研究、亲自督办。对出现问题多的，要多从体制机制上找原因。对扶贫、保障性安居工程、重点项目建设等领域的屡审屡犯问题，要深入研究，查源头、查责任、查后果，强化追责问责，做到举一反三，建立长效机制。

会议强调，要严格落实审计委员会工作职责，切实把加强党对审计工作的集中统一领导落到实处。组建省委审计委员会，是新时期海南加强党对审计工作领导的现实举措。省委审计委员会办公室要严格按照《工作细则》的要求，抓好工作落实，确保发挥好职能作用。各级党委政府和有关部门要提高政治站位、提高认识，积极支持和主动配合审计工作开展，依法自觉接受审计监督。（时间：2018年10月23日　来源：海南省审计厅　钟宇靖）

2. 中共广东省委审计委员会办公室正式挂牌

近日，中共广东省委审计委员会办公室正式挂牌。省委副书记、省长马兴瑞，省政府秘书长张虎和省审计厅党组书记、厅长卢荣春出席揭牌活动。

根据党的十九大关于改革审计管理体制的决策部署，按照中央批复的《广东省机构改革方案》要求，中共广东省委组建省委审计委员会作为省委议事协调机构，委员会办公室设在省审计厅。省委审计委员会办公室是省委审计委员会的办事机构，直接受省委审计委员会领导，负责处理委员会日常工作。同时，优化省审计厅职责，将省发展改革委员会的重大项目稽查职责、省财政厅的省级预算执行情况和其他财政收支情况的监督检查职责、省国资委的国有企业领导干部经济责任审计和国有企业监事会职责等划入省审计厅。审计委员会的成立，加强了党对审计工作的领导，标志着广东审计工作朝着构建集中统一、全面覆盖、权威高效的审计监督体系目标迈出了坚实的一步，广东审计事业从此翻开了新的篇章。

卢荣春同志表示，省委审计委员会办公室设在省审计厅，充分体现了省委、省政府对审计工作的高度重视和关心支持，以及对广大审计干部的充分信任和期望。全省审计机关将以此为契机和动力，在习近平新时代中国特色社会主义思想的指引下，在省委、省政府和审计署的坚强领导下，不辱使命、不负重托，更好发挥审计在党和国家监督体系中的重要作用，努力开创新时代广东审计工作新局面，为广东省实现"四个走在全国前列"、当好

"两个重要窗口"做出更大的贡献!

省审计厅全体厅领导、厅机关各处室及所属单位主要负责人参加了揭牌活动。(时间:2018年11月05日　来源:广东省审计厅　江麟生)

3.辽宁省委审计委员会召开第一次会议

11月19日,辽宁省委审计委员会召开第一次会议。会议以习近平新时代中国特色社会主义思想为指导,深入学习贯彻习近平总书记在中央审计委员会第一次会议上的重要讲话精神,研究部署省委审计委员会工作。辽宁省委书记、省委审计委员会主任陈求发主持会议并讲话,省委副书记、省长、省委审计委员会副主任唐一军出席会议。

陈求发指出,习近平总书记在中央审计委员会第一次会议上的重要讲话,为推进新时代审计事业发展指明了前进方向、提供了根本遵循。我们要深入学习贯彻习近平总书记重要讲话精神,切实把思想和行动统一到党中央决策部署上来,努力开创审计工作新局面。

陈求发强调,要坚持聚焦主业,靶向发力,切实担负起新时代审计工作职责和使命,为加快推进辽宁全面振兴、全方位振兴保驾护航。一要聚焦高质量发展,紧紧围绕补齐拉长"四个短板"、扎实做好"六项重点工作"加强审计监督,促进中央决策部署及省委、省政府具体安排落实落地。二要聚焦全面深化改革加强审计监督,服务国有企业、"放管服"、财政体制和机构改革,及时揭示制约改革推进的堵点和障碍,推动改革举措落地见效。三要聚焦防范化解重大风险,高度关注政府债务,督促有关地区积极稳妥化解存量、严控增量,高度关注金融领域风险,推动建立防范化解长效机制。四要聚焦民生改善,重点监督检查民生领域政策执行、资金使用、项目实施等情况,加大"三农"资金审计力度,看好用好扶贫资金。五要聚焦生态环境保护,围绕中央生态环保督察、国家海洋督察反馈意见整改落实加强审计监督,继续加强领导干部自然资源资产离任审计,推动实现经济发展和环境保护双赢。六是要聚焦反腐倡廉,紧盯领导干部这个"关键少数",围绕重点领域和关键环节加强审计监督,对审计中发现的重大违纪违法问题线索要扭住不放、一追到底。

他要求,要切实加强党的领导,强化责任落实,健全体制机制,为审计事业发展提供坚强保障。各地区各部门特别是各级领导干部要积极支持和主动配合审计工作,强化成果转化运用,对审计发现的问题坚决整改到位。要推动改革创新,提高审计效率,加强审计机关自身建设,切实维护审计监督的权威性和公信力。

会议审议了《中共辽宁省委审计委员会工作规则》《中共辽宁省委审计委员会办公室工作细则》《关于 2017 年度省本级预算执行和其他财政收支审计整改情况的报告》《辽宁省党政主要领导干部和国有企业领导人员任前经济责任告知办法》《辽宁省党政主要领导干部和国有企业领导人员离任经济事项交接办法》。省委审计委员会办公室主要负责同志汇报了当前重点审计工作安排和 2019 年审计工作重点。（时间：2018 年 11 月 22 日　来源：辽宁省审计厅）

4. 山东省委审计委员会召开第一次会议

日前，中共山东省委审计委员会召开第一次全体会议，传达学习习近平总书记在中央审计委员会第一次会议上的重要讲话精神，提出要深化审计制度改革，更好发挥审计监督作用，为新时代现代化强省建设提供强有力支撑。

会议指出，审计是党和国家监督体系的重要组成部分，在促进党中央令行禁止、维护国家经济安全、推动全面深化改革、促进依法治国、推进廉政建设等方面发挥重要作用。要深入学习领会习近平总书记重要讲话精神，增强"四个意识"，坚定"四个自信"，做到"四个服从"，自觉站在"两个维护"的高度认识和把握审计工作的重要地位和重大作用，把坚定"两个维护"作为做好新时代审计工作的立足点和落脚点，深入学习贯彻习近平新时代中国特色社会主义思想，始终保持审计工作正确政治方向，坚决落实好党中央对审计工作的部署要求。

会议强调，要勇于担当作为，更好发挥审计监督作用，为新时代现代化强省建设提供强有力支撑。要加大跟踪审计力度，促进党中央重大方针政策贯彻落实和省委决策部署落实落地；加大经济责任审计力度，促进权力规范运行；加大对制度和体制机制障碍揭示力度，促进制度创新；加大对违纪违法行为查处力度，促进反腐倡廉；加大预算绩效管理审计力度，促进提高财政资金使用效益；加大对形式主义、官僚主义的揭露力度，促进干部真担当真作为。

会议指出，要加强审计机关自身建设，以审计精神立身，以创新规范立业，以自身建设立信。要深化审计制度改革，坚持科技强审，创新审计理念，积极推动审计全覆盖，对重大问题敢于亮剑、一查到底，自觉接受各方面监督，努力建设高素质专业化审计干部队伍。要加强组织领导，省委审计委员会要做好牵头抓总工作，委员会办公室要充分发挥职能作用，加强审计成果运用，关心关爱审计机关工作人员，保障审计机关依法行使监督权，加强各级各部门协作力度，为履行审计监督职责创造良好环境。（时间：2018年11月23日　来源：山东省审计厅　郑茂霞）

5. 福建省委审计委员会召开第一次会议

12月5日，福建省委审计委员会召开第一次会议，深入学习贯彻习近平总书记在中央审计委员会第一次会议上的重要讲话精神，研究部署省委审计委员会工作，进一步推动党中央决策部署在福建落地见效。省委书记、省委审计委员会主任于伟国主持会议。会议审议通过了省委审计委员会工作规则和委员会办公室工作细则，研究了2019年审计项目计划安排初步意见以及关于完善审计整改提升成果运用的意见、省内部审计工作规定等制度。

会议指出，习近平总书记在中央审计委员会第一次会议上的重要讲话，深刻阐述了审计工作的一系列根本性、方向性、全局性问题，是新时代审计工作的根本遵循。各级各部门要认真学习领会，坚决贯彻落实，要与贯彻落实习近平总书记在闽工作期间关于审计工作的创新理念和生动实践紧密结合起来，牢固树立"四个意识"，践行"两个维护"，积极融入审计工作全国"一盘棋"，做到应审尽审、凡审必严、严肃问责，推动政令畅通、令行禁止。

会议强调，要全面落实党中央部署要求，扎实履行新时代福建审计工作职责和使命。加大对党中央重大政策措施贯彻落实情况跟踪审计力度，加大对经济社会运行中各类风险隐患揭示力度，加大对重点民生资金和项目审计力度，助力新时代新福建建设。重点要围绕促进经济高质量发展，聚焦深化供给侧结构性改革、打好"三大攻坚战"等，更好发挥审计的职能作用。围绕促进全面深化改革，研究解决共性问题的改革建议，更好发挥审计的建设性作用。围绕促进权力规范运行，深化经济责任审计和自然资源资产离任审计，更好推动各级领导干部守法守纪守规。围绕促进反腐倡廉，更好揭示重大违纪违法及发生在群众身边的腐败问题，为构建不敢腐、不能腐、不想腐的有效机制贡献审计力量、审计智慧。

会议强调，要深化改革创新，着力提高审计监督整体效能。持续创新审计理念、制度机制和方式方法，突出抓好审计管理机制创新，加大全省审计资源统筹整合力度；突出科技强审，将审计信息化建设纳入"数字福建"建设；突出增强审计监督合力，充分发挥内部审计和社会审计作用。

会议要求，全省各级党委要切实加强对审计工作的领导，为审计事业改革发展提供坚强保障。省委审计委员会及其办公室要严格履行职责。各级领导干部要积极支持和主动配合审计工作，确保审计问题整改到位。审计机关要坚持"以审计精神立身、以创新规范立业、以自身建设立信"，着力建设高素质专业化审计干部队伍。（时间：2018年12月11日　来源：福建省审计厅）

6.广东召开学习贯彻省委审计委员会第一次会议精神暨审计查出问题整改工作会议

12月5日下午，省人民政府召开全省学习贯彻省委审计委员会第一次会议精神暨审计查出问题整改工作会议，传达学习中央和省委关于审计工作的部署要求，通报2017年度省级预算执行及其他财政收支审计查出问题整改工作情况，部署落实下一阶段整改工作任务。省长马兴瑞出席会议并讲话。

马兴瑞指出，审计是党和国家监督体系的重要组成部分。全省各地、各部门和各级审计机关要结合实际认真学习领会习近平总书记在中央审计委员会第一次会议上的重要讲话精神，按照中央及省委关于审计工作的部署要求，厘清目标、聚焦主业、优化职能，紧紧围绕"四个促进"找准审计工作的着力点，抓住牵一发而动全身的关键问题，聚焦中心工作落实、深化"放管服"改革等重大事项，拓展审计监督的广度和深度，更加积极有效推进审计全覆盖，以实际行动践行"两个维护"，确保总书记视察广东重要讲话精神和党中央各项决策部署在广东落地生根、见到实效。

马兴瑞强调，审计整改是审计工作的核心环节和"最后一公里"，也是检验政府执行力、提高政府治理能力水平的"试金石"。各地、各部门要实事求是对待预算执行审计，按照压实工作责任、突出财政审计整改、细化整改措施和强化责任追究的要求，扎实抓好审计查出问题的整改落实。同时，要牢牢把握深化审计管理体制改革这个契机，进一步加强审计机关和队伍的政治建设和专业化建设，推动审计工作改革创新、再上新台阶。

省审计厅厅长卢荣春通报了前阶段的审计及审计整改情况。卢荣春指出，在省委、省政府和审计署的领导下，省审计厅认真落实省十二届人大常委会三十四次会议的有关决议和审议意见，组织开展2017年度省级预算执行和其他财政收支审计工作。对2017年度审计查出的问题，省审计厅按照相关规定提出了整改意见，并积极督促被审计单位及时制定具体整改措施和落实，同时切实加大跟踪检查力度，当前整改工作已经取得初步成效。

卢荣春就提高审计整改工作质量，全面整改落实审计查出的问题强调了四点意见：一是各有关地区和部门单位要严格落实审计整改主体责任，积极采取措施推动审计查出问题的整改落实。二是各有关地区和部门单位要积极健全审计整改工作机制，强化整改结果运用。三是各地区和部门单位要切实强化问责，依法依纪对审计发现的重大问题作出处理。四是要进一步强化省相关主管部门对行业性、全省性专项审计查出的问题进行督促指导的责任。

广州市市长温国辉，省委审计委员会部分委员，省人大财经委员会、常委会预算工作委员会相关负责同志，各地级以上市人民政府及财政部门和审计部门主要负责同志，省有关部门单位主要负责同志参加会议。（时间：2018 年 12 月 12 日　来源：广东省审计厅　沈丹蕾）

7. 湖北省委审计委员会召开第一次会议

12 月 12 日，湖北省委审计委员会召开第一次会议。会议审议并通过省委审计委员会工作规则、省委审计委员会办公室工作细则，研究部署 2019 年度审计工作。会议强调，要深入学习领会习近平总书记关于审计工作的重要论述，全面加强党对审计工作的领导，依法全面履行审计监督职责，为推动湖北高质量发展提供坚强保障。

会议指出，习近平总书记在中央审计委员会第一次会议上发表的重要讲话，围绕更好发挥审计在党和国家监督体系中的重要作用，就改革审计管理体制、改进审计监督、加强自身建设等，作出重大部署、提出明确要求，是推进新时代审计事业改革发展的根本遵循和行动指南。要充分认识审计工作、审计管理体制改革的重大意义，坚决落实党中央关于审计管理体制改革的制度安排和对审计工作的重大决策部署，按照"应审尽审、凡审必严、严肃问责"的要求，加强审计工作统筹，优化审计资源配置，推动构建集中统一、全面覆盖、权威高效的审计监督体系，不断拓展审计监督的广度和深度，消除监督盲区。

会议强调，全省各级审计机关要聚焦主责主业，依法全面履行审计监督职责。要在推动高质量发展方面展现更大作为，聚焦深化供给侧结构性改革、打好三大攻坚战、实施创新驱动发展战略、统筹城乡区域协调发展、实施乡村振兴战略、保障和改善民生等重点工作，履行好审计监督职责，推动党中央决策部署和省委政策措施落实落地，当好政策落实"监督员"、公共资金"守护神"；要在促进全面深化改革方面持续发力，准确把握党中央要求，聚焦深化改革重点任务，坚持揭示微观问题与服务宏观决策并重，敢于和善于发现问题，推动问题解决，充分发挥审计建设性作用；要在推进全面从严治党中发挥"尖刀""利剑"作用，主动出击发现人民群众身边腐败问题，紧盯财政资金使用、国有土地出让、招投标、国资国企管理等重点领域和关键环节，进一步深化经济责任审计，促进领导干部和公职人员守法守纪、秉公用权，从源头上遏制腐败问题发生。

会议要求，要坚持改革创新，不断开创审计事业发展新局面。坚持统筹兼顾、深度融合，全力推进审计管理体制改革；向信息化要资源，向大数据要效率，全力推进科技强审，统筹整合好全省审计力量，全力推进审计工作全省"一盘棋"；始终把政治建设放在首位，强化能力建设、作风建设、廉政建设，全力推进高素质专业化审计干部队伍建设。各地各部门特别是各级领导干都要积极支持和主动配合审计工作，依法自觉接受审计监督，对审计发现和移送的案件线索要一查到底。（时间：2018年12月14日　来源：湖北省审计厅）

审计整改及其制度创新

广东：狠抓审计整改监督工作　屡查屡犯现象得到明显改善

近年来，广东省审计厅认真贯彻落实审计署、省委省政府关于加强审计查出问题整改工作的一系列部署，把推进审计查出问题整改作为一项重点工作常抓不懈，不断完善整改机制、加强科学管理、扩大监督范围、创新技术方法，多措并举推动整改倒逼改革、促进发展。从近两年整改结果看，审计查出问题大部分得到了及时有效的纠正，整改率达到98.51％，通过上缴财政、归还原渠道资金、拨付滞留资金等方式整改问题金额共计1112.15亿元，处理处分190人次，制定完善制度1618项，严重违纪违法违规问题发生的性质、范围和频次有明显减轻，有力促进了国家和省政策措施贯彻落实到位。

一、完善联动整改机制和动态跟踪机制

省委省政府把审计查出问题整改工作摆在重要的位置来抓，健全完善三大联动机制，形成有效的整改合力，共同做好审计"后半篇文章"。一是省政府主导、被审计单位和省级主管部门落实、审计部门和人大监督的整改机制；二是审计整改与党管干部、纪律检查、追责问责有机结合的联动机制；三是突出问题向人大常委会报告机制。省领导多次批示要求将整改落到实处，召开专题会议研究整改事项，在全省整改会上对省直有关部门及地市"点名批评"，整改"成绩单"没达标和成效好的部门、地市分别作典型发言，省人大、省政府以督办督查、调研指导的方式，多方联动传导压力，解决审计整改不实的老问题。同时，建立动态跟踪机制，明确审计结果文书出具后 90 天内自行整改、一年内现场核实密切跟踪、一年后重点跟踪。对上一年度审计发现的突出问题，人大、政府的关注重点问题，全省经济社会发展的关键领域和重点环节查出问题的整改情况持续跟踪，定期问效，确保整改的真实性和时效性，避免被审计部门单位整改中的"虚空浅"和"旧病复发"问题。

二、加强整改监督科学管理和流程优化

加强对审计整改监督的科学管理，规范动作、优化流程，做好监督质量控制，促进监督工作提质增效。一方面进行审计整改监督流程再造，修订管理制度，进一步完善了"整改挂号、出具整改通知书、召开整改会、延伸现场、核查资料、出具整改报告、编制整改台账、整改销号"的闭环整改流程，确保每个环节步骤均有章可循；另一方面注重整改现场指导，专人对接，直击问题关键，逐项落实核对资料，厘清责任链条，加大问责力度，逐步改变被审计部门、单位"重查处、轻整改"的观念，形成审计整改监督的震慑效应，使每一次审计整改都"入木三分"。2016 年至 2017 年共发出整改通知书 59 份，涉及 242 个被审计单位，召开现场审计整改会 229 个，形成整改报告 188 份。

三、扩大整改监督范围实现全覆盖

一方面逐步扩大整改监督范围，将审计报告等结果文书提出的审计意见和建议、审计署交办的整改事项、省委省政府交办的整改事项和省领导批示意见的整改落实情况、省人大对审计工作报告的决议和审议意见的落实情况4 部分内容均纳入整改监督范围，逐条逐项进行跟踪督促检查，在"体检看病"之后进行全面的"对症诊疗"，基本实现了整改监督全覆盖；另一方面在整改扩面的前提下聚焦重点、难点，实行精准整改，提高整改效率。着重抓好涉及供给侧结构性改革、精准扶贫精准脱贫、国有企业重大事项、重大建设项目推进等事关全局重点问题的整改。坚持区别对待、分类施策，对个性问题或可以马上解决的问题，以"马上就办"的工作作风和"钉钉子"

精神推动立行立改；对重大违纪违法违规问题，及时作出相应处理，严肃追责问责；对因客观条件暂时无法整改到位的问题，明确整改期限和时间表；对体制机制制度层面、成因复杂的问题，加强综合调研和分析研究，促进相关制度废改立释及配套衔接，建立长效机制。

四、创新整改监督信息化技术方法

进一步创新整改监督精细化、信息化管理技术方法，着手建立和试行审计整改监督数据库，包括台账数据库、报告数据库、项目基本信息数据库、突出问题数据库 4 个子库，每个子库均有特定用途和细分指标。在信息化技术管理下，审计部门对整改情况进行横向、纵向、多维度分析，各地各部门对照台账数据和清单列表，倒排整改时间表，按要求逐条逐项落实，有效地提高了整改的跟进和落实效果。（时间：2018 年 03 月 23 日　来源：广东省审计厅　祝青）

内蒙古自治区人大常委会对 2017 年度审计整改工作报告给予充分肯定

近日，内蒙古自治区第十三届人大常委会第二次会议听取并审议了自治区审计厅厅长靳素平代表自治区人民政府所作的《关于自治区本级预算执行和其他财政收支 2017 年度审计查出问题整改情况的报告》，对审计整改工作给予了充分肯定。

在分组讨论时，各位委员认为审计整改报告客观、全面，坚持问题导向，敢于发现问题，敢于亮剑。审计查出问题的整改率达到 99%，审计整改工作取得了明显成效，充分体现了自治区党委政府及相关部门对审计查出问题的重视；同时，经过这几年的持续努力，审计查出问题整改情况向人大常委会报告的工作已形成制度化，对问题的整改也呈现常态化，报告也反映出近年来审计力度不断加大。委员们在肯定审计整改工作的同时，也提出在下一步工作中，要加强对专项资金绩效和政策执行的审计监督，加大对政府投资项目、国有企业、领导干部离任的审计力度；加强审计与人大工作配合，形成监督合力；强化审计整改的过程监督，进一步提高审计成果转化和应用；进一步加强审计查出问题整改措施的制度建设，形成发现问题单位主要领导约谈机制，增强审计工作的约束力。（时间：2018 年 04 月 18 日　来源：内蒙古自治区审计厅　魏慧慧）

吉林：出台《关于强化审计整改工作的实施意见》强化审计整改

近日，吉林省审计厅出台了《关于强化审计整改工作的实施意见》（以下简称《意见》），通过坚持把"揭露、处理问题"与"纠正整改"放在同等重要位置，不断加大跟踪督改、公开促改、约谈问改的力度，强化审计整改工作，促进审计整改工作切实取得成效。

《意见》从审计过程中、审计整改期内、审计整改期外三个不同时间维度，五个方面对强化审计整改工作提出了要求。一是强调了审计组在被审计单位审计整改过程中应担负的督促整改的责任；二是强化了对以往审计发现问题整改情况的检查工作；三是就进一步加大跟踪督改力度提出了具体举措；四是就整改信息动态化管理和开展整改结果实地检查形成了较为规范的工作流程；五是就约谈问改和公开促改工作的逐步推进提出了指导性的意见。

《意见》指出，审计组长对审计项目的督促整改工作负总责，审计组要全员参与整改，全程跟踪整改，要把审计整改工作落实作为完成审计项目的最终成果抓实抓好。同时，《意见》还要求加强与被审计单位的沟通、及时跟踪督促、加强整改信息动态管理等方式，进一步加大跟踪督改力度，促进被审计单位及时落实整改；通过对相关证据资料的核查和实地检查等方式，加强对被审计单位整改结果的真实性、合规性、完整性的核实，促进审计整改取得实效。

《意见》强调，要对存在虚假整改、整改不力或者以各种理由拖延整改、推诿责任或拒不整改等情况的被审计单位相关责任人进行约谈，各被审计单位的整改结果将适时向社会公告。（时间：2018 年 05 月 23 日　来源：吉林省审计厅　焦小琳）

河南：建立健全审计整改长效机制　促进问题整改落到实处

近日，河南省委常委、常务副省长黄强主持召开 2018 年省审计整改联席会议第二次会议，联席会议 21 个成员单位和相关整改责任单位的主要负责人及联络员参加了会议。会议听取了第一次会议部署的审计整改工作情况汇报，审议了《关于进一步加强审计整改工作的意见》和《河南省审计整改联席会议及其办公室工作制度》，安排部署了 2017 年中央、省级预算执行和其他财政收支审计发现问题整改工作。

会上，黄强指出，河南省建立审计整改联席会议制度以来，联席会议办公室工作认真负责、扎实有效，联席会议成员单位通力协作、大力配合，审计整改责任单位高度重视、积极支持，审计整改工作成效显著。

他强调，2017 年中央、省级预算执行和其他财政收支审计发现问题整改工作是当前审计整改工作的重中之重，各级、各部门、各单位要以对党和人民高度负责的精神，站在推进国家治理体系和治理能力现代化、推动经济高质量发展、维护人民群众根本利益的高度，充分认识抓好审计整改工作的重要性，以"钉钉子"的精神，驰而不息地抓好审计整改工作落实。通过审计整改，促进经济高质量发展、促进全面深化改革、促进权力规范运行、促进反腐倡廉，更好发挥审计在党和国家监督体系中的重要作用。

他要求，要建立健全审计整改长效机制，促进问题整改落实到位。一要明确整改时限；二要压实整改责任；三要严格整改标准；四要强化督查督办；五要严格责任追究。同时，要更加注重发挥制度建设，强化对审计整改的保障作用，狠抓《关于进一步加强审计整改工作的意见》和《河南省审计整改联席会议及其办公室工作制度》的贯彻落实，结合工作实际，努力探索、积极实践审计整改的最佳方式、方法，不断完善、创新审计整改工作制度，不断理顺审计整改工作机制，推动审计整改工作规范化、制度化、常态化。（时间：2018 年 08 月 15 日　来源：河南省审计厅　陆向阳、王党民）

新疆维吾尔自治区：印发加强审计整改工作的通知

为深入贯彻落实习近平新时代中国特色社会主义思想，贯彻落实党的十九大、十九届二中、三中全会精神和中央审计委员会第一次会议精神，切实维护审计监督严肃性、权威性，进一步完善审计发现问题整改工作机制，全面强化审计整改工作，近日，新疆维吾尔自治区党委办公厅、自治区人民政府办公厅在 2014 年出台的《关于进一步加强审计整改工作的意见》基础上，又印发了《关于加强审计整改工作的通知》（以下简称《通知》），对加强审计发现问题整改工作提出具体要求。

《通知》强调，全区各地、各部门单位要牢固树立"四个意识"，切实把思想和行动统一到党的十九大精神上来，统一到以习近平同志为核心的党中央决策部署上来，全面贯彻落实以习近平同志为核心的党中央治疆方略、特别是社会稳定和长治久安总目标，坚决落实党中央对审计工作的部署要求和自治区党委、政府各项工作要求，提高政治站位，切实增强责任感、使命感、紧迫感，切实把加强审计监督、落实审计整改摆在突出位置来抓，努力推动工作取得更大实效。

《通知》要求，一要加大工作力度，切实推动审计整改工作落实。聚焦审计发现的问题，结合常态化督查巡查掌握的突出问题，把全面从严治党要求贯穿于问题整改全过程，主动对标，举一反三，将整改责任压实到岗，传导到人，从严从实整改。要发挥联席会议平台作用，严格落实审计整改责任制，强化审计整改督查督办，加强审计整改工作部门协作配合，强化审计整改结果运用，依法有序向社会公开审计结果和审计整改结果，确保整改工作落实。二要坚持严肃问责，确保件件有着落。进一步加大审计发现问题整改工作的问责力度，把审计监督与党管干部、纪律检查、追责问责结合起来，既要强化对审计发现的突出问题的责任追究，又要强化对落实审计整改不力的责任追究，并及时反馈相关问责结果，确保整改彻底。三要强化保障措施，切实提高审计整改的成效。要加强领导，抓好统筹。在整改安排上，动真碰硬、件件落实；在整改时限上，立整立改；在整改方法上，追根溯源、举一反三；在整改时效上，标本兼治、着眼长效。以审计整改为契机，查漏补缺、健全机制、完善制度、规范管理，不断提高工作水平。要加强研究，分类施策。坚持问题导向，加强对审计发现问题的研究分析，查源头、查原因、查责任、查后果，加强源头治理，注重长效机制建设，从根本上解决好各类问题。要依法审计，确保实效。聚焦主业找准定位，着眼于全区发展的关键领域、重点环节，强化"防患于未然"的预警性功能，发挥好完善制度、优化机制的重要作用。要协调配合，形成合力。强化审计整改联动机制建设，做到信息共享、分工负责、各司其职、分类督办，形成审计整改监督合力，促进审计整改工作取得实效。（时间：2018 年 09 月 04 日　来源：新疆维吾尔自治区审计厅　方婕）

海南：出台措施加强审计整改工作

近日，海南省委办公厅、省政府办公厅印发布了《关于加强审计整改工作的意见》（以下简称《意见》）。这是强化审计整改，充分发挥审计在党和国家监督体系中的重要作用，促进海南自由贸易试验区和中国特色自由贸易港建设的有力举措。

《意见》指出，审计整改是保障实现审计工作目标、发挥审计监督作用的重要环节，对确保党中央、国务院和省委、省政府重大决策部署的贯彻落实，促进海南经济高质量发展，促进全面深化改革，促进权力规范运行，促进反腐倡廉发挥着不可替代的作用。各市县各部门各单位要切实增强做好审计整改的自觉性和主动性，严格执行审计决定，确保审计查出问题全面整改、落实到位。

《意见》明确，被审计单位要切实承担审计整改主体责任，建立审计整改问题台账，明确审计整改措施、时限、责任部门及责任人，逐项抓好落实，对问题实行清单管理、对账销号。被审计单位主要负责人是审计整改第一责任人，对审计查出问题的整改工作负总责，要亲自研究部署整改工作，亲自抓好审计整改落实，层层压实审计整改责任；对下属单位存在的问题，切实履行主管责任，督促下属单位落实审计整改。被审计单位因客观原因在规定期限内无法完成整改，或对过去已发生的问题无法整改到位的，应向审计机关报告进一步整改的措施，或避免同类问题再次发生的体制、机制、制度性防范措施。行业主管部门作为被审计单位的上级主管部门，要依法承担主管事项的监督管理责任，及时开展整改专项督查，指导、督促被审计单位抓好整改落实。

《意见》强调，要建立健全党委政府定期研究审计整改及督查、审计机关审计整改督促检查、审计整改重大事项会商、审计整改联动、审计整改考核保障、审计整改问责机制、审计整改公告机制等审计整改工作机制。各市县各部门各单位要将审计整改落实情况纳入领导班子民主生活会及党风廉政建设责任制检查考核的内容，作为领导班子成员述职述廉、年度考核、任职考核的重要依据。有关部门对审计机关移送的问题线索，应及时受理和查办，每年6月和12月书面向审计机关反馈整体受理情况和查办结果。审计机关每年要向本级审计委员会、党委和政府报告审计整改情况，并受本级政府委托向同级人大常委会报告审计整改情况。审计机关要加大对整改不到位、屡审屡犯的点名曝光力度，切实增强审计整改的严肃性。对审计工作报告反映的问题两年无特殊原因拒不整改的，被审计单位主要负责人要接受人大常委会的询问。对拒绝整改、造成重大影响和损失的被审计单位及相关负责人，由纪检监察机关严肃追责。

《意见》要求，各市县各部门各单位要把审计查出问题的整改列入重要议事日程，加强研究分析，完善长效机制。将审计整改纳入党委和政府督查部门的网上督办内容，利用信息化手段推进审计整改工作。（时间：2018年09月10日　来源：海南省审计厅　钟宇靖、韦梓）

江西省政府召开常务会议，专题研究部署审计整改工作

为进一步落实省人大常委会审议意见，切实做好审计整改工作，近日，江西省委副书记、代省长易炼红主持召开第 10 次省政府常务会议，专题研究部署审计查出问题的整改工作。

会议听取了 2017 年度中央、省级预算执行和其他财政收支及全省 11 个设区市中心城区民生保障资金和惠民项目专项审计调查查出的主要问题及初步整改情况的汇报。会议强调，审计工作是党和国家监督体系的重要组成部分。各地、各部门要依法自觉接受审计监督，落实整改责任，形成整改合力，健全完善长效机制，举一反三、以点带面，按照时间节点抓好问题整改。

一是要高度重视审计工作。各地、各部门要认真贯彻落实中央决策部署和省委工作要求，全力支持配合审计工作，依法自觉接受审计监督。政府部门要把审计监督作为解决问题、改进工作的一个重要的抓手、重要的保障。

二是要认真落实整改责任。抓好审计整改是被审计单位的法定义务。各地、各单位主要负责人是整改工作的第一责任人，要担负起第一责任人的责任，要亲自过问、亲自研究。要对问题进行深入透彻的分析，把准问题所在，制定整改方案，推进工作落实。要按照时间节点，抓紧整改，并及时上报有关情况。

三是要形成审计整改合力。各设区市要将审计发现问题整改工作纳入政府督查督办的事项，加强督促检查，确保整改落实。省级有关部门在做好自身整改的同时，要切实履行责任，研究推进本行业本系统相关审计问题整改工作。省政府督查室要会同省审计厅加大对审计整改工作的检查；财政部门与相关主管部门要加强对财政资金的监管，规范资金分配、拨付、使用等方面的行为；纪检、监委、政法、公安机关要加大对移送审计案件的调查和依法办理，确保形成整改合力。

四是要健全完善长效机制。对审计查出的问题，要举一反三、触类旁通、以点带面，带动整个工作制度进一步健全完善，工作监管进一步到位。要以审计发现问题为导向，推动财税改革、规范预算管理、健全财税制度，建立健全长效机制。

省直有关部门和各设区市政府主要负责同志列席会议。（时间：2018 年 09 月 13 日　来源：江西省审计厅　何永清）

浙江：审计整改要坚持问题导向和效果导向，
在三个"度"上狠下功夫

近日，浙江省召开全省审计工作报告反映问题整改工作电视电话会议，动员部署审计工作报告反映问题整改工作，分解整改任务，明确整改要求。会上，省委常委、常务副省长冯飞要求，审计整改要坚持问题导向和效果导向，在三个"度"上狠下功夫。

冯飞指出，要高度重视审计整改工作，充分认识到做好审计整改工作是贯彻落实中央审计委员会第一次会议精神的实际行动，是推动浙江省"'八八战略'再深化、改革开放再出发"的有力保障，是落实"两强三提高"要求，提升政府效能的重要抓手。各地、各单位要切实增强工作的责任感和紧迫感，做到整改一次，提升一次。

冯飞强调，审计整改要坚持问题导向和效果导向，在三个"度"上狠下功夫。一是在审计整改的"力度"上，要坚持"踏石留印、抓铁有痕"。一方面要严格整改要求，分门别类、精准施策、对症下药、逐条逐项抓好整改落实；另一方面要加大追责力度，对审计查出的违法违纪问题，要始终保持"零容忍"的态度，加大追责问责力度，形成有力震慑。二是在审计整改的"广度"上，要坚持"横向到边、纵向到底"。既要举一反三，对照审计查出的问题认真查找同类及相似问题，与审计查出问题一并研究，同步推进，共同解决；也要点面结合，对行业普遍性问题，主管部门不仅要督促审计地区的整改落实，也要科学指导未审计地区采取自查、内审等方式，查错纠弊。三是在审计整改的"深度"上，要坚持"一抓到底、标本兼治"。一方面要着力查找问题根源，对审计整改中折射出的阻碍改革和发展的机制错位问题，所暴露的程序过于繁杂等越位问题和因制度缺失不利于管理等缺位问题，注重从根子上探究解决问题的有效方法；另一方面要建立健全长效机制，促进审计整改工作规范化、制度化、常态化。

冯飞要求，要严肃整改纪律，去年省委"两办"印发的《浙江省审计整改责任追究办法》，明确要求对虚假整改、拒绝或拖延整改、整改不到位等情形进行严肃追责问责。今年个别地方在审计整改中弄虚作假，有关责任人已经被严肃追责问责。各地、各单位要引以为戒，不得以任何理由，敷衍塞责、拖延整改，也不得以任何方式，对整改工作打折扣、搞变通，务必要一步一步、扎扎实实做好审计整改各项工作。（时间：2018 年 09 月 17 日　来

源：浙江省审计厅 潘小军、周进俭）

山东省委副书记、省长龚正要求切实维护审计监督的权威性和严肃性

日前，山东省委副书记、省长龚正主持召开省政府第 16 次常务会议，研究 2017 年度省级预算执行和其他财政收支审计发现问题的整改工作，对加强审计监督和审计整改工作提出要求。

龚正指出，加强预算执行和其他财政收支审计监督，对于管好用好公共资金资源，更好发挥财政政策效应、促进经济发展、增进民生福祉具有重要作用。各级、各有关部门要深入学习贯彻习近平总书记在中央审计委员会第一次会议上的重要讲话精神，提高政治站位，强化责任担当，扎实抓好审计发现问题整改，认真研究和采纳审计提出的建议，不断提高公共资金资源管理使用水平。

龚正要求，各级、各有关部门要坚持标本兼治，着眼常态长效，加强对典型性、普遍性、倾向性问题的研究分析，深挖问题根源，举一反三、堵塞漏洞，建立健全长效机制。要加大督促检查力度，对拖延整改、拒不整改、整改不力造成重大影响的，严肃追责问责，切实维护审计监督的权威性和严肃性。（时间：2018 年 09 月 25 日 来源：山东省审计厅 孟宪增、郑茂霞）

广西壮族自治区主席陈武主持召开政府常务会议，研究部署审计整改工作

近日，广西壮族自治区主席陈武主持召开自治区十三届人民政府第 16 次常务会议，研究部署 2017 年度预算执行审计整改工作。会议听取了审计厅关于 2017 年度自治区本级预算执行和其他财政收支审计发现问题及初步整改情况的汇报，并对整改工作作出具体部署和安排。

陈武强调，今年党中央组建了中央审计委员会，习近平总书记亲自担任委员会主任，这充分体现了党中央对审计工作的高度重视。全区各级各部门要深入学习贯彻落实习近平总书记在中央审计委员会第一次会议上的重要讲话精神，切实提高政治站位，充分认识审计工作的重要性，按照中央和自治区统一部署，深入推进审计全覆盖，增强自觉接受审计监督的意识，主动支持配合审计部门开展工作。

陈武要求，当前首先要抓好审计查出问题的整改落实。各级各部门要认

真落实自治区《关于进一步加强审计整改工作的意见》以及自治区人大常委会的审议意见，切实履行整改主体责任，狠抓审计整改落实。自治区政府领导要抓好分管领域的审计整改，各主管部门对各自职责范围内的审计整改负责，各有关单位主要负责人履行第一责任人职责，加强督促检查，对审计发现的问题，建立整改台账和清单，逐条逐项限期整改，定期对账销号。要建立完善审计整改制度，健全审计整改长效机制，推动审计整改工作规范化、制度化、常态化。要把审计整改情况纳入自治区政府重点督办事项，加大监督问责力度。通过审计整改不断完善财政预算管理，推动中央、自治区各项重大决策部署落到实处。（时间：2018 年 09 月 27 日 来源：广西壮族自治区审计厅 曾琼丽）

江苏出台《关于进一步加强审计整改工作的意见》

11 月 14 日，江苏省政府召开新闻发布会，发布省委办公厅、省政府办公厅转发省审计厅《关于进一步加强审计整改工作的意见》（以下简称《意见》）。该《意见》的出台，是认真贯彻落实习近平总书记关于做好审计整改工作指示精神的实际举措，是更好发挥审计在党和国家监督体系中重要作用的实际行动。

《意见》指出，审计机关不仅要查出问题，更要做好督促整改工作，将审计成果切实转化为全面深化改革、促进政策落实、规范权力运行的强大动力，真正发挥好审计监督作用。各地区、各部门、各单位不仅要将审计整改作为加强管理、规范工作的抓手，更要深入研究分析问题产生原因，将审计整改的落脚点放在推动完善制度、构建长效机制、全面深化改革、促进经济高质量发展上来，坚持问题导向，强化源头治理，深化标本兼治，对审计查出问题要真认账、真整改、真负责。

《意见》提出，要建立完善审计整改工作报告、审计整改结果公告、各部门间协调配合、审计整改对账销号、审计整改督查、审计整改约谈和审计整改追责问责七项工作机制。其中四项机制是首次以文件形式提出，分别为：审计整改工作报告机制，对整改报告的内容、报送时限以及报送对象进行了明确；审计整改结果公告机制，明确要求被审计单位主动向社会公告审计查出问题整改结果，自觉接受社会监督；审计整改对账销号机制，通过编制"问题清单""整改清单"，实行对账销号，督促整改；审计整改约谈机制，对未按规定整改或整改情况严重失实等情况，审计机关可以约谈被审计单位的主要负责人。

《意见》强调，要加强审计结果运用。各地区、各部门、各单位不仅要通过审计整改推动体制机制不断完善，同时还要把审计结果及整改情况作为考核、任免、奖惩领导干部的重要依据，将审计查出问题整改情况纳入被审计单位综合考核内容。领导干部经济责任审计结果报告和审计查出问题的整改报告存入被审计领导干部本人档案。

《意见》还对审计机关依法审计、客观求实提出具体要求，审计机关要按照"三个区分开来"，准确把握问题定性，把准容错纠错尺度，历史客观全面审慎作出审计结论、评价和处理，做到既严肃查处重大违纪违规问题，又支持、促进改革发展中的积极探索与创新举措，保护干部干事创业的积极性。（时间：2018 年 11 月 16 日　来源：江苏省审计厅）

湖北：预算执行审计整改报告再获人大"满意"

近日，湖北省十三届人大常委会第六次会议听取并审议了《关于 2017 年度省级预算执行和其他财政收支审计查出问题整改情况的报告》。常委会组成人员高度肯定审计查出问题整改工作，一致认为，今年审计整改措施更加得力，整改力度持续加大，整改成效明显提升，95％的问题得到了及时纠正。在随后组织的满意度测评中，审计查出问题的整改报告被评为"满意"，这已是该厅此项报告连续第三年被评为"满意"。今年的审计整改工作主要呈现 4 个特点：

一是省委、省政府整改领导机制更加完善。去年下半年以来，省委书记蒋超良、省长王晓东等省领导先后 82 次对审计上报的情况作出批示，要求各地各部门认真制定整改方案，严格落实整改责任。省人大通过开展审计查出问题整改情况的调研督办、实施满意度测评、强化测评结果运用等多种监督方式，全力推进审计整改工作制度化、长效化。省政府通过建立"月度检查、季度督查和专项督查"的常态化督查机制，对突出问题整改情况进行跟踪督办。

二是各地各部门整改工作更加自觉。省直各部门严格按照省委、省人大、省政府的整改要求，主动落实牵头整改责任，加大督办检查力度，根据审计工作报告及问题清单，明确整改要求、责任单位和整改时限。对涉及民生领域的问题，相关部门依据问题清单制定整改方案，成立行业督导组，分片区督办问题整改和政策落实。相关地方党委政府高度重视整改工作，不逃避问题、不回避矛盾，切实承担整改主体责任，主要领导对整改工作负总责，整改任务明确到责任单位和责任人，建立整改台账，逐条逐项整改销号。

三是纪检监察机关整改问责更加强化。凡涉及需追责问责的审计情况、审计移送的案件线索，省纪委监委都分类建立问题台账，督促各级纪委监委启动追责问责程序，严格实行销号管理，逐一追责问责到位。截至 9 月底，全省各级纪检监察机关已对 845 人进行了追责问责。

四是审计反映问题整改效果更加明显。从跟踪各地各部门整改情况看，截至 9 月底，审计查出的违纪违规问题共整改 192.75 亿元，占应整改问题金额的 95％，整改率较去年同期提高 3 个百分点，连续两年整改率超过 90％。为加强源头管控，进一步扎紧扎密制度的笼子，今年来，省政府、省直部门和相关地方党委政府根据审计查出问题，制定和完善地方规章制度或行业管理办法 267 项，整改工作取得阶段性明显成效。（时间：2018 年 11 月 23 日　来源：湖北省审计厅财政处）

浙江：强化责任　严肃审计查出问题整改

近日，浙江省人民政府副省长朱从玖向省十三届人大常委会第七次会议作今年省级审计工作报告查出问题整改情况的报告。报告反映，今年审计工作报告问题事项 808 个，其中应整改事项问题金额 179.9 亿元，已整改金额 172.29 亿元，问题金额整改率达 95.77％；出台完善制度、办法 253 项，处理处分相关责任人 221 名。

审计整改报告围绕中心、突出重点，紧扣今年审计工作报告查出问题，全面反映整改落实情况。通过审计整改，在切实加强财政管理监督、坚决打好"三大攻坚战"、更好服务经济高质量发展、促进民生政策落地生根、进一步规范权力运行五大方面取得了一系列工作成效。比如：在切实加强财政管理方面，涉及财政资金调借、存放、管理等方面存在的问题，有关单位主要采取将资金上缴国库、撤销违规财政专户、执行公款竞争性存放、实现资金保值增值、加快处置闲置资金等方式进行整改，共计落实整改金额 59.16 亿元；在坚决打好"三大攻坚战"方面，针对危险废物监管存在薄弱环节问题，今年 8 月省政府出台清废行动实施方案，明确今后 5 年涵盖危险废物在内固体废物的处置目标、措施及组织保障，要求到 2020 年危险废物利用处置无害化率达到 100％；在更好服务经济高质量发展方面，省发展改革委和原省工商局积极深化"最多跑一次"改革，分别牵头投资项目审批改革和"证照分离""多证合一""证照联办"等改革，有效缩短企业投资项目开工前审批时间和推进工商登记全程电子化；在促进民生政策落实生根方面，针对 22 个市县存在无指标参保等问题，原省国土资源厅等四部门联合印发了《关于被征地农民参加社会保障实行"人地对应"的指导意见》，同时有关地方对违规售卖指标情况进行严肃查处，已立案起诉 3 人，刑事拘留 1 人，开除党籍 1 人，党内严重警告 2 人，党内警告 13 人，诫勉谈话 16 人，批评教育等其他方式问责 45 人；在进一步规范权力运行方面，通过审计整改，增强了领导干部依法行政意识、民主决策意识、廉洁从政意识和生态保护意识。

目前，审计工作报告反映的问题大部分已整改。下一步，省政府要求进一步加大跟踪督查力度，建立审计整改长效机制，增强审计整改合力，确保审计查出问题应改尽改、高质量整改。对尚未整改到位问题，省政府将积极督促落实整改主体责任，针对机构改革后职能变动情况，按照业务归口原则，承续该项职能的部门切实担负起审计整改责任，确保工作不断、整改不停。（时间：2018 年 11 月 29 日　来源：浙江省审计厅　严星、周进俭）

河南：以"钉钉子"精神抓好审计整改工作落实

近日，河南省省长陈润儿主持召开省政府第 28 次常务会议。会议讨论并原则同意省审计厅起草的《关于 2017 年度省级预算执行和其他财政收支审计查出问题整改情况的报告》。

会议强调，加强审计整改工作，是落实全面依法治国的内在要求，是发挥审计在党和国家监督体系中重要作用的客观需要，是维护审计监督严肃性和政府公信力的重要手段。2016 年以来，省政府每年向省人大常委会报告审计查出问题的整改落实情况。近半年来，按照省人大常委会的决议要求和省政府的安排部署，省直有关部门和市县政府积极推动 2017 年度省级预算执行和其他财政收支审计整改落实工作，截至 2018 年 10 月底，审计署 2017 年度中央预算执行和其他财政收支审计涉及河南的问题以及 2017 年度省级预算执行和其他财政收支审计发现的问题整改工作快速推进，成效明显，整改率达到 96.5%。但个别地方和行业领域仍存在进度不平衡、态度不严肃、问题不落实等问题，应予高度关注。

会议要求，各级、各部门要认真贯彻落实习近平总书记在中央审计委员会第一次会议上的重要讲话精神，全面落实省委、省政府有关决策部署，充分认识抓好审计整改工作的重要性，以对党和人民高度负责的态度，站在推进国家治理体系和治理能力现代化、推动经济高质量发展、维护人民群众根本利益的高度，以"钉钉子"的精神，驰而不息地抓好全省审计整改工作落实。

一要对照清单，严格责任。被审计单位是审计整改的责任主体，要严格落实审计整改要求，对照审计发现问题列出详细整改计划，明确问题清单、时限清单和责任清单，全力抓好尚未整改事项的整改落实。被审计单位主要负责同志是审计整改的第一责任人，对本单位审计整改结果负总责。各牵头单位负责本单位、本系统职责范围内审计整改工作的督促落实。省审计厅是全省审计整改的牵头督促部门，负责对被审计单位的整改情况进行跟踪检查和核实。

二要一项不落，全面整改。各有关单位要进一步提高认识、加强领导、压实责任，把审计整改工作不断引向深入，不打折扣地全面抓好落实。对尚未整改到位的问题，要认真分析原因、找准症结、逐条逐项整改，坚决杜绝应付式、敷衍式整改。省审计厅要持续跟踪督查，严格把关，重点督办，推动落实，对被审计单位应当整改的问题实行清单动态管理，严格执行清单销号制度。

三要明确时限，注重实效。审计整改要明确时限要求，不能遥遥无期、虎头蛇尾。对整改过程中遇到的困难，各有关单位要加紧研究、尽快解决，严禁久拖不决。对政策理解不够、工作不够熟悉的，省审计厅要加强分类指导，积极帮助整改。对行动迟缓、整改不力和未按期完成整改任务的单位和个人，必须依法依纪严肃问责，绝不姑息。（时间：2018 年 11 月 29 日　来源：河南省审计厅　信焱）

天津：审议审计查出问题整改情况报告

近日，天津市第十七届人大常委会第六次会议听取并审议了市审计局局长刘健受市政府委托所作的《关于 2017 年度市级预算执行和其他财政收支审计查出问题整改情况的报告》。会议充分肯定了审计整改工作取得的成效，认为审计整改报告全面翔实地反映了市政府及相关部门对审计整改工作的推进情况，并提出了针对性和可操作性较强的审计整改意见。在问题整改过程中，市委、市政府高度重视，审计机关扎实细致，相关部门认真整改，审计整改效果明显，审计查出问题大部分得到纠正，整改长效机制正在逐步建立。市审计局不断加强审计监督，认真开展督查检查，列出整改清单，督促各有关部门单位全面整改审计查出问题，充分发挥了审计在党和国家监督体系中的重要作用。

会议要求，市政府及有关部门要认真研究，进一步做好审计整改相关工作。一是加大审计监督力度。按照中央关于人大预算审查监督重点向支出预算和政策拓展的指导意见要求，加强对财政专项资金绩效和政策执行情况的审计监督，高度关注事关经济社会发展大局、与人民群众利益密切相关的重点资金、重点项目、重点领域，推动财政资金合理配置和高效使用，更加有效发挥审计监督职能作用。二是持续推进审计整改。继续跟踪督查审计移送办理情况和被审计单位整改情况。对未整改、假整改和整改不到位的部门和单位，要查明原因、健全机制、改进管理，同时坚持问题导向，重点研究普遍性、规律性和制度性情况。有关部门和单位要举一反三、以点带面，通过完善制度、规范管理等方式明确责任、堵塞漏洞，从源头上遏制同类问题再次发生。三是健全整改长效机制。持之以恒抓好审计整改工作，构建防范监管长效机制。针对审计查出的突出问题，有关部门和单位要依法承担所属单位监督管理责任，指导督促抓好整改，积极健全本系统本行业整改长效机制，增强审计整改合力。要不断巩固整改成果，狠抓严管、防止反弹，推动该市财政管理工作再上新水平。

下一步，天津市审计局将按照中央、市委决策部署，依法全面履行审计监督职责，在市人大常委会的指导和监督下，遵循"三个区分开来"要求，进一步强化审计督促整改责任，建立健全整改长效机制，完善审计整改"挂销号"制度，推进审计整改闭环和屡审屡犯约谈机制，加强与巡视督查、纪检监察等部门的协同联动，围绕深化改革、完善制度、促进高质量发展提出建设性意见，以较真碰硬的态度推动真整改、真落实，为建设"五个现代化天津"做出新的更大贡献。（时间：2018 年 11 月 30 日　来源：天津市审计局　张崇清）

重庆：审计查出问题整改工作有进度、有绩效、有亮点

近日，重庆市五届人大常委会第七次会议审议了市审计局局长郑立伟受市政府委托所作的《关于 2017 年度市级预算执行和其他财政收支审计查出问题整改情况的报告》。

与会代表认为，审计整改报告内容翔实、表述清晰，真实客观地反映了

2017年度市级预算执行审计发现问题整改结果，充分展现了有进度、有绩效、有亮点的审计整改推进成效。在市政府统一部署下，各整改责任单位积极采取措施，通过推动审计发现问题整改来纠偏改错、完善制度，截至10月底，审计整改率达到82.94%，有关被审计单位已按要求上缴及归还财政资金99.15亿元、调减工程投资25.94亿元，市和区县有关部门在财政管理、扶贫、义务教育等领域制定完善相关规范性文件和管理制度207项，审计整改成效非常明显。尤其是审计机关坚持直面问题、实事求是，建立整改台账、细化整改清单、强化督促指导，对未整改到位问题加强政策研究和工作协调，严谨细致和敢于斗硬的工作作风值得肯定。

市人大常委会党组副书记、副主任刘学普强调，要进一步推动审计查出问题整改，切实发挥审计监督实效。一是要继续压实审计整改责任，明确各级政府对审计整改的领导督促责任、被审计单位的主体责任、财政部门的管理责任和审计部门的监督责任，进一步完善和落实审计查出问题追责问责机制，把审计结果及其整改情况作为考核、奖惩的重要依据，让审计成果切实有效发挥作用。二是要认真贯彻落实中央审计委员会第一次会议精神，进一步加强和改进审计工作，拓展审计监督的广度和深度，切实加大对重大政策落实、财政管理改革、政府债务和国有资产管理等的审计监督，更好地发挥审计在党和国家监督体系中的重要作用。三是要高度重视内部审计监督工作，健全内审机构设置、人员配备，充分发挥内部审计的自我规范、自我监督的源头治理作用，推进深化改革和体制机制创新。四是要把审计查出问题整改与财政预算管理紧密衔接，将整改成果及时运用到2019年预算编制和2019—2021年滚动预算编制工作中，把审计揭示的易发问题、普遍问题作为深化财税改革、完善预算管理的重点，从源头上解决预算编制和执行中的屡审屡犯问题，推动建立规范透明、标准科学、约束有力的预算管理制度。（时间：2018年12月04日　来源：重庆市审计局　杨琦）

河南：省级预算执行审计查出问题整改情况报告受到省人大常委会一致好评

近日，受省政府委托，河南省审计厅党组书记、厅长汪中山，向省十三届人大常委会第七次会议作了《关于2017年度省级预算执行和其他财政收支审计查出问题整改情况的报告》。河南省人大常委会分组审议了审计整改情况报告，对报告给予了充分肯定。委员们认为，省政府及相关部门认真落实省人大常委会审议意见，积极制订整改措施，严格落实整改责任，强化整改监督问责，审计整改效果令人满意。

一是领导更加重视。省政府高度重视审计整改工作，主要领导亲自挂帅，多次召开会议，统筹谋划；分管领导认真抓好分管领域，对重点问题、难点问题指导协调解决。二是机制更加健全。省委办公厅、省政府办公厅联合印发了《关于进一步加强审计整改工作的意见》，建立了审计整改联席会议制度；省审计厅完善了部门间的协作配合工作机制，监督的整体合力得到有效提升。三是成效更加显著。审计工作报告反映的 880 项问题，已完成整改 835 项，整改率为 94.9％。整改问题金额 160.24 亿元，有关部门制定出台相关规章制度 166 项，处理处分相关责任人 262 名。四是报告更加精练。审计整改报告条理清晰，问题的整改情况用数字说话，逐条逐项进行反映；未整改到位的问题不掩饰、不回避，并详细说明了背景和原因。

委员们在审议中提出以下建议：一要继续加强审计查出问题整改情况的跟踪监督，特别是对尚未整改到位的问题，要分类指导，重点督办，确保一项不漏地全面整改；二要着力健全长效机制，堵塞制度漏洞，提升审计整改的质量和效果，以落实查出问题整改，进一步推进工作，促进改革，加快发展；三要加强对财政资金使用绩效的审计力度，努力解决财政资金绩效低的问题。（时间：2018 年 12 月 05 日　来源：河南省审计厅　赵斌）

江西省人大常委会听取和审议审计整改情况报告

近日，江西省审计厅党组书记、厅长辜华荣受省人民政府委托，在省十三届人大常委会第九次会议上作了《关于 2017 年度省级预算执行和其他财政收支审计查出问题整改情况的报告》。省人大常委会审议后对审计整改报告给予了充分肯定。11 月 29 日上午，江西省十三届人大常委会第九次会议举行联组会议，开展审计查出问题整改情况满意度测评，测评结果均为满意。

报告指出，省政府高度重视 2017 年度省级预算执行和其他财政收支审计查出问题的整改工作，召开省政府常务会议专题研究部署 2017 年度省级预算执行和其他财政收支审计查出问题的整改工作，要求各地、各部门认真贯彻落实党中央、国务院决策部署和省委、省政府工作要求，依法接受审计监督，坚决落实整改责任，及时制定整改措施，开展整改专项督查，形成审计整改合力，健全完善长效机制。

报告从省级决算草案及预算执行、重点专项、政府投资项目、企业、污染防治资金和项目、国外贷援款项目六个方面，全面反映了2017年度省级预算执行和其他财政收支审计查出问题的整改情况。并对部分尚未整改到位的事项及主要原因进行了分析，提出了下一步审计整改工作意见，要求相关地方、部门和单位提高政治站位，强化责任担当，压实整改责任，加大跟踪督促力度，进一步明确整改到位期限，严格实行对账销号。

此前，省人大常委会预算工委会同省人大财经委和省审计厅、邀请部分常委会委员和省人大代表组成督办组，对审计查出问题的整改工作进行督办，有力地推动了整改工作落到实处。（时间：2018年12月05日　来源：江西省审计厅）

四川省人大常委会听取和审议审计整改情况报告

近日，受省政府委托，四川省审计厅厅长陶志伟向省第十三届人大常委会第八次会议作了《关于四川省2017年度省级预算执行和其他财政收支审计查出问题整改情况的报告》（以下简称审计整改报告），并提请大会审议。

今年7月，《四川省2017年度省级预算执行和其他财政收支的审计工作报告》披露了审计发现问题，省人大提出了审议意见。省政府对此高度重视，及时组织专题研究，督促有关部门单位健全问责制度、强化整改督促、深化审计结果运用、加强重点领域审计，切实推进审计发现问题整改，进一步完善审计监督制度。

今年的审计整改报告从省级预算管理和决算草案、部门预算执行、"三大攻坚战"、专项资金、重大政策措施落实、民生资金项目、政府投资七个方面反映了审计发现主要问题的整改情况。

从总体上看，各级各有关部门（单位）把整改审计发现的问题作为贯彻落实中共中央、国务院《关于全面实施预算绩效管理的意见》《关于人大预算审查监督重点向支出预算和政策拓展的指导意见》的重要抓手，与构建全面推动高质量发展、深化"三大攻坚战"、推进乡村振兴的制度机制相结合，以审促改、以改建制，取得明显效果。

此外，根据省人大常委会安排，经济和信息化厅、民政厅、住房和城乡建设厅、生态环境厅和省广播电视局分别在会上汇报了本单位的整改情况。

从总体上看，上述 5 个单位高度重视审计整改工作，主要负责同志均作为第一责任人，组织制定整改方案、加强督促检查，并注重与审计机关的沟通衔接，审计指出的问题已基本得到整改。

陶志伟在报告中表示，下一步将聚焦重点领域、重点项目、重点资金加强审计监督，狠抓责任落实、拓展整改实效、健全长效机制，更好发挥审计在党和国家监督体系中的重要作用，为推动治蜀兴川再上新台阶强化审计保障。（时间：2018 年 12 月 07 日　来源：四川省审计厅　李晓强、韩勇、任梓熙）

浙江省人大常委会充分肯定审计整改工作成效

近日，浙江省人大常委会组成人员分组审议了由副省长朱从玖代表省政府所作的《关于 2017 年度省级预算执行和全省其他财政收支审计查出问题整改情况的报告》，对今年审计整改报告给予了充分肯定。

常委会组成人员普遍认为报告逻辑清晰、内容翔实客观，整改工作富有成效。一是省政府高度重视。今年省政府常务会议研究部署审计工作报告反映问题整改工作，专门召开审计工作报告反映问题整改工作电视电话会议，以及由省政府领导报告审计整改情况，充分体现省政府对审计整改工作的重视。二是整改力度大。省政府对审计整改工作抓住了关键、突出了重点，尤其审计机关对整改工作的监督、跟踪和督促力度很大，推动各方面积极全面整改，问题金额整改率达 95.77％。三是整改成效明显。通过审计整改，在切实加强财政管理监督、坚决打好"三大攻坚战"、更好服务经济高质量发展、促进民生政策落地生根、进一步规范权力运行等方面都取得了积极成效，起到了很好的作用。

同时，常委会组成人员审议时也提出以下建议：一是持续跟踪督促问题整改。对未整改到位事项，审计机关要实行清单制、销号制管理，加大督查力度，一抓到底，持续跟踪问题整改，确保监督实效。二是建立审计整改长效机制。相关部门要举一反三、以事促制，深入剖析问题根源，力求综合施策，针对性地建立完善政策制度，从源头上解决问题，减少"屡审屡犯"。三是加大问责和考核。要把审计查出的问题整改情况纳入各级政府和各部门年度目标考核的范畴，加大审计整改追责力度，通过严肃追责，倒逼审计整改工作。同时，要建立容错免责机制，从源头上调动大家积极性，让创业者、干事者有信心。（时间：2018 年 12 月 12 日　来源：浙江省审计厅　严星、周进俭）

加强对内部审计工作的指导和监督

审计署法规司负责人就修订出台《审计署关于内部审计工作的规定》答记者问

2018 年 1 月 12 日，审计署党组书记、审计长胡泽君签署中华人民共和国审计署令第 11 号，公布了新修订的《审计署关于内部审计工作的规定》（以下简称《规定》），自 2018 年 3 月 1 日起施行。《规定》的出台实施，是贯彻落实党中央国务院关于加强内部审计工作、充分发挥内部审计作用指示精神的重大举措，对促进被审计单位规范内部管理、完善内部控制、防范风险和提质增效具有十分重要的意义。审计署法规司有关负责人就《规定》的有关情况回答了记者提问。

问：请您谈谈《审计署关于内部审计工作的规定》（审计署令第 4 号，以下简称 4 号令）修订的主要背景是什么？

答：社会主义市场经济是法治经济，需要每一个市场主体守法诚信、充满活力、公平竞争。只有每一个市场主体的细胞是健康的，市场经济才能减少出问题的风险。在我国，审计对象涵盖所有党政机关和国有企事业单位，每个单位又下辖若干层级，只有每个层级都健康、依法、诚信，被审计单位才能有效抵抗风险。对依法属于审计监督对象的单位的内部审计工作进行业务指导和监督，是审计机关的法定职责。因此，审计机关要着眼于推动市场经济健康发展和建设现代化经济体系，关注被审计单位内部风险防控，减少问题的发生，促进被审计单位事业健康发展。

4 号令自 2003 年发布实施以来，为我国内部审计工作的开展提供了有力的制度支撑。但随着我国经济社会的快速发展，内部审计的内外部环境发生了很大变化，审计法及其实施条例先后作了重大修改，特别是党的十八大以来《国务院关于加强审计工作的意见》《关于深化国有企业和国有资本审计监督的若干意见》等党中央国务院文件对新时代的审计监督工作提出了新的、更高的要求，4 号令已经不能完全适应新形势的需要：一是内部审计职责范围需要根据新时代新要求作相应调整；二是内部审计独立性需要进一步强化；三是内部审计结果运用缺乏明确规范，作用难以充分发挥；四是审计机关指导监督的职责范围和方式方法等缺乏明确规范，影响了指导监督力度。为进一步加强和规范依法属于审计机关审计监督对象的单位（即被审计单位）的内部审计工作，充分发挥内部审计作用，审计署组织对 4 号令进行了修订。

问：《规定》对内部审计职责范围作了哪些规定？

答：为充分发挥内部审计作用，加大内部审计监督力度，《规定》进一步拓展了内部审计职责范围。首先，明确内部审计定义。在总则中将定义中明确为"对本单位及所属单位财政财务收支、经济活动、内部控制、风险管理实施独立、客观的监督、评价和建议，以促进单位完善治理、实现目标的活动"，与原定义相较，增加了"建议"职能，将监督范围拓展至内部控制、风险管理领域，将目标定位为"促进单位完善治理、实现目标"。其次，明确内部审计职责范围。共涉及财政财务收支审计、内部管理领导人员经济责任审计等 12 项职能，与原职责相比，增加了贯彻落实国家重大政策措施情况审计，发展规划、战略决策、重大措施以及年度业务计划执行情况审计，自然资源资产管理和生态环境保护责任的履行情况审计，境外机构、境外资产和境外经济活动审计，协助督促落实审计发现问题的整改工作，指导监督所属单位内部审计工作等职责。

问：《规定》从哪些方面增强了内部审计的独立性？

答：为进一步强化内部审计独立性，《规定》主要从以下两个方面予以规范：一是进一步健全有利于保障内部审计独立性的领导机制。规定内部审计机构或履行内部审计职责的机构应当在单位党组织、董事会（或者主要负责人）直接领导下开展内部审计工作。单位党组织、董事会（或者主要负责人）要定期听取内部审计工作汇报，加强对内部审计工作规划、年度审计计划、审计质量控制、问题整改和队伍建设等重要事项的管理。国有企业还应当按照有关规定建立总审计师制度，总审计师协助党组织、董事会（或者主要负责人）管理内部审计工作。同时，明确下属单位、分支机构较多或者实行系统垂直管理的单位的内部审计机构对全系统内部审计工作负有指导和监督职责。二是建立健全内部审计人员独立性约束和保护制度。规定内部审计人员必须严格遵守有关法律法规、《规定》和内部审计职业规范，忠于职守，做到独立、客观、公正、保密，不得参与可能影响独立、客观履行审计职责的工作；在遭受打击、报复、陷害时，单位党组织、董事会（或者主要负责人）应当及时采取保护措施，并对相关责任人员进行处理；涉嫌犯罪的，移送司法机关依法追究刑事责任。

问：《规定》从哪些方面明确了内部审计结果运用范围？

答：内部审计结果的运用，对于提高内部审计的地位、充分发挥内部审计的作用具有十分重要的意义。为此，《规定》专设一章对如何运用内部审计结果做了明确规定。一方面，单位内部应加强内部审计结果运用，建立内部审计发现问题整改机制、内部审计与其他内部监督力量协作配合机制、重大违纪违法问题线索移送机制等机制，并将内部审计结果及整改情况作为考核、任免、奖惩干部和相关决策的重要依据。另一方面，审计机关应加强内部审计结果运用，在审计中，特别是在国家机关、事业单位和国有企业三级以下单位审计中，应当有效利用内部审计力量和成果。

问：《规定》对审计机关的指导和监督职责做了哪些规定？

答：为切实加强审计机关对内部审计工作的业务指导和监督，《规定》从以下两个方面进行了规定：一是明确审计机关指导和监督的职责范围，包括：起草有关内部审计的法规草案；制定有关内部审计工作的规章制度和规划；推动单位建立健全内部审计制度；指导内部审计统筹安排审计计划，突出审计重点；监督内部审计职责履行情况，检查内部审计业务质量；指导内部审计自律组织开展工作等。二是明确指导和监督的主要方式，指导主要通过业务培训、交流研讨等方式展开，监督主要通过日常监督、结合审计项目监督和专项检查等方式展开，此外审计机关还可以通过向内部审计自律组织购买服务进行业务指导和监督。特别是此次修订《规定》时，一并研究制定了《审计署关于加强内部审计工作业务指导和监督的意见》，对《规定》内容进行了进一步细化和具体化，为今后审计机关加强内部审计指导监督工作提供了基本遵循，必将促进《规定》更好地贯彻执行。（时间：2018 年 01月 22 日　来源：审计署法规司）

评论：开启新时代内部审计工作新征程

新修订的《审计署关于内部审计工作的规定》（以下简称《规定》）正式出台并即将实施，这标志着新时代内部审计工作开启了新征程。

新时代，审计监督工作肩负着新的使命。胡泽君同志在最近召开的全国审计工作会议上指出，社会主义市场经济是法治经济，只有每一个市场主体的细胞是健康的，市场经济才能减少出问题的风险。审计机关要着眼于推动市场经济健康发展和建设现代化经济体系，关注被审计单位内部风险防控，减少问题的发生，促进被审计单位事业健康发展。《规定》的出台正逢其时，是审计署贯彻落实党中央国务院关于加强内部审计工作、充分发挥内部审计作用指示精神的重大举措，对内部审计工作迎接新时代更新、更高的要求意义重大，影响深远。

《规定》的出台为新时代内部审计工作提供了制度保障。《规定》内容丰富，时代特色鲜明，进一步拓展了内部审计的职责范围、增强了内部审计的权威性、独立性，明确了内部审计结果运用范围，加强了审计机关对内部审计的指导和监督。《规定》拓展了内部审计职责范围，共涉及 12 项职能，特别增加了贯彻落实国家重大政策措施情况审计，发展规划、战略决策、重大措施以及年度业务计划执行情况审计，自然资源资产管理和生态环境保护责任的履行情况审计，境外审计等，都是新时代国有经济规范发展、防范风险和提质增效的关键点，是社会关注的焦点。

《规定》的出台进一步增强了内部审计的独立性和权威性。独立性被视为审计的灵魂、审计的立身之本。只有保持独立性，才能充分发挥内部审计的监督职责，促进单位防范风险、提质增效。《规定》要求进一步健全保障内部审计独立性的领导机制，由单位党组织、董事会（或者主要负责人）直接领导。国有企业还应当按照有关规定建立总审计师制度。同时，健全内部审计人员独立性约束和保护制度。

《规定》的出台有利于提高内部审计的地位。有为方能有位，审计结果运用的效果如何，直接决定了审计的地位。《规定》特别明确了如何运用内部审计结果，要求建立内部审计发现问题整改机制、内部审计与其他内部监督力量协作配合机制、重大违纪违法问题线索移送机制等机制，并将内部审计结果及整改情况作为考核、任免、奖惩干部和相关决策的重要依据。同时，要求审计机关加强内部审计结果运用，有效利用内部审计力量和成果。

《规定》对审计机关指导监督内部审计提出了明确要求。对被审计单位的内部审计工作进行业务指导和监督，是审计机关的法定职责。《规定》明确了审计机关指导和监督的职责范围和主要方式。且在对《规定》进行修订时，一并研究制定了《审计署关于加强内部审计工作业务指导和监督的意见》，为审计机关加强内部审计指导监督工作提供了基本遵循。根据《规定》，加强对被审计单位内部审计工作的指导和监督，主要是通过业务培训、经验交流、工作质量专项检查等方式来进行。

天下无易事，有恒者得之。新征程路上，全国审计机关和各相关单位要认真贯彻执行《规定》，以更新的姿态、更新的举措、更新的作为，规范内部管理、完善内部控制、防范风险、提质增效，为决胜全面建成小康社会努力奋斗！（时间：2018 年 01 月 22 日　来源：中国审计报）

努力开创审计机关与内审协会协同推进内部审计事业繁荣发展的新局面

——写在《审计署关于内部审计工作的规定》修订出台之际

《审计署关于内部审计工作的规定》（以下简称《规定》）修订工作历时多年终于出台了。这充分体现了审计署对于充分发挥内部审计在国家的审计监督体系中的重要作用，依法履行审计机关对内部审计业务指导和监督这一法定职责的高度重视；也充分体现了审计署对于充分发挥内部审计自律组织的独特优势作用，加强审计机关对内部审计协会的联系和指导工作的高度重视。

修订后的《规定》适应新形势、体现新使命、满足新要求，对于进一步深入学习贯彻党的十九大精神，落实审计法和审计法实施条例、《国务院关于加强审计工作意见》等法规政策的要求，推动有关单位建立健全内部审计制度，加强审计机关对内部审计的业务指导和监督，更好地发挥内部审计协会作为职业自律组织的作用，都具有十分重要的意义。

贯彻落实《规定》，要求依法属于审计机关审计监督对象的单位，更加重视内部审计工作，进一步健全有利于保障内部审计独立性的领导机制，完善内部审计工作制度，保障内部审计机构和人员依法依规独立履行职责。内部审计机构和内部审计人员更要充分认识到，《规定》较修订前对内部审计工作提出了更高的要求。比如，将内部审计监督的范围拓展至内部控制、风险管理领域，涉及 12 项职责，将内部审计目标定位为"促进单位完善治理、实现目标"，等等。这就要求广大内部审计机构和人员必须胸怀大局、着眼长远，履行好自己的职责和使命，在规范管理、防范风险，推动所在单位认真贯彻落实党和国家的方针政策、自觉遵守国家法律法规和制度规定等方面发挥更加积极的作用；必须为适应履职的需要而不断提升内部审计人员的素质和能力，提高内部审计的质量和成效；必须更加自觉地接受审计机关对内部审计的业务指导和监督，更加积极支持内部审计协会按照法律法规和章程开展活动。

贯彻落实《规定》，要求各级审计机关切实履行好对内部审计进行业务指导和监督的法定职责。要积极推动本级人大、政府制定出台加强内部审计工作的法规政策，制定有关内部审计工作的规章制度和规划，推动单位建立健全内部审计制度，引导和规范内部审计的发展，为内部审计履职尽责创造良好的外部环境；指导内部审计统筹安排审计计划，突出审计重点，监督内部审计职责履行情况，检查内部审计业务质量，有效利用内部审计的力量和成果，引导内部审计与国家审计相向而行；指导内部审计协会开展工作，通过购买服务等方式，进一步发挥好内部审计协会的独特优势作用。

贯彻落实《规定》，要求各级内部审计协会按照法律、法规要求及章程规定，履行好内部审计职业自律管理和服务的职责。要通过制定职业规范、开展理论研讨、组织经验交流、举办职业培训等多种形式的活动，引导内部审计加强规范化建设和能力建设，促进提高内部审计工作质量，推动内部审计工作健康发展。内部审计协会要加强与审计机关的沟通和联系，主动接受审计机关的政策和业务指导，通过积极承接政府购买服务等方式，为审计机关履行好对内部审计的业务指导和监督职责建言献策、贡献力量。要利用好协会的资源和平台，自觉把党和政府、审计机关有关内部审计的法规政策传达给内部审计机构和人员，推动其贯彻落实；要及时向审计机关反映内部审计工作中存在的困难和问题，反映内部审计机构和人员的合理诉求，成为广大内部审计机构和人员与审计机关之间联系的桥梁和纽带。

希望广大内部审计机构和内部审计人员，认真学习贯彻这一《规定》；同时也希望各级内部审计协会能够以《规定》的修订出台为契机，与审计机关相互协调配合，找准各自职责定位，发挥好各自的优势作用，让我们携起手来，以党的十九大精神为指引，共同开创新时代内部审计事业繁荣发展的新局面。（时间：2018 年 01 月 23 日　来源：中国内部审计学会）

全国内部审计工作座谈会在京召开

9 月 11 日，全国内部审计工作座谈会在京召开。审计署党组书记、审计长胡泽君就奋力开创内部审计工作新局面发表讲话。审计署党组成员、副审计长孙宝厚主持会议。党组成员、总审计师陈健，党组成员、法规司司长刘正均参加会议。

胡泽君在讲话中强调，要提高政治站位，深刻认识新时代加强内部审计工作的重要意义。各级审计机关、内审机构和协会要深入学习贯彻习近平总书记在中央审计委员会第一次会议上的重要讲话精神，站在党和国家事业全局的高度，准确把握内部审计工作的职责定位，推动内部审计工作在新时代有新发展。要充分地认识到，加强内部审计工作是推进国家治理体系和治理能力现代化，实现审计全覆盖，推动实现经济高质量发展的需要。

胡泽君指出，自1983年我国建立内部审计制度，特别是党的十八大以来，内部审计工作的制度机制不断完善，审计领域不断拓展，审计质量和成效得到显著提升，在促进各部门各单位完善内部治理、提升发展质量、推动深化改革、促进反腐倡廉等方面发挥了积极作用。35年来，内部审计工作注重揭示本单位发展中的风险隐患，切实保障国有资产安全；注重对公共资金使用绩效的审计，促进安全高效和厉行节俭；注重揭露违纪违法问题，助力反腐倡廉建设；注重建立健全内部审计查出问题的整改长效机制，推动完善制度和加强管理；注重加强内部审计的制度建设和队伍建设。在总结成绩的同时，我们还要清醒地认识到，与新时代新要求相比，内部审计工作还存在一些问题和不足，需要在今后的工作中努力改进。

胡泽君强调，当前，审计事业正处于历史上最好的发展机遇期。对于内部审计工作而言，要取得新发展、实现新作为、开创新局面，根本在于把握大局、明辨方向、找准路子、扎实工作。要坚持党对审计工作的集中统一领导，坚持将推动党中央、国务院重大决策部署在本地区本部门本单位的有效落实作为首要职责，坚持把握内部审计工作的原则和规律，坚持不断完善内部审计组织和工作模式，坚持打造一支信念坚定、业务精通、作风务实、清正廉洁的高素质专业化内部审计队伍，坚持充分发挥内审协会的作用。

据悉，座谈会为期一天半。会议期间，与会同志还将进一步交流内部审计工作经验做法，研究审计机关如何加强对内部审计工作业务指导和监督。来自有关单位的300余名同志参加了座谈会。（时间：2018年09月12日来源：审计署　关金宝）

审计署关于加强内部审计工作业务指导和监督的意见

（审法发〔2018〕2号）

各省、自治区、直辖市和计划单列市、新疆生产建设兵团审计厅（局）、署机关各单位、各派出审计局、各特派员办事处、各直属单位：

为深入贯彻落实党的十九大精神，促进提高内部审计质量和水平，有效防范风险，推进国家治理体系和治理能力现代化，根据审计法及其实施条例、《国务院关于加强审计工作的意见》和中共中央办公厅、国务院办公厅

《关于完善审计制度若干重大问题的框架意见》《关于深化国有企业和国有资本审计监督的若干意见》以及《审计署关于内部审计工作的规定》等法律法规和文件要求，现就切实加强对依法属于审计机关审计监督对象的单位（以下统称被审计单位）内部审计工作的业务指导和监督提出以下意见：

一、充分认识加强内部审计指导监督工作的重要性

党的十八大以来，党中央、国务院高度重视审计工作，要求对公共资金、国有资产、国有资源和领导干部履行经济责任情况实行审计全覆盖，建立健全与审计全覆盖相适应的工作机制，统筹整合审计资源，加强内部审计工作，充分发挥内部审计作用。从总体上看，各级审计机关能够认真贯彻落实党中央、国务院决策部署，积极加强对内部审计工作的业务指导和监督，推动内部审计较好地发挥了在促进所在单位规范管理、完善内控机制、防范风险和提质增效等方面的作用，为实现审计全覆盖创造了有利条件。但仍有一些审计机关对内部审计工作重视不够、指导监督不到位，一些部门单位内部审计工作发展不平衡，有的还缺乏制度保障，内部审计发现问题的整改也不到位等，未能充分发挥内部审计的作用。

各级审计机关要以习近平新时代中国特色社会主义思想为指导，充分认识加强内部审计工作对强化单位内部管理、统筹整合审计资源、增强审计监督整体效能、推进审计事业发展的重要意义，按照党中央、国务院要求和相关法律法规的规定，进一步加强对内部审计工作的业务指导和监督，建立健全内部审计指导监督制度，坚持问题导向，突出工作重点，创新方式方法，强化内部审计在规范管理、防范风险等方面的积极作用，推动相关部门、单位认真贯彻落实党的十九大确定的战略部署，自觉遵守国家法律法规和制度规定，扎实推进决胜全面建成小康社会各项工作任务。

二、建立健全内部审计指导监督的工作机制

（一）建立健全指导和监督工作长效机制。审计机关要健全工作责任机制，明确负责指导和监督工作的职能部门和业务部门职责，加强协作配合，将对内部审计的业务指导和监督纳入年度工作内容，与审计业务工作同部署、同落实、同检查。要加强制度建设，制定完善对内部审计业务指导和监督的制度措施。要加强监督检查，坚持问题导向，加大对内部审计工作情况的检查力度，完善检查反馈、情况通报、整改回访等工作机制。上级审计机关要将对内部审计的指导和监督工作纳入对下级审计机关的考核内容。

（二）建立健全内部审计资料备案及成果运用机制。审计机关要建立健

全被审计单位内部审计工作计划、审计报告、审计整改情况、工作总结以及审计发现的重大违纪违法问题线索等资料向同级审计机关备案机制。审计机关要加大对备案材料的研究和分析力度，将其作为编制年度审计项目计划的参考依据。审计机关要重视内部审计成果运用，审计中涉及国家机关、事业单位和国有企业三级以下单位时，可以在评估被审计单位内部审计工作质量的基础上，积极有效利用内部审计成果。对内部审计已经发现并纠正的问题不再在审计报告中反映，对纠正不及时不到位的问题应当依法提出处理意见并督促整改。

（三）建立健全与主管部门的协作机制。审计机关要注重发挥主管部门的作用，加强工作联系，根据行业属性、业务特点、资金规模等因素，会同制定行业性内部审计指导意见、内部审计工作指引等，协调开展对被审计单位内部审计工作的分类指导，及时通报监督检查结果，形成监督合力。

三、加强对内部审计工作的业务指导

（一）加强对建立健全内部审计工作机制的指导。推动被审计单位进一步理顺内部审计管理体制，建立被审计单位党组织、董事会（或者主要负责人）对内部审计工作的领导机制，加快建立国有企业总审计师制度，完善审计质量控制、内部审计结果运用和责任追究等制度。推动被审计单位建立内部审计与纪检监察、巡视巡察、组织人事等其他内部监督力量的协作配合机制，在监督信息共享、监督成果共用、重要事项共同实施、问题整改问责共同落实等方面形成监督合力。推动被审计单位建立内部审计发现问题整改长效机制，健全整改报告机制，落实整改主体责任。

（二）加强对内部审计计划安排和审计重点的指导。指导被审计单位紧紧围绕统筹推进"五位一体"总体布局和协调推进"四个全面"战略布局，围绕推进供给侧结构性改革、打好"三大攻坚战"等重大任务落实，科学安排内部审计计划，在审计财政财务收支真实合法效益的基础上，加大对内部管理领导干部履行经济责任情况的审计力度。要引导被审计单位内部审计坚持问题导向，突出审计重点，关注重大改革任务推进、重大政策落实、资金分配和使用、工程建设招投标和物资采购、土地流转和开发利用、金融资源配置和金融创新、国有资本运营和国有资产处置、生态环境保护、民生保障和改善、国家经济安全等重点领域，紧盯权力集中、资金密集、资源富集、资产聚集的部门和岗位，及时发现权力运行中存在的损害国家和人民利益、重大违纪违法、重大履职不到位、重大损失浪费、重大环境污染和资源毁损、重大风险隐患等问题。

（三）加强对内部审计人员的业务指导。采取现场指导、业务交流等方式，分层分类加强对内部审计人员的业务指导和培训。搭建交流推广平台，围绕当前审计工作的重点、难点，注重发现被审计单位内部审计工作的特点、亮点，做好内部审计经验推广工作。积极推广大数据审计工作模式等先进审计技术方法，推动提高内部审计人员运用信息化技术查核问题、评价判断和分析问题的能力，促进提高内部审计工作效率和质量。按照规定加强对内部审计协会的政策和业务指导，推动做好内部审计人员业务咨询、学术研讨、经验交流、评优表彰等工作。

四、加强对内部审计工作的监督检查

（一）加强日常监督。审计机关要加强对被审计单位内部审计工作的指导监督，及时掌握内部审计机构依法履行职责情况，通过经验交流、座谈研讨、现场调研等方式，总结推广开展内部审计工作的经验和做法。督促被审计单位认真整改内部审计发现的问题，积极为内部审计工作的顺利开展创造良好的工作环境。

（二）结合实施审计项目开展监督。审计机关实施审计项目时，要将被审计单位内部审计制度建立健全情况、内部审计工作开展情况以及质量效果等内容，纳入审计监督评价的范围。特别是在开展经济责任审计时，要将内部监督制约机制的建立健全和执行情况作为领导干部履职的内容进行评价，促进被审计单位按照规定建立健全内部审计制度，加强内部审计工作，规范管理，防范风险，提质增效，充分发挥内部审计作用。

（三）开展专项检查。审计机关可以采取组织自查与重点抽查相结合等方式，围绕内部审计制度建设与执行，聚焦内部审计项目的计划、实施、报告、整改等环节，组织开展对被审计单位内部审计工作情况的专项检查，并将检查情况在一定范围内进行通报，督促被审计单位及时整改，积极推动被审计单位规范内部审计行为，强化内部审计质量控制，防范内部审计风险，切实提高内部审计工作质量和水平。

海南：颁布内部审计工作规定

近日，海南省人民政府颁发 280 号政府令，颁布《海南省内部审计工作规定》（以下简称《规定》）。

《规定》指出，海南省行政区域内依法属于审计监督对象的国家机关、金融机构、企业事业组织、社会团体以及其他单位应当开展内部审计工作。鼓励和支持非公有制企业、农村集体经济组织等建立健全内部审计制度，开展内部审计工作。

《规定》明确，管理和使用政府性资金、社会公共资金数额较大，或者所属单位较多的行政事业单位、社会团体和其他组织，省政府国有资产监管部门和省属国有资本占控股地位或者主导地位的大中型企业，地方银行、保险、证券等国有金融机构等单位应当设立独立的内部审计机构，或者确定除财务机构以外的内设机构承担内部审计职责并配备专职或者兼职的内部审计人员。

县级以上人民政府应当加强对内部审计工作的领导，审计机关应当配备内部审计工作力量，指导和监督本行政区域内的内部审计工作。依法属于审计监督对象的单位，审计机关在进行审计时，可以组织其内部审计人员参与国家审计工作。依法属于审计监督对象的单位，应按要求向审计机关报告内部审计制度建立和内部审计工作开展等情况。

《规定》提出，内部审计机构履行对本单位及所属单位贯彻落实国家重大政策措施情况，发展规划、战略决策、重大措施以及年度业务计划执行情况，财政收支、财务收支及其有关经济活动，建设项目、技术改造项目、政府采购以及重大投资活动，内设机构及所属单位负责人履行经济责任情况，内部控制制度的健全性和有效性以及风险管理等进行审计；以及办理审计机关委托的审计事项、国家有关规定和本单位要求的其他事项等8项职责。

《规定》强调，审计机关、有关部门或者社会审计机构进行相关工作时，可将内部审计报告作为参考依据。设立内部审计机构的单位应当建立健全审计发现问题整改机制，明确被审计单位的主要负责人为整改第一责任人。对审计机关发现的问题和提出的建议，应当及时整改并将整改结果书面告知单位内部审计机构。必要时，内部审计机构可以开展后续审计，检查被审计单位对审计报告、审计决定的执行情况。（时间：2018年10月09日　来源：海南省审计厅　陈钧、何健）

浙江：适应新要求　共谋新发展　充分发挥内部审计在审计监督体系中的作用

近日，浙江省内部审计工作会议暨省审计学会第八届常务理事会第三次

（扩大）会议、省内部审计协会第五届理事会第三次会议在杭州召开。省审计厅党组书记、厅长、省审计学会会长朱忠明出席会议并作了讲话。

朱忠明充分肯定了审计学会、内审协会过去一年的工作，认为学会协会在服务审计事业科学发展上履职尽责，很多工作走在全国的前列，在重大理论课题研究、推动审计实践创新取得新成效、总结推广典型经验案例、内部审计指导监督等方面都取得了新成效、实现了新突破。

他从审计事业发展全局出发，深刻阐述了新时代加强内部审计工作的重要意义，系统总结了近年来内部审计工作取得的显著成效，提出了内部审计工作的发展定位、工作思路和具体举措，及时全面回应了各方关切和期盼，为做好当前和今后一个时期的该省内部审计工作指明了方向。

他强调，内部审计工作要取得新发展、实现新作为、开创新局面，必须把握大局、明辨方向，找准自身定位，扎实推进工作。一是要坚持党对审计工作的集中统一领导。各级内审机构和广大内审人员要提高政治站位，牢固树立"四个意识"，要自觉在本单位党委（党组）的领导下开展内审工作。二是要坚持既要发现问题、更要解决问题的价值取向。一方面要坚持凡审必严，做到敢于发现问题；另一方面要着眼体制机制，做到善于解决问题。三是要坚持主动有为、突出重点的工作导向。要在推动落实党委政府重大决策部署和本单位重点工作、促进权力规范运行、防范化解重大风险隐患上下功夫。

他对各行业主管部门、审计机关、内审协会合力推动内部审计工作提出了明确要求。强调行业主管部门应切实加强对本行业本系统内部审计工作的领导、加强内审机构与队伍建设、加强日常指导检查等工作；各级审计机关要切实履行对内审工作指导监督的法定职责，积极探索构建长效机制，创新协同机制，分领域扎实推进国家审计与内部审计的协同。各级内部审计协会要切实履行指导服务职责，在紧密联系会员、总结共享经验、加强培训交流上下功夫。

会上，省公安厅、省教育厅、省交投集团、省农信联社、绍兴市审计局和宁波市内部审计协会六家单位进行经验交流，介绍了内部审计指导监督工作的创新做法。

省审计厅副厅长、巡视员、省内审协会会长陈焕昌主持会议。省审计厅副厅长、总审计师、省审计学会副会长金建培，浙江财经大学党委副书记、省审计学会副会长黄建新，省能源集团有限公司纪委书记、省内审协会副会长张荣博、省财经大学会计学院副院长、省内审协会副会长邓川等省审计学会和省内审协会的理事，以及省直行政事业单位和国有企业、民营企业、社会团体等代表共计250余人参加了会议。（时间：2018年12月11日　来源：浙江省审计厅　陈怡璇）

第2篇 分报告

　　分报告聚焦各类审计业务的发展，根据我国政府审计目前的审计业务类型，2018年的发展报告中，选择了八类审计业务，形成八个分报告：本级政府预算执行审计及财政决算审计发展状况与前景展望；部门预算执行审计和部门决算审计发展状况与前景展望；经济责任审计发展状况与前景展望；金融审计发展状况与前景展望；企业审计发展状况与前景展望；固定资产投资审计发展状况与前景展望；资源环境审计发展状况与前景展望；外资运用审计和境外审计发展状况与前景展望。

分报告1：本级政府预算执行审计及财政决算审计发展状况与前景展望

本分报告聚焦本级政府预算执行审计和财政决算审计在 2018 年的发展状况，包括经验探索、制度建构和公告概览，在此基础上，对这两类审计的未来发展做一简要的前景展望。由于本年度相关制度出台很少，因此，将制度建构和经验探索合并。

一、经验探索和制度建构

各级审计机关从多角度探索本级政府预算执行审计，涉及审计内容和审计方法两个方面。主要表现在以大数据数据库为基础形成了财政审计大格局，实施联网实时审计，并运用绩效指标关注财政绩效审计问题，从而提升审计效率和审计效果。

（一）内蒙古自治区包头："三个转变"深入推进预算执行审计

在 2018 年预算执行审计中，内蒙古自治区包头市审计局结合《关于人大预算审查监督重点向支出预算和政策拓展的指导意见》，将预算执行审计的广度、深度和精度进行了提高。

一是审计内容，由收支审计转变为全面审计。在对常规预决算编制、财政收入、支出事项审计的基础上，对国务院深化预算管理体制改革中涉及的重点事项同步开展审计，实现了预算执行审计全覆盖。二是审计重点，由传统审计转变为绩效审计。一方面关注预算执行的效益性，审查绩效目标评价结果与预算安排相结合的力度，揭示部分财政资金闲置、损失浪费，以及部分资金不足不能全面履行职能等资源配置中存在的问题；另一方面，结合政府工作重点，对扶贫类专项资金使用情况进行绩效审计。跟踪资金流向，从政策落实、预算安排、项目选取、资金拨付到项目落地、个人领用，揭示项目重复建设、资金利用率低、效益不高等问题。三是审计方法，由模块审计转变为系统审计。将预算编制数据、预算批复数据、预算执行指标数据以及国库集中支付数据等相关联；根据审计目标及思路分析数据、提取字段、筛查疑点，有针对性地围绕疑点数据翻阅业务档案资料，做出分析研判，提高审计精度。（孙婧 11.1）

（二）湖北武汉：突出"三个关注"全面助力财政预算绩效改革

湖北省武汉市审计局通过深化公共资金审计，突出关注财政资金流向、财政资金绩效、全口径预算管理，助力财政部门加强全方位、全过程、全覆盖预算绩效管理改革。

一是突出关注财政资金流向，服务构建全方位预算绩效管理格局。依法对上年度本级预算执行情况进行审计的同时，开展对本级当年的预算执行情况进行动态跟踪监测；每年对全部市直部门及所属单位的预算执行进行全覆盖监督；每 3 年对各区及功能区的财政管理、财政决算情况进行一次轮审。二是突出关注绩效评价实施，服务建立全过程预算绩效管理链条。重点关注财政部门绩效评价目标任务的完成情况，对市直部门项目预算绩效进行审计评价；积极开展财政专项资金绩效审计。三是突出关注全口径预算管理，服务完善全覆盖预算管理体系。按照《预算法》关于全口径预算管理的要求，坚持对一般公共预算重点必审的同时，组织对政府性基金预算、社保基金预算和国有资本经营预算进行专项审计，并实现市直项目支出和部门整体支出绩效目标管理全覆盖。（罗琴 11.2）

（三）福建泉州：建好基础数据库　服务审计全覆盖

为构筑完整的审计监督大格局，福建省泉州市审计局对方案设计和植入审计要素进行讨论，建立了市本级审计对象基础数据库。一是分类管理，对象全覆盖。数据库根据单位性质划分为行政事业、国有企业、地方金融及重点建设项目 4 大类别，全面涵盖市本级 155 个一级预算单位及其下属的 346 个二级单位，其中行政单位 116 个，事业单位 289 个，群团组织 12 个，企业 83 个，地方金融机构 1 个，共计 501 个审计对象。二是全面采集，要素全覆盖。数据库按照审计对象的行政主管、预算管理、财务隶属关系列表，覆盖了各级审计对象的基本信息及其所使用的财务会计、业务、管理等信息系统情况，重点是 2012 年以来接受审计检查的情况，包含被审计时间、项目类别、项目名称、报告链接、文书下达情况等，并要求动态跟踪，滚动管理，及时补充，持续更新。三是创新运用，监督全覆盖。将审计对象基本情况与被审情况相结合，做好基础数据准备工作。运用"1＋N"审计方式，加大各领域审计项目的整合力度。（李菲雯 9.11）

（四）江苏徐州：聚焦五个"关注"推动预算审计重点向支出预算和政策拓展

一是更加关注重大政策措施落实情况跟踪审计。该局围绕落实重大扶贫、城镇保障性安居工程等政策措施情况进行了审计，重点关注资金筹集、管理和使用情况，工程质量管理情况和保障性住房分配运行情况。二是更加关注支出预算。该局围绕支出预算总量与结构、重点支出与重大投资项目、部门预算执行、财政转移支付以及政府债务和财政收入五大重点展开预算执行审计。三是更加关注全口径审查全过程监管。该局大力推动信息技术与审计业务的深度融合，抓住预算编制、预算批复、预算下达、资金拨付、资金管理、项目实施、绩效评价等关键环节，确保公共资金监管全过程。在部门预算执行审计上，该局依托审计平台，实现了对全市 107 家一级市直部门预算数据的全覆盖，在数据分析基础上，突出重点，对 10 家单位实施现场核查。四是更加关注资金绩效。该局从重大民生项目、重大投资项目、重点支出等方面入手，开展了慈善捐赠资金、智慧城市专项资金、生活垃圾处理费、污水处理费等 8 个专题审计。累计提交专项审计调查报告 8 篇，促进出台相关规章制度 10 份。五是更加关注地方政府债务管理及债务风险审计。该局将政府债务作为同级审的重要内容，既关注存量债务，也关注新增债务；既关注显性债务，也关注隐性债务，通过测算各类风险指标，评估债务偿还计划，督促落实债务风险评估和预警机制。（李修虎 8.6）

（五）河南信阳："同级审"促进预算指标管理制度完善

信阳市审计局在今年的市本级预算执行审计中，发现现行预算管理制度存在预算管理和控制方式不够科学、预算约束力薄弱等问题。对此，审计建议从制度建设入手，尽快制定预算指标管理办法。该市财政部门高度重视审计发现的问题和提出的建议，围绕加强预算指标管理，出台《信阳市市级预算指标管理办法（试行）》以下简称《办法》，规范政府行为，强化预算约束。

一是严格控制预算追加，增强约束力。二是规范预算指标流程，确保时效性。《办法》明确了年初控制数、年初预算、上级转移支付、预算调整、预算调剂和预算追加（减）五项预算支出指标的下达程序和具体时限，规范了上述指标的调剂流程和结转办法。三是强化预算指标管理，按照指标类型、归口科室等细化项目，建立台账，分设账目，分类登记；实现预算指标对账制度化，将财政与预算单位、县区和财政内部科室的指标对账形成制度性工作，明确对账时间，及时处理对账结果，确保预算指标及时准确下达。（查哲崴、罗晓濛 7.31）

（六）浙江舟山普陀：审计力推财政预算公开"晒账本"常态化

近两年来，浙江省舟山市普陀区审计局在财政同级审中持续关注财政预算公开政策落实情况，揭示了部门预算信息公开不规范，社会基金预算公开不完整，政府债务信息公开不充分等问题，得到财政部门的积极回应，目前全区 106 家预算单位已全部面向社会公开 2018 年部门预算及"三公"经费预算。

一是明确公开形式，实现"账本"规范晒。明确规定预算公开范围、主要内容、公开时间和形式。二是明确公开内容，实现"账本"精细晒。明确各部门公开 8 张表及文字说明，进一步完善部门职责、主要工作任务、预算收支增减变化、政府债务、绩效预算、机关运行经费、政府采购情况、国有资产占有、"三公"经费控制数等解释说明的内容。部门预算公开功能科目到项级，经济科目分类到款级。三是明确公开途径，实现"账本"集中晒。在预算批复 20 个工作日之内，各单位部门预算信息公开内容通过区政府统一信息公开网络平台统一公开 2018 年部门预算信息及报表。（周燕 3.20）

（七）山东烟台芝罘：采纳审计建议全面推进预算绩效管理

山东省烟台市芝罘区审计局在区级预算执行及其他财政收支情况审计中，发现"预算支出情况未开展有效的绩效评价"的问题，并提出了"强化预算绩效管理，加强绩效评价结果应用"等审计建议。区财政局高度重视，出台了《关于全面推进预算绩效管理的实施意见》，建立以绩效目标实现为导向、以绩效评价为手段并贯穿预算编制、执行、监督全过程的预算绩效管理体系。

其主要内容如下：一是加强绩效管理目标，要求预算单位在编制年度预算时，合理编制项目预算绩效目标，财政部门在批复预算的同时批复绩效目标；二是开展绩效运行跟踪监控管理，建立绩效运行监控机制，定期采集绩效运行信息进行汇总分析；三是实施绩效评价管理，预算执行结束后，财政部门协助主管部门进行本部门和所属单位预算资金的产出和结果绩效评价；四是强化绩效评价结果应用，建立绩效评价结果反馈整改制度，及时将绩效评价结果反馈到预算单位，将评价结果与预算编制有机结合，把绩效跟踪和评价结果作为当年决算审查和安排以后年度预算的重要依据，并对财政资金

配置和执行绩效未能达到预期目标或规定标准的预算单位及其责任人进行绩效问责。（姜舒 1.15）

（八）安徽合肥：持续开展市级预算执行情况联网实时跟踪审计

安徽省合肥市审计局继 2017 年首次开展联网实时跟踪审计并取得良好效果之后，今年按照审计全覆盖的总体部署，继续强化市级预算执行情况实时跟踪监督。

今年 10 月，安徽省合肥市审计局利用财政资金数字化审计系统和数据中心分析平台，对合肥市 2018 年前三季度市级预算执行情况进行了联网实时跟踪审计。审计采用"总体分析、系统研究、发现疑点、分散核实、精确定位"的数字化审计方式和联网审计技术，以预算支出为重点，关注支出预算执行情况、项目预算执行进度、政府采购预算执行情况、转移支付执行情况、指标分配下达及时性等方面，开展事中审计监督，及时揭示、反映预算执行过程中存在的问题，从体制机制层面分析原因，及时督促整改，促进加快项目建设进度和资金拨付进度，促进财政预算执行管理规范化，充分发挥财政资金的效益。（钱南欢 11.29）

二、公告概览①

（一）国务院关于 2017 年度中央预算执行和其他财政收支的审计工作报告（摘录）

中央预算执行及决算草案审计发现的主要问题有：（1）中央决算草案编制不够准确完整：少计中央一般公共预算收支 20.13 亿元；披露不充分，未单独反映政府投资基金中央财政 2017 年出资 358.11 亿元及收益分配，6964 亿元中央特别国债 2017 年 8 月到期续作情况；部分收支事项列示不细化，收入方面，未分税种列示进出口环节增值税、消费税收入及退税情况；支出方面，执行中调整为补助地方支出的 70.11 亿元直接列入"其他支出"；中央基本建设支出中，部分本级支出只列示到类级科目，转移支付未按投资专项分项列示。（2）预算分配管理方面：一是预算安排与存量资金盘活统筹衔

① 通过两个路径查找各省市自治区的"某年度预算执行和其他财政收支审计报告"：一是审计厅的官方网站；二是百度。通过上述两个路径，一些省市自治区的上述报告并未发现。

接不够，财政部对累计结转 42.3 亿元的 48 个项目仍安排预算 49.01 亿元且年底结转增至 59.11 亿元；13 个部门及 18 家所属单位结余 3.43 亿元未及时上缴；发展改革委安排支持的 18 个项目无法按计划实施或未开工导致中央基建投资 2.55 亿元闲置；17 个部门未将 4160 个项目结转资金 86.65 亿元统筹纳入部门预算。二是预算分配标准不够明确或执行不严格，24 项专项转移支付未明确规定分配因素或权重，分配标准不细化或不合理，涉及 1 项专项转移支付、3 个投资专项，资金 33.33 亿元；分配中未严格执行规定的办法和标准，涉及一般性转移支付、7 项专项转移支付、11 个投资专项，资金 2501.12 亿元。三是部分预算安排和下达不够规范，预算级次不清，5 个部门项目支出中安排补助地方支出 20.86 亿元，133.38 亿元地方基建投资被调整为中央本级支出；预算编制不细化，22 项专项转移支付预算编制时未落实到具体地区；预算下达不及时，9 个部门的 19 个项目预算至 12 月才追加，下达的 1.46 亿元当年全部结转。四是国有资本经营预算范围不够完整，截至 2017 年年底，中央部门所属事业单位的 4900 余户企业中的 4100 余户（占 83%）尚未纳入国有资本经营预算范围，当年净利润约 240 亿元。五是部门间对接还不够顺畅，发展改革委未及时将对地方的投资专项予以细化，财政部估算编制的年初预算与发展改革委实际下达计划差异较大，有 18 个地区多 346.77 亿元，其余 18 个地区少 213.15 亿元；财政部未及时将发展改革委安排的 35.68 亿元投资计划批复到部门年初预算，年底形成结转 15.07 亿元。（3）转移支付管理不够完善：具有指定用途的转移支付占比较高导致地方无法统筹使用的资金占比仍达 60%；专项转移支付退出机制不完善，现有 76 项专项转移支付中的 52 项未明确规定实施期限或退出条件，支出项目只增不减的格局尚未根本改变；定期评估覆盖面较窄，仅对 32 项专项转移支付开展评估，其中 11 项评估内容不完整；部分转移支付安排交叉重叠，主要是对同类事项或支出通过多个渠道安排资金。（4）部分财税领域：预算绩效评价不到位，主要是实际推进中存在评价覆盖面小、指标不细化、自评不严格等问题；中央政府投资基金管理不规范；税收优惠政策后续管理不到位。

（二）2017 年各省市自治区本级预算执行审计情况

1. 北京市 2017 年度市级预算执行和其他财政收支情况的审计工作报告（摘录）

审计发现的主要问题包括：（1）决算草案，个别单位将政府股权投资项目退出收入按财政性结余资金上缴市财政，导致少计 2017 年国有股权、股份清算收入 608.09 万元；市人力社保局未按照权责发生制原则，将养老保险委托投资保底收益在决算中予以披露。（2）预算执行，市财政局安排教育支出中预算 8.85 亿元未明确具体项目内容；个别项目预算安排未充分考虑以前年度执行情况；42 个项目及轨道交通资本金预算中有 17 个项目未在第一批安排，2 个项目全年未安排，涉及资金 2.50 亿元。（3）国有资本经营预算，投资项目退出收入 1.28 亿元缴入国有资本经营预算；市国资委财政补助经费 2.56 亿元未明确具体单位；资金拨付方式中，有的以资金拨付通知代替预算批复，有的直接向企业拨付资金。（4）财政管理，28.69 亿元一般性转移支付被设定了范围和用途；市级行政事业单位所属国有独资企业和控股企业均未纳入经营性国有资产统一监管体系。

2. 天津市 2017 年度市级预算执行及其他财政财务收支情况的审计工作报告（摘录）

审计发现的主要问题包括：（1）市级预算执行和决算草案编制。同类专项资金 12.8 亿元未按规定进行归并整合，预算拨款未考虑上年结转资金 4738 万元仍拨付 8583 万元导致 5963 万元年末结余，2 亿元专项转移支付列入了一般转移支付，3 家企业未按规定核算财政注入国有资本金 7.1 亿元。（2）税收征管。未及时征收房产税、契税、耕地占用税等 1.7 亿元，漏征房产税、城镇土地使用税等 707 万元，企业代征车船税 6648 万元未解缴入库。

3. 河北省 2017 年度省本级预算执行及其他财政财务收支情况的审计工作报告（摘录）

审计发现的主要问题包括：（1）省级 38 个部门编制了"系统预算"，包括对下补助、向非预算单位拨款、预留或待分三大类，问题金额 5430 万元，包括省发展改革委系统预算中重点研发专项资金 940 万元未分区细化，省教育厅义务教育补助 50 万元、民政厅向慈善总会拨款 440 万元范围未明确，省国防科技工业局预留资金 4000 万元占部门预算 7014.6 万元的 57.02％。（2）支出完成率低，60 个一级预算部门所属的 184 个预算单位、372 个项目执行率为 0，未支出金额 98237.1 万元。（3）预算分配政策执行不到位，项目预算安排未充分考虑上年执行情况，连续执行率偏低，第二年仍继续安排项目预算，涉及金额 80 万元；项目年初预算未按规定时间细化批复预算，投资计划上报不及时，涉及金额 4500 万元。（4）税收征管方面，应征未征税费 1121 万元，不符合延期纳税条件的企业延期缴纳税款 6071 万元，未加收逾期税款滞纳金 763 万元。

4. 山西省 2017 年度省本级预算执行及其他财政财务收支情况的审计工作报告（摘录）

审计发现的主要问题包括：（1）预算执行基础差。三年中期财政规划内容不全、收入预测不准；实行的基本支出定额标准自 2010 年以来未做调整；一般公共预算支出有 145 个项目 131.23 亿元未细化到具体项目和单位；48 个部门单位基本支出挤占项目支出 1783.45 万元，4 个部门单位 1116.11 万元项目资金相互调剂使用。（2）决算草案编制。省财政未从土地出让收益中计提教育资金、农田水利建设资金 8813.02 万元；应列支的铁路建设贷款利息补助 5 亿元在往来科目核算；列支的机关事业养老保险补助等 4 项资金 20.09 亿元实际未支出；分配非贫困地区的专项资金 9923 万元列报扶贫支出。（3）转移支付资金分配。省财政未及时收回结余资金 1.81 亿元，将 10 项资金 10.39 亿元虚列结转，收回的资金 3.49 亿元继续以相同项目、金额下达原部门单位；11 个部门单位采取虚报人数、虚列项目等方式获取资金，设立空壳公司、提供虚假资料获取专项补助资金。（4）财政国库和专户管理。省财政未及时清理收回借款 17.65 亿元，直接在原社保基金存款银行转存定期 82.25 亿元。

5. 内蒙古自治区 2017 年度自治区本级预算执行和其他财政收支情况的审计工作报告（摘录）

审计发现的主要问题包括：（1）一般公共收入预算编制偏低，收入决算是预算的 1.46 倍；部分项目预算编制不够精准，导致预算执行差；3 个专项 4.87 亿元预算未执行或执行率低；专项资金 289.95 亿元分配下达不及时；（2）3500 万元应由一般公共预算偿还的资金变为由企业偿还。

6. 辽宁省 2017 年度省本级预算执行和其他财政收支情况的审计工作报告（摘录）

审计发现的主要问题包括：（1）预算编制未细化到地区、单位、项目，3 个专项 2150 万元未直接落实到部门预算；混淆预算级次，由 5 个部门对口拨付资金 5719.62 万元；23 个部门预决算信息公开不及时、不完整或不细化。（2）13 个项目前期论证不充分导致未开工、停工等问题，16 个项目进展缓慢。（3）省本级 153 个部门 2932 个项目预算指标结转结余，省财政收回了两年以上结转结余资金 9.52 亿元，仍有 11 家单位 4235.13 万元未及时清理。

7. 吉林省 2017 年度省本级预算执行和其他财政收支情况的审计工作报告（摘录）

审计发现的主要问题包括：（1）预算编制不细化、批复不完整，10.65 亿元预算资金未细化到具体单位和项目，4.25 亿元年初预算未批复到具体部门或单位，3.03 亿元省级预算内投资计划未纳入部门预算。（2）9824 万元中央转移支付、36.25 亿元省级转移支付资金和 1.28 亿元省级预算内投资计划未提前告知下级地方政府。（3）27.09 亿元年初预算安排的项目资金在第 4 季度下达。

8. 黑龙江省 2017 年度省本级预算执行和其他财政收支情况的审计工作报告（摘录）

审计发现的主要问题包括：（1）决算草案编制方面。非本级财政收入缴入国库 1875.99 万元、本级财政收入未及时缴入国库 1828.98 万元，影响了一般公共预算收入的准确性。（2）预算编制方面，一般公共预算代编项目资金 30.64 亿元需要落实到具体部门和单位；预算执行方面，省级政府采购预算执行进度较慢。

9. 上海市 2017 年度市本级预算执行和其他财政收支情况的审计工作报告（摘录）

审计发现的主要问题包括：（1）一般公共预算。一项专项资金 4.02 亿元实际支出 1.2 亿元，3.8 亿元民政局专项转移支付未经财政；部门间缺乏信息共享机制，影响税收征管质量；对企业日常纳税申报监管不到位。（2）政府性基金预算。土地储备专项债券发行费共计 4592 万元未纳入土地出让收支决算，储备地块未经批准出租出借，5.94 亿元土地储备资金未按规定纳入专户核算。（3）国有资本经营预算。7 户国有企业少计 2016 年及以前年度利润总额共计 3.33 亿元。（4）社会保险基金预算。社保中心累计先行支付工伤保险基金 1.09 亿元，其间仅追回 1.36 万元。

10. 江苏省 2017 年省级预算执行和其他财政收支情况的审计工作报告（摘录）

审计发现的主要问题包括：（1）21.1 亿元未按照规定要求收回预算统筹使用。（2）省财政下达市县一般性转移支付 1194.33 亿元指定用途。（3）少数产业技术创新中心项目实施缓慢，导致省财政资金 1 亿元结存在省产业技术研究院账上。（4）江苏大剧院已投入使用工程未办理竣工决算，且开办费结存 2.46 亿元并利息收入 2499 万元，单位货币资金结存 3.56 亿元；同时，省财政又拨付江苏大剧院基本运维保障专项扶持资金 6000 万元。（5）违规调节年度收入和收入混库行为，违规要求 37 户企业延缓纳税 2.87 亿元，通过待报解账户延迟纳税 935.5 万元；市区税务局挖挤省级收入 8616.2 万元。（6）土地折抵指标款、行政事业性收费等非税收入 14.36 亿元未及时解缴国库。

11. 浙江省 2017 年度省本级预算执行和全省其他财政收支情况的审计工作报告（摘录）

审计发现的主要问题包括：（1）编制基础，26 个政府投资项目中的 17 个项目没有细化当年目标。（2）单位预算执行率。17 个单位的 19 个单项金额在 1000 万元以上的项目执行率不足 10%，26 家单位的 33 个项目指标返回后当年实际支出为零。（3）30 个专项转移支付的管理办法未明确实施期限或退出机制，财政拨款资金大量闲置。

12. 江西省 2017 年度省级预算执行和其他财政收支情况的审计工作报告（摘录）

审计发现的主要问题包括：（1）省本级决算草案，省级部门单位预算执行进度偏慢，结转结余资金较大；部分二级预算单位未独立编制部门决算。（2）财政管理审计，财政专户清理撤销后存量资金未按规定缴入国库管理，少征纳税人契税、企业印花税增值税、消费税附加和土地增值税。

13. 福建省 2017 年度省本级预算执行和其他财政收支情况的审计结果公告（摘录）

审计发现的主要问题包括：（1）国有资本经营支出预算的统筹比例低、部分市县国有资本经营预算收入应缴未缴。（2）预算管理方面，部分市县公共预算收支未完成，部分市县税性收入比例低于 60%，1 个设区市本级和 24 个县未编制国有资本经营预算，5 个设区市本级和 48 个县未将转移支付编入本级预算。（3）财政资金直接转入本单位或部门内部其他单位的实有资金账户。

14. 安徽省 2017 年度省本级预算执行和其他财政收支情况的审计工作报告（摘录）

审计发现的主要问题包括：（1）决算草案编制。一般公共预算中的权责发生制支出结余资金 1.77 亿元，未在决算报表相关科目反映；一般公共预算支出中，涉及上年结转、预算调剂、盘活存量资金所形成的变动情况，决算草案备注说明不够详细。（2）预算执行。部分单位欠缴、少缴社会保险费

3870.82 万元，37 家省直定点医院扩大医保基金报销范围造成医保基金多支出 101.19 万元，省盐业总公司项目资金 820.71 万元闲置三年以上。（3）29.05 亿元转移支付未细化落实到地区，24.7 亿元支出预算不精细；专项转移支付整合不到位，存在"撒胡椒面"现象，涉及流通业发展专项资金 7000 万元；电子商务发展专项资金 4000 万元未落实。

15. 山东省 2017 度省级预算执行和其他财政收支情况的审计工作公告（摘录）

审计发现的主要问题包括：（1）决算草案编制。省十艺节结余资金 9000 万元未纳入预决算管理，非税收入有 1210.31 万元滞留在经办银行，61.02 亿元结转资金使用情况列示不细化，131 家驻济以外省级预算单位无法纳入养老保险预决算编报范围。（2）预算编制。一般公共预算 389.46 亿元专项转移支付资金、30.89 亿元基建投资与政府引导基金、政府性基金 16.21 亿元的编制未细化；一般公共预算 2 类级科目批复到位率低于 50%，国有企业经营资金 1512 万元、创业资金 3317.46 万元未批复；对同类支出事项通过多本预算安排资金合计 11733.02 万元。（3）转移支付。一般性转移支付与专项转移支付界限不明晰，金额 878 亿元；下达不及时；32.11 亿元滞留在市以下财政和主管部门，11.89 亿元未能支出。（4）税收征管。少征 2185 户纳税单位税费 14.84 亿元，多征 50 户纳税单位税费 4087.18 万元，延缓申报税款 4.44 亿元；企业未享受税收优惠政策；部分县违规转引 6.56 亿元、返还税款 3.67 亿元。

16. 河南省 2017 年度省级预算执行和其他财政收支情况的审计工作报告（摘录）

审计发现的主要问题包括：（1）一般公共预算的负债事项中没有反映中央财政粮食风险基金欠款 8 亿元，预算收入中少反映财政专户存款利息 611.82 万元，财政专户收回的欠款 1701.64 万元未及时进行销账处理。（2）省专项资金 59 项无执行期限、101 项无绩效目标、59 项无管理办法。执行率不足 30% 的 35 个支出项目安排预算 1.38 亿元，去年 13 个项目预算 4233.6 万元未执行条件下安排预算 2624.1 万元又未执行，追加的 875 个项目预算 18.28 亿元均未执行。（3）税收征管方面。4 个市本级和 8 个县（市、区）抵触涉税数据归集，7 个市本级和 20 个县（市、区）涉税信息质量低难以利用，财政部门与税务部门的数据难以及时共享。应征未征 579 家企业土地增值税等税款 2.97 亿元，因委托代征船舶车船税工作推动不到位造成少征车船税 1706.96 万元。

17. 湖北省 2017 年度省级预算执行和其他财政收支情况的审计工作报告（摘录）

审计发现的主要问题包括：（1）决算草案审计。国有资产收益 2.8 亿元年底结存在财政专户。（2）预算执行审计。转移支付项目 268.8 亿元未规定绩效目标，绩效评价覆盖面窄（7.4%），下达拨付不及时；应征未征湖北省联投控股有限公司国有资本经营预算收入 1108 万元；省级财政一般公共预算、政府性基金净结余 42.42 亿元。（3）省直部门和单位部门直接调用实拨账户资金 1438.13 万元未纳入年初预算；2064.7 万元项目预算编制未落实到具体对象和内容；多编项目预算 2.73 亿元；可预见的项目支出未编入年初预算 3340.05 万元；将实施条件不充分的项目支出编入预算 9534.48 万元。房屋租金、拆迁补偿及行政事业性收费等收入未上缴财政 2410.47 万元；少收或欠收租金等国资收益 751.12 万元；虚增支出规模转移资金 996.87 万元；往来款项清理不及时 2.21 亿元。

18. 湖南省 2017 年度省级预算执行和其他财政收支情况的审计工作报告（摘录）

审计发现的主要问题包括：（1）决算草案。少计一般公共预算收入 22.6 亿元，预先向省担保公司支付风险代偿补偿资金 1.65 亿元，虚增省级利息支出 2297 万元，灾后重建等 7 项支出 5311.28 万元列为其他资源勘探电力信息等支出，高速公路建设资本金 10 亿元列为其他国有土地使用权出让收入安排的支出。（2）预算编制。年初部门预算中有 145.99 亿元未细化到项目和单位，542 万元项目支出安排不当。（3）收入征管。6 个部门共资金 13.78 亿元征缴不及时，以前年度代垫市州金融机构款项 3.25 亿元留存在代管资金账户。（4）预算管理。预算批复和资金下达不及时，预算执行率低；化整为零安排专项资金 5.66 亿元，超范围安排专项资金 2175 万元。

19. 广东省 2017 年度省级预算执行和其他财政收支情况的审计工作报告（摘录）

审计发现的主要问题包括：（1）未及时下达 7 项转移支付指标共 56.71 亿元，13 项一般公共预算转移支付资金 7.13 亿元。（2）财政专户结存彩票资金和诉讼费收入合计 5.81 亿元；企业上缴利润 16.92 亿元未纳入预算；失业保险调剂金、工伤保险储备金未按预算分配下拨资金 1.94 亿元。（3）

对资金沉淀分别为 2.86 亿元、1360.50 万元的项目安排预算 6 亿元、9228 万元,导致年底沉淀资金分别增至 7.81 亿元、1.05 亿元。

20. 广西壮族自治区 2017 年度自治区本级预算执行和其他财政收支情况的审计工作报告(摘录)

审计发现的主要问题包括:(1)预决算编制和资金分配,10 个部门的所属企业尚未纳入国有资本经营预算,3 个部门 5 个补助市县支出项目 3.6 亿元未细化,9 项中央转移支付资金 28.47 亿元未能在规定时间内分解下达。(2)国有资产收益应缴未缴国库 951.76 万元,应缴未缴国有资本经营收益 1112.22 万元。(3)预算执行率低,预算指标结余 7.29 亿元。(4)政府采购制度执行不到位,向非定点单位支付费用 1033.44 万元,委托下属单位采购 3279.40 万元。

21. 海南省 2017 年度省本级预算执行和其他财政收支情况的审计工作报告(摘录)

审计发现的主要问题包括:(1)非税收入方面,执纪执法部门 2017 应收未收罚没款 163.51 万元、未及时上缴国库 794.91 万元;执纪执法部门与省财政厅统计的非税票据结转数存在较大差异。(2)一般公共预算中有 146 个项目 1.86 亿元预算当年未支出,年末预拨经费余额 20.85 亿元,其中按规定应收回未收回的历史欠账 1.31 亿元,应列支(冲抵)未列支 1.93 亿元。(3)税收征管方面,土地增值税未及时入库税款 6.3 亿元,应征未征耕地占用税 2.38 亿元。

22. 四川省 2017 年度省级预算执行和其他财政收支情况的审计工作报告(摘录)

审计发现的主要问题包括:(1)预算下达不及时,9 个专项实际细分为 168 个具体事项交叉重叠,9 项资金未制定管理办法。(2)27 个市县违规保留和使用 90 个财政专户,143 个市县 209.64 亿元非税收入滞留财政专户未缴库,105 个市县违规实拨财政资金 476.85 亿元到财政专户、国库支付中心或预算单位账户造成支出虚列。(3)决算草案方面,将个别省属国有公司持有的国有股权应承担净亏损 568 万元处理为应享有净利润 1495 万元,决算报表附注对结转下年支出 109.51 亿元没有细化。

23. 重庆市 2017 年度市级预算执行和其他财政收支情况的审计工作公告(摘录)

审计发现的主要问题包括:(1)预算编制不规范,包括 13 个常年项目列入代编，其中 21.9 亿元年末结存，28 个项目的 3.8 亿元下达较晚。（2）财政偿债基金账户结余 49.8 亿元的情况下仍安排预算并结余 49.1 亿元；352 个单位 688 个项目在 12 月集中支付 90％的资金共 11.5 亿元；15 个国道大修项目未开工导致 1.6 亿元资金闲置。（3）新增债券基金 19.09 亿元未被使用，4.49 亿元债券资金用于还旧债，违规收取债券资金利息 7.59 亿元；提前安排 BT 项目多列报支出 18 亿元。（4）税收征管，少征 11.26 亿元，提前收税 1350 万元，违规减税退税 3697 万元，违规延期纳税 3887 万元。

24. 贵州省 2017 年度省级预算执行和其他财政收支情况的审计工作报告（摘录）

审计发现的主要问题包括：（1）决算草案方面，9607.39 万元非税收入未上缴国库，4.11 亿元彩票发行机构业务费未纳入政府性基金预算，国库集中支付结余 45.77 亿元未报告。（2）省级财政管理方面，一般公共预算支出中有 298.01 亿元由省财政厅代编，政府性基金年初预算执行率为 53.46％，专项资金结存 3.5415 亿元，财政专户历年结存资金 2623.25 万元纳入总预算。

25. 云南省 2017 年度省级预算执行和其他财政收支情况的审计工作报告（摘录）

审计发现的主要问题包括：（1）预决算草案，教育性收费缴入国库导致虚增财政收入 8749.42 万元，23.45 亿元非税收入未及时缴入国库，"以拨作支"从国库转入财政专户导致虚列支出 7.29 亿元，13.41 亿元往来款长期挂账未清理。（2）预算执行方面，57 个单位对财政资金进行二次分配 13.49 亿元，未纳入项目清单管理资金 80.69 亿元。（3）税收征收管理，应纳未纳税金 2.2 亿元，5.45 亿元税款未按期入库，延压税款 3.75 亿元，非税收入 3.38 亿元未及时缴库。

26. 陕西省 2017 年度省级预算执行和其他财政财务收支的审计结果公告（摘录）

审计发现的主要问题包括：被挤占挪用专项资金 266 万元；省水务集团等单位滞留闲置的专项资金 4.64 亿元；固定资产计价不实 7593 万元。

27. 甘肃省 2017 年度省级预算执行和其他财政收支审计结果公告（摘录）

审计发现的主要问题包括：（1）决算草案方面，一般公共预算支出跨类级科目调剂 14.91 亿元；年初非财政拨款收入预算数为 140.28 亿元，实际决算数为 258.21 亿元，差异率达 84.06％；年初基本建设类项目支出预算数为 45.04 亿元，实际决算数为 122.20 亿元，差异率达 171.32％。（2）预算执行方面，未将上年结转的 4.01 亿元纳入预算，16 亿元预算未细化到具体项目，在执行中调整支出级次 10.26 亿元。（3）财政管理方面，延缓征缴税费 7088.4 万元，应征未征 790 个纳税户税费 1.22 亿元，8 户企业欠缴国有资本经营收益 1.68 亿元。（4）省级部门预算执行方面，部分单位印刷业务及物业管理未办理政府采购手续，如省安监局等 27 家单位支付 20 万元以上印刷费共 6934.91 万元、省高级人民法院等 25 家单位支付 20 万元以上物业管理服务费用共 1923.70 万元未办理政府采购审批手续。

28. 青海省 2017 年度省级预算执行和其他财政收支的审计结果公告（摘录）

审计发现的主要问题包括：存量资金 4005548 万元，一般公共预算部分调整事项 938067 万元未向人大报告，政府性基金结转超过当年收入 30％的部分 10277.3 万元未调入一般公共预算统筹使用。

29. 宁夏回族自治区 2017 年度自治区本级预算执行和其他财政收支审计结果公告（摘录）

审计发现的主要问题包括：年初代编预算下达不及时，3.99 亿元未使用；8.07 亿元涉农资金未使用。

30. 西藏自治区 2017 年度自治区本级预算执行和其他财政收支的审计结果公告（摘录）

审计发现的主要问题包括：（1）预算编制。财政代编预算占区本级年初预算的 58％，同比增长 33％。预算编制不完整，年初预算少列中央提前告知等资金 1.05 亿元；国有资本经营预算，年底结转结余资金占年初预算支出的 65％。（2）预算管理。无项目结转下年支出 8.02 亿元，14 家区直单位政府购买服务支出比例未达到项目支出的 10％。（3）长期闲置的预算周转金 57.05 亿元和结转两年以上的项目存量资金 6.34 亿元。（4）部门决算报表数据与国库集中支付数据相差 11.75 亿元。

31. 新疆维吾尔自治区 2017 年度自治区本级预算执行和其他财政收支的审计结果公告（摘录）

审计发现的主要问题包括：（1）常年性项目仍然代编预算，年初预算未细化到部门或地区的指标为 268.16 亿元，其中 47 个为常年项目；代编预算执行率不高，14.02 亿元代编预算于 2017 年 12 月以后才下达，有 9.01 亿元代编预算结余在部门单位。（2）1461 亿元中央财政转移支付资金中的 143.35 亿元未及时分解下达，3.7 亿元未拨付。（3）国库集中支付额度结余 57.59 亿元，其中单位结余 37.73 亿元（65.51%）。（4）未收取新疆再担保有限责任公司、边疆宾馆国有资本金收益，67 户脱钩企业未统一纳入国资监管。

32. 厦门市 2017 年度市级预算执行和其他财政收支的审计结果公告（摘录）

审计发现的主要问题包括：结余资金 9725.17 万元未纳入国库核算，未及时上缴国有资本经营收益 35691 万元。

33. 深圳市 2017 年度市级预算执行和其他财政收支审计结果公告（摘录）

审计发现的主要问题包括：（1）部门预决算编制方面，220 亿元的用途未在草案中详细说明，个别预算编制未充分考虑上一年项目预算执行情况。（2）100 亿元注册资本金未登记为股权投资，出借财政资金 2.23 亿元至今挂账。

34. 青岛市 2017 年度市级预算执行和其他财政收支的审计结果公告（摘录）

审计发现的主要问题包括：（1）预决算编制方面，社会保险基金预算收入、支出决算草案表，只列出决算数，未列出预算数；12 家企业和其他部门管理的经营性资产国有产权收益，尚未纳入国有资本经营预算范围。（2）部分预算未执行，"基本农田建设保护"等 5 个项目 7820.51 万元预算、27 个项目上级补助安排的 25512.53 万元预算、65 个预算单位的共 10686.44 万元用款均未执行。（3）老城区企业搬迁改造资金结存 14517.3 万元未使用。

35. 大连市 2017 年度市级预算执行和其他财政收支的审计结果公告

审计发现的主要问题包括：（1）一般公共预算、政府性基金预算和国有资本经营预算编制不完整，部分先导区未编制国有资本经营预算；社会保险基金预、决算编制不规范。（2）部分预算指标下达时间较晚，6 月 30 日后下达 74.1 亿元、9 月 30 日后下达 47.4 亿元、12 月下达 12.8 亿元。（3）以前年度挂账国库集中支付结余结转资金 37.17 亿元，规模较大。

36. 宁波市 2017 年度市级预算执行和其他财政收支的审计结果公告

审计发现的主要问题包括：（1）国有资本经营预算编制不全面，国有全资企业 113 家未纳入经营预算，1 家企业国有资本经营预算收入 5.43 亿元未上缴，2 个部门代扣代缴税款手续费收入 262.68 万元未在部门预算中编报。（2）转移支付资金未落实到区县，市级转移支付资金下达不及时，部分转移支付项目提前下达数不准确。（3）非税收入 1.13 亿元未清理缴库，对虚假申报个人所得税的行为未实施全面监控。（4）以差旅费名义大额提现 1369.86 万元，未通过公务卡结算。

三、前景展望

从审计方法和范围来说，本级预算执行审计在去年的基础上已经形成财政审计大格局，在大数据数据库的支持下实现了省、市、县三级的联网实时审计，同时实现了审计全覆盖，将一般性财政收支、政府性基金、国有资本经营预算，社保基金全部纳入本级预算执行审计的范围；从审计内容来看，预算执行的合规性有所加强，预算资金的绩效审计有所扩展；同级人大在预算执行审计发现问题的整改中发挥越来越大的作用；从本级预算执行审计与其他类型审计的协调来看，将主要领导干部经济责任审计与本级预算执行审计一同实施，已经从去年的省级层次扩展到市县层次，实现了省、市、县三级合并审计，节约了审计成本。另外，金融风险审计也与预算执行审计、经济责任审计一并实施，有利于观察经济全貌。

同时，我们也应该清楚地看到，本级预算执行审计还存在较大的潜力，不少的方面还可以继续改进：第一，审计报告的内容分类在各省市的报告中仍然不一致，较规范的会按照预算执行（细分一般性公共财政预算、政府基金预算、国有企业经营预算、社保基金）、预决算编报、财政管理、其他问题进行分类，有的则将部分内容合并反映；第二，由于审计覆盖面和审计轮换的存在，同一省市在不同年份之间的报告范围和单位不同，导致可比性下降；第三，预算执行和预决算编制的违规现象仍然不同程度地存在，这会导致审计效果的降低，也同时会导致绩效审计难以得到理想的效果，因此，预算硬约束和内部控制制度的严格执行将会更加重要；因为预算执行审计的合规性、真实性是财政绩效审计的基础；第四，预算资金的绩效审计尚未在各省市全面扩展开来；在预算执行审计效果较好的省市，财政绩效审计在不久的将来会更加突出；第五，由于第一点所讲的分类不一致的问题，导致对发现的违规金额也同样缺乏统一的分类框架，同样的问题在不同省市的分类不一，导致审计问题及其严重程度在各省市之间可比性降低；第六，缺乏违规程度的概念，没有将违规金额与审计金额相比较，以确定违规程度，从而也就是没有总体性的结论；第七，预算执行审计所发现的违规行为，其总体在理论上和实际上都趋向于无穷大，由于观察不到行为总体数量，这将不会节省年度之间的审计资源成本，虽然在大数据审计条件下会解决部分问题。鉴于此，制度的严格执行和制定可行的财政制度将是更重要的，这也会走向以法审计的道路。因此，制度审计在未来会是方向。

分报告 2：部门预算执行审计和部门决算审计发展状况与前景展望

本分报告聚焦部门预算执行审计和决算审计在 2018 年的发展状况，包括经验探索、制度建构和公告概览，在此基础上，对这两类审计的未来发展做一简要的前景展望。由于本年度相关制度公布较少，因此，将经验探索和制度建构合并。

一、经验探索和制度建构

审计的一些经验做法主要体现在审计范围、审计内容、审计类型、审计方法、审计作用方面。在审计范围的拓展方面，主要是实施部门审计全覆盖，将部门实施横向和纵向审计延伸；在审计内容方面，主要是加强预算绩效审计、开展部门预算资金项目的中期评估，开展部门预算审计与经济责任审计的一同实施；在审计方法方面，大数据审计已经普及。

（一）江苏省审计厅积极运用前沿科技实现数据智能归集

江苏省审计厅审计电子数据智能汇总系统全面投入使用。该系统由省审计厅自主开发，创新使用 Docker 容器技术，与审计电子数据智能采集报送工具相配套，实现了数据的高效率归集。

一是适应需求创新工具。2015 年年底，审计署下发《审计署办公厅关于调查地方财政部门信息化建设情况暨定期报送电子数据的通知》，要求每年 1 月、7 月两次定期报送地方财政数据。江苏省财政核心业务系统近 400 套，分别由 40 多家公司开发，各地、各部门间系统结构不同。首次采集报送时，全省组织 200 多名审计人员进行数据采集，十几名技术人员进行数据汇总，连续工作一个月最终完成任务。为彻底解决该问题，省审计厅对现有模式进行升级，研究开发了汇总系统。

二是自主研发稳妥推进。省审计厅在前期采集工具得到广泛运用的前提下，基于 Docker 容器技术，开发了汇总系统，实现采集数据的智能上传、一键汇总等功能，并在今年 7 月的数据采集报送工作中正式使用。由于该系统基于容器技术开发，并不限于某个行业使用，各领域、各行业数据均可在该系统中实现汇总归集，并可进行实时分析，从而实现跨地区、跨部门、跨行业的交叉比对。

三是整体效率再次提升。以本次数据汇总为例，投入人力从原来 10 余名熟悉 Oracle 的专业技术人员加班工作 30 天、减少到 3～4 名一般计算机人员工作 15 天，工作效率提升了一倍多。目前，通过汇总系统的使用，已采集汇总 2018 年上半年全省财政收支数据 773GB，系统 274 套，各类财政报表 1900 余份，标准表记录 1091 万余条。（冯睦钦 10.10）

（二）云南玉溪：以"五创"新举措推进部门预算执行审计全覆盖

为提升部门预算执行审计的质量和效率，促进技术方法创新、审计方式转型、审计资源整合和审计成果运用，云南省玉溪市审计局以"数据＋系统＋重点＋团队＋成果"的方式，圆满完成 25 个市一级预算单位审计调查。

一是创新数据采集模式，提升数据质量。获取纳入市级财政预算各部、委、办、局、事业单位和国有企业共 199 个单位近三年的财务备份、预算批复等 5 大类数据；采集全市工商等 10 余种外部数据；收集被审计单位历年审计、纪检立案等 7 种非结构化数据和文档，分类整理出有价值的可靠信息和问题线索。二是创新系统开发应用。运用 Visual Studio 开发平台开发出 Excel＋审计系统，快速翻阅电子账。三是创新审计重点模型，实施精确定位。聚焦违反中央八项规定精神，全面核查"六费"增减变动和支出情况，审计资金预算安排和使用以及非税收入征缴，并运用大数据分析技术揭示重大违规违纪问题。四是创新审计组织模式，发挥兵团优势。五是创新审计成果开发，统筹成果运用。25 个市一级预算单位审计全覆盖共查出 6 个方面 26 个问题，移送纪检监察处理 1 项。（张雄 7.19）

（三）四川：积极探索省级部门预算执行审计转型发展路子

2018 年，四川省审计厅从创新审计组织方式和手段、转变审计理念和视角、优化审计流程等方面，对省级部门预算执行审计转型发展路子进行了积极探索。

以把握总体为原则，凸显数字化审计优势。采取"集中分析、分散核查"的数字化审计方式，运用采集的 243 个单位 2015 年至 2017 年连续 3 年的财务核算和预决算数据，从预算支出增长变化总趋势、预算执行率总体情况、支出占比结构总体特点等方面切入实施数据分析，根据预算执行管理与决算编制、实拨资金管理、"三公"经费使用管理等五个方面的分析结果，形成了省级部门预算执行情况总体较好的总体研判。采取了核查与自查相结合的方式，在数字分析初步发现问题疑点的基础上，根据问题疑点多少和性质，共确定了 80 个重点核查单位，组织其余 163 个单位按照审计内容和要求进行自查。

以经济责任审计视角，强化问题疑点审计核查深度。在实施 80 个单位问题疑点审计核查中，对问题疑点进行逐一核对排查，为防止把核查变为核对，把审计变为统计，审计厅要求各审计组从经济责任审计视角，针对问题查原因、查后果、查性质、查责任，区分部门与部门、部门与财政、部门内部各环节之间的原因和责任。

以治理性审计理念为指引，提升转化审计成果。在转化部门预算审计成果时，紧紧围绕权力运行、职能职责履行、目标任务完成、政策法规执行等揭示和提炼问题。

以创新为引领，优化审计流程。在今年的省级部门预算执行审计中，将 243 个单位作为一个审计项目进行计划管理，将法制审理关口前移，以审计征求意见函征求意见，对被审计单位不再出具审计报告，只针对存在的问题出具审计整改函，作为一个项目归档，优化了审计流程，提高了审计效率。（曹国华 7.16）

（四）江苏南京：多措并举推动"上审下"监督全覆盖

近年来，江苏省南京市审计局不断加强"上审下"审计监督力度，多途径实现"上审下"审计监督全覆盖。

一是结合经济责任审计，独立开展"上审下"项目。年初安排审计项目时，结合地方党政领导干部经济责任审计对象，选择 1 至 2 个区实施"上审下"项目，将财政收支的关键环节及重点内容纳入审计范围，重点关注财政收入真实性、地方政府债务管控、财政支出规模及结构等事项。实行一次审三年，力争三至五年对全市区级政府轮审一遍。

二是结合市区两级预算执行审计，将"上审下"和"同级审"进行有效衔接。选择财政收入组织、盘活存量资金、国库及专户管理、转移支付改革等内容，作为上下审计机关联动审计的重点事项。实施过程中，统一查证方案、统一尺度把握、统一问题处理，以实现"上审下"权威性和区级"同级审"对情况熟悉的优势进行互补。通过"上审下"加大跟踪问效问责力度，促进市本级"同级审"作用的发挥。

三是结合落实"双提升"三年行动计划，不断提高财政审计人员业务能力。围绕该局实施的全面提升审计业务质量和干部队伍素质"双提升"三年行动计划，多次共享审计经验。每年下发区级审计机关财政审计指导意见，分层次、分阶段对区级财政审计工作提出具体要求。搭建全市审计机关财政审计内网交流平台和外网 QQ 群，加强项目实施过程中的联系和交流，并对部分区局开展专项巡查。（姜璇、韩希超 7.11）

（五）湖北武汉：全力推进部门预算执行审计全覆盖取得积极成效

一是依托大数据联网审计，实现部门预算执行审计全覆盖。该局将除涉密部门外的全部 92 个一级市直部门财务数据联入数字化审计平台，组织 20 多名审计骨干建立了 48 个部门预算执行审计方法模型，对 92 家市直一级预算部门及所属 386 个二级预算单位进行总体分析，筛选出疑点较多的单位作为当年部门预算执行审计重点核查单位。二是扎紧预算管理制度的"笼子"，部门预算执行审计监督不留盲区。2016 年起，该局将财政专项资金、非税收入、市直部门（单位）名下国有资产、个人奖励补助和绩效工资、"三公经费"、会议费/培训费、差旅费支出全部纳入部门预算执行审计内容，不留监督盲点。三是深度关注财政管理改革，加大对部门预算、专项资金管理、国库集中支付和政府采购等财政改革落实情况的审计。利用数字化审计平台跟踪市直部门预算管理改革，通过对市直部门实施的公务卡结算制度、政府采购政策执行情况开展专项审计调查，促使财政部门进一步完善了国库集中支付制度。（吴震雄 5.3）

（六）云南：积极构建"四种模式"，推动部门预算执行审计实现创新发展

近年来，云南省审计厅构建了"四种模式"，切实提高了部门预算执行审计的质量、效率和水平。

一是构建"重点＋批量"审计模式。对管理分配公共资金规模较大、关系国计民生的预算单位实施重点审计，对一般性预算单位通过确定几个重点，利用大数据平台进行集中分析，发现疑点后进行延伸核查的方式实施批量审计调查，从而实现了对 128 家省级一级预算单位的审计全覆盖。

二是构建"一条线"审计模式。探索建立了"部门一条线、业务一条线、资金一条线"的"一条线"审计模式，注重揭示行业存在的倾向性、普

遍性问题，从体制机制制度层面提出改进建议，通过省、市、县三级审计机关的整体联动，充分发挥了审计的宏观性和建设性作用。

三是构建"1+N"审计模式。在开展部门预算执行审计的同时，有效结合决算草案、专项资金、稳增长政策措施跟踪和领导干部经济责任审计，协同审计，分别报告，同步整改，丰富了审计的形式和内容，拓展了审计的广度和深度，促进实现了"一审多果，多果多用"。

四是构建"集中分析，分散核查"审计模式。组建数据分析团队，建立部门预算执行审计方法体系，集中开展跨年度、跨部门、跨领域的综合数据分析，筛查疑点数据，经过甄别研判后提交审计组进行分散核查，促进了审计资源的整合，提高了问题核查的精度，提升了审计工作的效率。（李玥帆、付云昆 3.2）

（七）福建泉州：财政审计大格局下的"三统筹"和"五聚焦"

市审计机关围绕"三大攻坚战"任务和该市"四心"工程民生补短板等中心工作，在省、市、县三级联动的审计常态下，全面实行财政审计大格局下的"三个统筹"和"五个聚焦"：

"三个统筹"：一是统筹项目实施。以对财政部门的审计为主线，其他专项审计为重点，构建财政审计大格局。二是统筹审计资源。整合市县两级审计力量，优化组合，资源共享，统一实施，重点突破，树立财政审计"一盘棋"的观念。三是统筹审计方式。将财政审计与经济责任审计、政策跟踪审计、专项审计等相结合，做到一审多果、一果多用、成果共享，实现财政审计成果利用最大化。

"五个聚焦"：一是聚焦资金使用效益，关注绩效目标评价。将绩效理念贯穿审计的全过程，关注绩效评价结果应用，推动预算编制与绩效评价的有机结合。二是聚焦财政预算管控，关注中期财政规划。以财政及预算部门编制三年滚动规划作为预算管控的切入点，推动项目库管理和预算审核机制的建立，提高财政政策制定的综合性、前瞻性和可持续性。三是聚焦财税体制改革，关注财政预算统筹。关注政府性基金、国有资本经营预算与一般公共预算的统筹情况，推进项目资金、部门资金、存量资金的统筹使用，推进政府预算体系的统筹协调。四是聚焦创新驱动政策，关注产业提质增效。重点关注支持实施创新驱动战略政策的执行情况，推动科技创新、企业科研经费投入，促进高质量发展。五是聚焦减税降费政策，关注优惠政策执行。关注取消和停征行政事业性收费、税收优惠政策的执行情况，推动惠民惠企政策落到实处。（泉州市审计局 9.8）

二、公告概览

(一) 中央部门单位 2017 年度预算执行情况审计结果

重点审计了 57 个中央部门本级及所属 365 家单位，涉及财政拨款预算 2115.99 亿元（占这些部门财政拨款预算总额的 35.28%）。审计结果表明，这些部门 2017 年度预算执行情况总体较好。存在的主要问题是：

(1) 预决算编报不够准确。涉及 35 个部门和 81 家所属单位、金额 35.04 亿元。其中：6 个部门和 9 家所属单位虚报项目多申领资金 2.16 亿元，11 个部门和 11 家所属单位代编预算 12.62 亿元，28 个部门和 64 家所属单位多列支出或少计收入涉及 20.26 亿元。

(2) 资金资产管理不够规范。涉及 23 个部门和 89 家所属单位、金额 11.25 亿元。其中：1 个部门和 10 家所属单位账外存放或通过虚假票据等套取资金 4409.55 万元，4 个部门和 11 家所属单位违规理财或出借资金等 2.58 亿元，7 个部门和 31 家所属单位未严格执行"收支两条线"涉及收入 5.4 亿元，16 个部门和 40 家所属单位部分资产违规处置或闲置浪费 2.83 亿元。

(3) "三公"经费和会议费管理不严。涉及 34 个部门和 101 家所属单位、金额 5721.71 万元。

(4) 利用部门影响力或行业资源违规收费。涉及 5 个部门和 75 家所属单位、金额 1.69 亿元。其中：62 家所属单位通过组织资格考试、开展检测等取得收入 1.61 亿元，5 个部门和 14 家所属单位开展评比表彰、举办论坛等收费 829.56 万元。

1. 外交部

2016 年年底结余资金 1644.81 万元未及时清理；驻外使领馆 2105.59 万元规费收入上缴不及时、不完整；超出项目测算金额多申报项目预算 10061.99 万元。

2. 发展改革委

应对气候变化国际合作经费项目在上年分别结转 0.22 亿元、1.19 亿元、2.36 亿元的情况下，仍安排预算 1.2 亿元、1.5 亿元、1.5 亿元；2017 年年底该项目结转 2.78 亿元；未将 4098 万元委托咨询评估费纳入部门预算；未经批准出租行政房产，出租收入 690.83 万元未上缴财政；中国交通运输协会自定会费标准、收取会费 347.64 万元。

3. 教育部

年度会议费预算未细化金额 2633.92 万元，留学服务中心财政专项结余资金 1594.66 万元；大连理工大学附属高级中学事业收支各 1351.49 万元未纳入决算，北京中医药大学下属企业将学校房产对外出租收入 1531.76 万元在账外核算，中国矿业大学（徐州）用非捐赠资金申报并获得捐赠配比财政专项资金 2988.47 万元，北京大学从财政专项向附属中小学等单位支付 2245.88 万元用于其发放人员岗位津贴和年终绩效奖，18 所高校违规向食堂承包单位收取食堂管理费、租赁费 12208.30 万元，教育部全国网络考试办公室未履行政府采购程序购买技术服务 8333.3 万元，4 所高校的保安、保洁服务未履行政府采购程序金 2525.70 万元。本级 7 个信息系统未按规定登记资产账和会计账，由本级核算的财政专项下达给所属单位核算金额 16500 万元。

4. 科技部

未按规定执行政府采购 1426.12 万元；科技评估中心 1269.21 万元预收账款未及时确认收入。

5. 工业和信息化部

本级部分项目化整为零规避招标金额 913 万元，16391.40 万元专用系统作为资产未入账，未履行立项审批程序建设 8 个电子政务信息系统金额 6020.95 万元，机关服务中心未及时为使用多年的基建项目没有办理竣工决算金额 29074.18 万元。

6. 公安部

本级无形资产账卡差异 39577.27 万元，出入境证件核心技术中心收入 3334.45 万元、支出 745.58 万元未纳入部门预算，警犬技术学校 623.43 万元资产未入账，对外投资 850 万元未在长期投资科目反映。

7. 国家民委

以拨代支项目经费 706.46 万元，中央民族干部学院政府采购预算编制不完整金额 226.28 万元，2 个项目绩效评价不真实，涉及金额 63357.18 万元。

8. 民政部

紧急救援促进中心违规向企业收取费用 177 万元未入账形成小金库，对外投资 1000 万元股权未在账册中反映，未经批准核销资产 607.84 万元；中国儿童福利和收养中心往来款 4892.33 万元长期挂账未清理。

9. 司法部

本级项目预算中安排补助地方司法机关资金 11938 万元，从零余额账户向实有资金账户拨款 456 万元；非税收入 1015.10 万元未按规定上缴。财政拨款净结余和财政拨款基建结余 912.05 万元，4 家事业单位收入 438.12 万元、支出 419.21 万元未纳入部门预算。

10. 财政部

收到年度中央外债统借统还资金预算指标 1414.87 万元后，全额列作部门决算收入和支出，实际当年支出 609.2 万元，影响部门决算草案准确性。

11. 人力资源社会保障部

公务机票未通过政府采购金额 1759.97 万元，属于机关服务中心往来账款 590.13 万元长期未清理，教培中心财务账簿与部门决算草案关于"在建工程"科目差异 6669.14 万元。

12. 原国土资源部

资源所未按规定将 22 个项目结余资金 620.69 万元清理上报。

13. 原环境保护部

多编报并获得财政资金 2470.62 万元，未按规定清理、上报项目结余资金 1511.07 万元，中国环境科学研究院未将利息收入 778.73 万元编报其他收入预算。

14. 住房城乡建设部

机关服务中心房租收入、房屋征收补偿收入共计 642.40 万元未执行"收支两条线"，预算资金 1514 万元未提出细化分配方案。

15. 交通运输部

海事局使用财政专项资金 331.34 万元为全体人员购买人身意外险，水运科学研究所未将下属单位事业收入 1886.88 万元纳入预算，课题经费 543.99 万元未计入事业收入，已使用建设项目共 18357.92 万元未转入固定资产。

16. 水利部

水科院在供货商尚未发货的情况下，提前列支设备和软件采购款 802.78 万元。

17. 原农业部

农科院后勤服务中心房产对外出租收入 2173.66 万元未纳入农科院本级账户核算。

18. 商务部

竞标公司法人代表为同一人的公司合同金额 3472.73 万元，华商中心和华商交易所 14256.89 万元非税收入未上缴中央财政。

19. 原文化部

故宫博物院非税收入 29828.85 万元未通过国库单一账户体系收缴和存储，截留专项资金结余 2719.41 万元。

20. 原卫生计生委

中国医学科学院药用植物研究所未按规定履行政府采购金额 3905.91 万元，国际交流与合作中心政府采购预算编报不完整金额 4561.79 万元，人才交流服务中心少计收入 1102.39 万元，9 个基建项目 6054.30 万元未按规定办理竣工财务决算，机关服务局有 680 万元往来款长期挂账，中国人口与发展研究中心 5 个软件系统 2307.58 万元未入无形资产。

21. 人民银行

货币金银局采购进口设备 1.72 亿元未按规定报批，少计固定资产处置等收入 5944.82 万元，郑州中心支行列支应由职工个人承担的物业费 196.51 万元，外汇局将以前年度收取的汇回利润保证金 4174.67 万元在"长期应付款"科目挂账超过 8 年，长沙中心支行的编报预算对 13856 万元行政事业类支出未细化至具体项目，4.74 亿元购置周转住房，征信中心收取动产融资租赁平台注册费 1054.64 万元，少计手续费、发行费、房租等收入 6954.23 万元，所属公司成本费用不实 2114.02 万元。

22. 国资委

本级在零余额账户中提取福利费和职工教育经费 920.92 万元并划拨至本单位实有账户，超预算采购 427.94 万元，投资 1688.61 万元未入账，机关服务中心 1614 万元股权投资未记入中心账目，通过代理机构收取会议费和赞助费 586.49 万元、列支 123.36 万元。

23. 原工商总局

商标局 2 个收入过渡性存款账户金额 36138.58 万元未撤销，收各类费用 4304 万元，1270.43 万元档案扫描服务未执行政府采购。

24. 海关总署

无预算支出 619.17 万元购置公务用车，在培训费中列支应由个人负担的费用 890.34 万元，年初未细化预算收入 558512.41 万元，多申请财政资金 5659.23 万元，监管查验技术设备资金 106854.26 万元闲置，268395.64

万元采购的设备滞留在生产厂家，社会单位代为承担财政资金 1282.5 万元，未清理长期挂账 1487.85 万元，非税收入 43826 万元未实行"收支两条线"，海关系统收费 17665.79 万元。

25. 原质检总局

超预算支出会议费 402.81 万元，项目结余 1801.23 万元直接用于当年支出，未执行政府采购程序 4715.77 万元，预算编制不合理导致年底结转4.39 亿元，少计资产 2566.06 万元，虚假招投标 2290 万元。

26. 体育总局

冬运中心未按规定履行政府采购程序 688.40 万元，奥体中心政府采购超预算 2386.59 万元。

27. 原安全监管总局

在分配 3.81 亿元非煤矿山尾矿库"头顶库""采空区"综合治理专项转移支付资金时，未按规定的测算方式进行测算。

28. 原食品药品监管总局

以前年度的专项款、合作费等资金 688.35 万元在往来款挂账，国际交流中心未按规定实施政府采购 3342.66 万元，药审中心财政项目结余资金11552.02 万元未及时清理，已使用实验室项目 1792.89 万元未编报竣工财务决算。

29. 知识产权局

虚列劳务支出 1414.93 万元，多计劳务支出 400 万元，违规设置不合理条件对供应商实行差别待遇金额 11605.52 万元，未经审批对外出租房屋获得租金收入 1185.78 万元。

30. 原旅游局

重复安排旅游发展基金补助地方项目资金 500 万元，未及时清理 3 年及以上的往来款项 4617.35 万元，少计固定资产 3362.6 万元，驻外宣传费9000 万元预算编制未细化到具体项目，机关服务中心未及时收回现金股利1018.48 万元。

31. 原宗教局

部门决算多计收入 1755 万元、多计支出 1558.27 万元。

32. 中科院

少计收入 2470.56 万元，8.42 亿元为编入预算，力学所虚列支出转移财政资金 1977 万元，未按规定履行公开招投标 4798.37 万元，未经批准对外出租 50 处房产租金 2620.58 万元。

33. 工程院

26 个项目未按时结题 7231.75 万元，院士科技咨询经费预算资金 2.8 亿元未细化到具体项目。

34. 发展研究中心

高层论坛项目收支未全额纳入部门预算金额 2575.85 万元，《中国经济年鉴》社未经资产评估支付 1745.90 万元退出控股企业。

35. 原行政学院

研究生学费收入 2378.07 万元未执行"收支两条线"，下级收入、支出各 14350 万元编入本级预算，出租学院房产收入 2074.83 万元未上缴学院本级核算，少计投资收益 1167.20 万元。

36. 气象局

3636 万元项目支出未细化分配方案、未实际执行；局房产处置收入 946.95 万元未实行"收支两条线"，2 家事业单位收入 4337.98 万元、支出 3533.32 万元未纳入部门预算，中国气象科学研究院资产账实不符 1334.30 万元，2010 年修购项目 680 万元长期未完成。

37. 证监会

本级费用由会管单位承担金额 790.21 万元，从零余额账户向实有资金账户划转资金 254.94 万元。

38. 社保基金会

社会基金会投资的一只基金组合发生的 6 笔融券回购业务突破投资方针，涉及金额 13.34 亿元，社保基金会及托管行未能及时检查发现。

39. 中华全国供销合作总社

多申领公用经费 289.94 万元，13 项采购未公开招标金额 6147.96 万元，长期投资账实不符金额 36077.75 万元，无资质开展职业技能鉴定并收费 372.08 万元。

40. 信访局

未经立项使用其他项目资金 1224.52 万元建新门户网站，决算草案少报政府采购支出 727.05 万元，编制部门预算时少反映上年结转 1593.68 万元、少报本年收入 511 万元。

41. 能源局

未将外方捐 143 赠收入 2350.32 万元及支出 1708.49 万元纳入预算，中国电力传媒集团向其子公司出借 3107 万元用于房地产开发。

42. 邮政局

年末余额 4138.36 万元分营资金未纳入部门预算管理，未将所属机关服务中心的收入 230.26 万元、支出 229.92 万元纳入部门预决算，1600 万元借款尚未收回。

43. 国防科工局

项目结余和经费结转资金 4403.14 万元未清理，4370.78 万元国有资产账实不符，机关服务中心少计收入 391.66 万元、少计支出 230.57 万元，审核中心以大额提现方式支付劳务费等 579.93 万元。

44. 原国务院三峡工程建设委员会办公室

办公楼维修改造项目财政存量资金 663.43 万元未及时清理，项目收入 367.79 万元未纳入预算管理，3 个项目 950 万元未按规定公开招标。

45. 原国务院南水北调工程建设委员会办公室

由于不具备实施条件或建设内容调整等原因 954994 万元的项目没有实施，监管中心代编项目预算 215 万元。

46. 国务院扶贫办

信息中心未将用于软件采购和系统建设的财政资金支出 957.47 万元计入无形资产。

47. 档案局

资产出租收入 366.11 万元未上缴财政，少计收入 766.67 万元、支出 318.48 万元，未经公开招标购买服务 650 万元，违规收费 977 万元，教育中心无依据计提养老保险、职业年金和津贴补贴等费用 786.50 万元。

48. 中华全国总工会

劳动关系学院 1349.99 万元学费收入在往来科目挂账未上缴财政，接收原值 4359.3 万元的房屋及其他构筑物未入账，工人日报社未经批准对外出租房产收入 1032.56 万元。

49. 共青团中央委员会

少计收入 287.69 万元、支出 170.94 万元，固定资产账实不符 1378.02 万元，中央团校未经批准出租房产收入 1884.38 万元、图书实验楼项目投资超概算 2265.11 万元、31280.56 万元已投入使用的项目未办理竣工决算。

50. 全国妇联

机关服务局未按规定公开招标物业服务合同 312.19 万元，出版社在往来科目核算收入 335 万元，交流与合作中心 409.52 万元长期挂账未清理。

51. 人民日报社

项目资金 836.06 万元连续结存时间超过两年，1203.03 万元固定资产账实不符并多计折旧 204.68 万元，在往来科目核算办公楼处置等收入 12219.43 万元，59359.82 万元建设支出未结转计入固定资产账，未批准收费 510 万元，未确认应收账款 440.78 万元。

52. 光明日报社

未经批准办公用房出租收入 760.84 万元。

53. 中国日报社

应收款长期挂账未收回 1420.40 万元，个别项目资产闲置 253.42 万元。

54. 中国残疾人联合会

部门决算编报少计收入 6161.29 万元、支出 5551.25 万元，为职工支付采暖费 273.46 万元，康复中心在往来科目核算收入 1406.02 万元、支出 1555.92 万元，语康中心在往来科目核算收入 269.95 万元，账外核算资产 12886.63 万元。

55. 原全国老龄工作委员会办公室

老龄科研中心事业收入 1200.10 万元未纳入预算，未经批准房屋出租收入 280 万元。

（二）北京市部门单位 2017 年度预算执行情况审计结果

本年度的预算执行审计包括市级部门预算执行和决算草案审计、基层预算单位审计两部分。部门预算执行审计报告没有细分各部门审计情况，是一个含 123 家一级预算单位的综合结果的报告；基层预算单位审计按照被审计单位进行了详细披露，包括了园林、绿化、公园、规划国土、农业等行业所属 54 家基层预算单位 2015 年至 2017 年预算执行和其他财政收支审计情况。这与以前年度按具体部门进行披露的方式截然不同。因此，本部分只有部门预算执行审计的综合结果。审计发现的问题主要在决算编报、预算执行等方面。

决算草案编报。88 家单位未将已执行政府采购的 18.32 亿元支出列入决算，未将应作为政府购买服务支出的 1.72 亿元列报政府购买服务项目决算。

预算执行。25 家单位收入预算编制不完整 8368.23 万元，10 家单位的收入、结余资金在往来科目核算 3739.02 万元，16 个单位未按规定安排使用事业基金补充单位收入 2.76 亿元，31 家单位的 61 个项目 5713.41 万元当年全部未支出，14 个支出事项达到分散采购标准未执行政府采购 1155.38 万元。

其他方面。13 家单位的 31 个 500 万（含）以上项目、4 个 200 万（含）以上列入政府购买服务的公共服务项目，未填报绩效目标，涉及预算资金 9.05 亿元；11 家单位的 27 个政府购买服务项目，承接主体不符合政府购买服务承接主体的要求，涉及资金 1301 万元。

（三）黑龙江省 14 个部门 2017 年度预算执行情况审计结果

1. 人力资源和社会保障厅

审计发现的主要问题：（1）预算执行方面。黑龙江技师学院、省博士后管理办公室、省社会医疗保险局公务用车维护费、培训费、印刷费等超预算列支 46.35 万元；本级编制高校校园招聘经费、综合业务管理费预算 45.55 万元未细化到具体经济科目。（2）其他方面。省公务员局购买耗材 3 笔、金额 17.14 万元，采购过程中没有签订采购合同或协议，没有履行验收入库、领用出库手续。

2. 环境保护厅

审计发现的主要问题：（1）预算执行方面。不合规票据列支委托业务费 125 万元，4 家单位从上级专项结余中提取事业基金 171.45 万元。（2）其他方面。向各地市环保局及监测站拨付委托业务费 450.55 万元后，未对资金使用情况进行有效监管。

3. 民政厅

审计发现的主要问题：（1）预算执行方面。政府采购预算编制不完整 744.84 万元，单位经营收支未纳入部门预决算管理 2277.75 万元，虚列支出 232.76 万元，未按规定使用公务卡和报销公务支出 145.83 万元。（2）其他方面。不合规发票入账 403.25 万元，为关联单位贷款并支付利息费用 22.88 万元，固定资产账实不符 9682.97 万元，未确认捐赠收入 29.36 万元。

4. 卫生和计划生育委员会

审计发现的主要问题：挪用专项资金 11.77 万元用于日常经费支出；未执行政府采购程序金额 299.64 万元。

5. 教育厅

审计发现的主要问题：收入预算编制不完整 245.4 万元；应缴未缴财政收入 29.91 万元。

6. 住房和城乡建设厅

审计发现的主要问题：违规提前支付项目资金 238.01 万元；519.49 万元支出未履行政府采购程序；未按规定使用公务卡结算差旅费、办公费等 361.13 万元；上级拨入的项目资金 33.14 万元在往来科目中挂账，未计收入。

7. 社会科学界联合会

审计发现的主要问题：未履行政府分散采购程序 24.75 万元，超范围向职工发放补助 23.32 万元。

8. 质量技术监督局

审计发现的主要问题：经费超预算支出 71.88 万元。

9. 省委网络安全和信息化领导小组办公室

审计发现的主要问题：在培训费中列支"网络媒体达人行"活动委托业务费 18.55 万元；126.45 万元委托业务费无服务项目预算或测算明细且合同价格缺少行业依据。

10. 信访局

审计发现的主要问题：应上缴财政存量资金 52.77 万元。

11. 畜牧兽医局

审计发现的主要问题：结余 838.25 万元，执行率为 20.17％；未编入预算 41.27 万元；以前年度专项结余 67.61 万元未上缴财政。

12. 文学艺术界联合会

审计发现的主要问题：房屋出租收入 82.5 万元未上缴财政，其中已坐支 59.75 万元；无依据收取刊物发行费 34.52 万元。

（四）浙江省部门和单位 2017 年度预算执行情况审计结果

1. 文学艺术界联合会

审计发现的主要问题：虚列预算支出 130.3 万元；在下属单位列支公务支出 10.92 万元；1410.45 万元费用和支出未列入固定资产核算。

2. 原省文化厅

审计发现的主要问题：（1）预算收入编制。未将上年结转和结余 6587.44 万元、专项补助 267.78 万元、培训收入 172.73 万元和培训支出 112.46 万元纳入预算。（2）预算执行。无合同虚列支出设备款 455 万元；581.44 万元未执行政府分散采购程序。

3. 体育彩票管理中心和福利彩票发行中心

审计发现的主要问题：政府采购。3 项标的金额合计 662 万元、3 项标的金额合计 261.8 万元、2 项标的金额合计 103.15 万元的项目未严格执行政府采购制度；3 项标的金额合计 123 万元的采购项目的资料真实性存疑。

4. 工商行政管理局

审计发现的主要问题：（1）预算收支。总局下拨经费 813.9 万元在往来款列收列支；专项资金中列支其他费用 76.16 万元。（2）28 套局自管房和车库租金等 25.09 万元未上缴财政。

5. 交通运输厅

审计发现的主要问题：（1）结余资金 46902.96 万元未按规定纳入部门预算。（2）违规长期租用公务用车，费用 14.45 万元。

（五）广西壮族自治区部门单位 2017 年度预算执行情况审计结果

审计结果表明，部门单位预算收支执行基本符合规定，内部控制基本有效。审计发现的主要问题在预决算编制不完整不细化、结转结余资金较大、预算支出控制不严、资产管理不规范等方面。具体到部门单位，情况如下：

1. 林业厅

（1）事业基金 2178.45 万元和专用基金 646.2 万元未纳入部门预算。（2）决算报表虚列支出 28704.17 万元。（3）3 年以上应收应付账款类余额分别为 37951.25 万元、43736.28 万元。（4）国库管理方面，违规从零余额账户向预算单位实有资金账户拨款 36628.99 万元。（5）政府采购，未列入政府采购预算 1401.78 万元。（6）国有林场改革补助资金 1255.3 万元用于其他方面支出。

2. 体育局

广西体育运动学校：未严格履行合同，提前支付货款 144.67 万元；从零余额账户转款至单位银行账户 211.68 万元。

3. 环保厅

调剂项目经费未报财政部门同意 579.27 万元，无预算支出 278.68 万元，已使用基建项目未进行固定资产登记入账 16927.7 万元；3 年以上往来账长期挂账 1784.50 万元。

4. 民政厅

广西福利彩票发行中心应收应付款项 11860.03 万元长期挂账，北海复退军人医院将财政性资金 1455.54 万元存入过渡户，拉浪林场将 693 万元专用资金用于业务用房和危房改造工程等项目，且其往来账 1135.14 万元长期挂账。

5. 广西师范大学

后勤集团资产 11489.30 万元未纳入学校报表统一核算管理，9040.78 万元收入挂在往来账，往来科目核算费用造成决算报表虚列支出 2951.85 万元，往来账项挂账三年以上金额达 3515.85 万元，工程项目已投入使用未办理竣工财务决算 8628.13 万元。

6. 玉林师范学院

预算资金 3487.81 万元未按规定用途使用，6 个预算项目超预算支出 3507.66 万元，22 个基建工程项目 44762.40 万元已竣工交付使用未办理竣工决算，未按期结题科研项目 210 个共 1283.22 万元，房屋出租收入应缴未缴国库 395.23 万元，6487.56 万元支出未编政府采购预算；债权债务挂账三年以上金额达 2302.66 万元。

（六）西藏自治区部门单位 2017 年度预算执行情况审计结果

审计结果表明，部门单位预算收支执行基本符合规定，内部控制基本有效。审计发现的主要问题在预决算编制不完整不细化、结转结余资金较大、预算支出控制不严、资产管理不规范等方面。具体到部门单位，情况如下：

1. 驻成都办事处

（1）预算执行方面。调剂使用预算资金 432.11 万元，将项目支出超支 547.82 万元和 563.37 万元分别调至"基本支出"和"经营支出"反映，所属成办医院虚列专项设备购置财政补助支出 992 万元。（2）其他方面。所属成都干休所往来款项 38.99 万元长期挂账。

2. 体育局

将上级补助收入 1350.29 万元在"其他应付款"科目中核算，将其他收入 44.16 万元在"暂存款"科目中核算；少编报决算支出 130.73 万元；所属区体产中心体育场馆维护费超预算支出 134.38 万元。

3. 文物局

预算执行方面。未将收入 1916.45 万元纳入预算，应缴未缴非税收入 722.32 万元，违规集中所属单位非税收入 634.44 万元，少计 2015 年度长期股权投资 100 万元，博物馆将文物借展收入 200 万元纳入其下属企业会计账簿中核算。

4. 原自治区食品药品监管局

（1）预算执行方面。未统筹盘活项目结余资金 1600.34 万元，未将罚没收入 55.65 万元上缴国库，超预算列支公务车辆运行费 143.59 万元。

（2）其他方面。少计固定资产 546.9 万元，未及时清理往来款项 517.65 万元。

5. 自治区外侨办

（1）预算执行方面。无预算列支物业管理费等 50.77 万元，无预算列支公务出国费 21.42 万元；超预算列支办公及水电费等 194.67 万元，超预算列支伙食费 69.3 万元，在往来科目中核算职工住房公积金支出 134.83 万元。（2）其他方面。未将价值 1689.21 万元的国有资产登记入账，往来款项 711.59 万元长期挂账。

6. 原自治区民宗委

（1）预算执行方面。将预算资金 124.36 万元调剂用于无预算支出，违规将上级补助经费等收入 409.37 万元列入"其他应付款"科目核算。（2）决算编报方面。会议费多编报 219.6 万元，其他商品和服务支出少编报 219.48 万元。

三、前景展望

（一）发展潜力

从审计经验中可以看出，在审计方法运用"大数据"开展部门预算执行审计，并对横向和纵向的部门和单位进行了延伸，已经实现全覆盖审计；在大数据基础数据库的支持下，大数据审计已经得到普及；预决算执行审计与领导经济责任审计一同实施的趋势已经形成，节省了审计力量和审计成本，提升了审计效率和审计效果。

从审计报告中可以看出，预决算审计在取得进步的同时，也存在着一些基本的问题，这些方面有着发展潜力。首先是预算编制方面，预算收入编制、预算支出编制和决算支出编制存在不完整、不细化；预决算差异额较大，有些部门累积金额也不纳入预算收入；编制依据未清楚地说明。其次是预算执行方面，预算编制计划得不到有效执行，应收未收资金、改变资金用途、乱收费、无预算超预算支出、不同性质的财政资金相互混用等现象没有杜绝；政府采购制度没有被严格执行。再次，财务收支科目核算未严格按照会计标准执行，长期挂账、资金结余、坐支现象还是存在。内部控制制度没有被严格执行。最后，多个省市尚未公告具体部门的预决算执行审计情况，要么不具体，要么不公告。这在信息披露方面会降低财政供求双方的信息对称程度。

（二）未来趋势

趋势之一，内部控制审计会得到加强。审计中发现预算执行偏差、执行不合规、财务收支不规范现象也是比较普遍。预计未来，审计机关会进一步加强内部控制审计，促进内部控制制度的改善和提升内部控制执行的有效性。趋势之二，审计类型将走向预算绩效审计。在预算制度强化执行和内部控制制度走向有效的条件下，预算执行审计将走向预算绩效审计，重点关注预算资金使用过程的合规性及其绩效目标的达成。趋势之三，实施预算硬约束才能够加强内部控制审计的效果，因此，将来严格预算制定和执行将是重中之重。趋势之四，预算执行审计所发现的违规行为，由于观察不到行为总体数量，这将不会节省年度之间的审计资源成本。鉴于此，制度的严格执行和制定可行的财政制度将是更重要的，这也会走向以法审计的道路。因此，制度审计在未来会是方向。

分报告 3：经济责任审计发展状况与前景展望

本分报告聚焦经济责任审计，关注各级审计机关在经济责任审计方面的经验探索、制度建构和公告概览，在此基础上，对经济责任审计的前景做一简要的前景展望。

一、经验探索

2017 年，各级审计机关继续探索经济责任审计的优化，涉及的内容包括审计范围、审计方法、经济责任审计与其他类型审计的融合。在审计范围方面，主要是经济责任审计全覆盖的实施，已经在乡级和村级层次得到普及；在审计方法方面，已经普及大数据审计；在审计内容方面，将民生责任纳入审计；在与其他类型审计的融合方面，主要是乡镇审计与经济责任审计一同实施、党政经济责任审计一同实施、预算执行审计与领导经济责任审计、自然资源责任审计一同实施。

（一）湖北黄冈：审计重点关注粮食安全

湖北省黄冈市审计局在对该市粮食系统经济责任审计中重点关注粮食安全，确保种粮政策稳固落实、专项资金有效使用、储备粮食保障可靠，牢牢守住粮食安全底线。

一是加强对种粮政策落实情况审计，保护种粮农民的积极性。重点关注各级各部门执行国家粮食最低收购价政策的贯彻落实情况，严厉打击压级压价等坑农害农行为。二是加强对粮食储备专项资金的使用效益审计，确保专项资金使用到位。通过翻阅粮油企业的相关证账资料，现场勘查粮食储备项目建设情况。三是加强对国家储备粮轮换环节审计，化解国家粮食储备轮换风险。重点审计调查省级储备粮、市级储备粮存储仓库，查看是否严格按照年度储备计划，完成粮食储备规模是否及时、足额到位，关注储备补贴相关资金的落实情况和库存、轮换、质量管理情况。四是加强对储备粮的数量、质量检测环节审计，保证国家储备粮质效安全。重点抽查粮油企业在收购国家储备粮食过程中，是否严格按照技术检测要求，对收购的粮食进行数量、质量检测。（杨润墨 10.29）

（二）江苏东台：采纳审计建议　规范学校食堂管理

江苏省东台市审计局在对东台市教育局局长、市一中等中小学校长任期经济责任审计中，重点关注学校食堂去营利化管理情况，揭示了学校自办食堂存在的菜品搭配不够多样、在食堂支出不合理费用、收支结余挂账、外包食堂存在租金标底去营利化不够、餐饮管理的质量要求不够明确细化等问题。市教育部门根据审计建议重新修订出台了《东台市农村中小学食堂管理及考核办法》，规范农村中小学食堂管理。

一是明确学校食堂管理原则及目标。确立了学校食堂管理以育人为本、非营利的管理原则以及保证学生餐饮卫生安全、质价相符、菜品丰富、营养均衡的管理目标。对学生餐饮从原料采购、储藏、制作、供应等重点环节做出更详细规定，同时对学校食堂检查考核明确了实施细则。二是明确学期结余限额及规范招租方法。租金纳入学校部门预算管理，硬性压缩外包食堂的非正常营利。三是推进学生食堂管理电子化。力推学生食堂采购、供应、就餐费等方面管理实现电子化，为学校餐饮日常管理、各级检查考核、分析决策及时提供真实、准确、完整的电子数据。（曹晶 10.23）

（三）山东淄博：围绕"创新＋"开展村居审计工作

一是"创新＋机构"，设立村居审计专职机构。山东省淄博市审计局成立正科级村居审计办公室，负责全市村居审计工作的规划、督导和考核等；各区县审计局成立村级审计职能科室，共增加村居审计全额事业编制89名。二是"创新＋模式"，构建"三位一体"监督合力。通过整合资源，探索构建起以区县审计机关主导、以乡镇农经、财政等内部审计为基础、以社会审计机构为补充的村居审计队伍。建立村居审计业务指导员负责制，为镇（街道）确定对口指导科室，以审代训，定期到各镇（街道）检查指导审计质量。三是"创新＋管理"，提升村居审计信息化管理水平。自主研发了村居审计信息化平台，摸清全市村居底数，将3402个村居基本村情、上级划拨资金、历次审计情况等录入平台，建立信息数据库；准确掌握村居审计的计划安排情况，自动生成村居审计年度计划；将项目进展程度按周进行管理，实行限时制，对审计发现问题自动分类汇总。四是"创新＋方法"，开展村居大数据审计。依托全市各区县农村财务管理统一数据库，完整采集村居翔实财务等涉农数据，探索建立了村居大数据审计系统。（吴娟 10.19）

（四）陕西：组织全省村（社区）经济责任审计试点

陕西省审计厅为深入贯彻关于推进乡村振兴战略措施的部署，在全省范围内扩大村党支部书记、村委会主任和社区党支部书记、社区主任经济责任审计试点工作。一是加强组织领导。省厅成立村（社区）组织主要负责人经济责任审计工作协调指导小组，各市（县、区）审计机关相应成立村（社区）组织主要负责人经济责任审计领导小组办公室。二是加强沟通协调。担负审计试点任务的市、县（区）审计机关要及时请示报告，争取同级党委、政府和有关部门单位的配合支持，并及时向省审计厅报告难以解决的新情况新问题。三是提高审计质量。严格执行审计"四严禁"工作要求和"八不准"工作纪律。四是及时总结经验。各设区市审计机关选择 15～20 个村（社区）进行审计试点，坚持边试点、边探索、边总结，重点围绕基本做法、主要经验、工作成效以及在试点过程中探索的组织模式、审计方式、审计内容、方法路径，以及发现和存在的主要问题等进行归纳总结，并就制定《陕西省村（社区）组织主要负责人经济责任审计实施办法》提出具体意见和建议。（黄松 10.19）

（五）海南：对 5 市县实施"2＋N"审计

海南省审计厅对五指山、万宁、昌江、保亭、屯昌 5 市县 10 名党政领导干部经济责任履行情况、自然资源资产管理和生态环境保护情况进行审计，并以市县党政领导干部经济责任审计和市县党政领导干部自然资源资产离任审计为平台，同步实施政策落实情况跟踪审计、扶贫培训资金审计和农村饮水安全工程资金审计调查 3 个审计项目。

这次"2＋N"审计，按照全省审计工作"一盘棋"的工作思路，紧扣"权力运行、生态保护、政策落实、资金使用、饮水安全"，通过审计促进经济高质量发展，促进全面深化改革，促进权力规范运行，促进反腐倡廉。重点关注 5 个方面：一是市县党政领导干部经济责任审计，紧扣"权力运行"和"责任落实"；二是市县党政领导干部自然资源资产离任审计，以"增绿"和"护蓝"为目标，紧扣自然资源资产管理和生态环境保护责任两个重点；三是相关政策落实情况跟踪审计，以促进政策落地生根为目标，主要审查全域旅游、房地产风险防控、学前教育行动计划政策措施落实情况；四是扶贫培训资金审计，以促进加强内部管理提高财政资金使用绩效为目标；五是农村饮水安全工程项目审计调查，以项目和资金为主线，客观反映财政资金使用和工程项目效益情况。（钟宇靖 9.5）

（六）湖南湘潭：突出"四个重点"，促经济责任审计更加关注民生

市审计局在对该市医疗生育保险管理服务局开展领导干部任期经济责任审计时，立足于其业务领域、行业特点，制定审计工作方案，将医保统筹金运行情况作为一项内容予以关注。审计人员突出"四个重点"关注城镇职工医疗保险、城乡居民医疗保险、生育保险基金和离休干部医药费统筹金运行情况，切实做到在领导干部经济责任审计中更加关注民生。

一是重点关注医保基金征缴、支出情况的真实性。对城镇职工医疗保险、城乡居民医疗保险、生育保险基金和离休干部医药费统筹金分账核算，实行收支两条线管理，重点关注四项医保基金征缴、支出情况的真实性。二是重点关注医疗保险医疗费用评审的意见。关注对定点医疗机构、协议零售药店随机抽样评审中的"核减费用"，以及日常稽核人员或卫生专家审查病历发现违反协议规定的扣罚费用。三是重点关注医保基金保值增值。检查市级医保基金的保值增值工作。四是重点关注医保信息系统的安全性。重点审计各险种信息系统的建设和运行情况，了解医保信息基础数据库容灾备份机制和安全防护建设体系，关注医保信息系统风险隐患和管理漏洞。（张忠民 7.12）

（七）湖北："七关注"开展企业负责人经济责任审计

湖北省审计厅组织审计人员在对某集团负责人履行经济责任情况审计中，结合企业特点，重点关注七项内容：一是关注企业贯彻执行防范化解重大风险、"三供一业"剥离、"一带一路"建设、混合所有制改革、改制重组、供给侧改革、产业结构调整等重大经济政策和决策部署情况。二是关注是否存在企业制定的经营发展战略和规划与国家有关方针政策相违背，执行经营发展战略与规划不符合国家有关方针政策，不利于企业长远健康发展；是否存在企业发展战略不明晰或频繁变更，导致无法有效执行；是否存在违规决策、盲目投资、并购造成国有资产损失浪费或形成重大风险隐患的情况。三是关注企业是否存在未完成省国资委下达的年度经营业绩考核目标，以及影响经济社会发展的重大事件及后果的情况。四是关注企业重大对外投资、重大工程建设、重大资本运作、重大资产购建和处置、大宗物资（服务）采购、对外担保借款等重大经济决策集体议事规则的建立健全情况、执行情况以及执行效果。五是关注企业财务收支、资产负债损益的真实性和完

整性。六是关注企业法人治理结构的健全和运转情况，财务管理、业务管理、风险管理、内部审计等内部管理制度的制定和执行情况，以及对所属企业的监管情况。七是关注被审计领导干部个人履行党风廉政建设第一责任人职责的总体情况和本人遵守有关廉洁从政规定情况。（常君、丁武 4.13）

（八）山东菏泽：全面开展村居干部经济责任审计还百姓一个明白

针对一些农村基层组织存在的财务管理不规范、财务公开执行不够好、个别村居干部虚报冒领、克扣截留、贪污挪用等问题，山东省菏泽市从 2014 年开始推行村居干部经济责任审计。菏泽市有 5800 多个村居，2016 年实现了所有乡镇的村居干部审计全覆盖。

市委、市政府领导对村居干部经济责任审计工作高度重视并大力支持，市委办公室、市政府办公室联合印发了《关于加强村居干部经济责任审计工作的意见》。

为确保村居审计力量，除成武县在县审计局下设"镇办区审计所"负责村居审计外，其余县区均在乡镇成立 3～5 人的审计所，目前全市 157 个乡镇审计所已配备乡镇审计人员 516 人。

在实施村居干部经济责任审计过程中，各县区坚持问题导向，突出对拆迁改造村、重点信访村、集体收入较多村的审计，将涉农政策落实、征地补偿款兑付、新农村基础设施建设等热点、难点作为审计重点。2017 年 1—12 月，菏泽市对 3971 个村居、5792 名村干部进行了审计，共查出套取财政补贴资金、虚报冒领、侵占集体资产、私设"小金库"等多种问题，移交纪检监察机关处理 77 人，成功化解群体信访案件 11 起。

通过实施村居干部经济责任审计，各县区依法依纪查处了审计发现的违法违规问题，如单县在审计的项目中，审计前有信访案件的村 228 个，通过审计消除信访案件 226 个，息访率为 99.1％。2017 年 9 月，东明县刘楼镇审计所先后组织对 6 个村的村干部进行审计，并将审计结果在村里公示，及时化解了多起群众上访苗头。（臧耀红、晁秀喜 3.26）

（九）湖北：部署地方党政领导经济责任审计大数据报送工作

为开展好 2018 年地方党政领导干部经济责任审计，进一步推动大数据在经济责任审计工作中的应用，湖北省审计厅经济责任审计局组织召开地方党政领导经济责任审计数据报送培训会。经济责任审计局地方党政处会同厅计算机审计中心，组织专人对黄冈、宜昌等 5 个地方近年大数据应用情况进行了专题调研，梳理出数据采集、中间表设计、数据质量以及数据报送等方面存在的主要问题，有针对性地进行了修改和完善。参会人员对新设计的29张大数据表格的填报事项、填报说明等进行了认真学习和讨论，掌握了大数据报送的基本方法。此次培训明确了审计数据报送的对象、范围和内容，数据报送责任单位和职责分工，以及数据报送方式等要求和问责办法。（经责局地方党政处 3.13）

（十）齐齐哈尔：结合财政决算开展区级党政领导干部经济责任审计

市审计局为更好地开展经济责任审计工作，将区级党政主要领导干部的经济责任审计与财政决算审计有机结合在一起，同步进行。（1）审计方式相结合，审计内容互为补充。两个审计项目组合在一起，对项目实行统一安排、统一实施。（2）审计内容相结合，审计证据互为支撑。以审查区级财政决算的合法合规性为基础，加大对区级党政主要领导干部重大经济事项、重大项目安排、财政资金安排等有关经济活动的决策权和管理权以及履行廉政建设第一责任职责情况的监督检查力度。（3）审计成果相结合，结果互为利用。充分利用审计形成的有关资料和已有的审计成果，实现财政财务收支审计与经济责任审计的成果共享。（黑龙江审计厅 11.2）

（十一）江苏扬州：邗江区审计局"四突出"做好经济责任审计工作

今年以来，扬州邗江区审计局在经济责任审计工作中，从加强"三责联审"、形成"内审联动"、开展"干部自然资源资产责任审计"、关注"国有企业领导经责审计"四点着手，实现审计"四突出"。

一是突出"三责联审"，实现整体效应优势叠加。加大"三责联审"力度，"三责联审"项目占全年经济责任项目的73％，远高于去年43％的比例。在工作模式上，组织、编制、审计联合作战，在监督效果上，联合监督党政领导干部用人、用编、用财等核心权力。

二是突出"内审联动"，形成审计合力优势互补。经责项目全部实现内审联动模式，经责审计与内部审计同步开展，实现优势互补，80家部门单位完成内审报告，共查出审计问题599个，管理不规范金额上亿元，制度和完善内控制度65个。

三是突出"干部自然资源资产责任审计"，实现审计试点稳步推行。首次开展乡镇领导干部自然资源资产责任审计，以资金流向为基础，从土地资源、水资源、生态环境保护、林业资源四方面着手评价领导干部的经济责任。

四是突出"国有企业领导经责审计"，深化国有企业审计监督。（王琰 11.21）

（十二）福建泉州：以创新思维找准经责审计 4 个着力点

为充分发挥经济责任审计对领导干部权力的制约和监督作用，市审计局有序对 111 位党政领导干部和国有企业领导人员开展任期经济责任审计，涵盖行政机关、国有企业、群团组织和小城镇等多个领域。

一是着力提升审计成果运用。以党委政府主要领导对每一份经济责任审计结果的批示督办为契机，有力推动相关单位积极采取措施，落实整改，建章立制，规范管理。同时，借助要情专报、审计信息的绿色通道专题向当地党委政府积极反映重要情况，呼吁解决"瓶颈"和普遍性问题。

二是着力强化执纪问责和审计整改。联合纪委、组织部门对已审结项目落实整改情况开展联合督查，逐条验收问题整改清单，并向党委政府提交联合督查结果，进一步督促有关单位制订整改计划，限期抓好整改。建立完善行政单位审计整改年度绩效考评机制、年度审计项目整改情况通报机制等，层层压实审计整改责任。

三是着力推进审计全覆盖。泉州市审计局首次开展了副处级小城镇党政主官同步经济责任审计，各县（市、区）普遍试点开展了乡镇党政主官自然资源资产离任（任中）审计，实现审计监督从设区市到县、到乡整个链条各层级有代表性的全覆盖。

四是着力创新工作机制。将经责审计项目与领导干部自然资源资产审计、部门预算审计和部门政策专项有机结合，多项任务一次进点，同步开展，有效地提高审计效率，确保在人手少、任务重的情况下按时保质地完成任务。（泉州市审计局 9.11）

二、制度建构

经济责任审计是各级审计机关的重要审计业务，所以，相关的制度建构是各级审计机关的工作重点。2017 年，各级审计机关继续亲自或推动经济责任审计相关的制度建构，涉及的领域包括：经济责任审计工作指导意见、经济责任风险防范清单、审计协作机制中加强企事业单位内部审计的作用，等等①。

---

① 不包括领导干部资源环境责任审计的相关制度建构。

（一）天津：出台 2018 年经济责任审计工作指导意见

天津市经济责任审计工作联席会议办公室正式印发《天津市 2018 年经济责任审计工作指导意见》（以下简称《意见》），聚焦打好"三大攻坚战"，创新审计理念和审计技术方法，更好发挥经济责任审计在党和国家监督体系中的重要作用。

《意见》指出，经济责任审计工作要将贯彻落实党的十九大精神作为首要任务，深刻领会精髓，指导实践。要大力推进政治强审、质量强审、科技强审，构建适应新时代发展的智慧型审计模式。实行行业性经济责任审计安排，树立大数据思维、深化大数据审计创新成果运用，探索实行穿透式、结合式、兵团式审计全覆盖新模式。

《意见》强调，经济责任审计要坚持"真审计、严审计，以真严的审计倒逼新发展理念、绿色发展、质量变革的落实"，加强全过程质量控制，提升审计成果质量。审计中围绕供给侧结构性改革、京津冀协同发展、国企混改等重大决策部署，"三去一降一补""放管服"改革、新旧动能转换等任务落实，以政策措施落实、重大项目落地、资金拨付使用、资源环境保护等为重点，推动各项决策部署落地生根。

《意见》要求，各级审计机关要坚决落实好中央审计委员会第一次会议重要精神，积极研究适应审计管理体制改革的经济责任审计管理新模式。增强经济责任审计"一盘棋"意识，加强经济责任审计工作一体化建设。积极推动审计结果运用，妥善处理好防范风险与运用审计结果的关系，促进审计结果运用最大化，增强领导干部守法守纪守规尽责意识。加强对内部审计工作的监督检查，促进提升内部管理领导干部经济责任审计质量和水平，提高单位抵御风险能力。（王平 7.13）

（二）安徽：印发《2018 年经济责任审计工作指导意见》

为全面落实中央审计委员会第一次会议、安徽省经济责任审计工作领导小组会议和全省审计工作会议精神，安徽省审计厅近日印发了《2018 年经济责任审计工作指导意见》（以下简称《意见》），强化经济责任审计的统筹管理和协调配合，深入推进新一轮经济责任审计全覆盖工作。

《意见》要求，各级审计机关要加强对领导干部权力运行的制约和监督。一是统筹谋划部署，着力推进新一轮全覆盖。对重点地区、部门、单位及关键岗位的领导干部任期内至少审计一次，确保 2022 年如期完成全覆盖工作任务；将经济责任审计与政策跟踪审计、财政审计、自然资源资产离任审计等专业审计统筹安排；加强对部门单位内部管理领导干部和村居主要负责人经济责任审计工作的指导监督。二是注重精准发力，切实提高审计质量。要突出审计重点，紧扣经济责任，聚焦重点任务，聚焦重点环节，聚焦重点对象，加大审计力度和审计频次。三是强化成果运用，不断提升审计成效。四是加强自身建设，进一步完善工作机制。加强科技强审力度，积极推进以大数据为核心的经济责任审计信息化建设；坚持问题导向，大兴调查研究之风，加强经济责任审计工作的调查研究，努力形成有实际内容和参考价值的调研成果。（陈波 7.11）

（三）福建宁德：出台《领导干部履行经济及生态责任主要风险防控清单》

分析近年来宁德市领导干部经济责任审计和自然资源资产离任审计试点实践的基础上，福建省宁德市委办、市政府办率先在福建省出台由审计部门编制的《领导干部履行经济及生态责任主要风险防控清单》（以下简称《清单》），以清单形式，划出履责"警示线"，规范领导干部履行经济及生态保护职责，健全权力运行制约和监督体系。

《清单》结合宁德市审计实践，涵盖领导干部履行经济和生态责任过程中多发、易发的主要风险点，针对领导干部权力运行的重点领域和关键环节，明确了定责范围、风险点、影响后果和定性定责依据，列举包括国家政策法律法规执行情况及效果、重大经济决策的制定及执行、财政财务管理、政府投资项目建设和管理、机构编制管理、党风廉政建设（贯彻落实中央八项规定精神）、自然资源资产管理和生态环境保护八大风险类型 206 个风险点，对领导干部不履行 69 项责任事项产生的影响进行预警，明确列出直接影响后果。

《清单》还引用 285 条次法律法规和政策文件，对每项风险类型所涉及的定性依据、定责依据进行了明确，其中包括《中国共产党纪律处分条例》《中国共产党问责条例》等定责依据。（郑晓冲、李保东、林晓丽 5.9）

（四）浙江宁波：整合内部审计资源 推进二级单位经济责任审计制度化常态化

宁波市住房城乡建设委员会制定出台了《委管企事业单位领导干部经济责任审计暂行办法》（以下简称《办法》），该委将通过内部审计的方式，实现所属的 16 家财政财务独立核算的企事业单位主要领导干部实行经济责任审计全覆盖。

近年来，宁波市审计局在对市级单位领导干部经济责任审计中，通过延伸审计，发现被审计单位所属的部分二级单位违反财经纪律问题比较突出，不少问题屡禁不止。该市住房和城乡建设委员会下属二级企事业单位多，管理资金量大，并涉及工程建设等资金使用管理重点领域，由国家审计对二级单位实行审计监督难度较大。市审计局以此为契机，积极回应需求，整合内部审计资源，推动二级单位经济责任审计制度化、常态化的新途径、新方法。

经过双方的共同努力，市住建委采纳审计部门意见，结合单位实际，制定了《办法》，在内容上，明确经济决策的制定和执行情况、重要经济事项管理制度建立和执行情况、部门预算的执行情况、国有资产管理情况、重要基本项目和修缮项目的管理情况、遵守有关廉洁从政规定情况等重点事项为"六必审"。在时间上，明确二级单位主要负责人任期满 3 年以上一般应审计一次，企事业单位进行整体改制、改组、兼并、出售、拍卖、破产时，必须进行经济责任审计。在审计结果运用上，明确经济责任审计结果作为被审计领导干部考核、任免、提拔的重要依据；审计结果及整改结果纳入被审计单位年度目标责任制考核。此外，为解决审计人员相对不足问题，《办法》明确可以委托社会中介机构协审，协审所需的经费由住建委承担。（胡荣亮4.20)

三、前景展望

经济责任审计是审计署的重要审计业务，也是各级地方审计机关的核心审计业务，这种审计业务，在未来的发展中，可能呈现以下趋势：第一，经济责任审计扩展实行全覆盖，从省级到村居干部，已经全部覆盖；第二，经济责任审计的内容将更加全面，自然资源资产责任、环境责任、城市规划责任、民生责任等在大数据审计的支持下已经构成经济责任审计的内容；第三，经济责任审计与其他类型的审计项目，特别是与预算执行审计、自然资源责任审计的一并实施已经在各省市全面推行；第四，经济责任审计与多部门的合作机制已经在各层次全面形成；第五，大数据审计已经全面实现。

但是，经济责任审计还存在许多需要继续完善之处。例如，第一，经济责任审计究竟审计什么，目前，还缺乏公认的框架；第二，经济责任审计中的责任指标，特别是其中的非财务指标，并没有得到可靠的鉴证，这些指标的真实性并没有可靠的保障，以此为基础的经济责任评价，其评价结果的可靠性令人担忧；第三，经济责任的评价标准是经济责任评价的基础，而评价标准需要得到组织部门、被审计对象及审计机关三方的认可才是可靠的标准，从现状来看，审计机关发挥主要作用，这些评价标准的可行性令人担忧；第四，经济责任审计结果很少公开，其中有可以理解的原因，但是，领导干部本来就是为人民服务的，是人民的公仆，其职责履行结果以适当的方式予以公开，这应该是经济责任审计的应有之义。

分报告 4：金融审计发展现状与前景展望

本分报告聚焦金融审计在 2018 年的发展状况，包括经验探索、制度建构和公告概览，在此基础上，对金融审计的未来发展做一简要的前景展望。本年度金融审计方面的具体公告及相关制度都没有公布，金融审计总体情况被含在省市本级预算执行审计报告中。因此，本报告包括经验探索、公告概览和未来展望三部分内容。

一、经验探索

金融审计的经验做法主要体现在政府性债务审计、金融类审计、养老保险方面，主要关注政府隐性担保债务、借债平台、影子银行；在审计方法方面已经实现大数据审计。

（一）湖北武汉：夯实数据基础　助力地方金融大数据审计

湖北省武汉市审计局利用对两家地方商业银行领导干部开展经济责任审计之机，建立起地方金融行业数据定期报送采集机制。根据审计工作需要，采集两家银行 2015 至 2017 年共三年相关电子数据 200GB，以"经验丰富的业务骨干＋年轻的计算机中级人员＋专业技术人员"组成金融行业数据分析团队，通过数据归集、清理、转换，在审计署《商业银行审计数据规划》的基础上，结合本地实际，探索形成武汉商业银行审计基础数据规划，逐步建立地方金融行业数据库，为武汉金融大数据审计夯实数据基础。

一是统一数据格式。对结构化数据，数据分析团队先将后台备份文件恢复到 Oracle 数据库中，再转换到 SQL server 数据库中；对非结构化数据，则通过 SSIS 工具将以文本文件或 excel 文件归集的财务数据、业务台账等转换到 SQL server 数据库中，通过上述两种方法将所有的数据转化成审计人员熟悉的数据库格式。二是严格数据校验。银行业务相关的数据通过标准表存储，分为基础数据、结算数据、信贷数据、中间业务数据四大类，再加上财务数据、各个业务台账，构成一张纵横交错的数据网。数据分析团队在进行数据转换、检验的过程中，以问题为导向，同步开展信息系统审计，通过对采集的不同类型数据、不同系统数据进行校验、比对，消除了数据质量问题。三是加强数据管理。严格执行数据使用管理办法规定，实行等级化保护管理，对原始数据、基础表数据、分析表数据分类实施数据安全保密管理措施，重在做到"三个专"，即专人使用、专用设备存储、专门管理。审计现场，实行审计组组长负责制。严格履行数据交接手续，由被审计单位填写《电子数据报送单》，同时对电子数据和资料的真实性和完整性作出书面承诺。数据分析团队在局新成立的数据分析室完成前期的数据采集转换工作，将电子数据进行分割，分年度按业务品种存储数据，按照审计实施方案确立的审计分工，授权审计人员使用所需部分的电子数据，确保数据安全高效。（杨剑、马玲玲 4.27）

（二）湖北荆门：开展全市地方债务专项审计调查

荆门市审计局围绕打好防范化解重大风险，启动了全市地方债务审计调查，摸清政府偿还债务、融资平台债务等各种债务情况及偿债能力，为市委市政府化解地方债务风险提供决策参考。此次专项调查涵盖全市各级政府财政部门以及政府融资平台公司，截至 2017 年 12 月底形成的地方债务。项目从三个方面展开实施：一是重点摸清债务总规模和构成类型，在宏观上把握债务的构成情况，对政府负有偿还义务、担保责任及救助义务的债务进行分类汇总；二是关注债务资金使用及效益情况，重点关注有无随意改变资金用途、挤占挪用项目资金的行为，以及项目是否按计划推进情况，有无因项目停滞致使资金长期闲置、使用效率低下造成损失等问题；三是债务偿还情况以及潜在风险，主要关注债务偿还机制是否建立健全，债务是否落实还款措施，有无盲目或过高评估项目建成回购后的经营收益等。（张杰、江婷 3.19）

二、公告概览①

（一）国务院关于 2017 年度中央预算执行和其他财政收支的审计工作报告（摘录）

地方政府债务风险防控情况。2018 年一季度重点审计了 5 个省本级、

---

① 通过两个路径查找各省市自治区的"某年度预算执行和其他财政收支审计报告"：一是审计厅的官方网站；二是百度。通过上述两个路径，一些省市自治区的上述报告并未发现。金融审计报告从本年度起被纳入年度预算执行审计报告中。

36 个市本级和 25 个县级政府债务的管理情况，主要问题是：5 个地区违规举债 32.38 亿元，3 个地区政府违规提供担保 9.78 亿元，11 个地区发行的政府债券有 39.22 亿元结存在财政部门，其中 29.2 亿元闲置 1 年以上；债务管理不到位，14 个地区化解债务方式过于简单，5 个省本级尚未筹建债务大数据监测平台，14 个市县未按要求全面摸排融资担保行为或未按时整改到位，5 个市县未将政府购买服务等事项纳入监测范围。

金融风险防控情况。9 家大型国有银行违规向房地产行业提供融资 360.87 亿元，抽查的个人消费贷款中有部分实际流入楼市股市；金融机构通过发行短期封闭式理财产品用于投资长期项目；网络贷款领域风险管控不到位，网络小额贷款公司异地经营以规避实际经营地区的准入审查，60 家"现金贷"机构中有 40 家无从业资质。

基本养老保险基金支付风险防控情况。审计的 9 个省企业职工基本养老保险基金累计结余 1.82 万亿元，同比增长 12.8%。问题是：6 个省有 60 个市 2017 年当期结余 554.25 亿元，而省内其他 45 个市当期缺口 460.55 亿元；32 个市存在通过占用财政资金和失业保险基金、向银行贷款等方式弥补基金缺口的现象；4 个省存在违规调整缴费基数下限等问题，造成少缴或欠缴保费 11.94 亿元。

1. 中国中信集团有限公司 2016 年度资产负债损益审计结果

2016 年度合并财务报表反映，中信集团 2016 年底资产总额 65204.44 亿元，负债总额 58555.87 亿元，所有者权益 6648.57 亿元；当年营业收入 3511.14 亿元，净利润 538.5 亿元。审计发现的主要问题在于业务经营、公司治理和内部管理、风险管控、落实中央八项规定精神及廉洁从业规定等方面。

业务经营。违规向地方政府融资平台或实际承担融资平台功能企业提供融资 205.1 亿元；向"四证"不全或低密度房地产项目提供融资 211.01 亿元，部分融资被用于缴纳土地出让金；向高污染、高耗能企业提供新增融资 105 亿元；向 12 家企业多收取利息和财务顾问费等 1741.79 万元；向贸易背景不真实的企业融资 21.38 亿元；2 家分行 10.38 亿元贷款被挪用；违规使用一般客户理财资金为企业股权收购项目提供融资 66.25 亿元；违反合同约定多支付项目单位奖金、超标准新建办公楼和国有资产处置不规范，金额 19.49 亿元。

公司治理和内部管理。违规决策或决策不审慎、超授权审批和先决策后报批；7 家下属企业之间交叉持股；产业布局广、行业多、低效资产比例偏高；工资总额外发放津补贴等 1.39 亿元，会计核算不规范等涉及金额 10.71 亿元；违反招标规定等 44.24 亿元。

风险管控。企业资产风险分类不够准确；5.61 亿元抵质押资产面临损失风险；18.1 亿贷款面临质权悬空风险；以"非标转标"方式新增低流动性资产至余额 75.65 亿元；购买其他银行违规销售的理财产品 53.5 亿元；中澳铁矿石项目已形成重大亏损。

落实中央八项规定精神及廉洁从业规定。管理人员兼职取酬或违规发放高管人员等薪酬奖金 2609.94 万元；10 家企业存在高标准公务消费和超标准配备公务用车。

2. 中国农业银行股份有限公司 2016 年度资产负债损益审计结果

2016 年度合并财务报表反映，农业银行 2016 年年底资产总额 195700.61 亿元，负债总额 182484.7 亿元，所有者权益 13215.91 亿元；当年营业收入 5060.16 亿元，净利润 1840.6 亿元。审计发现的主要问题在于业务经营、公司治理和内部管理、风险管控等方面。

业务经营。向提供虚假资料的企业提供贷款、办理票据贴现 40.69 亿元；通过理财资金向房地产企业提供融资、向土地储备中心和"四证"不全的房地产企业等提供融资 96.44 亿元；向地方政府融资平台或实际承担融资平台功能的企业提供融资 17.37 亿元；向城市法人和城市个人发放涉农贷款 227.54 亿元；向不符合小微企业标准的企业发放小微贷款 228.35 亿元；在未提供实质性服务的情况下向企业收取顾问费等 1711.71 万元；借助信托等通道将理财资金 15.24 亿元违规投资本行非公开发行优先股。

公司治理和内部管理。在工资总额之外发放补贴 1.92 亿元；损益不实、费用报销管理不规范等 2429.76 万元；已支付租金和物业费 1538.31 万元却无法使用承租房屋；集中采购管理不合规定 3040.59 万元。

风险管控。未严格执行票据出入库制度、未经批准销售非本行理财产品等导致 39.15 亿元资金面临损失风险；部分理财资金投向其他金融机构发行的理财产品；信贷管理中存在资产风险分类不准确、地域性"担保圈"、行业过度授信等风险。

3. 中国工商银行股份有限公司 2016 年度资产负债损益审计结果

工商银行 2016 年年底资产总额 241372.65 亿元，负债总额 221561.02 亿元，所有者权益 19811.63 亿元；当年营业收入 6758.91 亿元，净利润

2791.06亿元。审计发现的主要问题在于业务经营、公司治理和内部管理、风险管控等方面。

业务经营。向不符合条件的企业办理贷款、票据贴现、黄金租赁等134.08亿元；理财业务存在违规同业发售、调节收益及向不符合条件客户提供融资、未纳入统一授信管理等666.1亿元；工银租赁在弥补不良资产损失、办理融资等不合规23.22亿元；向被环保处罚且未整改完毕、产能过剩等企业提供新增融资14.96亿元；向房地产企业发放并购贷款36.24亿元；将个人理财资金投向股票二级市场11.45亿元；向实际承担地方政府融资平台功能的机构提供贷款、理财融资等119.32亿元；在未实质性提供服务等情况下向小微企业、融资平台公司等收取财务顾问费24.13亿元；小微企业贷款统计不准确896.77亿元。

公司治理和内部管理。以职工福利费、工会经费等名义发放津补贴11.6亿元；费用列支不规范等6959.19万元；未严格执行集中采购制度205.29亿元；超限额代销保险产品1188.21亿元；用借入的保险资金虚增一般性存款32.9亿元来达到考核。

风险管控。理财产品因投资对象违约损失45.55亿元；境内贷款或投资尽职调查不充分导致3.12亿美元融资面临损失；工银租赁部分境内外投融资项目因国际油价下跌等面临损失12.34亿元；未有效防范汇率风险形成不良资产4100.45万美元；因担保机构被吊销业务许可导致担保风险23.8亿元；信贷管理中存在资产风险分类不准确、地域性"担保圈"、行业过度授信等风险问题。

（二）2017年各省市自治区本级预算执行审计情况：金融审计

1. 北京市2017年度市级预算执行和其他财政收支情况的审计工作报告（摘录）

审计发现的主要问题：市属3家银行信贷资金流向和风险防控等方面，（1）对小微企业规模划型不准确，虚增小微企业贷款规模，涉及企业286家。（2）2家银行通过延迟支付贷款，以及将贷款转为7天通知存款等方式，虚增存款规模130.95亿元。（3）3家银行对贷款质量的分级不准确。

2. 河北省2017年度省本级预算执行及其他财政财务收支情况的审计工作报告（摘录）

审计发现的主要问题：地方政府债务风险防控与地方金融风险防控两个方面，（1）普遍存在采取不及时调整贷款分类、新旧贷款置换、承接不良贷款等方式来人为掩盖不良资产；不良贷款余额和不良贷款率均呈上升趋势。（2）个别地方政府对地方金融风险的应对处置机制尚不到位。（3）地方城商行省内跨区域网点加速扩张，同业竞争加剧，直接导致银行经营成本上升，盈利能力及抗风险能力下降。

3. 吉林省 2017 年度省本级预算执行和其他财政收支情况的审计工作报告（摘录）

审计发现的主要问题：10 个县中的 2 个县通过政府部门或融资平台违规贷款 1.3 亿元；3 个县通过抵押政府办公楼等公益性资产违规贷款 11.29 亿元；2 个区政府违规担保 2.88 亿元。债务资金主要用于棚户区改造等公益性基础设施建设支出。

4. 浙江省 2017 年度省本级预算执行和全省其他财政收支情况的审计工作报告（摘录）

审计发现的主要问题：城市商业银行防范风险方面。（1）投向制造业的信贷资金下降，有的违规投向房地产，13 家银行投向制造业的信贷资金为 3792.09 亿元，比 2015 下降 9%。截至 2017 年 3 月底，通过同业、理财等业务绕道投向房地产领域的信贷资金余额 384.37 亿元。（2）非传统信贷业务占比高，13 家银行同业、理财等非传统信贷业务增长较快，截至 2017 年 3 月底，同业资产占总资产平均比例已达 44.51%，其中 4 家银行通过同业业务为他行提供通道或代持资产 923.46 亿元，加大了金融机构间系统性风险的关联度。（3）违规开具银行承兑汇票，8 家银行违规开具无真实贸易背景银行承兑汇票，涉及金额 92.15 亿元；4 家银行违规向客户发放信贷资金后转作保证金，或以存单质押方式开立银行承兑汇票，涉及金额 2300 万元。

地方政府性债务方面，主要表现为控制债务规模和规范举借方式。（1）部分市县债务限额以外新增政府隐性债务较大，9 个市县存在不同程度的政府隐性债务。（2）违规融资途径多样，5 个市县向村集体、个人借款或通过企事业单位、政府购买服务等方式违规举债。（3）部分承担公益性项目的国有企业过度对外担保，4 家承担公益性项目的国有企业 2016 年年底对外担保金额超过净资产 100%。（4）乡镇财政赤字或隐性赤字情况不容忽视，审计的 284 个乡镇中的 49 个乡镇存在财政赤字、金额 23.19 亿元，19 个乡镇存在隐性赤字、金额 18.56 亿元。

5. 福建省 2017 年度省本级预算执行和其他财政收支情况的审计结果公

告（摘录）

审计发现的主要问题：风险防控方面，由于地方财力限制和建设项目持续投资的需求，债务规模对财政支出仍构成较大压力；小额贷款公司经营管理滞后，风险抵补能力较弱，债权偿还保障能力低。

6. 山东省 2017 度省级预算执行和其他财政收支审计情况的公告（摘录）

审计发现的主要问题：地方政府债务风险防控情况。（1）3 个市和 9 个县以公益性资产抵押或通过医院、学校举债等方式融资 36.56 亿元；（2）由于项目进展缓慢、工程未达到付款条件等原因，5 个市和 21 个县债务资金 181.93 亿元未及时安排使用；（3）1 个市和 5 个县地方政府债券 29.65 亿元置换不及时；（4）159 家政府融资平台公司以前年度注入的公益性资产仍未剥离。

金融风险防控情况。（1）城市商业银行信贷投向不合规。8 家银行向房地产行业提供融资 70.68 亿元，4 家银行向"两高一剩"行业提供融资 4.73 亿元；（2）掩盖资产质量，违规办理业务。6 家银行虚假处置不良资产，7 家银行将不同期限、不同种类理财产品募集资金混同投资使得流动性风险增加；（3）9 家银行采取以贷转存、存贷挂钩等方式，将信贷资金 41.96 亿元在银行系统内空转，未投向实体经济。

国有企业资产质量风险防控情况。（1）企业资产负债率过高，调查的 144 家企业中的 55 家超过 75%，13 户市县国有企业已超过 100%。（2）融资结构不合理。债券等接融资比重为 28%，银行贷款等间接融资比重为 72%。（3）企业管理不善。有的改变贷款资金用途、投入房地产行业，有的超出经营范围向民营企业发放贷款或提供借款；有的对外担保已形成损失。

7. 河南省 2017 年度省级预算执行和其他财政收支情况的审计工作报告（摘录）

审计发现以下主要问题：地方政府性债务方面，存在隐性债务口径不明确、债务上报规模不真实、债务区域分布不均衡、违规举债、资金闲置的问题。5 个省辖市本级和 29 个县（市、区）政府及其所属部门采取银行贷款、集资等方式举借政府债务 15.26 亿元；2 个省辖市本级和 9 个县（市、区）政府通过融资平台公司和国有企业举借政府相关债务 12.95 亿元；8 个省辖市本级和 32 个县（市、区）政府债务未纳入预算管理，债务的筹措计划和使用计划不衔接，48.31 亿元债务资金闲置达一年以上。

8. 湖南省 2017 年度省级预算执行和其他财政收支情况的审计工作报告
（摘录）

审计发现以下主要问题：2015 年以来，市县政府性债务增长较快、隐性债务占比较高。（1）通过不规范的政府购买服务、PPP 项目举债。有的市县将工程项目或将工程项目与服务打捆，作为政府购买服务项目，且约定保底承诺；有的市县签订不真实的政府购买服务合同，协助融资平台公司融资；有的市县 PPP 项目中包含了政府保底条款、社会资本方不参与项目的实际运营。（2）通过不规范的政府投资基金、专项建设基金、股权投资、委托代建项目举债。一些市县在政府投资基金中承诺用财政资金回购股权；一些市县政府在国家开发银行、农业发展银行的专项建设基金项目中，承诺用财政资金回购；一些市县股权投资项目实质为"明股实债"。（3）通过不规范的土地、收费权等抵押贷款举债。有的市县将未经招拍挂程序、未签订土地出让合同、未缴纳土地出让金的土地进行抵押；有的市县以项目特许经营权、公益性收费权、公益性资产等质押和抵押贷款。（4）违规担保形成或有债务。有的市县政府为融资平台公司违规出具担保函、承诺函，有的市县政府在专项建设基金、股权投资合同中约定政府回购的选择性条款等。（5）融资平台公司未完成市场化转型。一些市县融资平台公司仍然承担政府融资职能，所在市县政府承诺由财政资金偿还其债务。

9. 广东省 2017 年度省级预算执行和其他财政收支情况的审计工作报告
（摘录）

审计发现的主要问题：（1）有 10 家农合机构对质押股权超过 50% 的股东未限制其股东大会表决权。（2）51 名农合机构股东以自身股权在其他银行质押作担保，从 4 家农合机构违规取得贷款 18.81 亿元。（3）13 家农合机构存在"不同分支机构向同一借款人放款"的违规行为，涉及自然人 398 人、企业 17 家、贷款总额 7.61 亿元。（4）15 家农合机构违规向高耗能、高污染、产能过剩、环保不良企业发放贷款共计 41.75 亿元。

10. 海南省 2017 年度省本级预算执行和其他财政收支情况的审计工作报告（摘录）

审计发现主要问题：地方政府性债务方面，1 个市本级债务率超过 100% 的警戒线，1 个管理委员会 2017 年 11 月仍违规向企业借款 725 万元；11 个市县涉及不规范举债应整改事项 88 项，已整改 42 项，尚有 46 项未整改，占 52.27%。

11. 四川省 2017 年度省级预算执行和其他财政收支情况的审计工作报告（摘录）

审计发现主要问题：（1）政府性债务风险防控方面。一是部分地方违规举债，19 个县政府担保 446 份违规举债，10 个县通过企事业单位举借债务，3 个县在 PPP 项目和政府投资基金中承诺固定收益率和到期回购本金来变相举债。二是部分政府债券使用不规范，新增债券 2.95 亿元用于兑现招商引资优惠政策和偿还存量债务利息，2 个县将置换债券 5.15 亿元用于新增建设支出和偿还利息，个别地方按要求置换后，又通过其他方式将资金借回使用。三是部分地方风险防控措施不到位，19 个市县未在 2017 年 7 月 31 日前完成融资担保清理整顿，有的市县借新债还旧债，债务规模并未得到化解。（2）金融风险防控方面。银行通过信托、券商等机构向信用等级较低的客户发放贷款，银行将短期封闭式理财产品吸收的资金用于长期投资，银行向其股东及其关联企业超出银行资本净额 15％的监管限额授信。

12. 贵州省 2017 年度省级预算执行和其他财政收支情况的审计工作报告（摘录）

审计发现的主要问题包括：政府性债务方面，未按规定的举债渠道通过政府购买服务、违规担保等形式融资，1 个县违规通过平台公司以 8.80％的年利率向信托公司融资 2 年期资金 3740 万元用于旅游基础设施建设。

13. 甘肃省 2017 年度省级预算执行和其他财政收支的审计结果公告（摘录）

审计发现的主要问题包括：（1）债务管控方面，8 县区 9 个承接棚户区改造项目的融资平台公司未经市场化改制累计举借政府性债务 123.2 亿元。（2）财政风险方面，4 市 4 县区对外出借财政资金 35.27 亿元未清理收回，4 市 7 县区拖欠政府项目工程款 44.53 亿元。（3）债券资金使用方面，因项目建设进展缓慢导致 5.96 亿元的债券资金未及时使用。

14. 深圳市 2017 年度市级预算执行和其他财政收支的审计结果公告（摘录）

审计发现的主要问题包括：（1）金融机构风险防控管理不力，深圳农村商业银行对资信不良的客户发放贷款 2930 万元，短期理财产品对应较长期的资管计划，抵债资产 3266 万元超过 2 年以上仍未进行处置，抵债房产 135 套、入账价值 2581 万元闲置超过 2 年以上。（2）创投项目风险管控应对不足，市创新投对已出现投资损失的 46 个股权投资项目计提了减值准备

5.91 亿元，其中有 1 个项目损失 7000 万元。

15. 青岛市 2017 年度市级预算执行和其他财政收支的审计结果公告（摘录）

审计发现的主要问题包括：（1）养老保险基金：一是部分企业单位至 2017 年 6 月末欠缴养老保险费 97821.95 万元；二是 595 位参保人死亡后继续缴纳养老保险费 75.88 万元；166 位参保人死亡后相关人员继续领取 309.97 万元；有 39 位参保人死亡后其供养直系亲属仍领取遗属生活困难补助 47.68 万元；三是 4 个区市经办机构向 19 人重复发放不同险种养老保险待遇 4.8 万元；四是 193 位参保人员未按正确缴费比例缴纳养老保险费，多缴少缴 12.82 万元；五是有 3 家建设单位欠缴建筑企业养老保障金 200.41 万元。（2）金融控股公司：一是 2 家子公司融资租赁业务以不符合要求的基础设施为租赁物、未对租赁物办理产权登记；二是 2 家子公司贷款五级分类不准确，造成准备金计提不足；三是 2 家子公司在客户公司已有逾期业务的情况下，仍为其办理担保、贷款等业务；四是 1 家金融控股公司和 3 家子公司存在政策性风险；五是 2 家金融控股公司统一集中授信管理薄弱。

三、前景展望

（一）发展潜力

金融审计主要关注系统性和局部性金融风险以及金融企业的经营绩效、风险管控和廉洁等方面。实践取得良好进展，政府债务审计已经全面展开，为了解金融业务中的重大风险提供了基础；地方政府性债务及其融资平台的债务状况及成因、应对金融危机的能力、养老保险等方面全面展开审计，为全面了解金融风险提供了基础。但是在政府性债务、隐性担保、隐性杠杆、影子银行等方面需要进一步加强监督。

（二）未来趋势

趋势之一，审计范围需要拓宽到各类金融机构，重点关注金融风险的发生及其应对。金融审计放在合规性上是最基本的要求，在新常态下，银行资产质量需要得到更多的重视。违规放贷、融资套利、决策失误、管理经营不善会加大不良资产的比例，会带来系统性金融风险。尤其需要关注是商业银行和地方政府融资平台。在制造业、房地产行业出现拐点的条件下，商业银行存在大量潜在的不良信贷，地方政府融资平台信用违约风险加大。

趋势之二，需要持续关注政府负有直接偿还责任的显性债务、可能出现的或有债务以及地方政府性债务借贷的主体、借贷渠道、投资方向和偿还能力，因为审计发现政府性债务、隐性担保、隐性杠杆、影子银行等仍然存在增长的现象。

趋势之三，针对银行资产质量、保险证券市场、国外资本流入和金融信用混乱所引起的不稳定，需要强化对金融产业的绩效审计力度，加大对保险、证券、新兴金融等行业的审计力度，加大对金融资产质量的审计力度；强化对金融监管部门的审计监督，强化对金融改革的专项审计调查。

趋势之四，需要金融审计制度方面的创新。开展金融监管的绩效审计、开展金融监管政策的评估、进行金融风险的审计调查、加强对信用评级的引导，在大数据审计条件下有效整合资源，提升审计效率和效果。

分报告 5：企业审计发展状况与前景展望

2018 年是国有企业审计继续深化和推进的一年，国有企业审计得到了前所未有的广泛重视，很多地区从组织、制度、模式以及与企业内部审计、社会中介的协同层面进行了新的探索。国有企业审计全覆盖，首先是需要组织上的保障，在此方面各地方从社会中介的合理利用及企业内部审计力量的结合方面进行了有益的探索；其次是制度保障，形成常态化的全覆盖；最后是审计方式方法的创新。从各地方发布的审计信息来看，国有企业的审计有力地推动了地方经济的发展。

一、经验探索

对国有企业审计的推进，首先是审计全覆盖的推进和实施，制定新的措施和模式；其次是加强审计监督，点面结合、内外并行；最后是努力助推国企的发展的创新，达到"审计一家企业，规范一个系统，规范一个行业"的效果。

（一）企业审计全覆盖方面的探索创新

1. 云南双柏县首次实现县属国有企业审计全覆盖

新年伊始，双柏县按照科学规划、统筹兼顾、分类实施的原则，首次实现县属国有企业审计全覆盖，四举措力促国有资产运营安全和保值增值。一是促改革。认真落实县委、县政府关于国有林场改革的决策部署，对县属 8 个国有林场开展 2015 年至 2017 年资产、负债和所有者企业审计，全面摸清家底，揭示问题，为国有林场改革工作提供决策依据。二是强配合。审计工作与财政部门开展的清产核资协同推进，防范国有资产流失。三是借外力。引入社会中介力量共同参与审计，着力解决审计力量不足问题。四是突重点。首次安排县属国有企业主要负责人经济责任审计 2 项，强化国有资本投资和运营重点岗位的审计监督，强治理、控风险。（时间：2018 年 01 月 29 日 供稿单位：双柏县审计局）

2. 江苏盱眙县审计局积极推进国有企业审计全覆盖

2018 年以来，盱眙县审计局围绕"强化管理、维护安全、推动改革、促进发展"的国有企业审计目标，陆续启动了国联集团、天源水务、都梁凹土及经发公司四家重点国有企业的审计，初步实现了对该县国有企业审计监督的全覆盖。

在认真研究《关于深化国有企业和国有资本审计监督的若干意见》的基础上，该局对全县四大国有集团公司及控股子公司进行摸底调查，全面了解各企业融资到账额、融资成本、业务收入、项目（产业）投资及对外担保承担连带责任等情况。同时，将国有企业审计和对国有公司年度目标考核结合起来，审计一家企业，完成两个目标，既避免重复进点，浪费审计资源，也避免让企业重复接受检查。（时间：2018 年 03 月 15 日 供稿单位：淮安市审计局 孟雷鸣）

3. 湖北郧西县审计局创新"五措施"推进国有企业审计全覆盖

近日，为落实中央办公厅、国务院《关于深化国有企业和国有资本审计监督的若干意见》，湖北省郧西县审计局制定"五措施"，对全县 43 家国有企业及 12 个政府融资平台进行全覆盖审计，对保障国有企业资产保值增值、防范和降低国有企业债务风险、增强国有企业活力、完善国有企业制度、提高国有企业管理水平提供了决策制定和制度建设保障。

一是抽调审计队伍骨干，引入中介机构。县审计局牵头，国有资产管理机构负责协调，择选社会信誉好、审计人员业务能力强、参审单位政治觉悟高、政策和法律素养强的同志成立"郧西县国有企业（国有资本）专项审计项目组"，对全县国有企业及融资平台审计"不留死角"。

二是创新审计方案。制定国有企业领导经济责任审计、政策跟踪审计等相结合的综合性审计方案，要求对国有企业的经营成果、资产流失、债务风险以及对国有企贯彻执行国家政策情况、国家工作人员在工作中的过失和失职（渎职）问题进行全面审计。

三是将审计重点与信访举报线索相结合。对于此次审计，县审计局将审计内容与当地政府、信访、纪检等部门的举报件、信访件结合起来，找出问题根源，分析问题成因，做到既要揭示问题又要促进解决问题，并从体制、机制、制度层面提出可行性建议，从源头化解社会矛盾，切实维护社会稳定、推动国有企业健康发展。

四是强化审计过程监督管理，做到廉洁从审。在审计进点前，局党组与聘用中介机构、参审人员签订了《党风廉政建设责任状》，将廉洁从审与中介服务费挂钩；审计过程中随时抽查中介机构审计人员执行廉政自律情况；审计项目结束后对各审计组廉洁审计情况进行一次复查，听取被审计单位对参审人员在审计期间执法程序、廉洁自律、审计八不准工作纪律遵守情况的意见，认真做好回访记录，建立审计回访档案，并将回访结果纳入局机关对中介机构的考核内容，明确规定凡是在审计工作中发现有违反廉政纪律规定的中介机构，一经查实，一律取消本年度评先评优资格，核减中介服务费，并取消来年聘用资格。

五是最大化运用审计成果。对审计发现的典型问题、普遍性问题、制度缺陷问题，纳入审计整改方案，从制度、机制上推出审计整改"组合拳"，实行整改挂号、销号、约谈、公开、问责和移交制度，并将审计结果专报县委、县政府。（时间：2018 年 07 月 05 日　供稿单位：郧西县审计局　胡德娥）

4. 绥芬河市审计局基本实现了国有企业的审计监督全覆盖

国有企业和国有资本审计是审计法赋予审计机关的法定职责，是深化国有企业改革中强治理、反腐败、控风险、防流失的重要监督力量之一。2013年以来，绥芬河市审计局按照省厅加强对国有企业监督的要求，认真谋划审计项目，基本实现了对 5 户一级国有企业的审计监督全覆盖。

市委市政府重视。绥芬河市委市政府高度重视中央关于加强国有企业审计工作的重要精神，支持审计机关依法履行审计职责，近年来多次安排审计机关实施国有企业审计，市委市政府的重视为审计机关开展情况国有企业和国有资本监督营造了良好的审计环境，提供了全面的支持。

多种审计方式相结合。近年来，实施的 6 次国有企业审计中，3 项是经济责任审计，3 项是财务收支和资产负债损益审计，不同的方式确定了资产负债损益、经济责任审计履行、维护国有资产安全等不同的审计重点，确保审计机关从不同的视角，多维度实现国有企业和国有资本审计监督。

与相关部门和单位的协调配合顺畅。在安排国有企业经济责任审计中，组织部与审计局就审计项目安排充分协商，听取审计机关意见。在财务收支审计和资产负债审计中，相关企业的主管部门与审计机关建立了充分的沟通机制，在审计机关履行职责需要提请协助时，有关部门和单位在职权范围内予以积极配合，及时全面提供与审计事项有关的情况。充分的沟通协调机制，保证了国有企业监督工作运行机制运行顺畅。

下一步，绥芬河市审计局将全面落实《黑龙江省深化国有企业和国有资本审计监督的实施意见》，对区域内审计监督范围内的国有企业摸清底数，建立经常性的监督机制，加大对国有企业的子公司及参股企业的审计监督，全面实现审计监督全覆盖。（时间：2018年09月18日　供稿单位：绥芬河市审计局）

5. 马鞍山市审计局创新推进国有企业审计全覆盖

马鞍山市审计局创新举措，统筹开展国家审计、内部审计，实现市属国有企业审计全覆盖。一是创新建立审计对象库。会同国资委及有关主管部门，组织开展国有企业审计对象摸底调查，建立审计对象库，入库市属企业10家；在此基础上，分类确定审计主体、审计重点和审计频次，明确对所有被审计对象5年内至少审计一次，对国有企业中市管领导干部做到任期内至少审计一次。二是创新建立审计监督体系。出台相关文件，建立以政府审计为主导、主管部门协同配合，全面整合内部审计、社会审计力量的国有企业审计全覆盖工作机制，明确审计机关年度计划安排重点国有企业审计，未列入审计机关年度计划审计的国有企业由国资委、主管部门按照监管职责分别组织审计。三是创新审计组织方式。对江东控股集团等重点国有企业，组织开展了财务收支、运营情况或主要负责人经济责任等审计项目。对小型国有企业，推动国资委及有关主管部门运用内部审计、社会审计力量，组织开展了财务报表、财务收支、经营业绩考核等审计项目；审计机关在开展其主管部门审计项目时，有效运用其内部审计成果，避免重复审计。（时间：2018年11月21日　供稿单位：马鞍山市审计局）

6. 杭州市富阳区审计局：首次全面"亮剑"国企

为了适应国企审计监督工作新要求，建立健全国企监督体系，近期，福州市采取多项举措推动市属国有企业审计监督全覆盖。

一是健全完善制度体系。福州市委、市政府出台《关于深化福州市国有企业和国有资本审计监督实施意见》，加强对市属国有企业和国有资本工作的统筹谋划，确定了重点审计对象和审计频次，有重点、有步骤、有深度、有成效地推进国企审计全覆盖。市审计局依托数字化审计，以重大经济活动和重大经营决策为切入点，查看"三重一大"决策执行情况，关注企业内部控制制度是否健全有效，对违纪违规事故频发高危地段予以关注，突出审计重点，力求有的放矢。

二是审计监督与服务并重。一方面，严肃查处重大违法违纪、以权谋私和腐败问题，深化审计机关与相关部门之间的协调配合，加强问题协查、问题线索移送。另一方面，紧密结合"审计五进"，持续性开展跟踪服务国有企业活动，结合审计项目开展审计典型案例宣讲，以案释法，有效促进审计防护体系关口前移。

三是发挥内部审计、社会审计的协同监督作用。市审计局组织开展市属国有企业内部审计专项调查，查找国企内审薄弱环节，推进国有企业内部审计机构健全，同时以审训结合的方式，加强对企业内部审计工作的指导。通过国有企业社会审计报告质量调研，走访市国资委摸清审计社会中介机构库建立情况，并结合以往国企审计发现的社审质量问题，对审计中介机构库的退出机制等方面提出审计建议，促进规范社会审计对国企的鉴证服务。（时间：2018 年 05 月 22 日　供稿单位：福州市审计局）

7. 浙江省舟山市审计局力求国企审计全覆盖，提升内部审计协同能力

一是"点、线、面"相结合统筹规划国企审计，通过审点连线促面，提升审计价值。抓住龙头，审计机关负责对集团型企业负责人经济责任审计全覆盖。对集团型企业经济责任审计时，选择其下属的 1～3 家国有企业开展同步审计，站在全市层面思考推进国有企业监管，提高企业集团整体管理水平，从而达到"审计一家企业，规范一个系统，规范一个行业"的效果。二是多管齐下提升内部审计协同国家审计的能力，实施市属国企内审工作开展情况专项调查，摸清内部审计协同国家审计的底数，查找两大审计协同必须要解决的关键性问题，审计报告得到市长和常务副市长的批示，要求加强市国企内审工作的意见，加强内审、内控力度，为今后协同审计发展开好了局；对企业审计时，将内审制度的建立和执行作为必审事项，增强企业管理层对审计重要性认识，推动企业内部审计事业发展；抽调内审人员参审国企审计项目，通过以审代培提高内审人员素质；编制企业审计问题清单，发挥审计提醒和警示作用，提高国企防范风险能力，提升内审人员准确把握审计重点和方向的水平。（时间：2018 年 05 月 21 日　供稿单位：舟山市审计局徐国增）

（二）企业审计模式方法方面的探索创新

1. 达拉特旗审计局包联扶贫新模式"企业＋党支部＋合作社"

王爱召村位于达拉特旗东南部，村所在地距树林召镇 17 公里，全村共

有 8 个生产合作社，总人口 575 户、1286 人，共有党员 39 人，土地面积 18000 亩，其中耕地 10000 亩，以井灌为主，经济以种养殖业为主。

近年来，达拉特旗审计局深入王爱召村帮扶调研，按照王爱召镇党委、政府提出的"发展地方经济，提高群众生活水平，建设美丽村庄"的总体要求，以"寻回王爱召往日繁荣"为出发点，以"藏传佛教文化"为内涵，创新发展举措，结合精准扶贫工作具体要求，建立以"企业＋党支部＋合作社"的产业发展和组织保障模式，带领合作社成员和贫困户集中发展，打造集文化体验、民俗体验、休闲度假、主题娱乐于一体的文化休闲旅游商业街。

利用驻地企业东达集团的资金优势、人才优势、产业优势、经营优势、技术等综合优势，结合王爱召村的区位优势、资源优势、交通优势、文化优势，发展壮大村集体经济。计划将传统的沿路一层皮式商业模式和院落式商铺和周边自然景观集中统一融合，打造沿街主体建筑、围绕主体建筑布置商业空间的新型乡村商业街。一期建设主要是完善基础设施建设，打造周边商业圈。通过修建道路打通周边各自然村道路，建立戏台、文化广场、农牧业展厅、养殖、农贸市场吸引人流发展"周六日经济"；建立农产品加工体验区，发展小产业加工，优化娱乐体验；建立杂粮加工车间、面粉加工车间枣制品加工等观赏型制造小作坊，开设种植体验园，进一步带动绿色娱乐一体化发展；建立农业技术培训基地和网络信息交流中心，将农技推广队伍能力建设成效进一步加强、农技推广方式方法进一步拓展。二期建设将全面扩大发展文化休闲旅游。依托王爱召文化特色、地理环境，发展特色民宿、餐饮娱乐、传统手工艺功能区。建立伊克昭主题民宿、唐卡主题民宿、农家乐等新民俗旅游，逐步建立主题餐饮、民俗手工艺品、纪念品、特色小吃等休闲养老场所。

下一步，将不断完善村庄后续管理制度，以基层组织建设为引领，不断提升村民自我教育、自我管理和自我监督水平。引导已脱贫和未脱贫的贫困户参加合作社，参与各类项目，提升贫困户的生产经营能力，带动脱贫增收，走一条精准扶贫、精准脱贫和农村经济发展增收的新路子，带动更多企业参与社会扶贫。（时间：2018 年 06 月 15 日　供稿单位：达拉特旗审计局）

2. 绍兴市审计局提升监督成效　推动国家审计和内部审计协同发展

一是开展履职联审。审计机关和国资委内审机构按照"统一方案、联合建组，统一进点、联合实施"方式，积极探索对市管国有企业领导人员开展履职联审。通过履职联审，达到了国家审计和内部审计相互借力，形成监督合力，提升审计成效。二是开展联动审计。审计机关与国资委内部审计围绕国有企业经营管理中的某一重点领域同步、联动开展审计。三是实行"清单"督导。市审计局与国资委联合探索编制了《市管国有企业日常经营管理重点风险防范清单》，下发企业各层级人员学习，发挥审计预警作用。四是推行审训结合。市国资委、市审计局联合举办市管国有企业内部审计培训班、内部审计高级培训班等内部审计培训班，进一步提高市管国有企业内部审计工作质量。针对国资委及国有企业内审人员审计专业素养和实战经验不足的短板，在强化业务培训的同时，积极抽调国资委本级及市管国有企业内审人员参与国家审计项目，以审代训，既提升其业务水平和实战能力，又弥补国家审计力量不足，实现双赢发展。（时间：2018 年 10 月 24 日　供稿单位：绍兴市审计局）

3. 苏州市审计局三大举措进一步加强国企审计监督

去年以来，苏州市审计局按照审计署、省审计厅关于加强国企审计的相关要求，贯彻落实好市委市政府深化国企改革，推动国企做强做优做大的指导意见，采取三大举措进一步加强国企审计监督，取得较好成效。

点面结合让监督无盲区。按照国企的功能类别和资产规模，对纳入市国资委监管的市属重点国企坚持 5 年轮审一遍，采取任中审计和离任审计相结合方式开展市国资委监管的市属国企主要负责人经济责任审计，近年来先后对 14 家市国资委监管的市属重点国企进行了审计，对 16 名市国资委监管的市属重点国企主要负责人开展了任期经济责任审计。针对部分市级部门管理的市属国企长期游离于审计监督之外的问题，组织精干力量对市级 19 个部门所属的 123 家市属国企开展专项审计调查，真正实现国企审计监督全覆盖。

数据运用让监督更精准。启动国企数据分析平台建设，建立健全市属国有及国有控股企业财务电子数据定期报送机制，明确规定 16 家市属一级国有及国有控股企业定期向审计机关报送企业财务电子数据和相关业务数据，并于 2018 年将报送范围扩大至下属二级企业。目前，已建立企业数据分析模型 34 个。依托国企数据分析平台，通过关联分析有效发挥大数据审计在查找疑点、问题定位、综合分析等方面的优势，及时预警部分市属国企投资经营风险管控薄弱等问题，进一步提高国企审计监督的深度和精度。

内外并行让监督系统化。在严格实施外部审计监督的同时，充分发挥行业协会作用，加强对市属国企内部审计工作的指导，先后出台《苏州市市级部门（单位）内部管理领导干部经济责任审计操作指南（试行）》《关于进一步加强市属国资公司内部审计工作的意见》等文件，为市属国企开展内部审计提供指导遵循，并敦促市国资委将企业内部审计工作纳入市属国资公司及主要负责人年度绩效评价体系内，努力形成内外结合、系统整体的审计监督局面，帮助市属国企完善现代企业制度，防范经营风险，提高经营绩效。（时间：2018 年 03 月 29 日　供稿单位：苏州市审计局　朱开先）

（三）企业审计助推国有企业发展与创新

1. 厦门市审计局国企审计积极关注企业党建

近日，厦门市审计局在对某国企资产负债损益审计中，以"摸家底、揭隐患、促发展"为目标，拓展工作思路，探索创新审计方式方法，从国有企业的党建工作情况入手，调查核实企业内部控制制度建设情况。通过召集企业党支部书记召开座谈会和发放调查问卷的方式，对该企业党组织在"把方向、议大事、抓关键"方面的举措、发挥的作用和存在的问题进行调查了解，鼓励各党支部积极反映企业党建和经营管理各环节的真实情况并建言献策，助推企业重塑品牌、成功转型。该企业各党支部积极支持和响应，及时提出了建设性建议。此举措扩大了审计覆盖面，增强了审计实效。（时间：2018 年 02 月 08 日　供稿单位：厦门市审计局）

2. 泉州台商投资区领导高度重视国企审计结果并作出批示

近日，泉州台商投资区审计局根据泉州台商投资区城市建设发展有限公司、泉州台商投资区水务投资经营有限公司、泉州台商投资区市政管理有限责任公司 2011—2017 年度资产负债损益及其他财务收支情况的审计结果，向区党工委、管委会提交了相关要情专报，反映了 3 家国企在体制机制、工程管理、财务管理和会计核算等方面存在的主要问题 14 个，并提出相应的审计建议，得到了区党工委吴汉宗书记和管委会刘志平主任的充分肯定及高度重视，并作出重要批示，要求有关部门召集相关国企公司认真梳理会商，逐一做好整改工作，并对共性问题逐一建立和完善长效机制，加强规范管理，同时要求财政局要负起国资委责任，以问题为导向，抓紧完善国企管理的体制机制。（时间：2018 年 11 月 20 日　供稿单位：泉州台商投资区审计局）

3. 云南省邮政分公司积极贯彻中央审计委员会第一次会议精神　进一步强化企业内部审计监督　推动企业科学发展

习近平总书记主持召开中央审计委员会第一次会议后，云南省邮政分公司审计部立即将会议精神的新闻通稿在全省邮政审计人员中进行传达学习，并通过云南省邮政分公司党组督查督办工作群在全省邮政企业正处级领导干部中进行了宣传贯彻。

通过认真阅读原文，深入学习思考，云南邮政企业各级领导、管理干部和广大审计人员，对强化内部审计监督，实现内部审计监督全覆盖，充分发挥内部审计监督在促进公司完善治理结构，建立现代企业制度，促进健康、快速、可持续科学发展中的"确认与咨询"的职能作用有了更加深刻的认识和理解，增强了支持审计、自觉接受审计、充分运用内部审计结果的意识和自觉性。云南省邮政分公司明确要求：省分公司审计部和全省邮政审计人员要紧紧围绕"建设世界一流邮政企业"的发展愿景和云南邮政企业的年度经营目标，按照省分公司党组确定的"稳中求快、快中求好"的经营方针，深化云南邮政企业内部审计转型与创新发展工作，把内部审计监督与服务更好地融入"一体两翼"的企业发展战略之中，按照促进企业完善内部治理结构和经营运行机制，促进企业建立现代企业制度，实现科学发展的总体思路开展审计工作。要紧紧抓住"四个关注、四个加强"，即关注重大决策部署落实，关注合规经营，关注领导干部履职尽责，关注重大项目建设，加强整改落实，加强 ERP 审计系统运用，加强审计队伍建设，加强审计基础工作，认真履行审计职责，着力从制度机制分析问题、提出建议，促进企业提质增效，围绕中国邮政集团公司及年度审计计划安排继续做好各项审计工作，为云南邮政企业的跨越式发展发挥好保驾护航作用。（时间：2018 年 06 月 27 日　供稿单位：内部审计指导中心）

4. 山东潍坊高新：审计助力企业转换发展动能

今年以来，山东省潍坊高新区审计局认真贯彻落实全省全面展开新旧动能转换重大工程动员会议精神，找准审计职能发挥的结合点，转变审计理念，聚焦审计重点，依法履行审计监督职责，全力服务企业转型升级，提升市场主体活力，助力潍坊"产业强市"和"活力城市"建设。

一是积极开展国企审计。对全区 11 家国有企业 2016—2017 年度资产负债损益情况同步开展审计，重点关注混合所有制经济改革、完善国有资产管理体制和公司法人治理结构等情况，揭示国有企业在资产结构、债务规模、科技创新、盈利能力、资本收益等方面存在的问题，分析原因，提出建议，为党工委、管委会深化国企改革提供决策参考，推动国有资本做强做优做大，促进国有企业在引领新旧动能转换方面发挥示范带动作用。目前，正在制定出台《潍坊高新区国有企业审计监督实施办法》，着力构建国有企业常态化审计监督机制。

二是关注税收政策落实。开展2017年度地方税收征管情况审计，重点关注税收优惠政策，特别是高新技术企业所得税减免政策、高新技术企业和科技型中小企业研发费用加计扣除政策、小微企业所得税减免政策执行情况，并同步开展企业税费负担审计调查，促进税收优惠政策在减轻企业税费负担、鼓励就业创业、激发企业发展活力、转换企业发展动能等方面切实发挥作用。

三是助力淘汰落后产能。发挥审计专业优势，按照党工委、管委会规范企业退转工作的任务分工，积极参与全区低效用地处置工作，认真开展退转企业停产停业损失评估测算工作，并对土地、地上附着物评估结果进行严格审核把关，促进盘活低效土地资源，推进企业淘汰落后产能，实现腾笼换鸟、转型升级。目前，已完成5家企业的停产停业损失评估测算工作。（时间：2018年10月08日　供稿单位：山东省潍坊高新区审计局　崔同军）

5. 安徽安庆：审计"三个关注"服务企业发展

日前，安徽省安庆市审计局在2017年度财政预算执行和其他财政收支情况审计中，聚焦政策执行，关注企业发展所需的政策扶持、融资发展、运营成本等因素，发挥审计职能，服务企业发展。

一是关注扶持企业政策落实。实施了"四大产业政策"贯彻落实情况的审计调查，关注政策宣传、公开是否到位，条款设置是否科学、便于理解和执行，政策执行是否规范、及时，政策奖补资金是否及时、足额拨付等。通过审计追回多发放奖补资金447万元。市政府召开常务会议，专题听取了审计情况的汇报，并对2018年"四大产业政策"进行了研究，进一步明确了政策出台及资金兑现时间节点，规范了政策执行程度，加快了未兑现奖补资金的及时拨付，进一步完善了政策条款。

二是关注企业的融资发展。小微企业续贷过桥资金运行管理情况审计调查中，在掌握续贷过桥资金规模、运作情况的同时，关注资金是否足额配套、专款专用，资金周转效率，资金实际使用成本，合作银行覆盖面情况等。围绕规范收取资金占用费、扩大续贷过桥资金扶持面、更好发挥资金引导作用，缓解企业短期借贷困难，减轻企业融资压力等方面提出审计建议，推动研究制定该市续贷过桥资金管理实施细则。发挥审计建设性作用，撰写的审计信息《小微企业续贷过桥资金使用管理中存在的问题及建议》被省政府办公厅政务要情采用。

三是关注企业的运营成本。在深化简政放权和规范涉企收费审计调查、小微企业税收优惠政策执行情况审计中，关注减税清费，已取消的行政事业性收费、政府性基金等涉企收费等政策执行情况，审计发现，未按规定免征70 余户小微企业教育费附加、地方教育费附加和水利建设专项收入、未减免 12 户再就业创业重点群体相关税金、17 户企业应纳税所得未按规定减半计算、一些部门的农民工工资保证金未按规定纳入劳动保障行政部门统一管理，部分政府性保证金未及时清退等问题。已督促相关部门退还政府性保证金 570 多万元。（时间：2018 年 08 月 28 日　供稿单位：安庆市审计局　江东东）

6. 审计署武汉特派办企业审计助力企业发展

2018 年春节将至，审计署武汉办办公楼内还十分冷清，绝大部分审计人员出差在外还没回来，中国宝武钢铁集团有限公司有关负责人拿着锦旗走进了办公楼。"特别感谢你们的审计，帮助我们提升了企业管理水平，实在没有想到的是，还为我们企业实实在在创造了经济价值。"朱永红总会计师热情诚恳地说。阳光下，锦旗上"依法审计促规范，服务企业助发展"的大字熠熠生辉，这一切，还要从 2017 年对原武汉钢铁（集团）公司（以下简称武钢）的审计说起。

作为新中国兴建的第一个国家级钢铁基地，武钢曾是国内钢铁行业当之无愧的老大，在一定程度上引领着我国钢铁行业的高速发展。然而在国家宏观经济下行、钢铁行业产能严重过剩的背景下，这位新中国钢铁长子在经历了半个世纪的辉煌之后一度陷入困境。2016 年 9 月，武钢与宝钢集团有限公司联合重组为中国宝武。重组不到半年，审计署武汉特派办便接到了对原武钢领导人员经济责任审计任务。

面对处于经营困境的武钢，如何发挥企业审计在推进国有企业改革，促进国有资本保值增值，提高国有经济竞争力是对审计组的一次重大考验。通过资料收集和细致研究，审计组根据审计署的工作方案确定了审计工作主要目标，一方面紧紧围绕企业经济责任工作目标，揭示企业管理中存在问题，促进企业规范经营，提升企业风险防范能力和核心竞争力；另一方面以深化供给侧结构性改革为着力点，重点关注去产能、去库存、去杠杆、降成本、补短板，从企业发展面临的困难入手，研究新情况、解决新问题，促进企业提质增效，为企业发展减轻负担并营造良好经营环境，推动国有资本做强做优做大。

针对钢铁企业去产能任务完成情况，审计人员深入生产车间实地查看，检查去产能装置拆除与否等。"化解钢铁行业产能过剩矛盾是近年经济工作的重要任务，根据审计署企业领导人经济责任审计的指导精神，我们不仅要看企业是否严格落实国家去产能的总体部署，还要看在推进实施中是否存在政策障碍等困难。"武钢集团昆明钢铁集团有限公司审计小组组长林大平同志说道。昆明钢铁在去产能过程中，由于资产债务处置缺乏财政政策支持，一次性计提巨额资产减值准备，影响利润水平，同时降低授信额度，影响贷款和偿债能力，对本已经营困难的企业来说雪上加霜。审计组反映此问题后，国家相关部门在化解过剩产能企业的资产负债处置方面出台了政策规定。

简政放权、降低企业成本一直是供给侧结构性改革的重点环节，以企业为依托，摸清涉企收费的情况是此次审计的一项重要任务。"中央企业在地方生存和发展，在很大程度上要依赖地方相关部门的支持，因此涉及当地经商环境等问题时，宁愿自己吃亏也不愿意反映问题，所以沟通上会有一些障碍。"武钢审计主审肖哲说。审计组想了一些方法，通过开座谈会、细致耐心地做好解释工作等打消企业的顾虑，让他们感受到审计的最终目的就是帮助企业更好地发展。比如经过细致研究和座谈了解，钢铁企业的用电成本一直居高不下，如果采用直供电可以大大降低企业成本，但由于受政策限制直供用电开放力度不够，企业成本难以降低。审计组反映此问题后，2018年2月地方政府随即出台文件全面放开直供电，经测算，企业每年可以因此节约电力成本约2.5亿元。审计组还反映了有关部门违规收取武钢港口费用的问题，2018年1月相关地方政府立即将违规收取的800多万元退回武钢。

"依法审计促规范，服务企业助发展。"锦旗鲜艳、赠言铿锵，短短的14个字既是对武汉特派办企业审计工作的高度认可，更是对审计工作进一步助力企业提质增效的鞭策和激励。（时间：2018年04月04日　供稿单位：武汉特派办　肖哲）

7. 连云港：国有企业审计助推国企改革发展

为深入贯彻落实《关于深化国有企业和国有资本审计监督的若干意见》（以下简称《意见》），连云港市审计局结合工作实际，研究提出通过审计推动国企改革与管理的工作举措，扎实做好该市金融控股集团有限公司领导人员经济审计工作。

一是加大力度，全面监督。按照《意见》精神，审计组延伸审计了该集团所有正常经营权属企业，并将健全法人治理结构、低效无效资产处置等情况纳入审计范围，对该集团重大经济决策执行、资产负债损益以及内部管理控制等情况进行了全方位审查，稳步推进审计监督全覆盖。

二是围绕改革，聚焦重点。围绕供给侧结构性改革要求，同时聚焦防范和化解金融风险，结合市金融控股集团融资租赁、P2P 网络贷款、融资担保等泛金融业务特点，审计组对关键领域深入分析，加大对企业经营风险和隐患的揭示力度，重点关注金融业务合规性和风险情况、僵尸空壳企业退出情况以及企业是否存在主业不突出，法人链条过长等问题。

三是客观分析，提出建议。结合此次审计中发现的金融业务风险点和防控的薄弱环节，审计组建议市金融控股集团进一步贯彻落实深化国有企业改革举措，优化资源配置，清理处置低效无效投资，同时建立完善企业内部风险管控体系，推动集团瘦身健体、提质增效，更好地为地方经济和社会发展提供金融服务。

四是数据分析，创新方式。根据金融业务数据体量大、类型多、价值密度低等特点，审计组大力推进数据分析技术在该审计项目中的应用，积极探索运用数据分析途径，加大对采集到的各类金融数据综合利用力度，提高运用信息化技术查核问题、判断分析的能力，以业务创新带动国资企业审计工作创新。（时间：2018 年 04 月 04 日　供稿单位：连云港市审计局　刘永、田甜）

8. 安阳市审计局：发挥监督职能　服务企业发展

安阳市审计局在重大政策措施落实跟踪审计中，注重在改善企业发展环境，提升企业发展质量，减负企业负担上做文章，努力提高服务质量，助力企业快速发展。

一是在"稳增长、促改革、调结构、惠民生、防风险"政策措施落实跟踪审计中，把简政放权和落实企业投资自主权，鼓励社会投资政策措施的落实情况作为审计重点，加大审计力度，认真督促政府相关部门，及时整改审计发现问题，有力地解决了扶持资金不到位、多设前置审批程序等 11 项涉企业问题，为推动企业发展，发挥了积极作用。

二是在"去产能、去库存、去杠杆、降成本、补短板"政策措施落实跟踪审计中，把"降成本"作为审计重点，全面调查了解涉企收费规定落实情况。通过审计，及时纠正解决了违规性企业收费等突出问题，促使 300 余万元的奖补资金及时拨付到位。

三是在清理规范涉企保证金专项审计调查中，督促政府相关部门认真整改审计发现问题，退还各类违规收取的企业保证金 474 余万元，清理规范涉企保证金 10 多种。通过审计，为企业减负增效提供了有力指导和帮助，维护了企业的正当权益，充分发挥了审计监督职能。（时间：2018 年 09 月 10 日　供稿单位：安阳市审计局　郭莹莹）

9. 信阳市审计局服务企业助发展

今年，信阳市审计局积极落实国务院、省委、市委关于减轻企业负担工作决策部署精神，扎实推进"放管服"改革政策落地，推动全市工业经济转型升级。

组织学习，明确目标。积极组织审计人员集中学习中央办公厅、国务院办公厅《关于深化国有企业和国有资本审计监督的若干意见》和信阳市委、市政府《关于促进我市工业发展的意见》《信阳市市属国有企业改革总体方案》等，深刻领会国企改革精神，充分认识审计在国企发展中的重要作用。积极参与市委、市政府组织实施的"一对一"帮扶活动，对口帮扶华英集团，派驻企业首席服务员，帮助企业排忧解难。明确"四到位"工作目标，即惠企政策宣传到位、企业问题收集到位、问题跟踪解决到位、监督政策落实到位，切实发挥审计监督在企业服务工作中的保障作用，推动国家企业减负政策落实。

出台方案，突出重点。制定《信阳市审计局关于减轻企业负担工作实施方案》，在政策跟踪审计、预算执行审计、经济责任审计、企业审计等中，把涉企减负、"放管服"改革深化等情况作为重点内容，着力发现和揭露违规收费、收"过头税"等问题，全力揭露和查处增加企业负担的行为。对审计发现的各类涉企摊派、违规收费、违规使用专项资金、政策措施落实不到位等问题，及时督促整改。同时，细化服务企业责任清单，为企业提供会计核算、财务管理、内部审计等方面的帮助。（时间：2018 年 08 月 08 日　供稿单位：信阳市审计局　朱志毅、陈龙、熊安黎）

10. 宜昌市审计局"三入手"开展企业扶持资金审计　助推高质量发展

习近平总书记在长江经济带发展座谈会上强调"正确把握破除旧动能和培育新动能的关系，推动长江经济带建设现代化经济体系"。为贯彻习近平总书记湖北视察重要讲话精神，宜昌市审计局在市级政府预算执行情况中，以中小企业扶持专项资金为主线，以扶持政策落实为引领，跟踪调查相关部门在推动中小企业转型发展过程中的履职情况，提出审计建议，完善制度建设，有效助推中小企业发展有效转型。

一是从规范资金使用入手，促进扶持方向防偏纠错。近 3 年，市级预算排专项资金 6000 万元，无偿补助和引导扶持了城区 70 余家中小企业发展。该局围绕专项资金的流动轨迹，从资金源头到企业使用末端，审计抽查 17 家企业，42 个项目，补贴资金 787 万元。通过审计，发现存在主管部门审核把关不严、跟踪监管不够、企业违规获取补贴资金等不规范行为，如少数企业不符合申报条件，通过虚报经营业绩或产能获取专题补贴资金；有的主管部门对补贴条件把关尺度不严，造成企业违规获取补贴资金。通过审计人员的核查取证，及时推动相关问题的整改落实，促进资金归还原渠道，追回问题资金 100 多万元，督促主管部门将资金分配用于扶持条件更成熟、更能发挥财政资金引领撬动作用的企业。

二是从提升项目绩效入手，推动扶持效益最大化。审计过程中，坚持以企业转型成效体现为主要审查目标，审计人员深入厂房车间，开展调查走访，发现部分企业收到补贴资金后，未能按期组织实施，或实施后与申报的绩效目标有较大差距，企业实际营业收入、带动就业人数未达预期目标，部分项目建设进度严重滞后等。针对这些现状，审计提出加强对专项资金的绩效考评建议。主管部门积极采纳审计建议，通过聘请第三方机构开展抽查和绩效评价，加大资金分配后的跟踪监管力度，对存在的相关问题，按照《财政违法行为处罚处分条例》采取了相应的处罚措施，确保了资金使用规范、安全和高效，同时从侧向鼓励企业突破现状，以技术革新的方式脱离产能滞后状况，不断提升同类产品的市场竞争力，进而推动地方企业积极投入生产转型的可持续性发展道路中。

三是从优化政策设计入手，促进扶持管理机制不断完善。针对该市《中小企业发展专项资金管理暂行办法》已不适应当前改革发展的一些新情况、新形势和新要求，如部分需要扶持的小微企业达不到申报的门槛，面对过高的绩效目标设定要求，大部分中小企业在当前形势下很难实现，脱离当前客观实际。在扶持的方向上，不能有效突破沿袭过去传统发展的惯性模式，不符合现行"大众创业、万众创新"等改革发展新要求等问题，审计以专报形式向市政府反映政策落实中存在的体制机制不足的问题后，市政府高度重视，立即整改，自 2018 年起设立市级工业技术改造专项资金，出台了《宜昌市工业技术改造资金管理暂行办法》，用于对技术革新的企业优秀项目进行补贴和奖励，助推企业高质量发展。2018年城区已向36家创新企业发放专项资金补贴1亿元。（时间：2018年07月06日　供稿单位：宜昌市审计局　刘斌、罗文韬）

11. 黄石审计助力企业绿色发展彰显成效

碧水蓝天，绿色发展，已成为新时期企业发展的主旋律。位于长江边上的阳新富池利福达医药化工有限公司，在黄石市审计局"双千"工作队的助力下，走上了一条绿色发展之路。

阳新富池利福达医药化工有限公司建设于2014年年初主要产品荧光增白剂KCB畅销全国10多个省市和地区，公司坚持科技创新走校企合作发展之路，已获发明专利9项，授权实用专利5项，2017年公司实现收入4000万元，缴税180万元。然而企业简陋的厂房和陈旧的设备制约着企业可持续性发展。

今年，黄石市审计局"双千"工作队按照市委市政府"双千"工作的帮扶解困要求，进驻利福达医药化工有限公司，主动服务企业，积极帮扶解困。针对企业厂房简陋，设备陈旧，跑冒滴漏异味飘出等制约企业长效绿色发展的问题，"双千"工作队，急企业之所急，多次协调环保，经信委、企业共商破解之策，立项开展计划总投资3000万元的技术改造项目。协助制定项目改造规划，帮助完善相关审批手续。在相关部门的支持下，目前该项目场地已完成了平整，预计5月完成环评安全计价，7月动工，12月竣工投产。届时，长江边上将会展现一座空气清新，山水秀美的花园式工厂。（时间：2018年05月29日　供稿单位：黄石市审计局　柯建华）

二、制度建构

（一）各省、直辖市、自治区层面制度建构

1. 江西省出台《关于深化国有企业和国有资本审计监督的实施意见》

经十四届省委全面深化改革领导小组第十次会议审议通过，近日江西省委办公厅、省政府办公厅联合印发了《关于深化国有企业和国有资本审计监督的实施意见》（以下简称《实施意见》），明确了深化我省国有企业和国有资本审计监督的总体要求、基本原则、审计重点及保障措施，体现了贯彻落实党的十九大精神的新要求。

《实施意见》指出，要加大审计监督力度，对国有企业、国有资本和国

有企业领导人员履行经济责任情况实行审计全覆盖，做到应审尽审、有审必严，做到国有企业、国有资本走到哪里，审计就跟进到哪里，不留死角。要完善审计监督机制，健全国有企业和国有资本审计监督体系和制度，进一步规范国有企业和国有资本审计监督行为。要改进审计方式方法，推动审计发现的问题整改到位、问责到位。要充分发挥审计监督作用，促进党和国家方针政策、重大决策部署在国有企业贯彻执行，促进国有企业深化改革，提高经营管理水平、做强做优做大，为国有企业健康发展保驾护航。

《实施意见》要求，各级国有资产监管机构要依法依规履行监管职责，组织好对国有企业的内部审计工作。各设区市、县（市、区）党委和人民政府要统一思想，切实加强对国有企业和国有资本审计工作的组织领导，结合实际做好安排部署，明确目标任务，完善保障措施，强化督促落实。要支持审计机关依法独立履行审计监督职责，充分发挥审计在党和国家监督体系中的重要作用，确保各项审计工作有序推进、取得实效。

《实施意见》的出台对进一步完善我省国有企业和国有资本审计监督体系和制度，规范指导企业审计工作行为，深化我省国有企业改革具有十分重要的意义。（时间：2018 年 01 月 05 日　供稿单位：江西省审计厅）

2. 广东省出台《关于深化国有企业和国有资本审计监督的实施意见》

近日，广东省委办公厅、省政府办公厅联合印发了《关于深化国有企业和国有资本审计监督的实施意见》（以下简称《实施意见》），明确了进一步深化国有企业和国有资本审计监督的总体思路、基本原则、审计重点及保障措施，标志着我省国有企业和国有资本审计监督体系和制度进一步完善。

《实施意见》指出，深化国有企业和国有资本审计监督要全面贯彻党的十九大精神，以邓小平理论、"三个代表"重要思想、科学发展观、习近平新时代中国特色社会主义思想为指导，以"四个坚持、三个支撑、两个走在前列"为统领，紧紧围绕统筹推进"五位一体"总体布局和协调推进"四个全面"战略布局，坚持有利于国有资产保值增值、有利于提高国有经济竞争力、有利于放大国有资本功能的方针，促进党和国家方针政策、重大决策部署在国有企业贯彻执行，促进国有企业深化改革，提高经营管理水平，坚定不移把国有企业做强做优做大。

《实施意见》强调，深化国有企业和国有资本审计监督，要坚持依法审计、客观求实、推动发展、统筹安排、先行先试的原则。认真贯彻落实宪法及审计法等法律法规，依法独立履行审计监督职责，审慎区分无意过失与明知故犯、工作失误与失职渎职、探索实践与以权谋私等情况，客观做出结论和处理。着力发现国有企业和国有资本管理运营中存在的普遍性、倾向性、典型性问题，关注体制性障碍和制度性缺陷，反映发展运营中的突出矛盾和风险隐患，积极提出解决重大问题和推动改革发展的建议，促进国有企业深化改革，不断增强国有经济活力、控制力、影响力和抗风险能力，防范国有资产流失。加大境外国有资产审计力度，以制约我省国有企业发展和国有资本监管存在的突出问题为导向，针对竞争性和准公共性两种类别国有企业的功能定位，确定相应的审计监督重点和监督方式，从广东实际出发，解放思想，大胆实践，先行先试，努力探索符合我省国有企业改革发展需要的审计监督机制和办法。

《实施意见》明确，深化国有企业和国有资本审计监督，要围绕国有企业、国有资本、境外投资以及国有企业主要领导人员履行经济责任情况，根据国有企业服务我省经济社会发展的功能定位，着眼推进国有企业分类改革、调整结构，做到应审尽审、凡审必严。重点审计遵守国家法律法规、贯彻执行党和国家重大政策措施以及省的有关工作要求，投资、运营和监管国有资本，贯彻落实"三重一大"决策制度，境外国有资产投资、运营和管理，公司法人治理及内部控制等情况。

《实施意见》要求，要健全完善相关审计制度，做到国有企业、国有资本延伸到哪里，审计就跟进到哪里，不留死角。建立健全经常性审计机制，逐步推进对境外国有资产审计全覆盖，积极运用大数据技术，探索对重点企业实施联网审计，建立健全国有企业内部审计制度，加强审计与国有资产监管、监事、巡视巡察、纪检监察、组织、公安等相关部门和单位的沟通协调，将审计结果和整改情况纳入企业经营业绩考核和年度工作报告中，并作为考核、任免、奖惩的重要依据。审计机关要依法将审计结果向社会公告，审计发现问题的整改情况及追责问责情况按照规定向社会公告。（时间：2018年01月17日　供稿单位：广东省审计厅）

3. 广西壮族自治区出台《关于深化国有企业和国有资本审计监督的实施意见》

为贯彻党中央、国务院关于深化国有企业和国有资本审计监督的若干意见的决策部署，加快建立健全国有企业（含国有金融机构）、国有资本审计监督体系和制度，充分发挥审计在党和国家监督体系中的职能作用，近日，中共广西壮族自治区党委办公厅、自治区人民政府办公厅印发了《关于深化国有企业和国有资本审计监督的实施意见》（以下简称《实施意见》）。

《实施意见》结合广西审计工作实际，全面贯彻党的十九大精神，以习近平新时代中国特色社会主义思想为指导，坚持依法审计、客观求实、推动发展、统筹安排的基本原则。

《实施意见》明确了实施审计监督的范围及重点。要求深化国有企业和国有资本审计监督，围绕国有企业、国有资本、境外投资以及国有企业领导人员履行经济责任情况，做到应审尽审、凡审必严，审计国有企业在遵守国家法律法规、贯彻执行中央及自治区重大措施、贯彻落实"三重一大"决策制度、投资、运营和监管国有资本、公司法人治理结构、内控制度以及境外国有资产投资、运营和管理情况。

《实施意见》指出了实施审计监督的目标。要求以完善国有企业和国有资本审计监督体制机制为目标，健全完善相关审计制度，做到国有企业、国有资本走到哪里，审计就跟进到哪里，不留死角。要求建立健全经常性审计机制，完善内部审计监督机制，加强审计机关与相关部门和单位的协调配合机制，促进大数据审计工作的发展，推动审计发现问题的整改到位、问责到位，促进完善国有企业管理体制，提高经营管理水平。

《实施意见》提出了实施审计监督的保障措施。要求从强化组织领导、有序推进实施、严格督促落实三个方面落实具体的保障措施。要求全区各级各部门要统一思想，切实加强对国有企业和国有资本审计工作的组织领导，结合实际做好安排部署，强化督促落实，完善保障措施，确保审计工作有序实施、取得实效。（时间：2018 年 03 月 17 日　供稿单位：广西壮族自治区审计厅）

4. 江苏省出台《关于贯彻落实深化国有企业和国有资本审计监督的实施意见》

为了充分发挥审计在党和国家监督体系中的重要作用，促进国有企业健康发展和国有资本安全运营，近日，江苏省委办公厅、省政府办公厅出台《关于贯彻落实深化国有企业和国有资本审计监督的实施意见》（以下简称《实施意见》）。《实施意见》是继去年中共中央办公厅、国务院办公厅出台《关于深化国有企业和国有资本审计的若干意见》后，结合江苏经济社会发展实际制定，充分体现了江苏深化国有企业改革、不断深化国有企业和国有资本审计监督的决心和信心。

《实施意见》明确，全面贯彻落实党的十九大精神，紧紧围绕统筹推进

"五位一体"总体布局和协调推进'四个全面'战略布局，按照"六个高质量"发展要求，依法全面履行审计监督职责，对国有企业、国有资本和国有企业领导人员履行经济责任情况实行审计全覆盖，推动审计发现的问题整改到位、问责到位，坚定不移把国有企业做强做优做大，为推进"两聚一高"新实践，建设"强富美高"新江苏提供有力支撑。

《实施意见》要求，全省审计机关要紧紧围绕江苏高质量发展要求，把握新时代江苏的新方位新坐标，在五个方面实施精准审计。一是在推动重大政策措施落实上实施精准审计。持续跟踪检查国有企业在供给侧结构性改革、打好"三大攻坚战"、"三去一降一补"任务落实、创新驱动战略实施、实体经济领域转型升级等政策措施落实情况。二是在维护国有资产安全上实施精准审计。主要审计国有企业资产负债和损益的真实合法效益性，重大兼并重组、发展潜力、风险管控和国有资本保值增值以及企业内部控制等情况。三是在贯彻落实"三重一大"决策制度上实施精准审计。重点关注企业党组织和董事会在重大事项决策中履职情况，企业发展战略和重大投资、经营管理等决策的制定、执行及绩效情况。四是在境外国有资产投资、运营和管理上实施精准审计。重点审计国有企业境外投资、合资合作等国际化经营有关决策机制的建立健全及执行情况，境外国有资产财务管理、风险管控和考核等制度建立健全及执行情况，境外国有资产安全完整、运营效益、风险管控和保值增值等情况。五是在公司法人治理及内部控制情况上实施精准审计。重点审计国有企业建立现代企业制度、完善公司法人治理结构以及董事会建设情况，内部管理制度制定和执行情况，以及对所属单位监管情况。

《实施意见》强调，全省各级审计机关要建立审计对象库，分类确定审计重点和审计频次，积极探索"跟踪审""定期审""轮流审"有机结合、深度融合的审计全覆盖模式；对国有企业主要领导人员履行经济责任情况任期内至少审计1次，坚持任中审计与离任审计相结合，提升任中审计比例；加快实现全省数据统一集中管理和应用，不断增强网络信息安全保障能力，大力推进"总体分析、发现疑点、分散核实、系统研究"的数字化审计方式。国有资产监管机构要推动国有企业建立境外国有资产经营管理数据、资料的境内报送和归集制度，将境外国有资产安全情况纳入考核范围。内部审计机构要按照《江苏省内部审计工作规定》等要求，加强对二级以下单位、境外国有资产的审计监督和企业内管干部的经济责任审计工作。（时间：2018年04月20日　供稿单位：江苏省审计厅企业处）

5. 内蒙古自治区出台《内蒙古自治区深化国有企业和国有资本审计监督的实施意见》

为全面贯彻落实党中央、国务院关于深化国有企业和国有资本审计监督的重大决策部署，完善审计监督体制机制，推进审计全覆盖，促进党和国家、自治区党委政府重大决策部署在国有企业贯彻执行，促进国有企业深化改革，提高经营管理水平，2017 年 5 月，内蒙古自治区审计厅根据中共中央办公厅、国务院办公厅《关于深化国有企业和国有资本审计监督的若干意见》，制定出台了《内蒙古自治区深化国有企业和国有资本审计监督的实施意见》（以下简称《实施意见》）。

《实施意见》要求，全区各级审计机关要认真组织学习中央《关于深化国有企业和国有资本审计监督的若干意见》（以下简称《若干意见》），把《若干意见》与《中共中央关于全面推进依法治国若干重大问题的决定》《中华人民共和国国民经济和社会发展第十三个五年规划纲要》《中共中央、国务院关于深化国有企业改革的指导意见》《中共中央办公厅、国务院办公厅关于完善审计制度若干重大问题的框架意见》及相关配套文件、《国务院关于加强审计工作的意见》同步学习并认真贯彻落实。

《实施意见》提出，要统筹谋划，分类推进，对国有企业和国有资本实行审计全覆盖。一是建立国有企业和国有资本审计数据资料库，制定审计分类管理办法；二是对重点国有企业，确保对企业 5 年内至少审计 1 次，对企业领导人员经济责任任期内至少审计 1 次；三是对国有企业贯彻落实国家重大决策部署情况、重大投资项目、重点专项资金等情况进行跟踪审计，对国有企业管理使用国有资源、国有企业重大财务异常、重大资产损失、其他涉企重点事项进行专项审计；四是充分利用内部审计力量、审计成果和问题线索，并加强对内部审计质量进行监督；五是积极争取党委、政府的支持，探索向重点国有及国有控股企业派驻审计机构，开展经常性审计监督，提高审计的时效性和质量；六是建立向社会购买企业审计服务机制制度，并加强对社会审计质量的监督检查；七是深化国有企业和国有资本审计内容，对国有资产监管机构履职情况进行全面审计；八是积极探索境外国有资产审计，逐步实现审计全覆盖；九是建立大数据审计工作机制；十是建立部门单位协调配合机制、审计查出问题整改问责机制和审计结果报告公告机制。

《实施意见》强调，深化国有企业和国有资本审计监督是党中央、国务院做出的重大决策部署，各级审计机关要高度重视，统一思想，切实加强对国有企业和国有资本审计工作的组织领导，结合实际做好安排部署，明确目标任务，完善保障措施，强化督促落实。要认真贯彻落实《宪法》及《审计法》等法律法规，依法独立履行审计监督职责；要根据审计全覆盖要求，积极争取党委、政府增设企业审计专职机构，充实企业审计人员，确保审计工作有序实施、取得实效。要努力打造政治强、业务精、作风优、纪律严的企业审计队伍，严格遵守法律法规，严格遵守党的各项纪律，严格遵守中央八项规定精神和审计"八不准"工作纪律。要严格质量控制，加强现场管理，严格程序，讲究方法，加强对宏观政策、国家战略、国有企业改革发展等全局问题的研究，加强审计实践的理论总结和提炼，全面提升国有企业和国有资本审计工作的层次和水平。（时间：2018年05月07日　供稿单位：内蒙古自治区审计厅　郝光荣）

（二）省以下层面制度建构

1. 重庆市涪陵区出台《关于深化国有企业和国有资本审计监督的实施意见》

近日，重庆市涪陵区委办公室、区政府办公室联合下发《关于深化国有企业和国有资本审计监督的实施意见》（以下简称《实施意见》），标志着该区国有企业和国有资本审计监督步入制度化、规范化轨道。

《实施意见》指出，要建立国有企业轮审机制。围绕审计全覆盖，对纳入规划的20户区属重点国有企业由区审计局每五年审计1次，对其他国有企业由区国资委或主管部门组织内审机构或聘请社会审计机构，原则上每五年审计1次。对区属重点国有企业主要领导人员履行经济责任情况做到离任必审，原则上三年任期内审计1次。同时，明确了对履行出资人职责的区国资委及其他国有资产主管部门的审计监督要求及内容。

《实施意见》强调，要突出国有企业和国有资本审计重点。重点关注遵守国家法律法规、贯彻落实重大政策措施和决策部署情况，投资、运营和管理国有资本情况，贯彻落实"三重一大"决策制度情况，公司法人治理及内部控制情况，境外和区外国有资产投资、运营和管理情况五个方面。同时，分类突出公益类和商业一类、商业二类国有企业的审计重点。

《实施意见》要求，要建立审计结果报告和公告机制。对国有企业和国有资本的审计结果按年度向区政府和市审计局报告，并纳入向区人大常委会的年度审计工作报告。除涉密事项外，要求审计机关依法将审计结果向社会公告。

《实施意见》还就加强国有企业审计监督体系建设，完善国有企业数据和资料报送工作机制，完善审计机关与相关部门和单位的协调配合机制，完善审计整改和责任追究机制等方面进行了明确细化。（时间：2018 年 01 月 04 日　供稿单位：涪陵区审计局　田玲玲）

2. 苏州市吴中区出台《关于进一步加强区属国有企业内部审计工作的意见》

近日，吴中区政府印发了《关于进一步加强区属国有企业内部审计工作的意见》（以下简称《实施意见》），在加强内部审计组织领导、强化内审队伍建设、建立健全内审工作体系、推进内审工作全覆盖、强化审计结果运用、形成内审监管合力六个方面做出了具体的规定。

《实施意见》明确各企业应按照区属国有企业改革工作部署，完善法人治理结构，建立健全内部审计工作领导机制。内部审计机构直接对董事会负责，企业主要负责人为企业内部审计工作的第一责任人，企业要依据《中国内部审计准则》和实务指南的规定，制定内部审计工作规范和审计实务操作标准，明确部门职责、工作内容和流程等，构建合理高效的内审工作运行机制。

《实施意见》要求各企业应实现审计内容、审计对象、审计过程全覆盖，深化财务收支审计，开展投资项目工程审计，强化企业资产管理、资金使用的合法性、合规性、真实性审计；积极开展绩效审计、管理审计，及时揭露企业经营的风险隐患；加强对子企业的审计监督，及时跟踪了解子企业的经营管理状况，防范经营风险；通过创新审计技术方法、组织形式等，实现企业经济活动事前、事中和事后的审计监督全覆盖。

《实施意见》强调要正确处理和应用审计结果，对审计发现的问题要依法依纪作出处理，严肃追究有关人员责任；对发现严重违纪违规的问题，应及时移送相关部门处理；内审人员因故意或过失等行为造成严重后果的，应承担相应责任。各类审计结果及其审计问题整改情况，应作为下属企业或主要业务部门任期考核奖惩、干部任免等事项的重要依据。

《实施意见》的印发，标志着区属国有企业内部审计工作制度得到进一步完善，有利于加强企业内部监督和风险控制，完善公司治理结构，促进企业提高经营管理水平，为国有企业健康发展保驾护航。（时间：2018 年 01 月 08 日　供稿单位：苏州市审计局　薛颖）

3. 福建永春县出台《关于深化永春县国有企业和国有资本审计监督的实施意见》

近日，中共永春县委办公室、永春县人民政府办公室联合印发了《关于深化永春县国有企业和国有资本审计监督的实施意见》（以下简称《实施意见》），明确了深化永春县国有企业和国有资本审计监督的总体思路、基本原则、审计监督内容、审计监督体制机制建设及实施保障，对规范指导我县国有企业审计工作行为，深化国有企业改革具有十分重要的意义。

《实施意见》提出对我县国有企业和国有资本审计监督的重点内容包括：一是遵守国家法律法规、贯彻执行党和国家重大政策措施情况；二是贯彻落实"三重一大"决策制度情况；三是国有资本投资、运营和管理情况；四是公司法人治理及内部控制情况；五是经营监管责任履行情况。

《实施意见》要求各乡镇党委、政府，县直各单位要加强组织领导，强化监管职责，明确目标任务，完善保障措施，强化督促落实。（时间：2018年05月11日　供稿单位：永春县审计局）

4. 常州市出台《关于贯彻落实深化国有企业和国有资本审计监督的实施意见》

近日，常州市政府常务会议审计通过《关于贯彻落实深化国有企业和国有资本审计监督的实施意见》（以下简称《实施意见》）。《实施意见》要求一是要对国有企业、国有资本和国有企业领导人员履行经济责任情况实行审计全覆盖，做到应审尽审、有审必严，做到国有企业、国有资本走到哪里，审计就跟进到哪里。二是要完善审计监督体制机制，改进审计方式方法，推动审计发现的问题整改到位、问责到位。三是要充分发挥审计在党和国家监督体系中的作用，促进党和国家方针政策、重大决策部署在国有企业贯彻执行，促进国有企业深化改革，提高经营管理水平、做强做优做大。四是要关注体制机制问题并科学审慎评价，反映发展运营中的突出矛盾和风险隐患，积极提出解决重大问题和推动改革发展的建议，审慎区分无意过失与明知故犯、工作失误与失职渎职、探索实践与以权谋私，客观作出结论和处理。

《实施意见》明确了对国企领导人员廉洁从业的要求，重点对企业领导人员执行厉行节约和反对浪费制度、职务消费等行为进行审计监督，揭示利用职权谋取私利、损害企业及公共权益、超额领取个人薪酬和违规在所属企业领取报酬等问题。增加关注国企国资的运营绩效，包括国有资产安全完整情况、国有资产保值增值情况、国有资本收益管理情况和境外国有资产管理情况等内容。此外，对市属国企进行细化分类，分别为金投类企业侧重投资决策和投后管理审计，产业类企业侧重资产质量和产业升级审计，城市运营类企业侧重债务规模和融资管理审计，公益类企业侧重资源配置和服务效益审计。

为保障审计目标、审计内容、审计重点的有效实施，《实施意见》提出六大工作机制：一是全覆盖审计工作机制。对国有企业每 5 年至少审计 1 次，对国有企业主要领导人员履行经济责任情况任期内至少审计 1 次；根据需要适时开展跟踪审计和专项审计。二是大数据审计工作机制。推进"总体分析、发现疑点、分散核实、系统研究"的数字化审计方式。在确保数据信息安全的前提下，探索建立审计实时监督系统，对重点企业实施联网审计。三是内部审计监督机制。推动完善内部审计管理体制、制度和机制，有效利用内部审计力量和成果，同时加强对内部审计质量的检查。四是审计机关与相关部门和单位的协调配合机制。包括经常性信息通报与交流、问题线索移送与案件协查、查处结果反馈等工作机制，发挥监督合力。五是审计查出问题整改及责任追究机制。审计结果和整改情况将纳入企业经营业绩考核和年度工作报告，作为考核、任免、奖惩的重要依据。对审计发现移送的重大问题和整改不力或屡审屡犯的，依法依纪予以追责。六是审计结果报告和公告机制。审计结果、审计查出问题的整改情况、追责问责向社会公告，被审计企业要按规定将向社会公告，国有资产监管等部门要按相关规定将追责问责情况向社会公告。（时间：2018 年 11 月 27 日　供稿单位：常州市审计局卞慧娟）

5. 广西贵港市出台《贵港市关于深化国有企业和国有资本审计监督的实施意见》

近期，为贯彻落实中央、自治区深化国有企业和国有资本审计监督的政策文件精神，贵港市委、市政府办公室印发了《贵港市关于深化国有企业和国有资本审计监督的实施意见》（以下简称《实施意见》）。

《实施意见》要求，紧紧围绕统筹推进"五位一体"总体布局和协调推进"四个全面"战略布局，牢固树立新发展理念，对国有企业、国有资本和国有企业领导人员履行经济责任情况实行审计全覆盖。《实施意见》提出以下基本原则：坚持依法审计，认真贯彻落实宪法及审计法等法律法规；坚持客观求实，审计工作要实事求是地揭示、反映问题，客观公正作出结论和处理；坚持推动发展，审计工作要坚持以促发展、促改革、促安全、促绩效为出发点和落脚点，推动国有企业深化改革，防范重大风险；坚持原则与灵活相统一，用发展的眼光看待改革创新事项，发挥审计服务职能作用。

《实施意见》明确，要依法独立履行审计监督职责，做到应审尽审、凡审必严。深化国有企业和国有资本审计监督，要围绕国有企业、国有资本以及国有企业领导人员履行经济责任情况，主要审计国有企业及其领导人员遵守国家法律法规、贯彻执行中央及自治区重大政策措施情况；投资、运营和监管国有资本情况；贯彻落实"三重一大"决策制度情况；公司法人治理及内部控制情况。

《实施意见》强调，要完善国有企业和国有资本审计监督体制机制。建立健全经常性审计机制，审计机关要加强对国有企业和国有资本审计工作的统筹谋划，科学制定年度审计计划和中长期规划；建立健全分级分层次审计机制，全市国有企业审计工作由市审计局统一领导，实行属地管理与全市统筹相结合；建立健全大数据审计工作机制，加快大数据平台建设，建立与重点国有企业的互联互通，加强对企业经营情况、财务管理情况的实时监管；建立健全政府审计、内部审计、社会审计"三结合"机制；建立健全审计机关与相关部门和单位的协调配合机制，发挥监督合力；建立健全审计查出问题整改及责任追究机制；建立健全审计结果报告和公告机制，审计机关要按年度向本级政府和上一级审计机关报告审计结果，重大事项随时报告。

《实施意见》的出台，进一步完善了贵港市国有企业和国有资本审计监督制度体系，将为促进国有企业和国有资本规范管理运行、防范和化解风险隐患问题提供审计监督的政策依据，为国有企业持续健康发展保驾护航。（时间：2018 年 11 月 21 日　供稿单位：贵港市审计局　莫毅）

三、公告概览

（一）审计署公告

2018 年 6 月 20 日，审计署发布了中国中信集团有限公司、中国农业银行股份有限公司、中国工商银行股份有限公司、中国华电集团有限公司、原神华集团有限责任公司、中国电信集团有限公司、中国移动通信集团有限公司、中国机械工业集团有限公司、中国东方电气集团有限公司、原武汉钢铁（集团）公司、中国远洋海运集团有限公司、中国储备粮管理集团有限公司、国家开发投资集团有限公司、中国商用飞机有限责任公司、中国节能环保集团有限公司、中国煤炭科工集团有限公司、中国化学工程集团有限公司、中国盐业总公司、原中国中材集团有限公司、北京矿冶科技集团有限公司、中国中车集团有限公司、中国铁路通信信号集团有限公司、中国交通建设集团有限公司、中国中丝集团有限公司、中国林业集团有限公司、中国医药集团有限公司、中国保利集团有限公司、中国轻工集团有限公司、中国煤炭地质总局、中国民航信息集团有限公司、中国航空油料集团有限公司、中国能源建设集团有限公司、中国黄金集团有限公司、中国广核集团有限公司、华侨城集团有限公司、南光（集团）有限公司、中国西电集团有限公司、中国国新控股有限责任公司 38 户企业 2016 年度财务收支等情况审计结果公告。

1. 中国中信集团有限公司 2016 年度资产负债损益审计结果

根据《中华人民共和国审计法》的规定，2017 年 7 月至 9 月，审计署对中国中信集团有限公司（以下简称中信集团）2016 年度资产负债损益情况进行了审计，重点审计了中信集团本级及所属中信银行股份有限公司、中信信托有限责任公司（以下简称中信银行、中信信托）等 36 家二级单位，对有关事项进行了延伸和追溯。

审计发现的主要问题包括：业务经营方面，2014 年 3 月至 2016 年 3 月，所属中信和业投资有限公司等 5 家企业存在违反合同约定多支付项目单位奖金、超标准新建办公楼和国有资产处置不规范等问题，涉及金额 19.49 亿元。公司治理和内部管理方面，2011 年至 2015 年，所属中信银行因董事会调整而未有效落实公司发展战略规划要求，11 项可量化指标未完成；所属中信证券股份有限公司股东大会议事规则中未明确对董事会的授权原则和内容。风险管控方面，2012 年至 2014 年，所属中信重型机械有限责任公司等 4 家企业抵质押和实物资产管理不到位，5.61 亿元资产面临损失风险；中信银行一家分行有 18.1 亿贷款因对借款人资金流缺乏有效制约，面临质权悬空风险。至审计时，中信集团中澳铁矿石项目已形成重大亏损且未来盈利预期仍不明确，面临较大风险。落实中央八项规定精神及廉洁从业规定方面，2009 年至审计时，中信集团及所属 2 家企业存在管理人员兼职取酬或违规发放高管人员等薪酬奖金问题，涉及金额 2609.94 万元。中央八项规定出台后，所属 10 家企业仍然存在高标准公务消费和超标准配备公务用车、乘坐交通工具等问题。

2. 中国农业银行股份有限公司 2016 年度资产负债损益审计结果

根据《中华人民共和国审计法》的规定，2017 年 7 月至 9 月，审计署对中国农业银行股份有限公司（以下简称农业银行）2016 年度资产负债损益情况进行了审计，重点审计了农业银行总行和所属北京、上海、广东、福建、陕西、深圳分行及农银汇理基金管理有限公司（以下简称农银汇理公司）7家二级单位，对有关事项进行了延伸和追溯。

审计发现的主要问题包括：业务经营方面，2013年至2016年，河北、福建、深圳、上海、广东5家分行违规向提供虚假资料的企业提供贷款、办理票据贴现等，涉及金额40.69亿元。2014年10月至2016年年底，农业银行通过理财资金向房地产企业提供融资、违规向土地储备中心和部分建筑工程施工许可证等"四证"不全的房地产企业等提供融资，涉及金额96.44亿元。2015年至2016年，上海、广东2家分行及农银国际（中国）投资有限公司违规向地方政府融资平台或实际承担融资平台功能的企业提供融资17.37亿元。公司治理和内部管理方面，2013年至2016年，上海、北京2家分行及农银汇理公司、武汉培训学院在工资总额之外发放补贴1.92亿元，总行及陕西、福建等3家分行、农银汇理公司存在损益不实、费用报销管理不规范等问题2429.76万元。至2016年年底，农业银行有5处房产长期闲置，涉及14.71万平方米；北京市分行未严格按照总行批复要求签订房屋租赁合同，至审计时已按合同支付租金和物业费1538.31万元，租用的房屋因未完成工程竣工验收备案手续一直无法使用。风险管控方面，2011年至2016年，北京分行因未严格执行票据出入库制度、未经批准销售非本行理财产品等，39.15亿元资金面临损失风险。落实中央八项规定精神及廉洁从业规定方面，2015年，农业银行总行10名部门总经理级别人员在国内出差乘坐飞机头等舱并全额报销15次。中央八项规定出台后，所属长春培训学院、福建省分行仍存在消费高档酒水问题。

3. 中国工商银行股份有限公司2016年度资产负债损益审计结果

根据《中华人民共和国审计法》规定，2017年7月至9月，审计署对中国工商银行股份有限公司（以下简称工商银行）2016年度资产负债损益情况进行了审计，重点审计了工商银行总行和所属北京、上海、河北、江苏、浙江分行及工银金融租赁有限公司（以下简称工银租赁）等9家二级单位，对有关事项进行了延伸和追溯。

审计发现的主要问题包括：业务经营方面。2011年至2016年，上海、江苏等8家分行和票据营业部上海分部未严格执行贷前审核，违规向不符合条件的企业办理贷款、票据贴现、黄金租赁等业务，涉及金额134.08亿元。2012年至2016年，黑龙江、河南、湖北等8家分行理财业务存在违规同业发售、调节收益及向不符合条件客户提供融资、未纳入统一授信管理等问题，涉及金额666.1亿元。公司治理和内部管理方面。2011年至2016年，工商银行总行及北京、河北、上海、浙江 4 家分行以职工福利费、工会经费等名义发放津补贴 11.6 亿元，未纳入工资总额管理；费用列支不规范等，涉及金额 6959.19 万元。2011 至 2016 年，工商银行及所属河北、浙江分行未严格执行集中采购制度，存在外部专家比例规定不明确、未按规定报告、未按规定招标等问题，涉及金额 205.29 亿元。风险管控方面。截至 2016 年年底，工商银行总行、浙江分行部分理财产品投资项目因投资对象破产清算等存在违约风险，涉及金额 45.55 亿元。工商银行 11 家境外机构未采取有效汇率风险防范措施，形成不良资产 4100.45 万美元。工银瑞信基金管理有限公司引入的担保机构被吊销业务许可，至审计时尚有担保余额 23.8 亿元。落实中央八项规定精神及廉洁从业规定方面。2013 年至 2014 年，上海、云南分行存在购买购物卡、礼品等问题，涉及金额 1248.8 万元。2013 年至 2015 年，工银国际管理层领用以前年度购入的高档红酒 18 支用于商务接待。

4. 中国国新控股有限责任公司 2016 年度财务收支等情况审计结果

根据《中华人民共和国审计法》的规定，2017 年 5 月至 6 月，审计署对中国国新控股有限责任公司（以下简称中国国新）2016 年度财务收支等情况进行了审计，重点审计了中国国新总部及所属中国文化产业发展集团、国星集团有限公司等 6 家二级单位，对有关事项进行了延伸和追溯。

审计发现的主要问题包括：财务管理和会计核算方面。2016 年，中国国新总部未按规定采用公允价值对股权投资进行后续计量，造成少计资产 2.44 亿元。2016 年，中国国新所属 3 家单位未在资产负债表中正确列示应交税金，造成中国国新合并财务报表少计资产、负债各 4367.23 万元。经营管理方面。2013 年，一家代持股企业未经充分论证，出资 19.8 亿元收购一家公司股权，至审计时被收购公司累计亏损 13.71 亿元。2012 年，中国国新未经充分论证同意所属企业出资 2.45 亿元对外收购一公司股权并增资，收购形成的资产长期闲置。2014 年 9 月至审计时，中国国新所属单位未经集团批准投资 5508 万元购买股票，至 2017 年 4 月底已形成浮亏 1455.24 万元。落实中央八项规定精神及廉洁从业规定方面。2015 年至 2016 年，中国国新总部超标准租用公务用车 25 辆，支付租金 257.4 万元。2014 年至 2015 年，中国国新总部购买高档礼品等支出 3.59 万元。

5. 中国西电集团有限公司 2016 年度财务收支等情况审计结果

根据《中华人民共和国审计法》的规定，2017 年 5 月至 6 月，审计署对中国西电集团有限公司（以下简称中国西电集团）2016 年度财务收支等情况进行了审计，重点审计了中国西电集团总部及所属陕西宝光集团有限公司等 7 家二级单位，对有关事项进行了延伸和追溯。

审计发现的主要问题包括：财务管理和会计核算方面。所属西安西电鹏远重型电炉制造有限公司等 2 家企业将 2015 年应计提的存货跌价准备推迟到 2016 年计提，造成 2016 年少计利润 1816.84 万元。2016 年，中国西电集团合并财务报表时，对内部关联交易抵销不充分，造成多计利润 1398.11 万元；未将一家实际控制的子公司纳入合并报表范围，涉及资产 486.9 万元，少计利润 28.18 万元。经营管理方面。2008 年，中国西电集团未严格履行决策程序，同意一家所属企业对外提供担保，至审计时上述担保事项已形成损失风险 2.01 亿元。2016 年，所属西安西电电力电容器有限责任公司投资 1.45 亿元的技术改造项目，因产品市场占有率下滑等，年产值未达到预期目标。2014 年至 2016 年，中国西电集团与外部企业成立的合资公司，由于产品在目标市场未取得突破等，累计亏损 6317.3 万元。落实中央八项规定精神及廉洁从业规定方面。2014 年，所属成都西电蜀能电器有限责任公司等 7 家企业的 22 名中高层管理人员，未按规定报批出国参加培训项目，发生费用 86.41 万元。2013 年至审计时，中国西电集团及所属西安西电开关电气有限公司的 21 名高管人员存在领取交通补贴的同时使用公务用车以及超标准乘坐交通工具等问题，涉及金额 38.7 万元。2014 年至 2016 年，中国西电集团及所属西安西电开关电气有限公司列支招待费用报销程序不合规，涉及金额 7.03 万元。

6. 南光（集团）有限公司 2016 年度财务收支等情况审计结果

根据《中华人民共和国审计法》的规定，2017 年 5 月至 6 月，审计署对南光（集团）有限公司（以下简称南光集团）2016 年度财务收支等情况进行了审计，重点审计了南光集团总部及所属南光（上海）投资有限公司等 7 家二级单位，对有关事项进行了延伸和追溯。

审计发现的主要问题包括：财务管理和会计核算方面。截至 2016 年年底，南光集团总部未按规定将 46.3 亿元增资款在实收资本中反映，全额计入了资本公积。2016 年，南光集团未按规定将实际控制的 3 家企业纳入合并财务报表范围，涉及资产 3524.6 万元。截至 2016 年年底，南光集团总部为员工购买保险形成的在保险公司公共账户的资金结余 375.36 万元，未纳入集团账务核算。经营管理方面。2009 年，南光集团总部在下属单位未完成资产评估程序的情况下，决策投资 1.39 亿元收购一家公司 22％的股权，此项投资因被收购方资不抵债、申请破产面临损失。至审计时，南光集团两个房地产项目部分土地长期未开发，涉及土地面积 25.08 万平方米。落实中央八项规定精神及廉洁从业规定方面。2005 年至 2011 年，南光集团总部违规使用账外资金 203.23 万元为部分管理人员购买保险。2009 年 7 月以来，南光集团总部一名中层管理人员未经批准违规兼任 7 家其他企业法定代表人、董事长等职务。

7. 华侨城集团有限公司 2016 年度财务收支等情况审计结果

根据《中华人民共和国审计法》的规定，2017 年 5 月至 6 月，审计署对华侨城集团有限公司（以下简称华侨城集团）2016 年度财务收支情况进行了审计，重点审计了华侨城集团总部及所属深圳华侨城股份有限公司、康佳集团股份有限公司，对有关事项进行了延伸和追溯。

审计发现的主要问题包括：财务管理和会计核算方面。2016 年，华侨城集团未按规定将承销费抵减债券初始确认金额，造成多计资产和负债各3300 万元。2016 年，所属西安华侨城实业有限公司少结转装修成本，造成多计利润 1726.67 万元。经营管理方面。2016 年，所属深圳华侨城房地产有限公司等 29 家企业未经公开招标确定施工单位和工程类物资采购供应商，涉及金额 23.33 亿元。2014 年至 2015 年，所属华侨城建筑安装工程有限公司违规对外转包 54 个工程项目，涉及金额 5.72 亿元。2014 年至审计时，所属成都天府华侨城实业发展有限公司等 10 家企业，在未经上级公司批准等情况下销售和转让房产，涉及金额 5.3 亿元。落实中央八项规定精神及廉洁从业规定方面。至审计时，华侨城集团所属企业的 19 名高管人员违规投资 4717.53 万元入股企业，部分入股企业与所在单位经营同类业务。2014年至审计时，华侨城集团总部及 5 家所属企业存在公务接待制度不健全及执行不严格等问题，涉及金额 3704.54 万元。2014 年至审计时，华侨城集团超标准报销出国费、境内差旅费等 182.65 万元。华侨城集团未按规定清理所属会所，2014 年至 2015 年违规在会所公务接待 21 次，涉及金额 14.3万元。

8. 中国广核集团有限公司 2016 年度财务收支等情况审计结果

根据《中华人民共和国审计法》的规定，2017 年 5 月至 6 月，审计署对中国广核集团有限公司（以下简称中广核集团）2016 年度财务收支情况进行了审计，重点审计了中广核集团总部及所属中国广核电力股份有限公司、中国广核新能源控股有限公司等 10 家二级单位，对有关事项进行了延伸和追溯。

审计发现的主要问题包括：财务管理和会计核算方面。2016 年，中广核集团总部列支的 112.75 万元补贴等工资性支出未纳入工资总额核算。2016 年，中广核集团总部未按规定将所属公司有关会计估计变更事项上报集团董事会批准和对外披露。经营管理方面。所属中广核能源开发有限公司对一个水电项目建设管控不到位，延期 3 年完工并超概算 5.57 亿元，2013 年至 2015 年累计亏损 9351 万元。所属中广核太阳能开发有限公司对一个发电项目追加投资论证不充分，2015 年至 2016 年累计亏损 2.66 亿元。2014 年至 2016 年，中广核集团未经正式报备开展融资租赁等金融业务，3 个金融业务项目出现逾期，涉及金额 2.56 亿元。2013 年至 2016 年，所属中广核能源开发有限公司等 2 家企业收购的 5 个水电项目因前期论证不充分等，自投入运营后累计亏损 2.4 亿元。中广核集团一个风电项目因前期论证不充分等投产后未实现预期收益，其中 2016 年亏损 1257 万元。落实中央八项规定精神及廉洁从业规定方面。至审计时，所属深圳市核电物业有限公司和阳江核电基地开发有限公司的 2 名高管人员违规从事营利性经营活动或投资入股与任职企业经营同类业务的企业，涉及认缴出资额 975 万元。

9. 中国黄金集团有限公司 2016 年度财务收支等情况审计结果

根据《中华人民共和国审计法》的规定，2017 年 5 月至 6 月，审计署对中国黄金集团有限公司（以下简称中国黄金）2016 年度财务收支等情况进行了审计，重点审计了中国黄金总部及所属中金黄金股份有限公司、中国黄金集团黄金珠宝有限公司（以下分别简称中金黄金、中金珠宝）等 7 家二级单位，对有关事项进行了延伸和追溯。

审计发现的主要问题包括：财务管理和会计核算方面。2016 年，所属河南中原黄金事业发展中心合并报表范围不完整，涉及资产 1.18 亿元，造成多计利润 391.43 万元。2016 年，所属中金（西安）重型钢结构有限公司等 5 家企业少计提安全生产费，多计利润 4661 万元。经营管理方面。2012 年至 2014 年，中国黄金未按规定进行评估收购 3 项资产，涉及金额 8.6 亿元。2014 年 4 月，中国黄金集团建设有限公司未经批准，投资开展螺纹钢期货业务，截至 2016 年 4 月已损失 9504 万元。2013 年 12 月至审计时，所属西峡金泰矿业有限公司等 19 家企业因安全监管不力等发生工程修复及赔偿等金额 7691.2 万元；所属中原冶炼厂等 17 家企业因污染问题被罚款

376.35 万元。落实中央八项规定精神及廉洁从业规定方面。2014 年，所属中国黄金集团贸易有限公司一名高管人员违规批准下属企业与其亲属开办的公司发生业务往来，涉及金额 7192.59 万元。2014 年至审计时，中国黄金总部员工和部分下属企业高管人员共计 66 人存在超标准乘坐交通工具、违规兼职取酬等问题，涉及金额 270.2 万元。2014 年至 2016 年，所属中金黄金等 2 家企业购买或消费高档烟酒、礼品等 111.77 万元；中国黄金总部送礼和超标准接待，涉及资金 86.07 万元。

10. 中国航空油料集团有限公司 2016 年度财务收支等情况审计结果

根据《中华人民共和国审计法》的规定，2017 年 5 月至 6 月，审计署对中国航空油料集团有限公司（以下简称中国航油）2016 年度财务收支等情况进行了审计，重点审计了中国航油总部及所属中国航空油料有限责任公司、中航油进出口有限责任公司（以下分别简称航油公司、进出口公司）等 5 家二级单位，对有关事项进行了延伸和追溯。

审计发现的主要问题包括：财务管理和会计核算方面。2016 年，所属航油公司多计提安全生产费，少计利润 2.4 亿元。2016 年，所属中国航油天津石油有限公司多计提预计负债，少计利润 7990.34 万元。2016 年，中国航油违规在职工福利费中列支员工子女意外伤害和健康保险费用 183.68 万元。经营管理方面。2016 年，所属空港公司在未取得航空煤油经销资质的情况下，违规采购航空煤油，涉及金额 10.9 亿元。2016 年，中国航油总部及所属航油公司、中国航油集团物流有限公司部分采购合同未执行“三重一大”决策制度，涉及金额 1.87 亿元。2009 年至 2016 年，中国航油投资 6.73 亿元建设的两个项目：一个建设停滞，另一个完工后闲置，累计亏损 3.58 亿元。落实中央八项规定精神及廉洁从业规定方面。截至 2016 年，所属中国航油大厦管理中心购买高档烟酒、食材 235.02 万元，其中 2016 年 21.21 万元。截至 2016 年，所属重庆泽胜公司购买高档烟酒、礼品和报销餐饮、娱乐会所等支出 158.58 万元，其中 2016 年 50.17 万元。2013 年至 2016 年，所属空港公司购买高档礼品、报销公司高管打高尔夫球费用和娱乐会所支出等合计 38.49 万元，其中 2016 年 2.9 万元。

11. 中国民航信息集团有限公司 2016 年度财务收支等情况审计结果

根据《中华人民共和国审计法》的规定，2017 年 5 月至 6 月，审计署对中国民航信息集团有限公司（以下简称中国航信）2016 年度财务收支等情况进行了审计，重点审计了中国航信总部及所属中航信云数据有限公司、青岛民航凯亚系统集成有限公司（以下分别简称中航信云数据、青岛凯亚）等10家二级单位，对有关事项进行了延伸和追溯。

审计发现的主要问题包括：财务管理和会计核算方面。中国航信2010年、2011年收到土地补偿资金9.1亿元，2015年和2016年才确认收入，其中2016年多计收入5亿元。2016年，所属中航信云数据少计提固定资产折旧2452.56万元。2016年，所属中航信云数据未及时确认资产出租等收入1161.93万元。经营管理方面。2016年，中国航信未经招标采购1010.25万元设备材料。2013年，中国航信在与外部企业协议约定开发信息系统时，对履约风险估计不足，后因违约赔偿造成损失918.8万元。2012年至2015年，中国航信向外部企业支付注册建造师挂靠费用278.89万元。落实中央八项规定精神及廉洁从业规定方面。2008年至2016年，中国航信一名管理人员的亲属控股企业承接该集团业务，取得技术服务费252.71万元；一名管理人员的亲属所设立企业免费使用中国航信信息系统，涉及资金18.43万元；所属青岛凯亚与其一名高管人员亲属设立的企业发生业务往来4945.16万元。2012年12月至2013年，中国航信在会议费中列支演出费用、购买高档礼品等与会议无关费用36.13万元，购买高档酒水10.42万元。2011年至2013年，中国航信一名管理人员报销个人消费4.64万元。

12. 中国煤炭地质总局2016年度财务收支等情况审计结果

根据《中华人民共和国审计法》的规定，2017年5月至6月，审计署对中国煤炭地质总局（以下简称中煤地质总局）2016年度财务收支等情况进行了审计，重点审计了中煤地质总局总部及所属中化地质矿山总局、江苏煤炭地质局（以下分别简称中化矿山总局、江苏局）等10家二级单位，对有关事项进行了延伸和追溯。

审计发现的主要问题包括：财务管理和会计核算方面。截至2016年年底，所属中煤建工集团有限公司（以下简称中煤建工集团）等3家企业少计人工成本、坏账准备等，多计利润1923.98万元。2016年，所属水文地质勘查局下属单位违规使用专项资金5.28万元发放股利、奖金等。所属中煤地质工程总公司（以下简称工程总公司）两个矿产项目资金结余1188.79万元至审计时未按规定上缴。2016年，所属中煤地质总局普查队未按规定将房租收入146.43万元纳入税收核定范围。经营管理方面。2010年至审计时，所属中煤矿业发展有限公司（以下简称中煤矿业）等4家单位违规开展货物购销业务，涉及金额6.73亿元，有1.13亿元未收回。2015年，所属中煤地建设工程有限公司、地球物理勘探研究院未经批准对外签订工程合同，涉及金额 4.08 亿元。因项目逾期未完工等，至审计时支付违约金或未收回履约保证金 1004.33 万元。落实中央八项规定精神及廉洁从业规定方面。2013 年至审计时，所属青海煤炭地质勘查院 3 名中高层管理人员违规兼职取酬 64.36 万元，其中 2016 年 17.17 万元。2014 年至 2016 年，所属江苏局购买高档香烟 6.95 万元，其中 2016 年 1.95 万元。2014 年至 2016 年，所属中煤建工集团、江苏局 7 名中高层管理人员超标准乘坐飞机头等舱和高铁商务座，超标金额 4.28 万元。

13. 中国轻工集团有限公司 2016 年度财务收支等情况审计结果

根据《中华人民共和国审计法》的规定，2017 年 5 月至 6 月，审计署对中国轻工集团有限公司（以下简称中轻集团）2016 年度财务收支等情况进行了审计，重点审计了中轻集团总部及所属中国海诚工程科技股份有限公司、中国造纸装备有限公司（以下分别简称中国海诚、造纸装备公司）等 7 家二级单位，对有关事项进行了延伸和追溯。

审计发现的主要问题包括：财务管理和会计核算方面。2016 年，所属中国中轻国际控股公司（以下简称中轻控股公司）未按规定对已竣工结算的承包项目确认收入和成本，少计利润 4300 万元。至审计时，所属中国轻工业广州工程有限公司私设的"小金库"结余 924.38 万元。经营管理方面。2014 年至 2016 年，所属一家企业未报上级公司批准，累计办理经营透支性贷款融资 4.44 亿元，支付利息 3378.4 万元。2011 年至 2015 年，所属中国轻鑫工程厦门有限公司（以下简称轻鑫厦门公司）因未对贸易风险进行有效控制等，煤炭销售业务累计亏损 3.77 亿元。落实中央八项规定精神及廉洁从业规定方面。2013 年至审计时，中轻集团未按规定在业务招待消费清单中列明招待对象等内容，总部及所属 2 家子公司购买或消费高档酒水 88.37 万元，其中 2016 年 3.44 万元。2015 年至审计时，中轻集团 9 名高管人员在核定薪酬外报销物业供暖费 28.1 万元，其中 2016 年 12.1 万元。2014 年至 2016 年，所属中国食品工业（集团）公司一名高管人员违规使用公务用车，并违规报销个人停车位费用 4700 元。

14. 中国保利集团有限公司 2016 年度财务收支等情况审计结果

根据《中华人民共和国审计法》的规定，2017 年 5 月至 6 月，审计署对中国保利集团有限公司（以下简称保利集团）2016 年度财务收支等情况进行了审计，重点审计了保利集团总部及所属保利房地产（集团）股份有限公司、保利置业集团有限公司等 9 家二级单位，对有关事项进行了延伸和追溯。

审计发现的主要问题包括：财务管理和会计核算方面。2016 年，所属一家企业提前确认收入和成本，多计利润 3674.8 万元。2016 年，所属一家企业未按规定摊销无形资产，少计利润 1743.81 万元。经营管理方面。2010 年至 2013 年，所属湖北保利投资有限公司、深圳保利房地产开发有限公司未经评估对外收购资产，涉及金额 15.02 亿元。2010 年至 2011 年，所属保利矿业投资有限公司违规收购 2 家矿山企业，后因矿石品位未达到预期、环保整治等停产，投入的 4.72 亿元资金面临损失风险。落实中央八项规定精神及廉洁从业规定方面。2010 年至审计时，所属湖北保利建筑工程有限公司一名中层管理人员、保利建设一名高管的亲属分别设立公司，承揽保利集团系统内的建筑劳务工程等，合同总额 1.51 亿元。2013 年至审计时，所属企业 70 人超标准乘坐飞机头等舱 509 人次，报销费用 190.84 万元；所属一家企业 53 人次因公出国（境）未按规定报集团审批，报销费用 140.62 万元。2013 年和 2014 年，所属一家企业支付 182.93 万元购买购物卡等。2009 年至审计时，所属保利民爆科技集团股份有限公司一名负责人在领取 32.81 万元交通补贴的同时，继续使用公务用车；保利集团对主管部门巡视发现的超标配备公务用车问题，未按规定对责任人给予处理处罚。至审计时，保利集团 92 名三级及以上公司高管人员违反规定内部兼职未取酬 1987 个，兼职数量均超过 7 个；两名高管人员未经批准在外部单位兼职未取酬。

15. 中国医药集团有限公司 2016 年度财务收支等情况审计结果

根据《中华人民共和国审计法》的规定，2017 年 5 月至 6 月，审计署对中国医药集团有限公司（以下简称国药集团）2016 年度财务收支等情况进行了审计，重点审计了国药集团总部及所属中国生物技术股份有限公司、国药控股股份有限公司（以下分别简称国药中生、国药控股）等 7 家二级单位，对有关事项进行了延伸和追溯。

审计发现的主要问题包括：财务管理和会计核算方面。2016 年，所属一家企业在货物未发生转移的情况下提前确认收入，多计利润 3745.3 万元。2016 年，所属中国医药投资有限公司等 5 家企业超实际发生额计提职工福利费，少计利润 254.27 万元。经营管理方面。所属国药中生下属企业一产业基地建设项目边设计边施工、擅自大量调整建设内容，国药中生未实施有效管控。至审计时，部分已建成生产线和生产车间闲置，涉及投资 9.04 亿元。2012 年至审计时，所属一家企业违规以职工个人名义开立账户用于转存公司销售回款、支付采购款等，累计发生额 5.96 亿元。落实中央八项规定精神及廉洁从业规定方面。2013 年以来，所属中国医药工业研究总院等 23 家企业为 44 名新任职高管人员超标准配备公务车。2014 年至 2016 年，所属无锡医疗器械有限公司等 12 家企业购买高档烟酒 53.19 万元，其中 2016 年 25.56 万元。

16. 中国林业集团有限公司 2016 年度财务收支等情况审计结果

根据《中华人民共和国审计法》的规定，2017 年 5 月至 6 月，审计署对中国林业集团有限公司（以下简称中林集团）2016 年度财务收支等情况进行了审计，重点审计了中林集团总部及所属中国林产品有限公司、绥芬河国林木业城投资有限公司（以下简称林产品公司、国林木业城）等 4 家二级单位，对有关事项进行了延伸和追溯。

审计发现的主要问题包括：财务管理和会计核算方面。2016 年，所属林产品公司在编制合并财务报表时虚增关联交易金额，少计收入、成本各 77.96 亿元。2016 年，所属中林森旅控股有限公司（以下简称中林森旅控股）违规通过职工个人账户办理旅游团组费用支出 971.46 万元。经营管理方面。2016 年，所属林产品公司在没有真实贸易背景的情况下，开立信用证、银行承兑汇票等，导致 10 家外部企业获取银行资金 12.38 亿元。上述信用证、票据到期已归还。2014 年至 2016 年，所属林产品公司等 5 家企业以预付货款、股东借款等名义，违规向外部企业出借资金 8.21 亿元，其中 2016 年 1.11 亿元。至审计时有 1.14 亿元尚未收回。落实中央八项规定精神及廉洁从业规定方面。2013 年至审计时，中林集团总部和二级单位部分负责人共 17 人超标准乘坐飞机头等舱 44 次、涉及金额 15.96 万元，其中 2016 年两次、涉及金额 0.85 万元。2013 年至 2016 年，中林集团总部违规向职工发放物业费补贴 44.57 万元，其中 2016 年 11.83 万元。2013 年，所属上海胜握胜林业有限公司购买高档礼品等 1.26 万元。

17. 北京矿冶科技集团有限公司 2016 年度财务收支等情况审计结果

根据《中华人民共和国审计法》的规定，2017 年 5 月至 6 月，审计署对北京矿冶科技集团有限公司（以下简称矿冶集团）2016 年度财务收支等情况进行了审计，重点审计了矿冶集团总部及所属北京当升材料科技股份有限公司、北矿科技股份有限公司（以下分别简称当升科技、北矿科技），对有关事项进行了延伸和追溯。

审计发现的主要问题包括：财务管理和会计核算方面。2016 年，矿冶集团总部及所属企业超工资总额列支交通和午餐补贴、劳务费等工资性支出446.93 万元。2016 年，矿冶集团将当期应费用化的支出资本化等，多计利润 381.58 万元。经营管理方面。2007 年至 2015 年，所属 2 家企业存在资金使用不规范、效果未达到预期等问题，涉及资金 2.02 亿元。2016 年，所属当升科技 12 个工程项目和设备采购项目未按规定公开招标，涉及金额8701.50 万元。落实中央八项规定精神及廉洁从业规定方面。2007 年至2014 年，北矿科技以咨询费、劳保用品等名义购买 436.58 万元购物卡向员工发放，其中中央八项规定出台后涉及金额 30.49 万元。2007 年至 2016年，所属北矿科技、北京中鼎高科自动化技术有限公司以培训费、业务招待费等名义列支员工旅游费等 164.03 万元，其中中央八项规定出台后列支16.06 万元。2007 年至 2015 年，矿冶集团总部 14 名高管人员在所属企业兼职取酬 40.14 万元，其中中央八项规定出台后领取 15.89 万元。至审计时，矿冶集团总部 1 名中层管理人员未按规定将其持有的下属公司股权转让。

18. 中国中车集团有限公司 2016 年度财务收支等情况审计结果

根据《中华人民共和国审计法》的规定，2017 年 5 月至 6 月，审计署对中国中车集团有限公司（以下简称中车集团）2016 年度财务收支等情况进行了审计，重点审计了中车集团总部及青岛四方机车车辆股份有限公司、中车长春轨道客车股份有限公司（以下分别简称四方股份、长客股份）等10 家二级单位，对有关事项进行了延伸和追溯。

审计发现的主要问题包括：财务管理和会计核算方面。2016 年，所属天津南车投资租赁有限公司等两家企业少计提坏账准备，多计利润 5.16 亿元。2016 年，所属四方股份多计提存货跌价准备，少计利润 8481.5 万元。经营管理方面。中车集团 2011 年 9 月开工建设的一个项目，因产业政策调整等暂停，已建部分长期无法投入使用，涉及投资 9.78 亿元。所属齐齐哈尔轨道交通装备有限责任公司一个技术改造项目 2015 年建成后产能利用率低，累计亏损 8 亿元。2009 年 11 月至 2014 年 1 月，所属北京北车中铁轨道装备有限公司及下属企业违规多付货款 5.57 亿元，至审计时仍有 2.43 亿元预付款未收回。2016 年，所属四方股份、中车株洲电力机车有限公司（以下简称株洲机车）应招标未招标采购物资和服务 3.12 亿元。落实中央八项规定精神及廉洁从业规定方面。2013 年 1 月至 5 月，所属长客股份及下属两家企业超标准购置 5 辆公务用车，金额合计 215.77 万元。2016 年，所属长客股份 16 名在职高管享受车改补贴 32.07 万元的同时仍使用公司统一调度用车。2014 年 2 月至 2017 年 6 月，所属四方股份一名员工长期不上班仍全额领取薪酬 23.16 万元，该名员工为四方车辆公司高管亲属。

19. 中国铁路通信信号集团有限公司 2016 年度财务收支等情况审计结果

根据《中华人民共和国审计法》的规定，2017 年 5 月至 6 月，审计署对中国铁路通信信号集团有限公司（以下简称中国通号集团）2016 年度财务收支等情况进行了审计，重点审计了中国通号集团总部及所属中国铁路通信信号股份有限公司（以下简称通号股份），对有关事项进行了延伸和追溯。

审计发现的主要问题包括：财务管理和会计核算方面。2016 年，所属北京全路通信信号研究设计院集团有限公司（以下简称设计院集团）等 3 家单位未及时确认收入成本，少计利润 1.09 亿元。2016 年，所属通号股份、设计院集团提前确认收入，多计利润 5238.45 万元。经营管理方面。2014 年至 2016 年，中国通号集团未按规定报备非主业投资计划和完成情况，涉及金额 14.26 亿元，其中 2016 年 5.58 亿元。2013 年至 2016 年，中国通号集团所属单位向应纳入集团采购黑名单的企业采购物资 1.07 亿元，其中 2016 年 2220.26 万元。落实中央八项规定精神及廉洁从业规定方面。2013 年至审计时，所属上海工程局等两家单位超标准购置公务用车 11 辆、使用应封存的公务用车 5 辆等，涉及金额 734.52 万元。2013 年，所属设计院集团等两家单位违规组织公款旅游，涉及 1517 人、金额 718.99 万元。

20. 中国交通建设集团有限公司 2016 年度财务收支等情况审计结果

根据《中华人民共和国审计法》的规定，2017 年 5 月至 6 月，审计署对中国交通建设集团有限公司（以下简称中交集团）2016 年度财务收支等情况进行了审计，重点审计了中交集团总部及所属中交投资有限公司、中交房地产集团有限公司、中国港湾工程有限责任公司（以下分别简称中交投资、中交房地产、中国港湾）等 9 家二级单位，对有关事项进行了延伸和追溯。

审计发现的主要问题包括：财务管理和会计核算方面。2016 年，中交集团财务报表合并范围不完整、抵销不充分，涉及资产 55.97 亿元，由此多计利润 0.99 亿元。截至 2016 年年底，所属中国交通建设股份有限公司（以下简称中交股份）多计不符合确认条件的资产 26.07 亿元、负债 32.13 亿元。经营管理方面。2016 年，所属一公局等 4 家企业部分工程项目未按规定招标或公开招标，涉及金额 52.65 亿元；所属一公局等 5 家企业违规转分包，涉及金额 58.01 亿元。2014 年、2016 年，中交集团总部及所属企业先定价后评估或未经评估对外收购股权，涉及金额 57.54 亿元。落实中央八项规定精神及廉洁从业规定方面。2013 年至 2017 年 1 月，所属中国港湾等 3 家企业超标准购置公务用车，涉及金额 402.79 万元。2013 年至审计时，中交集团总部及所属 5 家企业购买高档烟酒、礼品等 207.13 万元。2013 年至 2017 年 1 月，所属中交房地产等 5 家企业 96 名管理人员违规领取项目评审费、超标准报销乘坐飞机头等舱费用等，涉及金额 45.56 万元。2012 年 4 月至 2017 年 3 月，所属三航局等 2 家企业购买购物卡等 39.55 万元。

21. 中国中丝集团有限公司 2016 年度财务收支等情况审计结果

根据《中华人民共和国审计法》的规定，2017 年 5 月至 6 月，审计署对中国中丝集团有限公司（以下简称中丝集团）2016 年度财务收支等情况进行了审计，重点审计了中丝集团总部及所属中国中丝集团海南公司、中丝辽宁化工物流有限公司（以下分别简称中丝海南公司、中丝辽化公司）等 7 家二级单位，对有关事项进行了延伸和追溯。

审计发现的主要问题包括：财务管理和会计核算方面。2016 年，所属中丝海南公司少计提坏账准备，多计利润 3627.42 万元。2016 年，中丝集团合并财务报表内部交易抵销错误，多计利润 1683.69 万元。2016 年，所属中丝辽化公司少计提折旧，多计利润 448.16 万元。经营管理方面。2012 年，中丝集团在未充分考虑相关市场行情波动的情况下，决定开展环氧树脂委托加工业务，至审计时造成 1799 万元经营损失，1355 万元资金面临损失风险。2014 年，所属秦皇岛嘉业化工进出口有限公司在未确认货权的情况下全额支付货款，至审计时有 1867.08 万元货款面临损失风险。落实中央八项规定精神及廉洁从业规定方面。2014 年至审计时，所属中丝大连公司在接待活动中无事前审批及招待清单，列支业务招待费 341.4 万元。2013 年至审计时，所属中丝海南公司等 5 家企业购买礼品 162.43 万元、无领用记录消费酒水 76.33 万元。2013 年至 2015 年，所属中丝海南公司 2 名管理人员违规报销费用、超标准乘坐交通工具，涉及金额 13.79 万元。

22. 中国盐业总公司 2016 年度财务收支等情况审计结果

根据《中华人民共和国审计法》的规定，2017 年 5 月至 6 月，审计署对中国盐业总公司（以下简称中盐公司）2016 年度财务收支等情况进行了审计，重点审计了中盐公司总部及所属中盐安徽红四方股份有限公司、中盐吉兰泰盐化集团有限公司（以下分别简称中盐红四方、中盐吉兰泰）等 5 家二级单位，对有关事项进行了延伸和追溯。

审计发现的主要问题包括：财务管理和会计核算方面。2016 年，中盐公司合并财务报表范围不完整、内部交易抵销不充分，涉及资产 2.52 亿元，多计利润 0.15 亿元。2016 年，所属中盐红四方少计提固定资产折旧及少摊销无形资产费用，多计利润 942.54 万元。经营管理方面。2016 年，中盐公司所属企业存在应招标未招标等问题，涉及金额 1.03 亿元。2014 年，所属中盐天津市长芦盐业有限公司违规开展货物购销业务，涉及金额 8000 万元，至审计时本息合计 8636.44 万元面临损失风险。落实中央八项规定精神及廉洁从业规定方面。至审计时，所属中盐红四方、中盐金坛 77 名中层以上管理人员违规间接持有 4 家参股公司或关联公司股份。2013 年，所属中盐吉兰泰违规举办公司周年庆典活动，涉及金额 103.9 万元。

23. 中国化学工程集团有限公司 2016 年度财务收支等情况审计结果

根据《中华人民共和国审计法》的规定，2017 年 5 月至 6 月，审计署对中国化学工程集团有限公司（以下简称中国化学工程）2016 年度财务收支等情况进行了审计，重点审计了中国化学工程总部及中国成达工程有限公司、中化二建集团有限公司（以下分别简称成达公司、中化二建）等 4 家二级单位，对有关事项进行了延伸和追溯。

审计发现的主要问题包括：财务管理和会计核算方面。2016 年，所属中化二建超工资总额列支补贴、奖金等工资性支出 2043.35 万元。2016 年，所属中国化学工程第九建设有限公司未将一家控股子公司纳入合并财务报表范围，涉及资产 1260.52 万元。经营管理方面。所属成达公司未经集团批准，累计违规对外提供担保 22.28 亿元，截至 2016 年年底其中 3.87 亿元面临损失风险。所属东华工程科技股份有限公司未经充分调查对工程项目施工垫资，至审计时有 3.39 亿元垫资款面临损失风险。落实中央八项规定精神及廉洁从业规定方面。至审计时，中国化学工程超编制、超标准配备公务用车 4 辆，涉及金额 181.1 万元。2015 年，中国化学工程未严格执行中央八项规定精神，出台内部制度允许所属企业负责人国内出行乘坐头等舱和商务舱。2015 年至 2016 年，所属中化二建等 4 家企业负责人根据上述规定国内出行乘坐头等舱和商务舱 138 人次。

24. 中国煤炭科工集团有限公司 2016 年度财务收支等情况审计结果

根据《中华人民共和国审计法》的规定，2017 年 5 月至 6 月，审计署对中国煤炭科工集团有限公司（以下简称中国煤炭科工）2016 年度财务收支等情况进行了审计，重点审计了中国煤炭科工总部及所属天地科技股份有限公司、煤科集团沈阳研究院有限公司等 3 家二级单位，对有关事项进行了延伸和追溯。

审计发现的主要问题包括：财务管理和会计核算方面。2016 年，中国煤炭科工总部未按规定计提坏账准备，造成多计利润 1 亿元。2016 年，所属北京华宇工程有限公司将从集团申领的 5870.48 万元科技创新基金用于与科研项目无关支出。经营管理方面。2009 年至 2016 年，所属中煤科技集团有限公司等 2 家企业违规开展货物购销业务，3.29 亿元资金存在损失风险。2016 年，所属中煤科工集团南京设计研究院有限公司等 2 家企业 5 个工程项目的采购业务应招标未招标，涉及金额 3.05 亿元。落实中央八项规定精神及廉洁从业规定方面。2013 年和 2015 年，所属沈阳研究院有限公司超标准购置 2 辆公务用车，涉及金额 132.18 万元。2013 年至 2016 年，中国煤炭科工总部及所属 3 家企业人员公务出国存在超批复时间和地点、超标准报销费用等问题，涉及金额 85.46 万元。

25. 中国节能环保集团有限公司 2016 年度财务收支等情况审计结果

根据《中华人民共和国审计法》的规定，2017 年 5 月至 6 月，审计署对中国节能环保集团有限公司（以下简称中国节能集团）2016 年度财务收支等情况进行了审计，重点审计了中国节能集团总部及所属中国新时代控股（集团）公司、中节能（天津）投资集团有限公司（以下分别简称新时代控股、天津公司）等 5 家二级单位，对有关事项进行了延伸和追溯。

审计发现的主要问题包括：财务管理和会计核算方面。2016 年，所属一家企业列支的 6.77 亿元市场服务费未取得发票。2016 年，所属天津公司等 2 家企业将未实质控制的两家公司纳入合并范围，多计利润 3.52 亿元。经营管理方面。2010 年，所属新时代控股未充分考虑中介机构风险提示，收购一家企业的股权。截至 2016 年年底，被投资企业累计亏损 4.11 亿元，新时代控股的 2.1 亿元收购资金和 1.12 亿元应收账款面临损失风险。2012 年和 2013 年，所属中节能实业未经资产评估和充分论证，向 2 家外部企业投资 1.05 亿元。截至 2016 年年底，被投资企业已进入破产重整程序或停产，上述投资款面临损失风险。落实中央八项规定精神及廉洁从业规定方面。2013 年至 2016 年，所属中英低碳创业投资有限公司等 15 家企业以咨询服务费等名义列支购买购物卡 121.42 万元。2013 年至 2016 年，中国节能集团总部及所属 10 家企业购买或消费高档烟酒 92.25 万元；所属宁夏中节能新材料有限公司等 16 家企业报销休闲娱乐费用 2.34 万元。

26. 中国商用飞机有限责任公司 2016 年度财务收支等情况审计结果

根据《中华人民共和国审计法》的规定，2017 年 5 月至 6 月，审计署对中国商用飞机有限责任公司（以下简称中国商飞）2016 年度财务收支等情况进行了审计，重点审计了中国商飞总部及所属上海飞机制造有限公司、上海飞机设计研究院（以下分别简称上飞公司、上飞院）等 7 家二级单位，对有关事项进行了延伸和追溯。

审计发现的主要问题包括：财务管理和会计核算方面。2016 年，中国商飞科研成本支出 13.58 亿元以存货名义挂账，未按规定计入研发支出。2016 年，所属上飞院外协支出 2.21 亿元以收据入账，未及时取得合规发票。经营管理方面。2016 年，中国商飞将 3.94 万平方米暂未使用的新总部 2、3 号楼对外出租，占总面积的 29.45%。落实中央八项规定精神和廉洁从业规定方面。2013 年至 2014 年，中国商飞购买高档酒水 14.25 万元。2012 年 12 月至 2014 年 12 月，中国商飞所属单位以购买食品和会议费等名义，列支礼品费用、招待外单位人员餐费共 54.72 万元。

27. 国家开发投资集团有限公司 2016 年度财务收支等情况审计结果

根据《中华人民共和国审计法》的规定，2017 年 5 月至 6 月，审计署对国家开发投资集团有限公司（以下简称国投）2016 年度财务收支等情况进行了审计，重点审计了国投总部及所属中国投融资担保有限公司、中国成套设备进出口（集团）总公司（以下分别简称中投保公司、中成集团）等 6 家二级单位，对有关事项进行了延伸和追溯。

审计发现的主要问题包括：财务管理和会计核算方面。2016 年，所属国投创新投资管理有限公司未按合同约定收取基金管理费且未作账务处理，少计收入 2152 万元。2016 年，所属国投新疆罗布泊钾盐有限责任公司（以下简称国投罗钾）违规将已计入递延收益、尚未摊销完成的专项资金一次性转入营业外收入，多计利润 769.35 万元。经营管理方面。2013 年，所属国投洋浦港有限公司（以下简称洋浦港公司）违规协议转让 218 亩国有土地使用权，涉及金额 1.6 亿元。2016 年，所属国投罗钾等 2 家企业工程、物资和服务采购招标不合规，涉及金额 1.42 亿元。2016 年，所属北京世纪源博科技股份有限公司通过挂靠方式获取行业资质，支付挂靠费用 176.99 万元。落实中央八项规定精神及廉洁从业规定方面。2013 年至审计时，所属中投保公司将 2007 年购置的一栋别墅作为内部会议场所使用。2013 年至审计时，所属雅砻江公司等5家企业购买高档烟酒和礼品805.38万元。2013年，所属中投保公司花费93.73万元举办公司年会，后因场地变更被扣除违约金后返还17.2万元消费卡，用于下属部门消费。2013年至审计时，所属国投瑞银、中投保公司违规持有高尔夫球会员卡并支付会员费等36.65万元。2013年，所属中成集团、中国国投国际贸易有限公司组织境外考察时，2名高管人员超标准乘坐飞机头等舱多报销2.88万元，考察团超预算、超标准报销住宿费等11.91万元。

28. 中国储备粮管理集团有限公司2016年度财务收支等情况审计结果

根据《中华人民共和国审计法》的规定，2017年5月至6月，审计署对中国储备粮管理集团有限公司（以下简称中储粮集团公司）2016年度财务收支等情况进行了审计，重点审计了中储粮集团公司总部及所属中储粮油脂有限公司（以下简称油脂公司）、北京分公司等8家二级单位，对有关事项进行了延伸和追溯。

审计发现的主要问题包括：财务管理和会计核算方面。2016年，所属海伦直属库等45家单位将收购费用、烘干费结余以及超范围列支的部分费用在往来科目挂账，造成少计利润3.75亿元。2016年，所属南京直属库等7家单位未将实际控制的7家子公司纳入合并报表范围，涉及资产2.05亿元。经营管理方面。至审计时，所属松原直属库等10个粮食仓储设施项目未按期完成，涉及投资7.29亿元。落实中央八项规定精神及廉洁从业规定方面。2013年至2016年，所属营口直属库等134家单位购买高档烟酒等254.76万元，其中2016年3.81万元。2013年至2015年，中储粮集团公司违规组织3次团组出国，并承担5名外部人员费用28.8万元。2013年，所属随州直属库、眉山直属库违规组织公款旅游等，涉及金额20.05万元。

29. 中国远洋海运集团有限公司2016年度财务收支等情况审计结果

根据《中华人民共和国审计法》的规定，2017年5月至6月，审计署对中国远洋海运集团有限公司（以下简称中国远洋海运）财务收支等情况进行了审计，重点审计了原中国远洋运输（集团）总公司、原中国海运（集团）总公司（以下分别简称中远集团、中国海运）的集团总部及所属13家二级单位，对有关事项进行了延伸和追溯。

审计发现的主要问题包括：财务管理和会计核算方面。2016年底，中国远洋海运所属企业违规将3艘租入船舶按租金成本全额确认为预计负债，造成少计利润2.86亿元。经营管理方面。2014年至2015年，中远集团违规批准中远散货运输（集团）有限公司等 2 家所属企业出资 17.27 亿元收购、续建写字楼；中国海运所属中海集团财务有限公司（以下简称中海财务）以存放同业名义出资 3 亿元变相持有房地产信托项目。截至 2015 年 12 月，中远集团未按要求完成非主业宾馆酒店分离重组，持有 10 家非主业宾馆酒店股权 13.89 亿元。截至 2016 年 12 月，中国海运所持有的一家非主业宾馆股权未按要求完成分离重组，涉及资产 4530.17 万元。落实中央八项规定精神及廉洁从业规定方面。2013 年至合并重组前，中远集团、中国海运所属 4 家企业业务招待费支出无使用明细、超标准接待集团内部人员等，涉及金额 361.18 万元。2013 年至 2015 年，中国海运总部在高档酒店等召开会议 12 次，涉及金额 310.35 万元。2013 年至合并重组前，中远集团、中国海运所属 8 家企业购买高档礼品等 488.75 万元；中国海运所属中海工业（江苏）有限公司（以下简称中海江苏工业）2 张高尔夫球卡至审计时仍未按要求登记上报。2013 年，中国海运所属中海江苏工业以船用食品等名义虚列支出套取现金 120 万元。2013 年至合并重组前，中远集团、中国海运及所属企业 33 名高管违规领取补贴、薪酬 38.06 万元；中远集团所属 4 家企业 12 名高管享受车改补贴的同时仍使用公司统一调度用车，9 人公款打高尔夫球 9 次涉及 1.83 万元。

30. 原武汉钢铁（集团）公司 2016 年度财务收支等情况审计结果

根据《中华人民共和国审计法》的规定，2017 年 5 月至 6 月，审计署对原武汉钢铁（集团）公司（以下简称武钢）2016 年度财务收支等情况进行了审计，重点审计了武钢总部及所属广西钢铁集团有限公司、武钢集团昆明钢铁集团有限公司（以下分别简称广西钢铁公司、昆钢公司）等 9 家二级单位，对有关事项进行了延伸和追溯。

审计发现的主要问题包括：财务管理和会计核算方面。2016 年，武钢总部将应在当年确认的长期租船合同损失调减 2015 年期初未分配利润，多计利润 6.28 亿元。2016 年，所属广西钢铁公司等 3 家企业关联方及交易披露不完整，涉及金额 10.47 亿元。经营管理方面。2016 年，武钢未经集体决策，将对所属一家公司的 48 亿元股权投资转为委托贷款。2010 年，武钢未充分考虑市场风险参与一家公司首次公开发行股票配售，截至 2016 年年底浮亏 2.23 亿元。落实中央八项规定精神及廉洁从业规定方面。2015 年至 2016 年，武钢总部及所属武钢资源集团等 2 家企业报销接待费用未附明细清单，涉及金额 460.33 万元，其中 2016 年 125.72 万元。2013 年至 2016

年，所属平顶山市平远贸易有限责任公司等 3 家企业购买高档礼品等 230.5 万元。2016 年，所属武汉钢铁重工集团有限公司一名管理人员未在岗上班却领取工资 6.51 万元。

31. 中国东方电气集团有限公司 2016 年度财务收支等情况审计结果

根据《中华人民共和国审计法》的规定，2017 年 5 月至 6 月，审计署对中国东方电气集团有限公司（以下简称东方电气集团）2016 年度财务收支等情况进行了审计，重点审计了东方电气集团总部及所属东方电气股份有限公司、东方电气集团国际合作有限公司（以下简称东方电气、国合公司）等 3 家二级单位，对有关事项进行了延伸和追溯。

审计发现的主要问题包括：财务管理和会计核算方面。2016 年，所属东方电气风电有限公司（以下简称东方风电）未按规定确认风电机组收入成本，由此多计利润 2551 万元。2016 年，所属东方电气集团东方电机有限公司（以下简称东方电机）未按规定转增国有资本 2494 万元。2016 年，所属东方电气集团东方汽轮机有限公司（以下简称东方汽轮机）未将归属于当期的材料成本差异进行分摊，多计成本 2338.8 万元。经营管理方面。2006 年至 2016 年，东方电气集团总部及所属 2 家企业因未有效防范市场和投资管理等风险，3 个项目投资形成亏损，截至 2017 年年底已计提减值准备 31.6 亿元。2008 年至 2016 年，所属工程分公司 10 起诉讼事项未按规定报备，涉及金额 4.11 亿元。所属东方电气以前年度承揽的 4 个供货项目，因合同风险管控不到位等相关存货及应收款项面临损失，至审计时已计提减值准备 2.91 亿元。截至 2016 年年底，所属峨眉半导体材料研究所、东方电气（广州）重型机器有限公司因采购计划不合理、项目停滞等造成物资积压及资金闲置，涉及资金 1.39 亿元。落实中央八项规定精神及廉洁从业规定方面。2012 年至 2013 年，所属东方电机、东方锅炉超标准购车 7 辆，涉及金额 381 万元。2015 年至 2016 年，所属东方锅炉等 9 家企业消费高档烟酒 118.43 万元，其中 2016 年 90.94 万元。2013 年，所属投资公司违规以会议费名义向参会人员发放购物卡，涉及金额 10.94 万元。

32. 中国工商银行股份有限公司 2016 年度资产负债损益审计结果

根据《中华人民共和国审计法》的规定，2017 年 7 月至 9 月，审计署对中国工商银行股份有限公司（以下简称工商银行）2016 年度资产负债损益情况进行了审计，重点审计了工商银行总行和所属北京、上海、河北、江苏、浙江分行及工银金融租赁有限公司（以下简称工银租赁）等 9 家二级单位，对有关事项进行了延伸和追溯。

审计发现的主要问题包括：业务经营方面。2011 年至 2016 年，上海、江苏等 8 家分行和票据营业部上海分部未严格执行贷前审核，违规向不符合条件的企业办理贷款、票据贴现、黄金租赁等业务，涉及金额 134.08 亿元。2012 年至 2016 年，黑龙江、河南、湖北等 8 家分行理财业务存在违规同业发售、调节收益及向不符合条件客户提供融资、未纳入统一授信管理等问题，涉及金额 666.1 亿元。公司治理和内部管理方面。2011 年至 2016 年，工商银行总行及北京、河北、上海、浙江 4 家分行以职工福利费、工会经费等名义发放津补贴 11.6 亿元，未纳入工资总额管理；费用列支不规范等，涉及金额 6959.19 万元。2011 至 2016 年，工商银行及所属河北、浙江分行未严格执行集中采购制度，存在外部专家比例规定不明确、未按规定报告、未按规定招标等问题，涉及金额 205.29 亿元。风险管控方面。截至 2016 年年底，工商银行总行、浙江分行部分理财产品投资项目因投资对象破产清算等存在违约风险，涉及金额 45.55 亿元。工商银行 11 家境外机构未采取有效汇率风险防范措施，形成不良资产 4100.45 万美元。工银瑞信基金管理有限公司引入的担保机构被吊销业务许可，至审计时尚有担保余额 23.8 亿元。落实中央八项规定精神及廉洁从业规定方面。2013 年至 2014 年，上海、云南分行存在购买购物卡、礼品等问题，涉及金额 1248.8 万元。2013 年至 2015 年，工银国际管理层领用以前年度购入的高档红酒 18 支用于商务接待。

33. 中国机械工业集团有限公司 2016 年度财务收支等情况审计结果

根据《中华人民共和国审计法》的规定，2017 年 5 月至 6 月，审计署对中国机械工业集团有限公司（以下简称国机集团）2016 年度财务收支等情况进行了审计，重点审计了国机集团总部及所属中国一拖集团有限公司、中国第二重型机械集团有限公司（以下简称二重集团）等 6 家二级单位，对有关事项进行了延伸和追溯。

审计发现的主要问题包括：财务管理和会计核算方面。2016 年，所属中机西南能源科技有限公司将递延收益一次性计入营业外收入，多计利润 6955.29 万元。经营管理方面。所属中机国能工程有限公司违反集团规定为内部企业提供担保，2016 年年底担保余额为 43.5 亿元。至审计时，国机集团未有效盘活长江码头等 10.35 亿元闲置资产。2016 年，所属中国能源工程集团有限公司、江苏辉伦太阳能科技有限公司违规出借资金 10.8 亿元，至审计时，本息 12.1 亿元均未收回。至审计时，所属中国电力工程有限公司（以下简称中电公司）等 2 家企业总承包的 6 个工程项目，因疏于监管及后续处理不善等已支付延期赔款 1.48 亿元，预计亏损 9.93 亿元。2010 年至 2013 年，所属中国农业机械化科学研究院分拆一项目投资以规避审批。至审计时，由于技术不成熟、市场需求不足等，该项目处于停产状态，已建成的 12.85 万平方米厂房闲置，涉及投资 5.12 亿元。2008 年以来，所属江苏苏美达船舶工程有限公司等 2 家企业为关联企业垫资或提前向其支付合同款，因关联企业资金链断裂等，至审计时垫资资金 4.8 亿元面临损失风险。2009 年至 2010 年，所属济南铸造锻压机械研究所有限公司等 3 家公司未经充分论证，投资建设农业装备基地等 3 个项目，至审计时，上述项目累计亏损 4.64 亿元。2011 年，所属一家企业未充分考虑风险收购一家公司。至审计时，被投资企业收购后经营亏损 3.5 亿元。落实中央八项规定精神及廉洁从业规定方面。2013 年和 2017 年，国机集团总部及所属一家企业在高档酒店等举办表彰会、联欢会及新春团拜会，支出 117.49 万元。2013 年以来，所属一家企业违规购买礼品等 143.29 万元。2013 年，所属中国汽车工业工程有限公司等 2 家企业超标准购置轿车 4 辆，涉及金额 266.8 万元。

34. 中国移动通信集团有限公司 2016 年度财务收支等情况审计结果

根据《中华人民共和国审计法》的规定，2017 年 5 月至 6 月，审计署对中国移动通信集团有限公司（以下简称中国移动）2016 年度财务收支等情况进行了审计，重点审计了中国移动总部及所属广东有限公司、江苏有限公司等 6 家二级单位，对有关事项进行了延伸和追溯。

审计发现的主要问题包括：财务管理和会计核算方面。2016 年，所属辽宁有限公司少确认预存充值卡收入销售折扣折让，多计利润 1.93 亿元。2016 年，所属江苏有限公司等 3 家企业未按规定调整固定资产折旧年限、直接在成本费用中列支资本性支出、提前确认费用等，少计利润 1.11 亿元。经营管理方面。2016 年，所属广东有限公司等企业审批程序不规范的项目涉及投资 43.4 亿元。2016 年，中国移动总部及所属江苏有限公司等 6 家企业存在合同签订不及时等问题，涉及金额 29.06 亿元；2016 年，所属中国移动设计院违规转包监理项目，涉及金额 5065.13 万元。落实中央八项规定精神及廉洁从业规定方面。2012 年至 2016 年，所属广东有限公司等 3 家企业 5 名中层管理人员和 60 名职工违规兼职、经商办企业，涉及金额 3.08 亿元，其中 2016 年 3276.99 万元。2012 年至 2013 年，所属辽宁有限公司超标准购买 10 辆公务用车，涉及金额 689.6 万元。2013 年，所属安徽有限公司在业务招待费中列支礼品等支出 336.84 万元。2010 年，所属黑龙江有限公司采购高档酒水 363.13 万元，至审计时用于公务接待 266.33 万元，其中 2013 年以来 5.56 万元。

35. 中国电信集团有限公司 2016 年度财务收支等情况审计结果

根据《中华人民共和国审计法》的规定，2017 年 5 月至 6 月，审计署对中国电信集团有限公司（以下简称中国电信）2016 年度财务收支等情况进行了审计，重点审计了中国电信总部及所属中国电信股份有限公司等 3 家二级单位，对有关事项进行了延伸和追溯。

审计发现的主要问题包括：财务管理和会计核算方面。2016 年，中国电信总部多计成本，造成少计利润 1.6 亿元。2016 年，所属一家企业通过实收资本弥补未分配利润、成本费用列支不规范等方式，多派发股息 1312.56 万元。经营管理方面。2015 年至审计时，所属上海国脉实业有限公司等 2 家企业违反内部规定开展货物购销业务，造成损失 983.16 万元。截至 2015 年年底，中国电信未按规定将闲置土地、房屋资产上报，未上报资产涉及账面金额 16.84 亿元。落实中央八项规定精神及廉洁从业规定方面。2012 年至 2014 年，所属上海市信产通信服务有限公司违规聘任已退休总经理为顾问，未按规定及时免去其在子公司兼任的董事长职务，支付补贴和薪酬 168.7 万元。

36. 中国华电集团有限公司 2016 年度财务收支等情况审计结果

根据《中华人民共和国审计法》的规定，2017 年 5 月至 6 月，审计署对中国华电集团有限公司（以下简称中国华电）2016 年度财务收支等情况进行了审计，重点审计了中国华电总部及所属中国华电科工集团有限公司（以下简称华电科工）等 3 家二级单位，对有关事项进行了延伸和追溯。

审计发现的主要问题包括：财务管理和会计核算方面。2016 年，中国华电总部及所属贵州华电安顺华荣投资有限公司（以下简称贵州华荣公司）等 9 家企业未按规定计提折旧、摊销无形资产、确认投资损失等，造成多计利润 1.03 亿元。2016 年，中国华电编制合并财务报表时，合并范围不准确，涉及资产 8072.2 万元，造成多计利润 163.54 万元；对所属企业间关联交易抵销不充分，造成少计利润 1231.65 万元。经营管理方面。2013 年至 2016 年，所属华电科工违规将项目对外分包，涉及合同金额 80.21 亿元，其中 2016 年 14.27 亿元。2013 年至 2014 年，所属华鑫国际信托有限公司 8

个资金信托计划尽职调查及后期监管不到位，造成 11.21 亿元信托资金未按规定用途使用或存在损失风险。2015 年，中国华电未按规定报备所属华电科工出资 4.6 亿元对外收购股权事项。落实中央八项规定精神及廉洁从业规定方面。2015 年至 2016 年，中国华电所属一家企业列支超集团内部标准的业务招待餐费 8755.5 万元，其中 2016 年 4559.53 万元。2014 年至 2016 年，所属贵州乌江水电开发有限责任公司等 5 家企业部分中高层管理人员和职工超标准乘坐交通工具，涉及金额 219.8 万元，其中 2016 年 15.1 万元。2014 年至 2016 年，所属贵州乌江水电开发有限责任公司等 2 家企业违规购买香烟和高档酒水 57.83 万元。2009 年 9 月至 2015 年 12 月，中国华电所属企业一名中层管理人员违规持有该企业间接控股的一家公司股权，并转让获利 29.89 万元。

37. 原神华集团有限责任公司 2016 年度财务收支等情况审计结果

根据《中华人民共和国审计法》的规定，2017 年 5 月至 6 月，审计署对原神华集团有限责任公司（以下简称神华集团）2016 年度财务收支等情况进行了审计，重点审计了神华集团总部及所属神华销售集团有限公司等 4 家二级单位，对有关事项进行了延伸和追溯。

审计发现的主要问题包括：财务管理和会计核算方面。2016 年，所属神华杭锦能源有限责任公司等 7 家企业少计提减值准备、安全生产管理费和维简费等，多计利润 25.69 亿元。2016 年，所属神华国能集团有限公司等 6 家企业营业外支出、长期待摊费用核算不准确，造成少计利润 8.09 亿元。2016 年，所属神华销售集团有限公司等 2 家企业延期确认煤炭销售收入和成本等，少计当年利润 3.49 亿元。经营管理方面。2015 年，所属福建罗源湾电厂未取得土地转用审批等手续即开工建设，截至 2016 年年底累计投资 29.22 亿元。截至 2016 年年底，所属神华新疆能源有限责任公司等 2 家企业违规出借的 5.32 亿元资金尚未收回。2016 年，所属神华（福建）能源有限责任公司实施的一个总价 4.54 亿元的收购项目，未按规定纳入集团年度投资计划。2016 年，所属神华物资集团有限公司等 3 家企业违反集团规定，应招标未招标或采用单一来源方式采购物资 4.2 亿元。2010 年至 2016 年，神华集团总部及所属乌海能源公司等 3 家企业的项目资金存在超范围使用、长期闲置等问题，涉及金额 4.19 亿元。落实中央八项规定精神及廉洁从业规定方面。2015 年，所属神华铁路货车运输有限责任公司购买高档酒水 30 万元。

（二）省级审计机关审计工作报告

截至 12 月 15 日，已经发布的各省、自治区、直辖市的审计工作报告中有 17 份报告把国有企业审计列为专项一级标题进行了报告，显示出国有企业审计已经在地方上得到了更多重视。

1. 北京市

对 6 家市属国有企业 2014 年至 2016 年财务收支和经营状况进行了审计，涉及资产总额 9922.02 亿元。审计结果表明，6 家企业落实供给侧结构性改革各项措施，加快推进经济转型升级，加大企业调整重组力度，法人治理结构逐步完善，资产规模稳步增长，国有资产实现了保值增值。审计发现的主要问题：

一是资产规模扩张，盈利能力下降。2014 年至 2016 年，6 家企业通过兼并、重组等方式扩张资产规模，资产总额增长 28.7%。在资产规模增长的同时，盈利能力并没有得到相应提升，6 家企业中，有 2 家企业净资产收益率连续三年低于行业均值，2 家企业连续三年净资产收益率持续下降。

二是部分企业董事会职责履行不到位。部分企业董事会及下设委员会未按要求履行职责。部分大额资金使用、大额资金担保等涉及"三重一大"事项决策不规范，有的重大支出事项未经董事会决策。个别企业董事会决议未得到有效落实。

三是财务核算不规范。企业财务报表不够真实问题较为普遍。6 家企业中有 5 家企业损益不实，其中：少计收入 1.31 亿元，虚增成本费用 1.23 亿元。

2. 甘肃省

省审计厅结合领导干部经济责任审计，主要对省政府国资委监管的兰石集团公司等 4 户企业、省委宣传部管理的省广电网络公司等 2 户企业、省住建厅等 10 个部门所属的 18 户企业经营管理和绩效情况进行了审计。审计结果表明，省政府国资委、省住建厅和省委宣传部等行业主管部门对上述企业监管不到位，企业内控制度不健全、改革创新动力不足。审计发现的主要问题：

一是公司治理方面。兰石集团公司等 8 户企业法人治理结构不完善，未建立现代企业制度；读者集团公司董事长、总经理违规兼任子公司董事长；省广电网络公司等 4 户企业重大决策事项未履行报批报备程序；省广电网络公司文件规定可以由无施工资质的单位实施宽带乡村项目，所属子公司将 13 个 0.91 亿元的项目分包给 27 家无网络工程施工资质企业建设，将 2.15 亿元的 25 个项目违规转包给 40 家企业实施。

二是经营管理及绩效方面。兰石集团公司、省广电网络公司总价 55.27 亿元的 16 个建设项目和设备材料采购未公开招标；靖远煤业集团公司等 7 户企业对外投资 3.19 亿元无收益；省城乡投集团所属兰州安宁城乡发展投资有限公司等 6 户企业对外投资 3.2 亿元形成潜在损失；甘肃地质工程有限责任公司等 4 户企业出借资金无法收回及国有资产被无偿占用造成国有资产流失 431.53 万元；省城乡投集团所属天水分公司出借 5000 万元用于项目前期征地拆迁工作；兰石集团公司出城入园项目产能未达到可研预期，2016 年销售收入仅达到规划产能的 16.23%，产能释放严重不足，装备制造业亏损严重。

三是财务管理方面。省广电网络公司等 12 户企业损益不实 14.35 亿元；甘肃土木工程科学研究院等 7 户企业未按规定在成本费用中核算工资等支出 1.94 亿元；甘肃地质工程有限责任公司等 2 户企业未对坏账和投资损失 1.02 亿元进行账务处理；省农牧投资发展有限公司等 3 户企业权益不实 1.37 亿元；窑街煤电集团公司等 2 户企业改变资金用途 861.42 万元；省有色地勘局所属兰州锦江阳光酒店有限公司等 5 户企业长期挂账 3020.64 万元未及时清理。

3. 天津

对 16 个市属国有企业集团进行了审计，延伸了 161 个相关单位。审计发现的主要问题：一是经营管理不善。水产集团等 7 个集团及所属企业经营管理不规范，权益保护意识不强，形成损失风险 14.8 亿元。如水产集团所属鑫汇洋物流公司收储货物被外方股东擅自提走，承担 9397 万元连带赔偿责任；城建集团所属第五市政公司、长城房地产公司应收房租 1526 万元未进行财务核算，也未采取催缴措施。二是违规出借、挪用资金。建材集团等 5 个集团及所属企业违规出借、挪用资金 6.8 亿元。如建材集团所属盛象塑料管业公司挪用资金 9741 万元，用于该公司总经理个人在运城市投资房地产项目；医药集团所属中新药业唐山新华公司违规向关联方出借资金 3428 万元。三是其他违法违规问题。建工集团等 9 个集团及所属企业 239 个建设项目，存在违法分包转包、未进行招投标、未批先建及使用假发票等问题。一商集团等 8 个集团及所属企业存在账外资金资产 4414 万元。海泰集团所属天功系统工程科技公司违规发放购物卡 62 万元。

4. 西藏

2017 年，自治区审计厅对 3 家西藏自治区国有企业财务收支情况进行了审计，发现以下主要问题：

一是财务管理不够严格。一是会计信息不真实，存在少计利润 3591 万元，多计投资性房地产 1.48 亿元，少计房屋等固定资产 560.06 万元，合并报表范围不完整的问题；二是企业会计核算不规范，往来款项长期挂账 5870.24 万元；三是内部监管存在漏洞，风险控制等内控制度和体系不够健全。执行中央八项规定不严格，存在违规购买礼品等问题，涉及资金 29.2 万元。

二是重大经济决策和管理不规范。一是未制定"三重一大"决策制度，未经董事会集体决策购买理财产品 1.5 亿元，所属公司超限额发放委托贷款 2.36 亿元；二是未制定明确委托贷款利率制度，执行委托贷款利率标准随意性较大，存在廉政风险。

三是部分资产存在损失风险。对下属公司管理不善，导致承担连带责任支付赔偿款 325.92 万元。5.22 万平方米土地未及时开发长期闲置，决策不审慎 3.8 亿元委托贷款面临无法偿还的损失风险，投资后期监管不到位 5067.06 万元股权投资面临经营亏损的损失风险。

5. 广西

对广西西江开发投资集团有限公司、广西建工集团有限责任公司、广西新发展交通集团有限公司、广西旅游发展集团有限公司、广西中小企业信用担保有限公司 5 家企业进行了审计，并延伸审计了部分所属企业。从审计情况看，5 家企业总体效益较好，财务收支较规范，执行国家经济法律法规政策较好，内部控制制度较为健全，但在经营管理中还存在以下一些问题：

一是企业经营风险控制不力。有 2 家企业下属公司部分贸易业务货款未能收回或发生经济诉讼纠纷，已造成损失 765.79 万元，存在损失风险 1.24 亿元；1 家企业下属小贷公司违规向不符合条件的企业发放贷款，导致贷款本息及咨询费共 7158.19 万元逾期无法收回。

二是金融业务开展不规范。有 1 家企业下属 3 家投资公司超范围从事代偿、出借资金等金融业务，涉及金额 7.14 亿元；2 家企业下属小贷公司发放给同一个借款人贷款余额超过规定限额或超经营区域违规发放贷款，涉及金额 6.70 亿元；1 家企业下属担保有限公司个别贷款担保项目客户准入不严谨，在借款人信用记录不佳情况下仍给予担保授信。

三是重大事项报告制度执行不到位。有 2 家企业及下属 9 家公司超比例担保、核销坏账或成立子公司等重大事项未报自治区国资委核准或备案，涉及金额 8704.80 万元。

审计指出问题后，相关企业积极开展整改工作，已收回资金 13.49 亿元，未能收回的 2.06 亿元资金正在通过法律途径追讨，未及时报批的重大事项已向自治区国资委补办相关手续。

6. 广东

对粤海等 17 户企业集团进行审计。审计结果表明，这些企业能够贯彻落实省委、省政府关于深化国企改革发展的政策措施，推动企业改革重组、结构调整，努力转变发展方式，不断完善内部管理。审计发现的主要问题是：

一是内部管理控制问题。有 1 户企业 22 个项目论证不充分、未经审批及管理不善，存在资金损失风险，涉及金额 15.49 亿元。有 2 户企业 424 个工程和设备采购项目未按规定招投标、建设管理不规范，涉及金额 173.3 亿元。有 2 户企业违规开展融资性贸易业务，涉及金额 9.02 亿元。有 1 户企业违规出借资金，资金回收存在风险，涉及金额 5.44 亿元。有 1 户企业对所购置的不良资产包中个别项目处置工作不尽责造成利益受损，涉及损失756.30 万元。1 户企业有 1 家下属公司少计提一般风险准备金 9327.96 万元，有 1 家下属企业少计固定资产 2687.94 万元。1 户企业有 2 家下属企业对贸易风险控制不到位、存在损失风险、涉及金额 6004.27 万元，有 4 家下属企业未严格执行物资采购等业务相关内控制度和采购法规、涉及金额2688.11 万元，有 5 家下属企业违反现金管理规定、应收账款长期未收回、财务核算及管理不规范等，涉及金额 6045.24 万元。

二是资产证券化率未达标。审计抽查 15 户企业截至 2016 年年末的资产证券化率为 26.91%，未达到我省国有资本优化布局"十二五"规划纲要提出的证券化率 60% 的目标。

三是产业缺乏规模优势。审计抽查的 15 户企业中，纳入 2016 年合并财务报表范围内企业数超过 100 家的有 9 户，超过 200 家的有 4 户，层级超过 5 级的有 7 户，最多的达到 10 级。15 户企业分布 18 个国民经济行业，涉及 249 个细分行业，产业集中度不高，在各行业里小微型企业户数占比达 80%。

7. 黑龙江

审计了 4 户国有企业，延伸下属控股或参股公司 128 家，发现部分企业重大投资决策程序及管理不规范。某集团未按规定履行报备或审批程序，将自有间歇资金累计 40.8 亿元存入首都机场财务公司作为定期存款，并将特许经营权授权给首都机场的 4 家专业化公司；无依据发放绩效奖金、物业费、交通费等 1.14 亿元。某集团转让所持公司股权未在产权交易场所公开进行且股权价值也未经评估。某集团董事会监管职责不到位，总经理越权决策经营事项，造成损失及经营收入减少 436.91 万元；因审批制度不健全，子公司自定政策发放奖励 260 万元。某集团直属企业违规对系统外单位 1.25 亿元银行贷款提供担保，已代偿贷款本息 1.34 亿元；因虚假或融资性贸易造成损失 5.24 亿元；合作方股东、关联公司或个人以购销业务、借款等形式占用农垦资金 27.63 亿元。此外，还存在少计成本或收入、应收账款回收不及时、未及时确认债权等问题。

8. 陕西

对地方金融机构业务开展、风险管控及资产损益情况进行了审计，发现的主要问题是：一是不良贷款增加，贷款质量下降。陕北地区的不良贷款率近年增长明显。二是金融市场结构不合理，地方经济主要依赖银行业间接融资，多元化融资渠道尚未形成。三是风险管控不够细化，责任追究机制、制度需进一步完善。四是部分县（区）农信社缴存的清算资金未按规定实行专户管理、封闭运行。五是地方金融机构运营过程中还存在少缴税金、违规发放劳保津贴、招投标制度落实不到位等问题。

对 4 户企业资产负债损益进行了审计，发现的主要问题是：2 户企业收支核算不实 1.12 亿元；3 户企业超发工资补贴、多计提企业年金等 4009 万元；2 户企业少缴税费基金 2015 万元；2 户企业因投资对象经营不善等原因存在损失或潜在损失 7875 万元；2 户企业未公开招标 1.52 亿元。此外，个别企业还存在违规转包工程、无审批出国、建设用地长期闲置等问题。

9. 江西

主要审计了 2 户省属国有企业。审计发现的主要问题有：约定存款本金和利息逾期未收回；部分国外工程未及时将外汇收入转回总部等。

10. 吉林

审计 6 家省属国有企业发现，一是在经营和管理方面。省金融控股集团再贷款公司违规超比例向企业发放贷款 15.8 亿元；吉林粮食资产管理有限公司接收国资委无偿划转的大连商贸等 8 家公司全部处于停产状态，存在潜在损失 1.05 亿元；省煤业集团下属的 3 家企业破产或停产造成经营损失 2029.6 万元，所属通化矿业公司向外部企业提供贷款担保 1.56 亿元，因被担保企业停产存在潜在风险。二是在财务管理和会计核算方面。省信托有限责任公司多计提贷款损失准备金 2356.5 万元，未及时确认收入 1000 万元，应计未计收入 109.2 万元；吉视传媒股份有限公司少计营业收入 361.3 万元，多计少计固定资产 586.1 万元；省煤业集团等 2 家企业少计长期投资、多列费用等 19.3 亿元。省煤业集团、吉林粮食资产管理有限公司等企业采取调整账务、确认收入等方式已整改 4.7 亿元，其他问题正在积极整改。

对上述审计项目，审计机关已经依法出具了审计报告、下达审计决定。省政府及相关部门高度重视审计查出的问题，责成有关部门和单位采取措施积极进行整改，截至 2018 年 6 月末，审计共发现违规或管理不规范问题 191.2 亿元，审计期间已经整改 8.2 亿元，全面整改情况，将在年底前向省人大常委会进行专题报告。

11. 贵州

2017 年，省审计厅认真落实中央和省委、省政府有关要求，对 5 户省属国有企业进行了审计。从审计情况看，这些企业通过完善制度、加强管理，规范法人治理结构，企业影响力和竞争力有所增强。审计发现的主要问题有：

一是违反"三重一大"决策规定，重大投资决策不规范。一是 3 户企业的 11 项重大投资因违反"三重一大"等决策规定或盲目决策等，造成资产闲置、资金损失以及存在重大损失风险 14.89 亿元。例如：林东煤业发展有限责任公司桐梓煤矿负责人与外部公司及人员恶意串通、弄虚作假，在压覆资源赔偿谈判中擅自做出让步，造成经济损失 3813 万元。二是部分企业在对外合作等重大决策中，因项目前期评估工作不到位，合作中未实现国有资产保值增值，反而因民营股东的违法、违约等行为给国有资产造成严重的经济损失。再如：林东煤业发展有限责任公司对增资扩股引入的合作方缺乏了解，因合作方涉诉导致 4.82 亿元国有股权长期被冻结，影响了企业发展。

二是主业优势不突出，法人治理结构尚需完善。主要是部分企业主业聚焦不够，因盲目扩张、管理不善等原因形成低效无效资产等不利企业发展的因素。例如：1 户企业共 7 级 219 家成员单位，有 36 家非主业的成员单位已关停或运转不正常；总投资 12.17 亿元的商贸物流业务板块共 43 家单位无利润贡献，因开展融资性贸易等业务产生资金损失和涉税风险，部分业务已被叫停等。

三是财务核算和资产管理等不规范。一是贵州盘江国有资本运营有限公司等 4 户企业近年来虚增收入 28.08 亿元、虚增利润 10.84 亿元。二是部分企业国有资产管理不规范，资产出租、处置等未制定管理办法或未按规定有效执行。3 户企业 1082.91 万元资产未纳入法定账簿核算；2 户企业应收未收资产租金 1555.79 万元；个别企业 77 处、6010.41 亩土地资产未登记入账或未办理产权手续等。

部分重点政府投资项目审计情况。2017 年，省审计厅对 10 个政府投资项目进行了决算或跟踪审计。从审计情况看，有关单位能够认真落实省委省政府加快重大基础设施建设的决策，有效推动项目建设。审计发现的主要问题有：

一是 8 个项目竣工决算不实，因多计工程费、建设单位管理费、勘察设计监理费等原因，核减多计工程投资 2.26 亿元。

二是部分项目建设管理监督不到位、不规范。3 个项目未严格履行基本建设程序；7 个项目未按规定招投标或招投标不规范，个别建设单位还将相关业务直接指定给其下属公司，造成建设成本增加；个别建设单位对勘察设计单位随意修改设计监管不到位，导致投资增加，审计移送相关部门查处后，挽回损失 1249.16 万元。

三是有的建设单位财务管理不规范，内部控制不健全，未按规定分项目进行核算，2 家单位未及时将项目结余资金 2108.72 万元归还原渠道。

综上所述，对 2017 年度省级预算执行和其他财政收支审计发现的问题，审计依法征求了被审计单位意见，出具了审计报告，下达了审计决定，分别要求有关单位予以纠正。2017 年 6 月至 2018 年 5 月，已上缴各级财政 14.59 亿元，归还原资金渠道 43.39 亿元，调整账目 19.38 亿元、减少财政拨款或补贴 4.44 亿元；共向纪检监察、司法机关和有关部门移送案件线索及事项 248 起，涉及资金 23.35 亿元、人员 154 人。从总体上看，2017 年度省级预算执行审计发现问题的整改工作已初见成效。下一步，我们将继续督促有关部门、单位和地区认真整改，全面整改情况将于今年年底向省人大常委会报告。

12. 湖南

重点对 6 家省属国有企业运营情况实施了审计。截至 2017 年 9 月，6 家企业资产总额 1936.19 亿元、负债总额 1432.4 亿元、净资产 503.79 亿元，资产负债率为 74%。2017 年 1 至 9 月，6 家企业利润总额 50.91 亿元。审计发现的主要问题：一是经营业绩不佳，主营业务盈利能力不足。2016 年，有 3 家企业未完成省国资委核定的国有资本保值增值率目标，5 家企业净资产收益率低于银行同期存款基准利率，3 家企业 2014 年至 2016 年主营业务收入占总收入的比重，呈逐年下降趋势。二是推进"瘦身健体"不够彻底。主要表现为管理层级多、链条长，法人治理结构不完善等。例如：有的企业法人层级达 8 级，所属全资及控股子公司有 100 多家；有的企业未完成辅业改制；有的企业未剥离办社会职能或未完成市场化改造；有的企业与所属子公司责权利关系不明确，组织架构不清晰。三是推进供给侧结构性改革不够到位。有 2 家企业未按规定去产能，3 家企业未按规定去杠杆，3 家企业的原材料、产成品等库存达 72.09 亿元。6 家企业集团下属企业和单位中，有 15 户空壳企业未清理、97 户僵尸企业未处置、10 户全民所有制企业未完成公司制改制。四是经营决策不当，造成损失或形成潜在损失。有的企业因经营决策不当，造成投资损失；有的企业因管控不到位，造成出借资金损失；有的企业关联交易不公允，造成国有资产流失。五是内部控制和管理存在风险隐患。有 4 家企业闲置财政专项资金达 18.11 亿元；3 家企业下属子公司的对外投资、大宗物资采购等重大决策，未经集体研究决定，涉及资金 23.4 亿元。

针对上述问题，审计提出了进一步完善国有企业经营考核机制、推进国有企业"瘦身健体"、加大国有企业供给侧结构性改革和风险管控力度、严肃财经法纪和责任追究等建议。

13. 山东

组织对全省 141 户国有企业进行了审计调查，发现的主要问题：一是部分企业资产负债率过高，调查的企业中有 55 户超过 75%，有 13 户市县国有企业已超过 100%。二是融资结构不合理。企业通过发行债券等进行直接融资的比重为 28%，通过银行贷款等进行间接融资的比重达 72%，融资成本相对较高。三是部分企业管理不善存在风险。有些企业改变贷款资金用途，投入房地产行业；有的超出经营范围向民营企业发放贷款或提供借款；有的对外担保已形成损失。

14. 海南

对 2 家企业 3 位领导干部经济责任履行情况进行审计，发现以下问题：

一是部分政策措施贯彻落实不到位。未严格执行绩效工资改革的有关政策，违规发放节日补助、通讯补助、演出补助 1612.14 万元。没有落实国家关于加快处置低效无效资产的要求，未及时处置或盘活 5 家子公司的低效无效资产 4047.87 万元。

二是企业对外投资效益低。1 家企业 2013 年至 2016 年投资 6.59 亿元设立 13 家子公司，其中 6 家亏损，亏损面占 46%，亏损总额 3656.9 万元。1 家企业下属单位 2012 年至 2016 年投资 171.13 万元，项目长期未实施。

三是企业资金管理不善。1 家企业通过广告置换取得的服装和住宿餐饮券等物品，价值 4470.65 万元，未纳入单位法定账册，也未对外开具发票，漏缴相关税费；5937.11 万元广告提成没有纳入个人薪酬范围，未缴个人相关税费，其中违规领取广告提成 957.19 万元。1 家企业下属公司违法发包 3 个建设工程项目 2066.54 万元，未公开招标 15 个单项工程项目 2384.65 万元。

15. 福建

2017 年主要对 3 家省属地方金融机构以及省国资委所出资的企业开展审计和审计调查。审计结果表明，有关地方金融机构和国有企业能够贯彻落实国家相关政策措施，围绕提质增效、供给侧结构性改革和促进区域经济发展，以全面提升企业核心竞争力和可持续发展为目标，加强资产质量管理和风险防控，优化资产布局，加大对实体经济发展的支持力度，持续完善法人治理结构，提升经营管理水平，实现国有资产的保值增值。审计发现主要存在金融支持实体经济发展能力有待提升、金融支持小微企业政策落实不够到位、企业提质增效还有提升空间、国有企业探索建立国有资本补充机制和混合所有制等改革"瓶颈"有待破解等问题。审计指出问题后，有关部门和相关企业、金融机构认真研究，采取相关措施整改。

16. 上海

审计发现以下主要问题：

一是预算支出项目调整不及时。2016 年，市级国资经营预算资本金预算安排 6 亿元，用于世博区域配套项目建设。2017 年 3 月，因规划调整该项目取消，但相关企业未及时申请预算调整，截至 2018 年 3 月底，上述资金仍宕存账面未使用。

二是国有企业信息化项目部分目标功能未实现。3 个以前年度国资经营预算安排的企业信息化建设项目，竣工并已投入使用，但其部分目标功能未达预期。

三是国有企业损益核算不准确，影响国有资本经营收益计缴基数。抽查发现，7 户国有企业少计 2016 年及以前年度利润总额共计 3.33 亿元，影响国有资本经营收益收缴基数，主要原因是收入、成本、费用核算不准确，以

及以前年度损益未及时调整等

17. 内蒙古

审计发现自治区 2 户国有企业主要领导人员履行经济责任方面的主要问题：

一是贯彻落实"三重一大"政策不够到位。2013 至 2016 年，矿业集团出借给集团全资、控股、参股公司等单位资金总额 76.23 亿元，均未与借款单位签订借款协议，未约定借款用途、利率和还款时间。矿业集团和出版集团存在未公开招标、虚假招标等问题资金 8.99 亿元。二是企业改革不彻底，未建立起现代企业制度。自治区出版集团未完成事业人员企业身份置换，经理层实行企业薪酬制，其他员工仍按事业编制身份享受工资待遇。三是资产、负债、损益不实。出版集团暂估原材料出库冲回等方式虚增资产、负债 4.7 亿元、虚报亏损，领取财政补贴 2997.6 万元；矿业集团长期股权投资虚增 103.69 亿元，资本公积虚增 95.36 亿元，实收资本虚增 8.33 亿元。四是国有资产保值增值乏力。2013 至 2016 年，矿业集团对 24 户企业投资 69.21 亿元，除有 2 户参股企业投资收益 3.02 亿元外，其余投资均无收益。五是企业法人治理结构和内部管理制度不够健全，尚未建立规范的薪酬分配制度，亏损企业领导人员发放高额薪酬。比如，矿业集团东能、西能公司自 2013 年 12 月成立至 2016 年年底连续亏损情况下，公司领导人员年工资水平都在 35 万元至 40 万元；绿能非常规天然气公司 2015 至 2016 年在连续两年亏损的情况下，总经理仍拿 91.1 万元薪酬。七是专项资金闲置、使用效率低。比如，出版集团及其下属单位 10 个文化产业项目进展缓慢，造成 1.18 亿元专项资金闲置。八是存在违规收费、公款私存 849.78 万元，涉及出版集团所属 2 家单位。

审计指出问题后，有关地区和企业单位积极整改，上缴财政 3995 万元，追回挤占挪用出借的各类资金 5035 万元，调账处理 13.51 亿元，促进专项资金拨付到位 5.3 亿元。

四、前景展望

国有企业审计不同于一般的公司审计，涉及的审计主题更多、时间跨度更长、任务更加复杂，而审计力量相对薄弱。从各地区 2018 年采取的新措施新方法看，做好国有企业审计全覆盖，一要聚焦重点、精准发力，针对不同选题分别成立审计研究小组，进一步做好项目立项的可行性研究，同时加大对储备项目的立项研究；二要用好大数据综合分析团队和青年强审突击队两支队伍，找准国有企业专项审计的切入点，进一步深化细化审计重点，为在国有企业审计中深入推进"组团式"审计打好基础；三要通过国有企业专项审计，对体制机制及制度建设提出审计建议，为政府决策提供参考。

分报告 6：固定资产投资审计发展状况与前景展望

2018 年，各地区地区在促进固定资产投资审计的转型发展方面做了大量的工作，有的省份推出了"三个转变"示范建设，很多地方推出了"三化"管理（清单化、常态化、制度化）、"四化"管理（审计重点有清单、审计管理有制度、审计程序有规范、审计任务有计划）、"四个注重"（注重制度建设、注重理念树立、注重职责担当、注重风险防控）等新措施，大数据、GIS 地理信息技术、BIM 三维对比技术被引入投资审计当中，固定资产投资审计的技术也得到了进一步的发展。

一、经验探索

2018 年固定资产投资审计的经验探索主要集中在"三个转变"、管理创新和技术方法创新三个方面。

（一）固定资产投资审计"三个转变"方面的探索创新

1. 曲靖市审计局多举措推进投资审计转型

今年以来，曲靖市审计局紧扣全省审计工作会议要求，认真落实审计署《关于进一步完善和规范投资审计工作的意见》和新修订完善的《云南省政府投资建设项目审计办法》，积极争取地方政府对投资审计工作转型发展的支持，结合曲靖审计工作实际，采取多项举措，积极推动投资审计持续转型。

一是转变理念，提高认识。组织从事投资审计的人员加强对政策法规、业务理论的学习，以新的更高的站位来推进投资审计持续转型。理顺投资审计和造价审核之间的关系，按照不以审计结论作为建设项目结算依据的要求，积极调整工作思路和工作重点，有计划地对重大项目开展全过程跟踪审计。

二是依法审计，履职尽责。组织全局干部职工开展行政执法培训，着力增强法治意识，树立法治思维，坚持立足审计法定职能和权限，守好法律和权力的边界。严格要求审计人员在职权范围内开展投资审计工作，遵循审计程序，规范审计取证，提升审计成果。

三是突出重点，确保质量。围绕曲靖市重点建设项目和重大工程，合理制订年度审计项目计划，坚持由建设单位自行或购买社会中介服务对竣工决（结）算等进行审核把关，审计机关根据投资审计力量以及审计计划安排对工程项目决（结）算进行审计监督，同时兼顾完成其他统一安排的审计项目，确保投资审计突出重点、按计划实施，有重点地推进审计全覆盖。

四是优化流程，规范审理。完善和规范审计报告和审计决定，确保定性依据和处理处罚依据充分恰当。在审计中，着力反映项目建设管理中存在的突出问题，着力揭示和查处工程建设领域的管理漏洞、重大违法违规问题和经济案件线索。在审理中，实行实质性复核审理，坚持充分听取意见，依法定性。

五是厘清关系，防控风险。加强对投资审计人员的廉政教育，切实增强廉政风险防控。理顺与中介机构关系，构建新型投资审计合作关系，做到守底线、讲平等、提质量、重实效，杜绝审计人员与中介机构的一切非正常关系。加强对中介机构的管理，明确建设单位的主体责任，规范审计程序，防止出现越位和缺位。

六是创新手段，技术为先。逐步推广信息化技术在投资审计领域的应用，以省厅对州市审计机关计算机技术应用考评为契机，压任务、促应用，把投资审计计算机应用案例任务分配到各县审计局和投资审计各科室，不断总结计算机技术在投资审计领域的成果成效。在运用好工程造价软件的同时，把信息化新技术融入投资审计项目管理、日常审计、查核问题中，以技术创新推动投资审计成果的显现。（时间：2018 年 04 月 03 日　供稿单位：曲靖市审计局）

2. 武胜县全面启动投资审计"三个转变"示范建设工作

近日，武胜县政府召开了全县投资审计"三个转变"示范建设专题会，审定了《武胜县推进政府投资审计"三个转变"示范建设进一步完善投资领域监督管理体系的实施方案（试行）》，明确了将过去由审计机关实施的工程造价结算审计交由财政部门通过财政评审办理，"三个转变"示范建设工作全面启动。

会议要求，各部门务必统一思想、清醒认识，将思想认识高度集中统一在党中央、国务院对审计工作的新部署新要求中，全面落实国家审计署、四川省审计厅对完善和规范投资审计工作的任务，切实压实政府投资审计"三个转变"落实的各阶段工作推进任务，以规范和有序推进政府投资审计转型。同时，要压紧压实发改、住建、财政等主管部门和建设部门的责任，严管政府投资建设 11 个关键环节，按照工作推荐节点制定配套制度，全县上下共同发力，积极构建政府投资监管体系，推动形成各司其职、各负其责的运行机制，促进政府投资领域治理体系和治理能力现代化。（时间：2018 年 01 月 10 日　供稿单位：武胜县审计局）

3. 四川审计厅狠抓投资审计"三个转变"示范建设，助推高速公路高质量发展

今年是四川省投资审计"三个转变"示范建设年，审计厅在部分高速公路专项审计调查中，以服务保障"项目年"决策部署落地落实，助推高速公路高质量发展为目标，提高政治站位，聚焦目标重点，精准穿透，靶向发力，发挥示范引领作用。在今年前期工作中注重思路和方式转变：从关注投资完成进度向关注投资绩效转变；从揭示单一项目违纪违规问题层面向揭示行业共性问题、政策制度不完善层面转变；从重点关注参建单位履职尽责情况向全面关注业主、参建单位和政府投资相关职能部门各司其职提高管理水平转变。

在具体内容上，选择了四个重点着力方向。一是着力关注要素保障。重点关注资金、土地、地材等要素保障情况，督促地方政府和参建单位履职尽责，合力推动项目有效推进。二是着力关注民生问题。重点关注失地农民社保缴纳情况，安置情况，督促征拆资金优先保障失地农民的社保安置，防止出现因拆致贫。三是着力防范环境污染风险。对高速公路等重点投资项目落实环保水保政策措施情况进行全线排查，关注弃土场选址和使用、生产污水排放处理设备使用、临时用地复垦等情况。四是着力防范重大风险。对地方政府出资的征地拆迁资金进行穿透式审计，以早预防、早提醒为导向，关注是否存在违规新增政府债务，违规挪用资金等问题。（时间：2018 年 05 月 14 日　供稿单位：四川省审计厅投资审计中心）

4. 砀山县审计局精打"12345"组合拳，着力推动政府投资审计工作转轨

今年以来，砀山县审计局立足政府投资审计"三个转变"，创新思维、

主动作为,践行"一个理念"、催生"两个文件"、整合"三方资源"、落实"四个转轨"、强化"五项跟进",推动政府投资审计工作进一步完善和规范。

践行"一个理念"。该局深入学习领会习近平总书记在中央审计委员会第一次会议上的重要讲话精神和《审计署关于进一步完善和规范投资审计工作的意见》精神,按照《安徽省审计厅关于进一步完善和规范投资审计工作的实施意见》具体要求,广泛开展交流研讨、深入革新思维模式,向"不想转""不会转""不能转"亮剑,积极践行"放活审计资源、管紧法规程序、服务监督到位"的"放管服"理念,为政府投资审计转轨奠定基础。

催生"两个文件"。一是根据全国人大法工委和国家审计署对投资审计工作的规定,结合省审计厅、市审计局和市住建委、市公管局对投资审计工作转型的建议,推动县委县政府出台了《关于进一步整合审计资源推进审计监督全覆盖工作的实施意见》。二是根据《安徽省人民政府办公厅关于政府向社会力量购买服务的实施意见》和《审计署办公厅关于进一步规范聘请中介机构参与政府投资审计工作的通知》等规定,推动县政府出台了《砀山县政府购买社会审计服务管理办法》。

整合"三方资源"。一是整合审计机关资源。以"提高监督站位,理顺监督关系,明确监督职责"为原则,以"注重计划管理,突出监督指导,强化跟进服务"为目标,优化投资审计中心机构和人力资源,发挥审计机关在政府投资审计中的主导作用。二是整合内部审计资源。进一步推进全县内部审计机构、队伍和制度等规范化建设,完善内部审计人才库,强化内审人员培训,发挥内部审计在政府投资审计中的基础作用。三是整合社会审计资源。继续完善社会审计机构库和审计专家库,健全社会审计机构和人员执业行为规范,强化对协审机构和人员的考核和监督,发挥社会审计在政府投资审计中的补充作用。

落实"四个转轨"。一是落实审计管理方式转轨,增强审计计划刚性。转变凡投必审、项目过多等情况,县审计局本着"统筹管理、突出重点、量力而行"的原则,广泛征求各主管部门(立项单位)的建议,统筹制订年度投资审计项目计划,并组织实施。二是落实审计监督模式转轨,集聚分工协作合力。改变政府投资审计以审计机关"单打独斗"的审计监督模式,构建由内部审计、政府行业管理部门监管、审计机关重点审计和随机核查,且分工协作、功能互补的审计监督新格局。三是落实审计监督重点转轨,拓展审计内容广度。审计监督重点由工程结算审计调整为以竣工决算审计为主,强化关注投资项目的立项决策、项目审批、征地拆迁、环境保护、工程招投标、物资采购、资金管理使用、工程质量管理和投资绩效等重点环节。四是落实审计责任主体转轨，强化项目风险管控。投资审计主体由以审计机关为主调整为根据投资的财政隶属关系、投资规模及合同约定等要素划分审计主体。项目主管部门（立项单位）作为工程投资控制主体，承担工程价款结算管理主要职能，并对审计项目质量和廉政风险负责。

强化"五项跟进"。一是跟进转轨衔接。按照县委、县政府投资审计转轨文件要求，完善修订配套制度办法，做好政策答疑工作，确保投资审计转轨工作有条不紊。二是跟进宣传引导。主动向各内审单位发送"两书两文件"，即由县审计局近期编印的《审计法规知识选编》、由省内审协会编印的《现行财经审计法规解读》（含光盘）和县委县政府出台的"两个文件"，同时，通过"江淮普法行"活动和政务信息网等载体向社会广泛宣传。三是跟进沟通联系。印发了《砀山县审计局对内部审计工作指导和监督暂行办法》，建立了内部审计结对联系制度。县投资审计监督中心、经济责任审计局及五个业务室分别与各内审机构建立结对关系，明确了责任人，落实经常性业务联系，强化投资审计审计现场和案例指导。四是跟进技能培训。印发了《砀山县审计局关于印发 2018 年度全县内审人员培训计划的通知》，积极引荐内审人员参加省内审协会举办的培训班，探索与审计专业院校联合举办内审培训班，针对投资审计业务举办专题培训班。五是跟进备案核查。投资审计工作转轨后，由建设单位或其主管部门（立项单位）组织实施的政府投资建设项目审计，其出具的《社会中介机构审计报告使用意见书》或《竣工决算审核报告》，限期报县审计局备案登记，县审计局可随机进行核查或列入年度审计计划，就项目管理情况开展专项审计。

实现投资审计"三个转变"，离不开各级党委政府的大力支持，更需要践行"放管服"的宏观管理理念。该局将进一步强化投资审计项目计划的刚性、坚持依法独立行使审计监督权、提高审计质量和效果、有效运用投资审计结果、加强廉政风险防控，着力推进政府投资审计转轨，为建设创新型"五个砀山"发挥积极有效作用。（时间：2018 年 09 月 17 日　供稿单位：砀山县审计局）

5. 湖北鹤峰：实行"四化"管理着力推动政府投资审计转型

今年以来，为进一步规范政府投资审计工作，提高政府投资审计质量成果，防范政府投资审计风险，湖北省鹤峰县审计局统筹兼顾、突出重点、创新方式方法，推动政府投资审计从竣工结算审计到决算审计监督的全面转型。

一是坚持项目审计有计划。坚持年度政府投资审计项目实行计划管理，根据各建设单位的年初申报项目建立全县政府投资项目数据信息库，根据建设规模、建设主体、建设进度等情况加以分类分项管理。按照围绕中心，服务大局的原则，根据上级审计机关的安排和县委县政府的统筹计划，制订年度投资审计项目计划，紧紧围绕全县重点基础设施建设项目、"三大攻坚战"等开展重大项目和扶贫建设项目的审计监督，禁止实施未纳入年度计划的项目。严格执行计划做到应审尽审，确保年度计划项目的完成。

二是坚持程序合规范。审计中严格按照《审计署关于进一步完善和规范投资审计工作的意见》《湖北省人民政府关于促进全省建筑业改革发展二十条意见》等文件规定，使投资审计人员转变审计思路、改进审计方法，推动新时期政府投资审计进一步程序规范化、坚持依法审计。严格执行《中华人民共和国审计法》及其实施条例、《国家审计准则》等法律法规，不违法不越位，不走简易程序，从前期的审计调查了解、审计实施方案的编制，中期的审计调查取证，到后期的审计整改、审计移送，确保每一程序都要合法合规、证据充分、事实清楚。

三是坚持管理建制度。为进一步加强制度建设，该县相继出台了《鹤峰县政府投资建设项目审计监督管理办法》《鹤峰县政府投资建设项目招投标后设计变更及工程量增加管理暂行办法》等文件，该局制定了《鹤峰县审计局政府投资项目审计中介机构管理办法》《鹤峰县审计局审计业务会议制度》等文件，坚持用制度来管人管事，防范和化解审计风险。该局还对从事政府投资审计工作的干部职工制定年度量化考核办法及职责清单，年底严格考核并与评优评先相挂钩，有效减少懒散作风，使干部职工明确任务分工，固化管理责任，人财物严格按制度管理规范运行，促进审计人员尽职尽责，不断提升审计工作效能。

四是审计重点列清单。按照法定审计程序，依法依规审计，加大查处问题的力度，提升审计质量，对审计重点问题实行清单管理。旨在把握审计重点，提高审计效率，重在揭示和查处工程建设领域中的管理漏洞、重大违法违规问题和经济犯罪案件线索。该局制定的政府投资项目审计重点问题清单明确了审计的重点内容，包括项目立项决策、招投标、财政收支、施工管理与造价、投资绩效等方面，也涵盖对延伸审计对象取得建设项目资金的真实性、合法性进行审计，并加大审计跟踪调查的力度。同时，把审计重点问题清单作为审计项目质量检查的重点内容，检查审计过程中审计人员是不是严格按照重点问题清单从事审计，有无漏项和应审未审的问题，实行清单化管理促进提高了审计的质效，实现了政府投资审计工作的全面转型。（时间：2018 年 10 月 08 日　供稿单位：鹤峰县审计局　陈克涛）

6. 湖北十堰："三化"管理推动政府投资审计转型

今年以来，围绕贯彻落实《审计署关于进一步完善和规范投资审计工作的意见》，湖北省十堰市审计局采取清单化审理、常态化监督、制度化管控的方式，积极推动政府投资审计转型，取得了较好成效。

一是清单化管理厘清权责边界。针对政府投资审计特点，制定审理清单、负面清单和整改清单。突出审理作用，明确局法规科为投资审计项目质量和风险牵头管理科室，制定投资审计专职审理人员职责清单；结合政府投资审计工作中发生的典型案例，下发《政府投资审计工作中容易发生行政诉讼、行政复议案件的负面清单》，全面清理退出与投资审计法定职责无关的各类协调机构和工作；根据全市投资工作质量检查情况，制定《政府投资审计质量检查整改清单》，要求各县市区审计局，根据清单要求，及时对检查发现问题对号入座，落实整改措施，实行销号式管理，切实将各地政府投资审计工作规范到上级的有关要求上来。

二是常态化检查加强过程控制。对全市 9 个县级审计机关投资审计工作的制度建设、审计质量、中介管理、廉洁情况、案卷管理等进行全面检查，在摸清全市投资审计工作基本概况的同时，对投资审计项目管控、审计质量、中介选聘、廉政建设等 4 个方面 37 类问题进行整理汇总，提出可供操作的整改建议 15 条，在全市审计系统贯彻落实署投资审计工作会议上通报检查情况，结合投资审计工作整改情况"回头看"，对署、厅关于投资审计工作相关文件精神进行再部署、再落实、再宣讲，推进投资审计有关问题整改。

三是制度化管理形成长效机制。坚持边治理边规范，结合上级有关文件精神，及时将政府投资审计检查和整改中发现的问题整理规范成制度性文件。促进市政府修订出台了《政府投资建设项目管理办法》，从体制机制层面规范和保障投资审计行为的合法性。并从分级控制规范权力运行角度，出台了《审计项目分级质量控制管理办法》，对调查了解、方案制订、审计实施、结果文书出具、审计整改等审计项目的全过程，实行审计组成员、审计组主审、审计组组长、业务部门、审理机构、分管领导、审计机关负责人对审计业务的七级质量控制，并按照岗位职责划分责任主体，以制度来约束规范投资审计权力运行。（时间：2018 年 09 月 05 日　供稿单位：十堰市审计局　李爱龙、龚勇）

7. 辽宁大连：聚焦"三个转变"推动投资审计工作新发展

辽宁省大连市审计局主动适应投资审计新形势，积极探索审计方式、方法，聚焦"三个转变"，努力推动投资审计工作新发展。

一是转变思路，践行数量规模型审计向质量效益型审计的转变。改变过去"凡政府投资项目必跟踪"的做法，发挥审计促改革、促发展的作用，立足监督，强化服务，扎实有效地开展质量效益型投资审计。围绕该市商务区建设运营情况、保障性安居工程、城市地铁工程、新机场建设工程等项目开展审计和审计调查工作，重点针对项目履行建设程序不到位、工程管理不规范、建设资金闲置等影响项目绩效的问题开展监督。通过分析原因、提出建议、促进整改，极大地规范了政府财政投资建设资金的规范使用，不断促进政府投资绩效的提高。

二是改变方法，完成从单一工程造价审计向全面投资审计的转变。通过组织全体投资审计干部深入学习审计署《关于进一步完善和规范投资审计工作的意见》的部署，准确领会其精神实质，严格履行审计机关法定职责，做到"不越位，不超位"，切实履行好财政资金监督者角色。把审计关注点聚焦到涉及国家重点政策落实、关系到公共民生利益的大型建设项目上，把投资审计延伸到项目决策、资金使用、工程建设等全过程的控制环节。今年该市针对性开展产业结构调整政策执行情况的专项审计调查，重点关注制约该市产业转型、招商引资、软环境建设的问题，突破传统投资审计局限，充分发挥审计在社会治理中的作用。

三是通过创新，促进传统投资审计向现代投资审计转变。不断探索"创新计划制订模式、创新审计组织方式、创新运用投资审计新技术、创新审计成果运用机制"的新尝试，促进传统投资审计的转型换挡，运用项目管理信息化、大数据等方式丰富审计手段，使全体投资审计干部绷紧创新这根弦，时刻保持创新的热情和思维，着力将理念创新、理论创新、技术创新实践化。主动适应现代投资审计的要求，紧跟国家、地方的新要求、新部署，督促重大政策措施的管理，督促项目投资质量、效果和效益的提高。（时间：2018 年 04 月 13 日　供稿单位：大连市审计局　姜超）

8. 湖北宜昌夷陵："四个注重"推进投资审计转型发展

今年以来，为全面适应新时期政府投资审计新要求，在政府投资项目审计中更好地依法履职尽责，提升政府投资审计服务国家治理体系和治理能力现代化水平，湖北省宜昌市夷陵区审计局通过修改完善制度、转变审计理念、强化依法审计、防控审计风险等方面着力采取措施，全力推进政府投资审计工作转型发展。

一是注重修改完善制度，推动投资审计回归监督本位。该局按照全国人大法工委及审计署要求，助推区政府修订出台《夷陵区政府投资项目审计监督办法》（以下简称《办法》）。该《办法》进一步明确了政府投资审计服务国家治理体系和治理能力现代化的定位，厘清了政府投资审计边界，突出了审计监督的独立性。根据办法规定区审计局严格落实关于加强审计监督独立性的各项规定，主动规范投资审计行为，在法定职责范围内开展审计监督工作，不超越审计权限介入与审计无关的项目审批和管理环节工作，及时退出与法定审计职责无关的协调议事机构，聚焦法定职责。

二是注重转变审计理念，促投资审计由造价审计为主向全方位审计监督转型。按照围绕中心、服务大局、突出重点、量力而行的原则，加强对以政府投资为主、全局性、战略性、基础性的重大公共基础设施工程的审计监督。结合该区投资项目实际，采取分类审计监督的办法，从以往核实工程造价为主，转变为对建设项目全过程的审计监督。审造价，核查高估冒算情况；审财务，核查资金管理中的违规违纪情况；审管理，核查体制机制方面存在的问题；审质量，揭示质量控制方面存在的漏洞；审绩效，评价项目社会效益、环境效益是否达到设计要求。重点查找和发现重大违纪违法、重大损失浪费、重大工程质量隐患、内幕交易等涉嫌违法犯罪问题线索，着力促进体制机制制度建设。

三是注重强化依法审计，严格按法定程序履行监督职责。在政府投资项目审计过程管理中，强化审计人员依法审计意识，要求审计人员严格遵循审计准则和投资项目审计管理办法的规定，把依法审计要求落实到审计方案制订、审计通知书下达、工程现场踏勘、审计调查取证、发送征求意见书等诸环节，做到文明审计、程序规范。对审计发现的重大问题和重要审计事项，坚持召开审计业务会、审计办公会和审理复核制度，在法定职权范围内对发现的问题作出客观公正的处理。

四是注重防控投资审计风险，提升投资项目审计质量。为控制社会中介机构及人员参与审计项目质量及防控廉政风险，该局严格落实《夷陵区政府投资项目聘请社会中介机构审计绩效管理制度》《夷陵区审计局政府投资建设项目造价审计摇号抽取中介机构操作流程》等内控制度，强化"审计质量终身负责制"理念，增强协审人员责任意识。强化管理，确保审计"四严禁"工作要求和"八不准"工作纪律落到实处。通过项目主审对审计全过程关键环节控制把关，夯实项目审计质量，有效防范投资审计风险。（时间：2018 年 11 月 01 日　供稿单位：夷陵区审计局　任宜斌）

9. 咸宁市审计局四措并举加快投资审计转型

今年以来，咸宁市审计局认真贯彻落实全国审计机关进一步完善和规范投资审计工作电视电话会议精神，通过完善规章制度、加强计划管理、规范审计程序、转变审计内容，加快推进政府投资审计转型。

一是完善规章制度。该局根据上级审计机关关于投资审计工作相关文件精神，积极向市委、市政府汇报投资审计新理念、新精神，争取政策支持。市政府根据该局建议，出台了关于依法开展政府投资审计工作的通知，从依法开展审计、科学编制计划、加强风险防控等方面对完善和规范投资审计提出明确要求，突出审计监督职责和审计工作的独立性。积极协调市发改委、财政局、住建委等部门完善相关规章制度，合力推动政府投资审计转型。

二是加强计划管理。统筹安排年度政府投资审计项目计划，整合审计力量，一方面对过去结存的在审项目进行了清理和收尾；另一方面按照围绕中心、服务大局、突出重点、量力而行的原则，对关系全局性、战略性、基础性的重大公共基础设施工程进行审计监督，主要对政府投资额超过 5000 万元的重点建设项目组织实施审计，逐步扭转了过去"凡投必审"现象。今年，该局围绕政府关注的重大民生工程和重大公共基础设施建设，开展了王英水库建设项目决算审计、咸宁市实验外国语学校决算审计等 15 个项目，围绕政府投资热点探索开展了 PPP 模式投资项目绩效审计。

三是规范审计程序。取消了过去政府投资审计采取的"简易程序"，从发出审计通知书到出具审计报告，严格按照法定审计程序开展审计。根据审计署出台的《审计机关审计项目质量控制办法》，建立政府投资审计项目审理制度，加大对投资审计取证单、底稿等审计文书的审理力度，确保审计质量。今年，该局通过 OA 审计项目管理系统上传审计通知书、审计报告等审计文书等 35 份，每个项目均编制和上传了调查了解记录、审计取证单、审计工作底稿，收到审计整改报告 5 份，召开政府投资审计业务会 6 次，有效规范了政府投资审计流程。

四是转变审计重点。取消了超越投资审计监督职责的事项，紧紧围绕重大项目审批、征地拆迁、环境保护、工程招投标、物资采购、工程结算、资金管理等关键环节，确定审计重点。立足"提级增效"开展全面投资审计，揭露重大损失浪费、重大质量安全和重大违纪违法问题，推进工程领域反腐倡廉。同时，把查处问题与完善制度结合起来，从完善体制、健全监管、规范秩序上提出解决和预防问题的建议，既关注过程审计又关注后续整改与结果运用。今年，该局通过开展决算审计，查出招投标程序违规、建设单位违规报销票据、施工单位签证单弄虚作假等八大类问题，提出规范项目前期程序、规范财务报销程序以及建设单位加强项目管理等审计建议12条，为提升政府投资绩效发挥审计力量。（时间：2018年11月16日　供稿单位：咸宁市审计局　赵俊宁）

10.张掖市审计局积极推进投资审计转型发展

今年以来，张掖市审计局认真贯彻落实审计署《关于进一步完善和规范投资审计工作的意见》精神和全国、全省审计工作会议精神，紧密结合地方实际，不断创新投资审计的思路和方法，进一步完善和规范投资审计工作，推进投资审计转型发展。

按照"围绕中心、服务大局、突出重点、量力而行、确保质量"的原则，该局克服投资审计项目多与审计力量不足的现实矛盾，采取聘请中介机构和外部人员参与审计等多种办法，将事关全局的重大公共基础设施项目，事关群众切身利益具有重大社会影响的民生项目，事关廉政建设容易滋生腐败的关键环节等作为重中之重，突出对重点领域、重点项目、重点环节的审计，促进投资审计从数量规模向质量效益转变。

该局牢固树立依法审计意识，坚持在法定职责权限范围内开展审计工作，坚持依法独立行使审计监督权，不参与工程项目建设决策和审批、征地拆迁、工程招标、物资采购、质量评价、工程结算等管理活动，在工程结算编制完成的基础上，依法对列入审计计划的工程项目实施事后监督。同时，一方面加强对建设单位的审计监督；另一方面加强对社会中介机构、执业人员的监督，积极当好党委政府的参谋助手，提出建设性建议，促进政府投资和以政府投资为主的建设项目规范运行。（时间：2018年06月14日　供稿单位：张掖市审计局　王强）

（二）投资审计管理创新

1. 廊坊安次区审计局"三举措"创新投资审计工作模式

一是加大投资审计工作的宣传力度。通过多种渠道对投资审计的主要内容、查出的主要问题、取得的成果进行广泛宣传。让社会各界充分了解投资审计工作在规范建筑市场秩序和节约建设资金等方面起到的重要作用。

二是积极转变投资审计工作思路。在以往运用传统审计方法的基础之上，充分利用计算机辅助审计，运用图形算量软件重新进行画图建模，汇总计算，及时将变更中重复报审的工程量扣减，确保审计结果的精确程度。

三是加强投资审计人员的培训。针对投资审计工作中出现的短板，积极组织审计人员进行培训。重点从建设项目管理审计、效益审计、质量审计、造价投资审计等多角度进行专业性的培训。（时间：2018 年 05 月 17 日　供稿单位：廊坊安次区审计局）

2. 江苏南京雨花台区审计局切实推进政府投资审计模式转型升级

江苏省南京市雨花台区审计局深入贯彻胡泽君审计长"推动投资审计工作持续健康发展，更好地发挥投资审计监督职能作用"的讲话精神，积极改革，勇于创新，成功开创基层政府投资工程审计新模式，经过一年实践，成效明显。

一是实现依法独立行使审计监督权。切实退出各类影响审计独立性的议事协调机构，凡是与工程项目建设决策和审批、征地拆迁、工程招标、物资采购、工程结算等与审计法定职责无关的管理活动，一律不参与。

二是实现工程审计项目计划管理。切实推动政府投资工程审计项目计划管理，凡是审计项目，包括工程审计项目计划，一律按程序向市局和省厅上报，经批准后纳入年度计划，实施中严格执行省厅《审计现场管理办法》。

三是实现分层审计、各负其责。区政府发文明确非审计机关年度计划内的工程审计项目，由内审实施或组织中介机构实施，各街道（部门）内审对本街道（部门）审计项目的组织、管理和质量负责，各中介机构对其中标的项目审计质量负责，审计机关负责指导、抽查和信用评价。

四是实现工程审计与其他审计全面融合。切实推动投资审计与经济责任审计、财政审计、专项资金审计、自然资源审计等的配合，从相对独立变为紧密融合，做到一果多用。

五是实现工程审计聚焦重点深度发展。政府工程审计开始集中精力，针对体制性、制度性的深层次问题进行审计，不再深陷单个工程结算审查中。

2017 年实施的《2010 年以来全区保障性住房及其配套设施的交付和使用情况专项审计调查》、2018 年实施的《全市四好农村路建设情况专项审计调查》《2016、2017 年度黑臭河道整治情况专项审计调查》，成效显著。（时间：2018 年 07 月 03 日　供稿单位：雨花台区审计局　高金华）

3. 福建省泉州市洛江区审计局切实推进政府投资审计模式转型

近期，洛江区审计局深入贯彻审计署、省审计厅关于进一步完善和规范投资审计工作意见和胡泽君审计长"推动审计工作持续健康发展，更好地发挥投资审计监督职能作用"的讲话精神，积极推动投资审计的职能调整，厘清理顺工作职能，转变工作理念，切实提高投资审计工作质量和水平，更好地服务该区经济社会发展大局。

一是积极主动，调整投资审计职能。将原来由洛江区审计局承担的政府性投资融资项目工程预（结）算审核工作调整由洛江区财政局承担，撤销"泉州市洛江区基建投资审计中心"，设立"泉州市洛江区审计中心"。明确区审计中心主要工作职责，实现依法独立行使审计监督权。

二是严格规范，做好后续服务工作。对前期遗留问题，对已审未决的项目，明确职责权限和主体责任，分门别类，逐一解决，妥善处理相关遗留问题。

三是转变观念，加强投资审计队伍建设。从单一工程造价审计向全面投资审计转变，努力实现投资审计工作的"三个转变"。加强对投资审计干部的队伍建设，实现投资审计与其他审计全面融合，切实推动投资审计与经济责任审计、保障性住房跟踪审计、重大项目跟踪审计、自然资源资产审计等相配合。全面提高投资审计人员专业能力和综合素质，从相对独立投资审计变成紧密融合审计，做到一专多用。

四是强化监督，加强对审计干部廉政风险防控。严格遵守审计"八不准"等廉政纪律，工作纪律，保密纪律，坚守审计职业道德。针对投资审计的廉政风险点和薄弱环节强化廉政制度建设。（时间：2018 年 08 月 08 日供稿单位：洛江区审计局）

4. 宜昌市审计局实施四项改革推进投资审计模式转型

今年以来，宜昌市审计局深入贯彻胡泽君审计长关于政府投资审计"三个转变"的指示精神，围绕促规范、提质效、防风险目标，积极探索创新，推动投资审计工作转型发展，行稳致远。

一是完善制度，推动投资审计由"粗放管理"向"规范创新"转变。该局起草下发了《宜昌市审计局关于规范政府投资审计工作的实施意见》，针对近年来部分县（市、区）政府投资审计存在的突出问题，规范细化全市投资审计具体操作，促进市县"一体化"发展；统一编发《政府投资审计业务制度汇编》，对投资审计项目计划、审计内容、审计程序、处罚措施等予以了规范；积极促进修订《市级政府投资审计监督管理办法》，强化依法审计条款。

二是统筹规划，推动投资审计由"数量规模"向"质量效益"转变。一是严控项目规模。建立投资审计项目信息库，对接市发改委项目立项，收录了全部政府投资建设项目基本信息。根据审计力量严格控制项目数量，通过项目信息筛查确保项目重要性。二是调整立项结构。改变审计项目集中在市政基础设施领域，项目范围集中在建设平台的局面，新增项目中其他单位及部门项目占比增加至 52％；水利、环保、保障房等民生项目占比增加至 44％。三是分层分类管理。跟踪审计项目由全过程跟踪转变为年度跟踪审计方式，审计重点转向促进相关单位履职尽责，督促提高政府投资绩效；竣工决算审计采取全面审计与重点抽查相结合的方式，提高工作效率。

三是聚焦重点，推动投资审计由"微观鉴证"向"宏观服务"转变。一是重点揭示剖析带普遍性、规律性的问题，从宏观角度提出建议。先后有 9 份专项报告被市委市政府主要领导批示，要求进行相关单位督查整改，促进市政府及有关部门出台项目管理制度 4 项。二是采取跟踪审计形式，对我市在建项目施工现场的粉尘、废气、废水、固体废弃物、噪声以及振动的控制和处理措施等 12 个方面的内容进行巡查，向住建委等相关部门提出建议 12 条，促进市住建部门出台规范性文件 2 个。三是对已开工的 PPP 项目进行了审计调查，提出了合理保障 PPP 项目财政支出承受能力、规范 PPP 项目操作程序、防范项目违规风险的审计建议，得到了市委市政府领导高度重视和采纳推介。

四是内外兼修，推动投资审计从关注"资金项目"向关注"风险防控"转变。对内，加强审计项目经费保障，所有新增审计项目全部列入部门预算，由财政保障经费。建立造价复核机构。聘请造价专家，采取全面审核与重点抽查相结合的方法对项目进行复核，对复核结果实行奖惩，明确中介机构、审计人员、复核人员责任，层层传导压力。对外，加强对中介机构的管理。强化风险教育，层层签订廉政建设责任书，促进中介人员增强风险意识。强化制度建设，加强中介入库、项目聘用、费用支付等环节制度管理，减少主观操作空间。强化定期巡查，推进中介机构重大过失追责问责，加强中介机构年度考评结果运用，严格执行淘汰机制，确保中介机构健康履职。（时间：2018 年 09 月 28 日　供稿单位：宜昌市审计局　潘兴华、李媛媛）

5. 淮北市审计局创新投资审计模式，实现政府投资审计全覆盖

近年来，淮北市审计局坚持借力发力，创新投资审计模式，聘请业务能力强、信誉度好的中介机构参与政府投资审计，实现了政府投资审计监督的全覆盖。今年以来，共完成政府投资建设项目结算审计 57 个，对 105 个建设项目实施跟踪审计，深入施工现场，及时发现问题，提出整改意见，确保工程质量，有效节约了财政资金。

借力发力，实现政府投资审计全覆盖。该局针对投资审计项目多，审计人员少的现状，积极整合社会审计资源，聘请中介机构参与投资审计，为政府投资审计的全覆盖提供了审计力量上的保障。淮北市人民政府出台的《淮北市人民政府关于进一步加快政府重点工程项目建设的意见（试行）》实现 50 万元以上政府投资工程审计全覆盖，为节约财政资金、提高公共资金使用绩效、规范建筑市场提供重要保障。

精细管理，强化投资审计流程控制。该局对外聘中介机构大力推行精细化管理，制定完善关于投资审计的规定、制度、流程等，构筑了周密的审计风险防控体系。采取局审计人员担任审计组长，聘请的社会中介机构人员为审计组成员的审计组成立模式，并与协审机构签订《淮北市审计局选择社会中介审计机构参与政府投资建设审计项目采购合同》。

动态设置市场准入门槛，建立投资审计协审库。结合投资审计的特点，突出抓好聘用中介机构这一环节，建立投资协审库。制定了《淮北市审计局关于印发组织社会中介机构协审政府投资建设项目审计业务考核办法（暂行）的通知》，对外部社会审计力量，采取公开竞争、实行资格准入制等方式，选聘信誉度好、业务能力强的社会中介机构参与政府投资审计。每年年终进行考核，通过协审质量、效率等四大类 32 项指标对中介机构进行考评，并将考核结果与协审费用挂钩，做到优质优价。同时，联合市建委定额站对协审机构实施不定期检查，公开通报检查情况。（时间：2018 年 10 月 17 日供稿单位：淮北市审计局）

6. 深化审计管理系统应用，打造滁州投资审计"升级版"

滁州市审计局全力创建"投资审计全覆盖"新模式，积极探索投资审计制度规范化、队伍专业化、管理系统化、数据信息化，有效提升审计质量和

效率，节约大量政府性资金，取得显著成效，连续两年获得省审计厅通报表彰。目前，全市 1200 个新建政府投资建设项目全面纳入"政府投资审计管理系统"（以下简称"系统"），实现政府投资项目全方位、全过程、全要素在线动态监管。

在线监控，动态跟踪。一是分工负责。通过"系统"将被审计机关、建设单位、协审机构时空串联，实现分工明确、权责清晰。二是关口前移。审计机关在线完成项目立项、初设、招投标等建设程序审查，实现事前源头控制。三是动态跟踪。严控跟踪审计关键节点，做好审计实施方案、月报、造价例会、变更事项等动态跟踪，及时全面掌握建设项目质量、进度、安全、投资控制情况。四是严把关口。政府投资项目竣工结（决）算审计项目严格实行协审机构初审、投资审计中心复审、局审理会议审理、跟踪审计办公室审定程序，建设单位根据审计结果办理资产交付、财务决算。

智能分析，提高效率。一是传统模式下，审计人员查询纸质造价信息刊物，自制表格进行相关数据的计算分析，费时费力，还可能会造成一定误差。通过"系统"批量采集、比对分析功能，几分钟内便可完成工作，准确快捷，极大地提高了审计效率。二是通过"系统"汇总、统计功能，生成分地区、分时段的工料机柱状结构图、价格趋势图，迅速直观判断建材市场价格变化趋势，筛查锁定"高估冒算"等问题。

资源共享，消除"孤岛"。一是跨行业共享，"系统"定期采集造价主管部门建材信息价、造价指标等，为事前投资控制提供参考。二是跨部门互通，"系统"集成发改、公管部门有关项目立项审批、招标投标等信息，多方位整合政府投资项目主管部门管理成果，联通信息"孤岛"，实现信息互通互联。三是系统内共享，市级审计机关可以在线检查县（市、区）审计机关"系统"使用情况，掌握审计监督薄弱环节，利于督查指导。

规范操作，规避风险。"系统"操作流程"全程阳光下运行"，项目立项审批、勘察设计、招投标、施工、监理、物资采购、隐蔽工程验收等资料数据均存储于"系统"，利用信息数据化"雁过留声"的刚性约束，确保各项政府投资项目建设管理各项行为公开、透明、运行，实现制度执行刚性化、监督约束格式化、权力运行规范化。（时间：2018 年 09 月 29 日　供稿单位：滁州市审计局）

7. 合肥市审计局聚焦审计管理创新，推动政府投资审计高质量发展

今年以来，合肥市审计局以推动审计工作高质量发展为主线，以审计管

理创新年活动为抓手，聚焦投资审计管理薄弱环节，向管理要质量，推动政府投资审计高质量发展。

一是完善投资审计制度和体系。坚持依法审计，修订了《合肥市市级政府投资建设项目审计管理办法》，印发了《合肥市轨道交通项目跟踪审计实施细则》，制定了跟踪审计操作细则、内部统一组织管理、社会中介机构管理考核等工作制度，形成了较为规范的投资审工作制度体系。强化源头管控，每年对具有全局性、战略性、基础性的重大公共工程和基础设施项目开展审计，对项目全过程或重点环节、重要节点进行审计，出具审计报告。认真贯彻落实审计署《关于进一步完善和规范投资审计工作的意见》，审计机关不参与工程管理，协审单位参与投资审计费用完全纳入本级财政预算管理。

二是突出协审机构和人员管理。通过政府统一采购，面向全国公开招标确定社会中介机构参与建设项目审计工作。统一、公开抽签分配协审任务，驻局纪检组全程介入，抽签结果在投资管理平台全部公开，全程接受外部监督。要求协审机构严格按照合同约定，每个项目配备1名以上注册造价工程师，若干名专业审计人员，未经批准，人员不得擅自更换。将协审机构纳入政府投资审计统一管理范围，要求成立协审审计组，制定内部管理制度。加强协审机构考核管理，日常考核按项目动态进行，主要包括质量、效率、程序、服务四个方面；年度考核为日常考核＋综合质量＋综合管理＋审计成效，设置廉政建设、重大质量投诉等一票否决指标。年度对质量再次随机抽查，次年组织各协审机构对内控制度、档案管理进行交叉相互复核。

三是加强审计质量管控。加强审计过程管理，针对投资审计的风险薄弱环节，从任务分配阶段、初审阶段、对账阶段、征求意见阶段、协审报告阶段、复核及出具审计结果阶段六个阶段，对每个阶段都确定了质量控制点加以重点控制。协审结果实行专家复核，对单项工程价款结算审计项目按报审金额大小实行实时专家复核和事后抽查复核，并根据项目复核核减率和核减金额的大小，对协审单位进行警告、通报批评、清理出市审计局协审库等处理。建立重大争议事项专家会审和共性问题统一处理机制，对审计过程中的重大争议事项由市审计局组织相关专家进行会审，形成统一意见后执行；对于审计过程中发现的共性问题，由投资处组织相关处室进行会商，形成会议纪要报局领导批准后执行，确保投资审计重大事项决策的科学性和审计尺度的统一性。（时间：2018年11月15日　供稿单位：合肥市审计局）

8. 无锡市审计局：三个维度强化投资审计管理

无锡市审计局认真贯彻落实《审计署关于进一步完善和规范投资审计工作的意见》《审计署办公厅关于进一步规范聘请中介机构参与投资审计工作的通知》等相关文件精神，着力解放思想，积极探索新时期投资审计转型之路，促进提升投资审计向高质量发展。

对外注重"规范"，强化行为管控。推行投资审计工作问题清单，进一步规范外聘中介机构审核流程，有效防止自行消化、隐匿审计发现的问题，促进外聘中介机构提高审核质量。通过政府采购的方式，进一步规范选聘中介机构的行为，确定 30 家中介机构作为参与政府投资审计的备选机构，制订了抽签管理办法，形成常态工作机制，确保选聘工作公平、公开、公正。加大对外聘中介机构的质量考核力度，进一步规范审计人员的考核行为，出台考核管理办法，促进中介机构加强内部管理，规范协审行为，提高审核质量管控。进一步规范审计费用支付行为，在审计署出台《进一步规范聘请中介机构参与投资审计工作的通知》后，及时向当地政府进行汇报，全面清理审计费用的支付主体，彻底切断与被审计单位的经济关系，并纳入财政预算保障。

对内突出"廉政"，强化风险防范。制定出台《关于进一步防范风险加强固定资产投资审计工作意见》，明确 6 条廉洁审计规定；加大投资审计人员管控力度，规范审计现场或协调、沟通审计事项时的工作流程。出台《政府性投资项目审计会商会审操作办法》，对投资审计过程中发生的重大决策、争议较大等情况，通过"会商会审"的方式进行集智攻关，有效降低投资审计人员自由裁量权和审计质量风险。积极推行审计现场管理办法和审计组廉政监督员制度，自觉接受被审计单位的廉政监督，强化审计组内部党纪党规提醒教育等。

对下紧扣"统一"，引导投资审计转型发展。营造全市审计机关投资审计"一盘棋"格局，按照审计署、省审计厅实施意见要求，结合当地政府投资特点及审计实际，进一步明确工作思路，统一工作方法。围绕投资审计内容及负面清单进行深入研究分析，从投资审计项目计划编制开始，逐步引导下级审计机关厘清投资审计边界，准确把握审计的范围、内容、深度和方式方法，确保依法独立行使监督权，切实做到投资审计不越位、不缺位。（时间：2018 年 09 月 28 日　供稿单位：无锡市审计局　张志华）

9. 济源市审计局：强化审计现场管理，提升政府投资审计绩效

为规范审计现场行为，提升政府投资审计绩效，济源市审计局加强政府投资审计现场复核力度，重点对审计实施方案的执行情况、审计现场的取证情况、审计发现问题的定性以及法规引用等进行复核把关。（时间：2018 年 07 月 27 日 供稿单位：济源市审计局）

10. 重庆合川区审计局采纳审计建议。强化投资审计管理刚性约束

今年初，合川区审计局以审计专报形式向区政府汇总报告了该区政府投资建设项目审计发现的管理问题，建议区政府适时修订完善政府投资审计办法及管理办法。区政府高度重视，召开专题会议通报了投资审计发现的管理问题，并对加强项目管理提出明确要求。为加强政府投资建设项目审计监督，促进规范管理，经区委第 49 次常委会会议和区政府第 55 次常务会审议通过，合川区政府于近日出台了修订后的《政府投资项目审计办法》。

一是进一步贯彻依法审计理念。审计机关和审计人员应依法独立行使审计监督职责，不得参与各类与审计法定职责无关的、可能影响依法独立进行审计监督的议事协调机构，不直接参与前期决策事项、项目审批和管理活动。对党委政府交办事项，应在审计职责范围内提出审计建议意见，发挥审计参谋和服务作用。

二是进一步规范审计管理方式。根据项目投资规模，审计机关采用备案登记、决（结）算审计和跟踪审计、专项审计调查等方式实施审计监督。首次将投资额达到决（结）算审计要求的项目，但因现场改变导致审计无法核实等特殊项目纳入审计备案，有效提升了投资审计监督效率。审计机关按照不低于 30% 的比例核查社会中介机构报告。投资审计监督所需经费列入财政预算，审计机关应当建立信息化审计管理平台，发展改革、财政、城乡建设等单位建立的政府投资项目信息库应与审计共享，相关部门在各自职责范围内协助审计机关履职。

三是进一步明确职责和程序。细化审计计划报送和调整的审批程序、审计所需资料及其报送方式。送审资料不完整，审计机关不予接收，由项目建设单位承担由此造成的一切后果。项目建设单位应当做好配合工作，在规定期限内修正资料错误或缺陷、协调解决参建单位不配合或者工程价款争议问题、核实取证记录并签字盖章认可等。审计机关依法依规购买社会中介机构服务，并强化对委托中介的业务培训和考核管理。

四是进一步严格法律责任追究。审计机关对建设、设计、施工等相关单

位和人员拒绝、拖延提供与审计事项有关的资料，对社会中介机构及其执业人员出具虚假报告等违法违规行为，按照相关规定采取通报批评、处以罚款、移送司法机关依法追究刑事责任等方式进行处理处罚。审计机关及其工作人员必须严格遵守审计工作纪律，依法审计，客观公正，廉洁奉公，不得隐瞒审计中发现的重大违规违纪问题，不得利用职务谋取其他不正当利益，违者将严肃处理。（时间：2018 年 10 月 08 日　供稿单位：合川区审计局　朱中华）

11. 常德市审计局"四严格"强化投资审计中介机构管理

为确保政府投资审计项目质量，规范投资审计领域委托审计行为，防范投资审计购买服务风险。常德市审计局采取"四严格"措施筑牢审计廉政防线。

一是严格准入机制。对中介机构从行业资质、执业质量、公司业绩、信誉、收费标准等方面综合考量和选拔，通过公开招投标方式最终确定 18 家中介机构形成投资审计协审机构储备库。

二是严格项目分配。为确保项目分配公平、公正、公开，采取"双抽签"的方式邀请所有在库中介机构集中抽签来对 2018 年常德市政府投资审计计划项目进行分配。第一轮由所有具备资质的在库中介机构抽取顺序号。以此顺序号进行第二轮抽签，抽签编号与项目编号对应的即为最终确定所委托审计项目。抽签结果现场公布，全程由派驻纪检组、社会中介机构共同见证和监督。

三是严格审计程序。中介机构初审工程师和审计机关共同派员组成项目组，项目组实行组长负责制。组长和项目主审均由审计机关工作人员担任。项目通知书、审计报告、审计决定等具有法律效力的文书由审计机关签发。受聘中介机构对审计机关出具项目初审报告，并对所出具报告的真实、完整性负责。对中介机构出具的初审报告，审计机关组织评审专家组或委托专门机构予以复审。重点审查中介机构人员执行廉洁纪律情况和项目的审计质量。

四是严格廉政纪律。加强对中介机构廉政教育，明确廉政纪律责任人和责任对象。在库中介机构负责人对审计机关签署廉政纪律责任状，承诺严格遵守审计机关廉政纪律规定。同时，审计机关和派驻纪检机关将对中介机构的工作情况进行随访，发现违反廉政规定的行为，即查即处，严肃清库处理，不得再参与相关项目审计。（时间：2018 年 05 月 08 日　供稿单位：常德市审计局　张为）

（三）投资审计技术管理方法创新

1. 武汉市审计局运用 BIM 技术提升投资审计工作质效

近期，武汉市审计局对武汉的文化产业升级重点项目——长江传媒大厦开展投资审计，该项目是武汉市历时六年打造的环保智能地标建筑，针对其新颖的"火箭型"建筑外观设计，审计组利用 BIM 技术对其进行三维对比核查，在建筑结构、机电管网、钢结构等工程上，结合可视的触碰检查，高效准确提取各类大宗材料的使用量，与传统的工料分析手段交叉运用，有效提高了投资审计的数字化分析水平和工作质效。（时间：2018 年 07 月 01 日　供稿单位：武汉市审计局　陈鸣、叶放）

2. 武汉市审计局运用信息技术手段提升投资审计成效

近年来，武汉市审计局牢牢把握"大数据"时代经济社会发展的新特点、新要求，着眼大城市投资建设，充分运用信息技术手段，推进数字化审计，在投资审计中实战演练，积极探索，取得较好成效。

一是狠抓平台建设，搭建投资审计数字化支撑点。近两年，该局投入大量人力、物力、财力，建立了市级政府投资建设项目库和审计项目库，以及以"两库"为基础的政府投资项目综合信息管理平台（简称"两库一平台"），并与市发改委政府投资项目综合监管平台联网，根据授权可实时访问政府重大投资项目的相关监管数据，增强审计的宏观性和时效性。通过运用"两库一平台"进行"大数据"筛查，合理确定政府投资审计的重点区域和项目；通过"大数据"分析，及时发现疑点，帮助现场审计人员确定审计重点和方向。一是运用该信息系统集成的审计辅助分析功能，依托日常收集的相关职能部门大数据，通过自动化筛查和比选，发现 2 个建设项目存在建设程序不合规的问题线索；二是运用该系统的辅助分析功能，分析录入的审计数据，发现 2 个项目分别存在"ETC 收费无依据减免"和"招标活动不规范"的问题线索；三是在人工录入资料的基础上，将发现疑点输入该局计算机中心服务器存放的武汉市社保数据库，查出 1 个项目涉嫌围标。

二是转变审计方法，找准投资审计数字化切入点。综合运用 BIM 技术，CAD、广联达等专业软件和卫星遥感图片等信息技术手段，引导审计方法由单一查账方法向多种专业软件并用的复合式审计方法转变。一是关联比对分析。例如，在对某工程建设项目的抛石量进行审计时，通过对抛石运输过程中的过磅单所记载的序号、日期、时间、车号、货号、毛重、皮重、净重等基础数据进行比对，利用 SQL 语句进行查找分析，从车辆载重、车辆往返时间、毛重净重差异等发现了一系列不合常理现象，查出虚报工程量、多计建设资金约 1700 万元的问题。二是数据检测分析。在对某项工程的招投标审计中，通过对不同电子标书的网卡 mac 地址、硬盘编号、IP 地址、上传时间以及文档制作人、文档相似度等电子信息进行检测分析，快速发现不同投标人利用同一台计算机上传标书、同一人制作多份标书、不同标书内容高度相似等涉嫌围标串标问题。三是历史数据分析。在某项目征地拆迁审计中，通过不同时段的卫星图片比对分析，快速准确发现拆迁中的抢建、违建房屋问题；将反映实际征收面积的房屋测绘图与反映理论征收面积的拆迁红线图在 CAD 软件中进行比对，筛选实际征收面积与 CAD 图纸测算面积相差较大的建筑物作为重点，并通过延伸至勘测设计单位调取同时点、同房屋的实际面积数据核实，准确锁定征收房屋的真实面积，由此揭露虚报拆迁面积，骗取拆迁补偿等一系列重大问题，涉及金额约 2.64 亿元。

三是紧盯数据管理，抓好投资审计数字化落脚点。关注信息系统数据运行和安全管理是大数据审计一项重要内容，核查数据的完整性、可靠性、规范性，往往能达到事半功倍的效果。一是关注信息系统数据传输的完整性。在对地铁运营系统审计时，以数据流向为切入点，分步核查车站数据库、线路数据库和中央系统数据库间的数据传输情况，并与业务报表数据核对，发现数据在终端至中央服务器传输过程中丢包严重、数据不完整、财务数据与系统数据相差 380 余万元、财务少计主营业务收入、多付一卡通公司交易款等问题。二是关注信息系统数据来源的可靠性。在审查某公司财务账时，发现财务数据不是来源于业务系统，而是由支付平台数据汇总生成，经对该业务系统原始数据进行汇总分析，发现该公司依据支付平台数据记取的财务数据与原始数据存在较大差异，财务报表数据不准确，少记押金 10 余万元等问题。三是关注信息系统数据处理的规范性。在城市生活垃圾收费的审计中，对收费数据处理的规范性进行审查，发现垃圾处理费征收管理系统中部分用户数据处理不及时，14630 户水表户未及时确立为垃圾收费户，少收生活垃圾服务费 3194 万元；62444 万户垃圾征收户，共计 555878 条记录被人为手工调整为零，少收 5935 万元的问题。（时间：2018 年 11 月 06 日　供稿单位：武汉市审计局　詹波）

3. 浙江义乌市审计局以大数据应用助推投资审计转型升级

浙江省义乌市审计局围绕服务大局出发，回归审计监督，紧扣时代脉络，多次在投资审计领域中创意创新，以大数据应用助推投资审计转型升级。

一是应用投资项目监管平台。该局牵头开发了义乌市政府投资项目综合管理监督系统，把全市 37 家单位在建的政府投资项目从立项到竣工验收全过程业务，统一纳入监管平台监管，以达到提高效率、实时查询、在线监督。截至 2017 年年底，已录入建设项目 672 个，总投资额 826 亿元。通过实现信息化共享，为整体分析投资项目领域存在的问题提供数据支撑。

二是比对"三网"系统，助推审计全覆盖。从 2016 年开始该局每年开展投资审计全覆盖复核工作，通过自行建立的全市各单位上报的抽查复审项目数据、建设部门的"三价"系统数据和财政部门的资金拨付项目数据，通过"三网"系统分析比对，对项目是否应报尽报进行了复核检查，两年时间共计发现部门少报漏报项目 62 个，涉及金额 10957 万元。目前，这些漏报项目已重新上报，且对少报漏报单位在全市范围内进行通报批评。通过大数据的分析运用，确保了审计监督的全覆盖，震慑了违法违纪行为，规范了全市抽查复审的项目管理。

三是探索运用新技术新方法。在工程项目审计中采用地理信息系统、卫片影像、GPS 等新型技术来辅助项目审计。例如，2017 年某项目因建设年份较早，部分区块已被其他项目覆盖无法核实，通过坐标定位、影像比对，结合 CAD 图纸资料等成功还原当时实际竣工现状，为后期项目审计提供数据支持。

四是档案建设数字化。从 2017 年开始该局率先在投资审计领域开展数字化建设，截至目前已有 45 个项目档案实现电子档案化。对比传统的纸质档案管理，数字化档案不仅能对档案进行分类整理，还能通过检索功能快速找到对应某一查询内容的所有档案资料，从而提高档案管理工作的效率，此外，档案数字化建设增强了档案原件保护，档案的使用更加安全。（时间：2018 年 08 月 22 日　供稿单位：义乌市审计局　骆焱）

4. 宝丰县审计局多项举措提高投资审计效率

今年以来，宝丰县审计局不断优化政府投资项目审计程序，积极推进放管服改革，提高审计效率，在服务全县经济发展，规范财政资金使用，提高资金使用效率方面做出了一定贡献。

一是加大宣传力度。建立建设单位政府投资项目负责人联系库，将政府投资流程、审计需提供的资料、提交审计资料时需注意事项进行告知，实施全方位宣传，提高社会知晓度。

二是加强业务沟通。通过主动服务、有效沟通和依法审计，增强被审计单位配合审计工作的积极性和主动性，建立和谐的审计关系，及时处理化解工作中的矛盾和问题，同时在接收资料、查勘现场时，与建设任务单位的项目负责人就政府投资项目法律、法规及项目审计流程进行沟通，互换意见，提高其审计业务配合能力。

三是增强服务意识，做到资料缺失，一次性告知。在接待审计对象时，耐心细致地做好解释说明工作；对审计对象报来的资料即时检查，发现缺报漏报当面一次性告知。

四是及时分类，进入审计程序。每周一针对上周报送的项目，及时进行分类，采取自审和委托中介机构相结合方式，加快进入审计程序，迅速开展项目审计。

五是加强政府投资审计全过程监督。加强审计质量监督，强化内部复核职能，实行全过程、全环节质量控制。

下一步将持续推进放管服改革，通过微信公众号等新媒体，进一步加大政府投资项目宣传力度；主动沟通，征求被审计单位意见，进一步完善审计程序。扎实履行审计监督职能，始终加强审计质量控制，为实现新常态下全县经济的发展提供有力保障。（时间：2018 年 09 月 05 日　供稿单位：平顶山市审计局　杨国灿）

二、制度建构

（一）江苏省审计厅制定出台《关于进一步完善和规范投资审计工作的实施意见》

贯彻落实审计署对投资审计工作要求，近日江苏省审计厅制定出台《关于进一步完善和规范投资审计工作的实施意见》（以下简称《实施意见》）和《投资审计操作指引（试行）》。

《实施意见》共分为五章十四条，针对全省投资审计存在的突出问题，从依法履行投资审计的监督职责、积极推进投资审计转型发展、健全完善投资审计制度机制、切实加强投资审计队伍建设和着力抓好投资审计廉政风险防控五个方面，对进一步规范和完善投资审计工作，提高投资审计工作质量，有效防范投资审计风险提出了具体要求。

《实施意见》指出，要牢固树立依法审计意识，坚持在法定职责权限范围内开展审计，依法确定审计对象和范围，所有投资审计项目均不得采取简易程序。要科学制订审计计划，按照审计力量合理确定审计项目数量规模，实现从数量规模向质量效益转变；合理确定审计内容和重点，改变以工程造价审计为主的做法，突出投资决策、建设程序、资金管理、资源环境保护、投资绩效等关键环节和内容，促进深化投融资体制改革和反腐倡廉建设，实现从单一工程造价审计向全面投资审计转变；创新审计理念和技术方法，推进投资审计信息化建设，将投资审计新实践与工程建设新技术、现代信息化技术等深度融合，实现从传统投资审计向现代投资审计转变。

《实施意见》强调，要优化投资审计法治环境，及时商请地方人大对地方性法规中强制规定以审计机关审计结果作为竣工结算依据的条款进行修订，探索建立政府投资项目分类管理制度和标准，推动政府转变职能，注重发挥内部审计和社会审计作用，构建政府投资项目大监管机制，形成监督合力。要积极推行投资审计清单制度，切实解决缺位、越位问题，对内容清单范围内的事项有重点地实施审计，对负责清单范围内的事项不得实施审计。要依法有效运用审计结果，全面客观反映投资审计中发现的问题，准确界定责任，依法予以处理，科学提出建议，切实促进问题解决和体制机制健全。探索建立投资项目审计发现问题及失信行为的标准，将参建单位及人员的违规行为纳入企业、个人诚信记录。

《实施意见》要求，全省各级审计机关要加强投资队伍建设，落实廉政风险防控责任，坚持主要领导对投资审计廉政风险负总责，分管领导负主管责任，投资审计部门主要负责人负直接责任，参与投资审计的人员要对所负责工作事项承担相应廉政责任。对投资审计廉政风险点和薄弱环节，定期开展廉政纪律教育，严格执行风险防控措施，有效约束自由裁量权。加强购买社会中介服务管控，建立公开透明的选聘机构，全程控制的管理机制，严格科学的考评机制，不以社会中介机构审计结果直接作为审计机关审计结果。

省审计厅同时出台《投资审计操作指引（试行）》，针对投资审计中对管理活动和监督活动界限把握不准的问题，制定了内容清单和负面清单。其中内容清单按照投资审计事项划分，具体涉及 13 个事项 41 项内容，审计时根据具体情况选择实施；负面清单直接明确各环节审计不得参与的 22 项具体决策和管理行为，让审计人员在审计工作中特别是实施跟踪审计时有所遵循。（时间：2018 年 07 月 03 日　供稿单位：江苏省审计厅）

（二）湖南省衡阳市政府出台《衡阳市人民政府关于进一步完善和规范政府投资建设项目审计监督工作的意见》

为充分贯彻《审计署关于进一步完善和规范投资审计工作的意见》文件精神，进一步加强和完善政府投资建设项目审计监督，规范政府投资行为，依法履行审计职责，切实防范投资审计风险。近日，湖南省衡阳市人民政府出台了《衡阳市人民政府关于进一步完善和规范政府投资建设项目审计监督工作的意见》，对投资审计工作作出明确规定，为规范和完善政府投资审计工作提供制度保障。

一是坚持依法审计，明确投资审计职责。审计机关依法行使审计监督权，不得参与政府投资项目的可研论证、项目审批、方案评审、预算审核等管理工作。发包人在订立与政府投资建设项目有关的各项施工合同或者组织招标投标时，可以在合同中约定或者在招标文件中载明以审计机关的审计结果作为办理竣工结算的依据。对合同金额或评审金额 1000 万元以上政府投资项目工程结算，在相关评审机构初评基础上进行审计；对合同金额或评审金额 1000 万元以下政府投资项目工程结算，由相关评审机构出具评审结论，进行抽审。对全市重点工程项目实行跟踪审计。

二是规范审计管理，提高投资审计质量。政府投资建设项目施工合同采用统一标准文本，有效控制投资成本。加强对材料价格审计监督，客观合理反映市场行情。推行政府投资建设项目工程造价二审定审制和三级复核制。二审定审制即审计机关在相关评价机构出具评审结论的基础上，对工程造价进行独立审计，出具审计报告，最终确定工程造价。审计机关实行三级复核制，审计组长、业务科室负责人、业务主管按规定进行复核，业务会议审定审计结果，下达审计结论。

三是加强部门配合，形成管理监督合力。加强与发改、建设、规划、国土以及行业主管部门、项目建设单位的联系沟通，形成管理和监督合力。及时掌握本市有管辖权的国家建设项目基本情况，建立政府投资建设项目数据库。工程变更按相关文件规定履行审批程序后，建设单位应将变更资料及时送审计机关备查。工程量清单及招标控制价按相关文件规定履行审批程序后，建设单位应在招标前送审计机关备查。（时间：2018 年 09 月 28 日　供稿单位：衡阳市审计局　朱思妍、阳一洲）

（三）洛江区政府出台《关于进一步加强和规范政府投资审计工作的意见》

为深入贯彻《审计署关于进一步完善和规范投资审计工作意见》（审投发〔2017〕30 号）、《中共福建省委办公厅　福建省人民政府办公厅〈关于完善福建省审计制度若干问题的实施意见〉的通知》（闽委办发〔2017〕17 号）和《福建省审计厅关于进一步加强公共投资审计工作的意见》（闽审投〔2016〕122 号）等文件精神，更好地服务洛江区经济社会发展大局，提高政府投资绩效。近日，洛江区政府出台了《关于进一步加强和规范政府投资审计工作的意见》（以下简称《意见》）。

《意见》明确，审计机关要整合资源，提高实效。把投资审计作为政策落实跟踪、经济责任等审计领域中工作重点，年度计划要统筹安排投资审计工作，整合审计力量。要从基本建设程序、内控制度、资金使用情况入手，关注项目审批、资金安排、招投标、概算执行、财务核算、投资绩效等环节，提高实效。

《意见》明确，审计机关要严格依法审计，不得参与各类与审计法定职责无关的、可能影响依法独立进行审计监督的议事协调机构或工作，不得介入政府各类投资项目的立项、审批、预（结）算审核、竣工验收等影响审计独立性的工作。

《意见》要求，审计机关要以培养综合型人才为目标，以实际工作需求为导向，采用跟班、授课的模式多方位培训投资人才，提高专业能力和综合素质，优化干部队伍结构。投资审计专业性强、技术性高，情况复杂，要积极探索弥补投资审计力量不足的有效途径，依法依规，逐步建立审计机关向社会审计机构或其他相关专业服务组织购买审计服务的常态化机制。

《意见》还对洛江区审计局承担不符合职权范围的工程造价预（结）算审核工作予以调整。原来由洛江区审计局承担的政府投融资项目工程预（结）算审核工作调整由洛江区财政局承担。（时间：2018 年 02 月 13 日 供稿单位：洛江区审计局）

（四）凤阳县政府修订出台《凤阳县政府投资项目审计监督办法》

为认真贯彻《安徽省审计厅关于进一步加强政府投资审计工作的指导意见》等文件精神，进一步规范投资审计工作，依法独立履行审计监督权，提高投资审计质量，切实防范投资审计风险，近日，凤阳县人民政府修订出台了《凤阳县政府投资项目审计监督办法》。此次修订具有以下几个特点：

一是依法审计，规范投资审计行为。新办法在新修订的《安徽省政府投资建设项目审计监督办法》等框架内，对关于工程价款结算审计的原有条款予以修订完善，保证民事主体平等权益，确保依法审计。

二是突出重点，提高投资审计效果。对政府投入大、社会关注度高的重点投资项目，加强审计监督力度，关注政府投资项目绩效，实现审计从数量规模向质量效益转变。县级政府重大投资建设项目（投资额 5000 万元及以上），由审计机关委托社会中介机构采用跟踪审计方式实施，并依法实施竣工结（决）算审计；对较大项目（投资额 1000 万元～5000 万元），由审计机关委托社会中介机构进行结算审计；一般项目（投资额 1000 万元以下），由建设单位组织社会中介机构实施，审计机关进行抽查监督。

三是明确职责，防止审计工作越位。按照上级文件"三个不得"要求，新办法进一步明确了审计机关监督职责，明确要求不得参与建设单位管理职责范围内工作，取消了原办法对审计机关从事政府投资项目清单控制价审核的规定。

四是加快转型，推进竣工决算审计。新办法中审计机关今后主要对 1000 万元以上项目在建设单位完整编制竣工决算后，及时进行竣工决算审计，对项目建设全部投入进行监督，对中介机构审计的项目建安结算造价进行复核，加大对投资领域违法违纪、风险隐患、管理漏洞审计揭示和查处力度。构建体系，统筹投资审计全覆盖。（时间：2018 年 04 月 02 日　供稿单位：凤阳县审计局）

（五）扬州邗江区政府出台《扬州市邗江区政府投资项目审计监督办法》

为充分贯彻《审计署办公厅关于进一步规范聘请中介机构参与投资审计工作的通知》和《江苏省审计机关投资审计操作指引（试行）》的相关要求，近日，扬州邗江区政府印发了《扬州市邗江区政府投资项目审计监督办法》（以下简称《办法》），新出台的监督办法重点修改并突出了以下内容：

一是明确审计费用纳入预算。《办法》明确支付聘用协审中介机构审计费用纳入预算，由区财政直接拨付，不再向建设单位收取审计费用，确保审计独立性。

二是明确审计监督范围。根据《江苏省审计机关投资审计操作指引（试行）》正面清单、和负面清单内容，对审计范围进行明确，加大征地拆迁补偿决算审计的力度，做到不越位不缺位。

三是明确协审费用付费标准。在充分调研全市付费标准的基础上，首次以区政府文件形式明确工程跟踪审计、竣工结算审计、竣工决算审计、专项审计调查等付费标准，由区审计局负责考核支付。

四是明确审计质量要求。《办法》降低误差率允许程度到 30％，对协审单位提高质量要求，同时，明确建设单位严格把关送审资料的要求，并增加相应责任条款，进一步控制建设成本，节约财政建设资金。（时间：2018 年 04 月 02 日　供稿单位：邗江区审计局　吴姗姗）

（六）竹溪县审计局出台《政府投资审计项目数据核对及争议事项解决暂行办法》

为进一步提升政府投资审计质量，竹溪县审计局近期制定出台了《政府投资审计项目数据核对及争议事项解决暂行办法》，加强政府投资项目结（决）算审计内部控制，防范审计风险。

一是明确核对场所。该局建立数据核对室，确定作为政府投资建设项目审计场所，用于开展竣工结（决）算等政府投资建设项目审计数据核对和争议事项解决工作。数据核对室安装电子监控摄像和录音设备，配备计算机等必要的办公设施。

二是明确责任人员。政府投资审计项目跟踪监管服务人员根据社会中介机构初审情况，向县固定资产投资建设审计局负责人提出数据核对申请，经同意后，组织建设方、施工方、审计方参与初审数据核对，所有数据核对事项在数据核对室进行。同时，社会中介机构认真做好数据核对记录，并将核对记录报送投资局跟踪监管服务人员备查。

三是明确责任主体。数据核对过程中，发现建设项目送审资料不齐全且影响审计结果的，建设方先向投资局提出补充资料申请，经投资局负责人同意后，跟踪监管服务人员通知建设方，送达补充资料。数据核对中发现漏报工程量且需核增工程造价，建设方向投资局提交工程量核增申请，经跟踪监管服务人员确认，报投资局负责人审核后，按程序完善送审资料。

四是明确争议解决。经过数据核对，出现争议事项，需要召开审计协调会的，跟踪监管服务人员向投资局负责人提交申请，经分管领导同意后，由投资局负责人组织召开建设方、施工方、社会中介机构人员参加的审计协调会。审计协调会由投资局两名以上人员参加，社会中介机构依据审计协调会议结果调整对应审计数据，调整结果发送跟踪监管服务人员审核，并将审核的调整结果告知建设方，由建设方通知施工方复核，如无争议签订三方确认单；若仍有争议，则再次召开审计协调会（原则上不超过三次）直至争议事项解决。

五是明确复核责任。社会中介机构在提交《工程造价咨询报告书》前，通过内部复核，并将内部复核结果上报跟踪监管服务人员。如果跟踪监管服务人员发现审计过程中发现的问题未在《工程造价咨询报告书》中详细阐述的，予以退回。政府投资建设项目审结后，跟踪监管服务人员负责将数据核对记录、争议事项解决记录及社会中介机构内部复核记录等一并归入审计档案。（时间：2018 年 04 月 02 日 供稿单位：竹溪县审计局刘颖）

三、公告概览

(一) 审计署公告

1. 2018 年第 48 号公告对 "十三五" 规划重大工程项目建设的审计情况的披露

本次审计关注重点包括 "十三五" 规划重大工程项目建设。审计发现，部分重大工程项目任务清单不够细化，项目进展缓慢或建成后闲置等。审计重点抽查了部分国家 "十三五" 规划重大工程项目、科技重大专项 (民口) 及部分基础设施建设等推进情况。各部门、各地区能够认真落实国家 "十三五" 规划等工作要求，认真制订推进方案并及时明确责任分工，采取积极措施推进重大项目建设，但纳入国家 "十三五" 规划的 165 项重大工程项目仍有部分事项责任分工和任务清单不够细化，部分项目监测监督不到位，有的项目进度慢；部分科技重大专项 (民口) 立项审批周期较长；47 个基础设施项目逾期未开工完工或建成后闲置。

2. 2018 年第 45 号公告对重大项目建设的审计情况的披露

重大项目建设和财政资金统筹盘活方面。一是部分水利、通讯、铁路、公路等重大项目建设缓慢，质量隐患维修完善工作推进不力或建成后闲置。二是 8 个部门和地区 16.46 亿元财政资金统筹盘活不到位。

(二) 地方审计机关预算执行审计公告

1. 吉林

对 7 个政府性投资项目进行了跟踪审计，通过审计发现，一是集安至通化高速公路等 5 个项目由于多计土石方工程量等原因多计 (结) 工程款 760.6 万元；二是嫩江干流治理工程等 4 个项目应招标不招标，涉及 4884 万元；三是省松花江干流治理工程等 3 个项目部分单项投资超概算未经审批 5483.6 万元；四是鹤岗至大连高速公路小沟岭至抚松段等 5 个项目存在设计变更未经审批、建设用地未履行用地手续等问题。

各责任单位已收回多计 (结) 工程款 316.3 万元、调整超概算投资 677 万元。

2. 甘肃

省审计厅重点对白疙瘩至明水高速公路等 16 个省列重点项目建设、土地征用费及竣工决算情况进行了审计。审计结果表明，项目建设单位和有关市县强化协调配合，加强项目和资金管理，积极推动项目建成。审计发现的主要问题：一是基本建设程序方面。永登至古浪公路等 6 个工程项目 6991.95 万元的子项目未公开招投标；白疙瘩至明水高速公路等 3 个项目在初步设计批复前开展子项目招投标工作；瓜州至敦煌公路等 4 个项目未办理施工许可证等手续开工建设；黄河兰州段防洪治理工程等 6 个项目建设用地未批先用；庆阳机场扩建工程擅自调整概算 101.31 万元，违规发包 47.03 万元的坡道等工程；省妇幼保健院保健医疗综合楼改扩建工程等 2 个项目未办理消防等验收手续便投入使用。二是工程管理方面。永登至古浪公路等 2 个项目超概算投资 9.6 亿元；黄河临夏段防洪治理工程等 3 个项目因拆迁难度大等原因建设进度缓慢；成县至武都高速公路等 3 个项目未及时批复工程变更等手续；庆阳机场扩建工程等 4 个项目签订合同与招投标文件不一致、未向主管部门备案；临夏至合作高速公路等 3 个项目因前期工作不到位等原因导致建设成本增加 4722.64 万元。三是工程结算方面。瓜州至敦煌公路等 5 个项目多计工程价款 8972.95 万元；白疙瘩至明水高速公路等 5 个项目列支概算外支出、虚列待摊投资等导致建设成本不实 11.4 亿元；庆阳机场扩建工程等 2 个项目未按合同约定支付工程预付款 2097.19 万元；古浪县等 2 县 6 家单位违规用现金支付征地补偿款 2880.12 万元。四是资金管理使用方面。天祝县等 2 县区 6 家单位和 8 名个人套取项目征地补偿款等资金 282.71 万元；临夏至合作高速公路等 9 个项目建设中项目主管单位挤占挪用专项资金 5385.87 万元用于其他支出；永登县等 2 县 8 乡镇公款私存征地补偿款 673.4 万元；肃北县等 2 县超范围使用征地补偿款 112.67 万元；黄河玛曲段防洪治理工程等 2 个项目因征地拆迁进度缓慢闲置征地费等资金 3.9 亿元；成县至武都高速公路等 3 个项目建设单位应缴未缴耕地占用税等 1155.2 万元；永登至古浪公路等 4 个项目配套资金 7.8 亿元未到位。

全省 PPP 投资模式现状审计情况。重点审计了兰州市等 8 市州已实施的 40 个 PPP 项目。审计结果表明，各级政府大力推广运用 PPP 投资模式，以政府投入资金吸引社会资本参与项目建设，对推进政府职能转变、缓解财政资金压力发挥了积极作用。审计发现的主要问题：一是项目管理方面。兰州新区地下综合管廊及轨道交通项目停工造成损失浪费；兰州新区、临泽县等 5 县区政府部门与项目公司签订的 PPP 协议或特许经营权，变相承诺保底收益，增加政府隐性债务风险。二是项目筛选方面。PPP 项目发起阶段由于受政府财政承受能力等因素的制约，各级政府未严格对项目进行识别与筛选，将一般项目按 PPP 模式上报入库；省市 PPP 项目库信息更新不及时，存在项目重复等信息不共享的现象。三是项目建设方面。会宁县城市集中供热改造工程等 8 个已开工项目未办理建设工程许可证等手续擅自开工，兰州新区第四污水处理与水循环利用中心等 6 个项目未编制项目采购文件；会宁县城市集中供热改造工程擅自扩大建设规模；庆阳市海绵城市等 2 个项目进展缓慢，闲置资金 6.84 亿元。

3. 湖南

继续对 48 条高速公路建设项目实施跟踪审计，当年核减造价和节约投资 5.06 亿元。审计发现的主要问题：一是工程造价管理把关不严。项目公司多计工程价款 3.96 亿元，其中：部分工程因未按计量规则计量、结算单价套用错误、未按原设计图纸施工等，导致计量多计工程价款 4165.4 万元、结算多计工程价款 2.24 亿元；部分工程因设计变更及单价计算不严谨或定额套用有误等，导致工程计量台账多计 4045.08 万元、工程变更多计 8924.02 万元。二是未严格落实招投标管理相关规定。例如：大岳洞庭湖大桥项目公司擅自同意中标单位更换沥青摊铺分包人；安化县马安高速公路建设协调指挥部直接指定 1 家公司实施征拆测绘，并将项目拆分规避招投标，签订 18 份合同，涉及金额 263.66 万元。三是项目合同管理不合规。益马高速等 5 个项目委托科研单位实施 22 个科研试验项目，未在合同约定时间提供或完整提供成果资料，涉及合同金额 1947.16 万元；大岳洞庭湖大桥等 2 个项目未严格执行合同，应收未收违约金 470 万元；益南高速等 5 个项目存在项目先实施后补签合同的现象，涉及 13 份合同、金额 234.39 万元。四是项目工程建设管理不规范。炎汝高速勘察设计不严谨，导致变更增大桥梁主跨跨径，增加造价 2389.47 万元；益娄高速、莲株高速 2 个项目重复计列服务区房建、机电工程的设计费用 1084.94 万元；炎汝高速等 7 个项目有 1677.4 万元投标保证金未及时退还，有的超过 8 年。五是项目征地拆迁管理不到位。永吉高速等 6 个项目征拆费超概算，批复征拆费概算 43.06 亿元，实际发生 68.12 亿元，超概 58.2%，最高的达 134.4%；莲株高速株洲市芦淞区等 3 个征拆指挥部，对高速公路征拆资金未按规定设立专户管理，涉及资金 3.07 亿元。

针对上述问题，审计提出了加强合同管理，促进资金安全高效使用；加强概算管理，强化概算刚性约束；加强征拆资金监管，妥善解决征拆遗留问题等建议。

在 2017 年度省级预算执行和其他财政收支审计中，省审计厅共发现并移送案件线索 64 起，其中：移送纪检监察机关 55 起、移送公安机关 6 起、移送主管部门 3 起。

4. 四川

进一步加强对重大投资项目的审计监督，重点对 342 个省市重大项目进行跟踪审计，对 3181 个政府投资项目实施竣工结（决）算审计。审计结果表明，政府投资为促进全省经济社会健康发展起到重要作用，各相关部门和业主及参建单位不断提升管理水平，政府投资领域综合治理取得成效。审计发现的主要问题：

一是建设用地和环保水保等政策执行不到位的问题仍较突出。由于土地利用规划调整、临时用地复垦方案审查等报征要件准备不充分等原因，11个市州的 28 个项目存在土地未批先用、违规征地等问题，涉及土地 2.67 万亩。部分地方征地拆迁工作不规范，存在虚报冒领、挪用套取征拆资金和安置进度严重滞后导致过渡费增加等问题。一些地方未严格执行环保水保政策，18 个市州的 103 个项目在未获得环保水保批复的情况下开工建设，部分高速公路项目未严格落实水土保持方案设计要求。

二是部分项目建设资金管理使用不合规。存在违规出借财政资金、闲置建设资金、超付工程进度款等问题，涉及项目 60 个、资金 46.39 亿元。例如，华蓥市交通运输局向 2 个 BT 项目投资人违规出借财政资金 1406 万元；眉山市凯盛光伏项目建设资金 1.30 亿元闲置超过两年。

三是监管机制还不够健全。部分项目主管部门、参建单位未认真履职尽责，损失浪费等问题时有发生，涉及 6.54 亿元。如龙马潭区鱼塘镇龙溪河防洪治理工程、胡市镇农村公路安保工程的建设和监理单位未尽职审核竣工资料，施工单位以虚假工程量套取国家资金 140 余万元。部分建设单位采取直接指定、肢解发包等方式规避招投标、比选，涉及 159 个项目、金额 12.24 亿元。例如，平昌县星光工业园安置房（二期）建设项目，未按规定进行公开招标选择设计单位，涉及金额 2262 万元。

四是政府非经营性投资项目代建制亟待完善。省代建办和省代建中心"两块牌子、一套人马"，职责边界不清，专业能力配备不足，2006 年实行代建制以来，省代建办未按要求建立管理规则、实施细则等制度。抽查 22个代建项目发现，已完工的 13 个项目中有 11 个超工期，其中 3 个超工期 3年以上；存在合同外新增投资的情况，如省美术馆新馆项目新增投资 2642

万元，占原合同金额的 22.82%；部分代建项目存在违纪违规问题，如省广电中心项目边设计边施工造成损失浪费 617 万元。

此外，全省各级审计机关继续加强政府投资项目竣工决（结）算审计，审减工程投资促进节约资金（挽回损失）57.67 亿元。

5. 山西

2017 年，省审计厅对全省 28 条公路和 3 条铁路等政府投资项目进行了审计。审计结果表明，相关单位积极采取有效措施，加强项目管理，较好地完成了建设任务，改善了城乡基础设施条件。审计发现的主要问题：

一是部分项目建设进度缓慢，资金使用效率不高。2017 年全省计划投资 8.51 亿元新建、改建的 14 条干线公路，有 7 条公路尚未开工建设，闲置资金 8475 万元；集中连片特困地区 10 条改建公路有 4 条公路未按期完工，闲置资金 4.63 亿元。

二是部分项目招投标管理不严格。概算投资 49.75 亿元的阳大铁路在铁道第三勘察设计院已基本完成初设情况下，将初设纳入总承包招标范围，并采取限定初设报价方式排斥其他投标人，最终该院中标；晋城 207 线和神河高速工程先确定勘察设计、监理单位后组织招投标，涉及合同金额 1706.69 万元；潞能铁路、神河高速的 3 个项目未经招投标直接确定施工单位和材料供应商，涉及合同金额 1.42 亿元。

三是部分项目存在超概算、多计工程款等问题。吕梁太克二期等 3 条干线公路和静静铁路项目超概算 1.76 亿元；神河建管处、清洁能源公司和静静公司 3 个项目单位无依据、超标准支付征地拆迁补偿款、协调管理费 1440.2 万元；神河高速和 10 条干线公路多计工程款 7162.01 万元。

针对上述问题，审计机关已依法出具审计报告、下达审计决定，要求有关部门和单位予以改正；对制度、政策不完善的问题，已分别向有关部门和领导机关提出审计建议；对违纪违法的案件线索，已移送有关部门处理。目前，有关部门单位正按照审计机关作出的审计决定和审计建议，采取措施认真进行整改。

6. 广西

对全区 47 个交通、水利、城建等重点建设项目实施跟踪审计。各重点项目累计完成投资 1681.72 亿元，累计通车里程 3244.43 公里，完成建筑面积 74.84 万平方米，完善了全区高速路网，提高了全区水运、民航运力，提升了市政、文化等基础设施。但审计也发现一些问题，涉及金额 59.74 亿

征地拆迁进展缓慢、资本金未到位以及规划问题等原因，建设推进缓慢。其中，有 15 个项目或项目的部分子项工程未按计划开工建设；有 16 个项目进展缓慢，2017 年 1 月至 10 月完成投资共 18.07 亿元，仅占 2017 年计划投资 107.2 亿元的 16.85%。

9. 海南

对省 18 个重点项目和市县 60 个重点项目进行预算执行和政策跟踪等审计，投资金额 212.42 亿元，审计金额 120.12 亿元，发现违规金额 7.99 亿元、损失浪费金额 0.16 亿元，促进增收节支 6.17 亿元。审计发现的主要问题：

一是围绕"乡村振兴战略"开展农村公路审计。对 7 个市县农村公路进行审计发现，2 个市县部分项目招投标工作不规范，围（串）标问题突出；7 个市县部分项目施工单位偷工减料，对非交通部门实施的 183 个标段农村公路进行审计，有 129 个存在不修路肩、减少或不做级配碎石垫层、缩减路面结构层厚度等质量问题，占抽查数量的 70.49%，造成财政资金损失 666.07 万元；2 个县项目超标准多计勘察设计和代建费用 343.91 万元。

二是围绕推进重点项目建设开展审计。审计发现，63 个重点建设项目进展缓慢，其中应开工未开工 15 个，应完工未完工 30 个，达不到序时进度 18 个；3 个项目违规多计工程造价 6.06 亿元；5 个项目违规招投标，涉及资金 76.44 亿元；15 个项目工程管理不规范，存在先概算包干、后编制概算，缺项审批，未办理相关许可证即开工建设，合同签订不规范以及超概算等问题；违规使用项目资金 1.89 亿元。

10. 陕西

对 6 个工程项目开展竣工决算审计或跟踪审计，核减工程造价 1.36 亿元。审计发现的主要问题：2 个项目未批先占、未批先建；4 个项目未招标或违规招投标；2 个项目超概算或概算外投资；3 个项目多列建设成本；2 个项目财务管理不规范；2 个项目挤占建设资金。此外，个别项目还存在违规转包工程、违规出借资金、无接待函列支接待费、少缴税费等问题。

11. 黑龙江

审计了 12 个政府投资重大基础设施建设项目，审计资金 81.41 亿元。发现存在合同价款与实际不符、工程变更单价偏高、未招标工程预算编制偏大、会计核算不规范等问题，其中：4 个项目核减工程投资 9.76 亿元，审减率达 11.98%；1 个项目挤占挪用项目资金 49.46 万元；5 个项目会计核算不规范 7.61 亿元；3 个项目建设单位、监理管理不到位，施工单位偷工减料，存在工程质量和安全隐患问题。

12. 上海

重点审计了市级建设财力安排的 4 个医院项目、10 个市政工程项目竣工决算情况，以及轨道交通建设项目管理情况，审计发现的主要问题：

一是轨道交通自主招标项目采购流程不规范。抽查申通集团自主招标采购的 319 份合同发现，有 289 份合同涉及的采购流程不规范，评标专家未从专家库中抽取，全部由该公司内部人员担任，涉及合同金额共计 37.4 亿元。

二是市政工程项目竣工验收手续办理不及时。8 个项目因建设程序履行不到位，未及时办理竣工验收手续。例如，北翟路中环线立交工程项目于 2010 年 4 月建成通车，但截至 2017 年年底，尚未办理竣工验收备案手续。

三是医院项目超概算投资较为突出。3 个项目因概算编制不准确、重大设计变更等原因，超概算投资合计 1.3 亿元。例如，龙华医院国家中医临床研究基地项目因装饰工程概算指标偏低等原因，超概算 5691.64 万元，超概算比例 15.96%。

审计指出问题后，个别违规出借的保障房项目贷款资金已全额收回，3 个超概算的医院项目已上报主管部门申请调整预算，申通集团已在自主招标平台专家库中增补了 560 名社会评标专家。其余问题有关单位正在研究整改。

13. 湖北

15 个政府投资建设项目审计情况。

组织对麻竹高速、武汉城市交通、恩施清江上游环境治理、荆州古城保护修复、农业产业开发等 15 个政府投资和国外贷援款重点建设项目进行了审计。这些项目计划总投资 411.53 亿元，实际到位资金 276.07 亿元，其中：政府投资 245.1 亿元，国外贷款 4.74 亿美元（折合人民币 30.97 亿元）；实际完成投资 273.04 亿元。审计结果表明，政府投资和国外贷援款项目资金的使用，对推进完善我省综合交通枢纽、区域环境治理、生态农业产业化建设和促进中部区域经济繁荣等发挥了积极作用。在推进项目建设中，各项目主管部门不断完善内部管理制度，建立健全相关监督管理机制，督促项目单位规范资金管理，提高工程项目质量和外资利用水平，工程进度和质量总体较好，工程建设中的违纪违规问题明显减少。审计发现的主要问题：

一是部分项目招投标和建设管理不规范。个别项目未经公开招标直接指定施工方，涉及中标金额 312.89 万元；3 个项目的中标单位涉嫌围标、串标,中标金额 13786.44 万元；少数施工单位不符合投标条件或借用资质中标工程项目,中标金额 4660.21 万元。8 家中标单位将 5 个项目部分工程转包分包给 17 家单位和 10 名个人施工,金额 4.6 亿元,其中将 4.33 亿元工程转包分包给无资质、不具备相应资质或未备案的单位或个人。例如,中铁十一局集团有限公司将麻竹高速部分隧道、路基路面工程分包给 11 家不具备相应资质的单位施工,金额 3.12 亿元。

二是多计多付工程款,违规增加建设投资 8613.28 万元。其中：3 个项目 9 家施工单位虚报重报工程量或高套结算单价多计工程款 2661.62 万元、不按设计施工多计工程款 3414.22 万元、不按合同约定调整材料价差多计工程款 2537.44 万元；多计的工程款已支付项目施工单位 8236.41 万元。

三是超范围列支、截留挪用征地拆迁费 4029.36 万元。部分乡镇政府将拆迁补偿费用于咨询公司等企业奖励和经费补助 868 万元、超标准多支付征迁补偿款 151.19 万元；少数乡镇将截留的征地补偿款 2961.27 万元存放在资金专户；保康县麻竹高速公路建设工程协调指挥部挪用征地拆迁补偿费,用于发放加班补助和交通费等 35.57 万元,购买土特产和工艺品等 13.33 万元。

四是部分项目进展缓慢。4 个项目因前期设计准备不充分、征地拆迁不到位,截至 2017 年年底,实际完成投资 37.54 亿元,占年度计划总投资的 52.4%。

审计指出问题后,相关单位已下拨截留资金 2961.27 万元、归还原渠道资金 1444.96 万元,扣回高估冒算工程款 8236.41 万元。

14. 新疆

重点对 41 个政府投资项目进行了审计,审计资金总额 97.84 亿元,审计发现的主要问题：

一是 30 个项目因不符合工程计量、计价定额标准,违反招标文件、施工合同及超付工程款等原因,导致多计工程造价 8306.13 万元。二是 6 个项目未严格执行基本建设程序,存在未批先建等情况。三是 31 个项目招标投标工作不规范,存在应招标未招标、评标不规范等问题,涉及金额 3.12 亿元。四是 10 个项目非法转包、未按设计图纸施工,涉及金额 7093.6 万元。五是 10 个项目施工质量监督检测工作不规范。

15. 天津

东南部重点区域开发建设项目审计。重点审计了黑牛城道两侧基础设施和解放南路公建项目。审计发现的主要问题：一是市排水管理处第九排水所承建的复兴河打坝工程多计工程款 123 万元。二是城投置地公司将其承建的社区文体中心项目资金 146 万元，用于其他工程项目。三是海河公司对个别工程项目管理不到位，缺少设计文件和工程量清单等资料，无法准确反映施工全过程。

轨道交通工程项目审计。对轨道交通集团组织实施的地铁 5 号线等 8 个工程项目进行了联网审计。审计发现的主要问题：一是地铁集团未经招标，与 37 家单位签订 181 份管线切改合同或三方协议，合同金额 1.7 亿元。二是中铁一局天津公司将其中标的部分项目，违法分包给中煤隧道工程有限公司等 2 个单位，合同金额 1.6 亿元。滨海路桥等 2 个承包单位 12 份分包合同未履行备案手续，合同金额 3798 万元。三是地铁 2 号线等施工项目，27 个已结算合同多计造价 105 万元。

16. 西藏

2017 年，根据齐扎拉主席关于"加大政府投资审计工作力度""可采用向社会购买服务方式解决审计人力资源不足问题"的指示精神，审计厅积极转变审计思路、创新审计方法，通过政府采购聘请中介组织参与审计工作，对拉萨河干流河道治理部分工程项目等 7 个固定资产投资项目进行了审计，查出违规资金 3.58 亿元，全年审计核减工程价款 8905 万元，核减率达到 6%，固定资产投资审计提质增效明显。审计主要发现以下问题：

一是工程和项目管理不到位。一是工程建设项目管理不规范。5 个项目的建设单位、监理部门审核把关不严，导致多计（核减）工程结算价款 8883.50 万元。6 个项目的部分工程和勘察设计未进行或违规招投标，涉及金额 6.73 亿元。2 个项目的中标工程建设单位，违规转（分）包，涉及金额 1.08 亿元。2 个项目概算投资控制不严，部分项目超概算投资 2308.45 万元；二是项目审批、监管不严。1 个县虚报本县"4·25"灾后重建民房 20 户，套取财政资金 300 万元。2 个项目因监管维护不到位，部分国有资产面临损失，涉及资金 833.7 万元。1 个项目因擅自变更设计内容，造成工程投资增加 1343.64 万元。1 个项目占用的 1000 亩耕地未开展补充开垦工作，涉及资金 350 万元。

二是基本建设财务管理不规范。2 个项目未及时分配兑现集体草场补偿和征地补偿款 4771.74 万元。3 个项目结余资金 4677.8 万元未及时上缴财政。4 个项目的建设资金被挤占挪用，用于其他无关项目支出 1241.29 万元。3 个项目的财务管理内部控制不严，导致工程造价增加、多付合同价款

905.43 万元。2 个项目的部分工程项目未按规定收取履约保证金 1.4 亿元，未及时退还保证金利息 311.96 万元。

三是项目资金管理不规范。2 个县未及时拨付部分"4·25"灾后重建项目工程款 1482.03 万元。1 个县违规提前支付部分"4·25"灾后重建项目工程款 6342.08 万元。1 个区直部门未按合同约定收取违约金 1635.54 万元。

17. 江西

对全省城市地下综合管廊建设专项审计发现的主要问题：有些项目在专项规划尚未编制完成或尚未批复的情况下，已开工建设；有些项目建设进度滞后，部分项目因进展缓慢，相关资金闲置未发挥效益；一些项目基本建设手续不齐备即开工建设；有些项目未按规定履行招投标程序；部分已基本建成项目，管线入廊营运进展缓慢，工作滞后。

对部分新建医院建设项目投资审计调查发现的主要问题：部分医院建设项目未经批准超概算投资；部分医院将工程项目未经招投标直接发包或虚假招标；部分地区医院的施工单位违法转包工程，从中收取管理费。

18. 江苏

全省"四好农村路"建设专项审计情况。

省审计厅组织对全省 2016 年和 2017 年"四好农村路"建设情况进行了审计，涉及省级财政资金 73.42 亿元、94 个涉农县（市、区，下同）和 4 个省本级项目单位。从审计情况看，2016 年以来，全省共完成新改建农村公路里程 8433 公里，新改建农村公路桥梁 2070 座，实施农村公路安全生命防护工程建设里程 11181 公里，农村公路安全便捷通行条件显著改善，通达水平、技术等级全国领先，农村运输服务水平快速提升，"四好农村路"建设取得阶段性成效。审计发现的主要问题：

一是农村公路养护经费稳定增长机制尚未建立，"重建轻养、以建代养"情况较为突出。从省级层面看，列养里程和面积逐年增加，但省级养护补助标准仍按 2014 年确定的 5.61 亿元基数拨付，未建立与之配套的增长机制。从地方层面看，部分县农村公路养护经费投入不足，全省 53 个县两年的养护经费均为零增长或负增长，16 个县县乡级配套资金很少甚至无配套。苏中、苏北的 42 个县达不到县乡村道大中修工程年度养护的规模标准，其中 18 个县两年均无大中修支出。经费不保障、养护不到位和维修不及时，导致部分道路、桥梁破损严重，安全防护设施不全，影响了正常通行，并存在安全隐患。

二是部分县农村公路建设债务负担过重，完成建设目标存在较大资金压力。2016 年和 2017 年，34 个县为筹措农村公路建设资金，通过融资平台公司分别贷款 27.39 亿元、18.46 亿元，占年度到位配套资金的比例分别为56.92％、38.68％。按照省 2018－2020 年提档升级三年行动计划，到 2020年各地需配套建设资金 110.5 亿元，资金筹措压力较大。

三是农村公路提档升级工程省级引导资金下拨不及时。2016 年省级引导资金安排 31.2 亿元，截至 2018 年 5 月，仍有 2.99 亿元未下拨。已下拨的 2016 年、2017 年省级引导资金中，尚有 1.69 亿元滞留在县级财政或交通等部门，没有发挥财政资金使用效益。

四、前景展望

（一）前景展望

从各地方的经验看，投资审计工作围绕重大投资项目、基础设施项目、重点民生工程成效明显，为政府增收节支发挥了重要作用。随着新时期工作形势变化，投资审计工作也面临改革和转型，特别是要充分认识进一步规范投资审计工作的重要性，务必理解和认识到国家审计机关从原有的参与建设管理和提供服务的审计模式中脱离出来的法治要求，正确处理好拓展与回归、审计监督与审计服务的关系，确保依法审计落到实处。

（二）潜在的改进之处

一是审计的计划性，对比 2015－2018 年审计发展报告的总结，可以发现一些地方在固定资产投资审计的计划性、连续性方面存在薄弱环节。为此，审计机关要进一步完善和规范投资审计，要围绕重大项目、重点项目、基础设施、民生工程、精准脱贫项目开展好政府投资的审计监督，要有计划安排审计；所有项目都要由建设单位按规定认真组织审核，审计机关按照审计监督权，可根据情况和需要进行抽查。

二是审计重点有待进一步加强。从 2018 年各地区固定资产投资审计采取的措施和审计结果看，固定资产投资审计的重点仍没有完全摆脱传统投资审计观念的束缚。按照相关要求，重点项目决算审计要有计划地事后监督、重大工程跟踪审计要有计划地阶段性进行、审计机关不再开展招标控制价审计及土地收储成本评审，各单位要协调解决好与招标控制价审计及土地收储成本评审相关的工作。

三是审计程序要更加规范。按照去年发布的文件精神，工程结算以审计结论为依据的限制性条款不应再出现。各项目管理和建设单位，在今后的制度文件中不应再出现工程结算以审计结论为依据的限制性条款，要积极配合做好投资审计工作，同时进一步强化项目管理，进一步厘清职能职责，确保各个项目顺利推进。

分报告 7：资源环境审计发展状况与前景展望

2018 年是资源环境审计阔步前进的一年。制度建设层面，两省八地出台了领导干部自然资源资产离任审计实施意见，一些地方还出台了配套的评价办法；经验探索方面，各地纷纷在加强领导、明确目标、突出重点、狠抓整改落实方面采取措施，领导干部自然资源资产离任审计、水资源审计、大气污染防治审计有序推进；技术方面，地理信息技术 GIS、遥感技术 RS、GPS、ARCGIS（奥图信息技术）、无人机测绘、大数据分析遍地开花。

一、经验探索

2018 年资源环境审计在管理方面、技术方面都有所创新，技术方面创新尤为突出，也取得了丰硕的成果。

（一）资源环境审计管理方面的探索创新

1. 唐山市审计局采取七项有力措施全面推进领导干部自然资源资产离任审计

按照审计署领导和省厅领导来唐调研指导要求，唐山市审计局通过采取七项有力措施，全面推进领导干部自然资源资产离任审计，充分发挥好审计"经济卫士"的监督职能，以审计促发展、促环保，加快推动唐山绿色发展、高质量发展。

一是加大组织推动力度。依据上级相关文件精神，尽快推动出台《唐山市关于加强领导干部自然资源资产离任审计的意见》。建立全市领导干部自然资源资产离任审计工作议事协调机构，由审计部门牵头，成员由相关部门组成，强化部门联动，完善工作保障，加强检查督促，确保有力有序推进。

二是加大宣传引导力度。积极协调全市主要媒体设置专题专栏，多角度、全方位地宣传开展自然资源资产审计的重要意义、总体目标、基本原则、主要任务和重点内容，扩大审计的影响，切实引起全市各级领导干部和相关部门的高度重视，提高自觉履行生态环境保护责任的积极性和主动性。近日，《唐山劳动日报》记者就"加强领导干部自然资源资产离任审计、助推全市生态环境保护"，对市审计局党组书记、局长王洪江同志进行了采访，《唐山劳动日报》头版刊发了专题报道。

三是加大工作指导力度。市局研究制定《领导干部自然资源资产离任审计工作指导意见》，进一步明确审计工作的指导思想、目标任务和方式方法，有针对性地指导全市审计机关制定翔实具体的审计工作方案，切实按照"五统一"的要求组织审计进点会、实施现场审计、撰写审计报告，确保审计工作扎实有效推进。

四是加大业务培训力度。以机关每月集体学习制度为依托，制定领导干部自然资源资产离任审计培训计划，确保系统性、针对性、实效性。6月组织一次领导干部自然资源资产离任审计专题培训，邀请审计署资环司专家对全市审计人员进行辅导培训，加强对资源环境领域专业知识的深入学习和理解掌握。积极开展以审代训，对今年市局组织实施的领导干部自然资源资产离任审计项目，由市局统一组织，从各县（市、区）审计机关各抽调精干人员参与审计，通过审计实践，有效提高基层审计人员的业务能力和综合素质。

五是加大业务研讨力度。在《唐山审计》杂志、审计内外网、机关微信群开辟专栏，加强领导干部自然资源资产离任审计业务研讨交流。今年下半年，以领导干部自然资源资产离任审计为主题，举办第六届审计科学发展论坛，认真贯彻落实审计署、省厅领导有关指示要求，总结交流近年来全市审计机关开展领导干部自然资源资产离任审计工作的经验和做法，研究探讨新时代领导干部自然资源资产离任审计的思路和措施，通过开展相互交流，促进领导干部自然资源资产离任审计工作水平得到不断提升。

六是加大项目审计力度。对列入今年领导干部自然资源资产离任审计的项目，以市局农业与资源环保审计处为主，抽调全系统精干力量，倾力组织实施。从今年开始将水资源、土地资源、矿产资源管理及大气污染防治等内容，列入领导干部经济责任审计的重点内容。加强市县两级审计机关领导干部自然资源资产离任审计统筹管理，要求各县（市、区）审计机关科学制定审计计划，针对不同类别自然资源资产和重要生态环境保护事项，抓住重点领域、关键环节和主要问题，结合领导干部岗位职责特点，确定审计内容和重点，增强工作的科学性和系统性。2018 年，各县（市、区）审计机关均要安排 1 个以上领导干部自然资源资产离任审计项目。

七是加大协调配合力度。积极争取全市各有关部门的大力支持和协助，努力形成工作合力。争取信息支持，主动与有关部门沟通，收集土地、森林、矿山、水文、大气等各类资源数据和信息，加快探索自然资源资产大数据平台建设；争取设备支持，与国土、海洋、农牧、林业等相关部门协调，掌握测绘、丈量、检验等必要的审计工具和设备；争取人才支持，建立专家库，争取有关业务部门和第三方专业机构人才的技术支持，推动大数据、地理信息技术和计算机技术在自然资源资产审计中的运用，不断提高工作效率和审计质量。（时间：2018 年 04 月 03 日　供稿单位：唐山市审计局）

2. 南阳市审计局采取四项措施探索创新自然资源资产离任审计

一是加强组织领导。该局成立了以局主要领导为组长、分管领导为副组长，总师、办公室、法制科、监察室、业务科负责人为成员的自然资源资产离任审计领导小组，同时由分管领导担任审计组组长，常驻审计一线，加强对审计工作的领导和工作协调；根据承担任务业务科室力量不足的实际情况，充实审计队伍，从其他业务科室或县区审计局抽调业务骨干充实到审计组，明确责任，细化分工，成立土地、林业、环境、水利等审计小组并指定工作经验丰富的同志担任审计组主审，为实施审计提供人员保证。审计实施前，组织所有参审人员进行审前培训，认真学习审计工作方案，明确有关自然资源政策、法规，自然资源工作中常见的问题及原因等内容，使大家做到心中有数，以便能够尽快适应自然资源审计工作，尽早进入工作状态。及时听取汇报。局主要领导及时听取汇报，掌握审计进展情况，帮助解决审计中遇到的困难和问题，促进审计工作顺利开展。

二是明确审计目标。重点是围绕饮用水、大气等人民群众生产生活最为密切相关的资源环境领域，摸清被审计领导干部任职期间所在地区重点自然资源资产实物量和生态环境质量状况变化情况，客观评价领导干部履行自然资源资产管理和生态环境保护责任情况，着力揭示和反映被审计地区人民群众最关心、最迫切需要解决的资源环境领域"短板"问题，推动当地防范和消除生态环境风险隐患，督促领导干部切实树立绿色发展理念，切实履行自然资源资产管理和生态环境保护责任，促进领导干部守法、守纪、守规、尽责，推动解决自然资源资产和生态环境领域突出问题，维护人民群众利益。

三是突出审计重点内容。审计过程中，坚持以领导干部任职前后重点自然资源资产实物量及生态环境质量状况变化为基础，以其任职期间履行自然资源资产管理和生态环境保护责任为主线，重点关注贯彻落实中央和省委省政府关于生态文明建设重大决策部署情况，遵守自然资源资产管理和生态环境保护法律法规情况，自然资源资产管理和生态环境保护重大决策情况，自然资源资产管理和生态环境保护目标完成情况，领导干部履行自然资源资产管理和生态环境保护监督责任情况，自然资源资产开发利用和生态环境保护相关资金和项目管理情况。通过审计，促进领导干部增强保护自然资源资产的法律意识、责任意识，提高自然资源资产的合理开发利用水平，推进资源环境保护政策得以有效落实。

四是狠抓审计整改落实。例如，对方城县政府原主要领导自然资源资产离任审计（试点）后，审计部门提出了加大土地、矿山、环境监管长效机制建设等审计建议。方城县委、县政府高度重视，召集相关部门认真研究，明确责任，限期整改落实。县委、县政府出台了《关于加强自然资源资产管理的意见》，县国土局制定了《矿产资源管理动态巡查制度》《矿产资源储量核实和储量动态检测监督管理制度》《矿山地质环境保护和治理监督管理制度》《土地监管巡查制度》，县环保局制定了《环境执法督察制度》，方城县环保局、发改委、工信部门制定了《建设项目审批备案通报制度》等，促进了自然资源资产管理的规范化科学化。（时间：2018 年 10 月 11 日　供稿单位：南阳市审计局）

3. 张掖市审计局四个方面夯实领导干部自然资源资产离任审计工作

今年以来，张掖市审计局高度重视党政主要领导自然资源资产审计发现的问题，采取三项措施，扎实推进审计整改。

一是主要领导亲自抓，强化整改责任。市委、市政府主要负责人召开了所有涉及县区和部门单位参加的整改工作推进会议，专题研究整改事项，动员部署和协调推进整改工作，促进审计整改全面落实。

二是从严从细制定方案，强化整改措施，要求涉及的县区和部门单位逐项认领问题，"一把手"切实担负起整改工作的责任，并制定了详细的整改方案，建立问题整改台账，靠实工作责任，确保问题整改坚决彻底。

三是对标跟踪督查，强化整改时效。建立审计局督查与督查考核局督办双督制，对应法规政策之"标"，对应整改时限之"表"，层层传导压力，进一步加大了整改力度，提高了整改实效。（时间：2018 年 10 月 11 日　供稿

单位：张掖市审计局　安颖超）

4. 武威市委、市政府采取多项措施加强自然资源资产审计整改

今年以来，武威市委、市政府高度重视自然资源资产审计发现的问题，采取多项措施，加强审计整改，确保整改落实到位。

一是迅速成立了由市委、市政府分管领导任组长的双组长负责制整改工作领导小组，召开市委常委会、领导小组会、市长办公会专题研究部署整改工作，对县区、相关部门提出了提高政治站位、转变思想观念，紧盯问题、靠实整改责任，狠抓落实、全面整改，举一反三、完善长效机制的具体要求。

二是制定了《武威市党政主要领导干部自然资源资产离任审计反馈问题整改方案》，对审计发现的问题事项，逐项制定整改要求，细化整改措施，明确责任单位，确定督导单位，限定完成时限，确保整改落实到位。

三是市审计局建立了整改台账，实行清单管理，明确整改目标、时限，加强督促检查；市委督查室、市政府督查室和市审计局联合建立整改联合通报制度，实行一月两通报。对责任不落实、整改不彻底的，将严肃追责问责，对审计处理意见要求追责的，将严厉查处，确保整改落实到位。（时间：2018 年 10 月 11 日　供稿单位：武威市审计局　高博、付春年）

5. 伊春市审计局采取有效措施认真开展自然资源资产离任审计

伊春市审计局在开展新青区领导干部自然资源资产任中审计时，结合地区自然资源禀赋特点，将森林资源、水资源和生态环境保护作为自然资源资产的重点审计内容，认真落实领导干部自然资源资产审计工作。

一是聚焦重点，确定审计方向。该局重点关注贯彻执行中央生态文明建设方针政策和决策部署，遵守自然资源资产管理和生态环境保护法律法规、重大决策、目标完成、监督责任落实及资产开发利用、生态环境保护相关资金和项目管理等情况。通过督促协助领导干部算好"生态账"，促进自然资源资产节约集约利用和生态环境安全，推动领导干部切实履行自然资源资产管理和生态环境保护责任。

二是创新方法，提升审计效率。该局打破常规审计思路，通过与各资源管理部门座谈交流等方式，积极探索运用区政府和行业主管部门已有的监测技术方法、监督检查手段，结合审计人员实地踏查情况，查找疑点后综合分析提炼，提高审计效率。

三是部门联动，提高审计质量。该局积极与林业、水利、保护区管理部

门合作，建立专家档案和专家库。在资源审计中，联合资源林政管理、营林造林、森林调查部门具有丰富知识和实践经验的外部专家，通过直接参加审计项目的方式，现场指导开展自然资源资产审计工作，弥补审计人员专业技术方面的不足，提高审计质量。

四是审慎评价，促进审计升级。该局准确把握"三个区分"原则，践行审计监督新理念，在坚持依法审计、客观求实、鼓励创新的原则下，审慎做出结论和处理。对审计中发现的损毁自然资源和损害生态环境的，依法依规进行问责追责，促进领导干部守法、遵规、尽责。（时间：2018 年 06 月 06日　供稿单位：伊春市审计局）

6. 南阳市采取三项措施做好全省污染治理与环境保护政策落实及专项资金绩效情况专项审计调查工作

为做好全省污染治理与环境保护政策落实及专项资金绩效情况专项审计调查工作，南阳市采取三项措施，认真组织，确保工作落实。

一是科学组织力量。全市参加审计人员 119 人，其中市审计局 25 人，共分为 11 个审计组，对郑州市本级及 10 个县区开展污染治理与环境保护政策落实及专项资金绩效情况专项审计调查。

二是搞好审前培训。组织参审人员参加省审计厅举办的全省污染治理与环境保护政策落实及专项资金绩效情况专项审计调查培训视频会议，同时市审计局组织全市参审人员认真学习了省审计厅印发的全省污染治理与环境保护政策落实及专项资金绩效情况专项审计调查方案及相关的法律法规，并提出了做好此项工作的纪律和质量要求。

三是精心组织实施。郑州市污染治理与环境保护政策落实及专项资金绩效情况专项审计调查进点后，全市 11 个审计组已按照分工，按照"揭示问题、全面整改、服务决策、规范管理、完善机制、促进发展"的原则要求，围绕审计调查的内容和重点，正在有序实施。通过审计，揭示郑州市市县两级在污染治理与环境保护政策落实、专项资金使用管理及绩效等方面存在的问题和风险隐患；关注在污染防治攻坚战中体制机制建立情况；提出助力打赢污染防治攻坚战，推动经济发展高质量的意见和建议。（时间：2018 年 09月 19 日　供稿单位：南阳市审计局　杨国灿）

7. 硚口区审计局围绕"三水共治"，严查"三条红线"，推进水资源审计

今年以来，武汉市硚口区审计局全区水污染防治工作，围绕该区生产用

水、生活用水、生态环境用水"三水共治"，严查水资源开发利用控制、用水效率控制、水功能区限制纳污"三条红线"，扎实推进辖区水资源审计。

一查生产用水，关注辖区企业污染排放。摸清辖区内企业规模及结构，重点排查化工、制革、印染、玻璃、制衣、等高耗水高污染企业，检查是否符合国家产业政策要求；对照环保部门的排污标准，抽查排污企业生产排污是否符合标准，有无违规排污情况。

二查生活用水，关注辖区生活污水处理。审查洗浴、洗车等高用水场所，排放污水是否符合国家相关规定，现场勘查有无上述场所污水不经处理随意排放情况。实地查看污水管网、化粪池、污水处理终端等污水收集处理设施使用运行情况。

三查生态环境用水，关注辖区水域情况及入河污水排放。从武汉市水务局网站获取汉江武汉段宗关断面地表水环境质量状况检测报告，分析报告中近年来区域水质波动情况及趋势，审查有无低于水质标准或者水质突发性变差的情况；审查辖区内入河湖排污总量、向水体排污许可制度落实情况，确保用水安全。（时间：2018 年 07 月 25 日　供稿单位：硚口区审计局　汪粒、冯骏）

8. 包头市审计局稳步开展领导干部水资源资产责任审计

今年，包头市审计局首次对土默特右旗开展领导干部水资源资产责任审计。通过前期多渠道、多方式学习水资源资产审计相关业务知识，结合审前调查的情况，审计组认为，水资源既是最重要的经济资源，也是生态环境最活跃的控制性要素，是否全面落实最严格水资源管理制度，推进水生态文明建设，是水资源资产审计的重要内容和主要突破口。审计过程中应重点关注以下几个方面的内容：

一是关注水资源管理保护责任落实情况。查阅地方政府相关文件通知、目标责任书等资料，查看水资源保护规划，核实地方政府相应的管理机构和水资源管理制度的建设情况。同时，还要关注水资源执法体制机制建设情况，违规违法案件办理情况，是否做到了依法治水。

二是关注"三条红线"控制情况。重点检查用水总量控制、用水效率控制和水功能区限制纳污"三项制度"落实情况。严格对照当地划定的用水总量、用水效率和水功能区限制纳污"三条红线"，检查是否执行最严格的水资源管理制度。

三是关注水资源费的征收和使用情况。重点关注应征未征、应缴未缴水资源费，违规减免、缓征或停征水资源费，擅自扩大水资源费征收范围、提高征收标准，超越权限征收水资源费等问题。

四是关注水资源保护与水污染防治情况。重点关注黄河和大小型水库使用情况，查看黄河、水库、河道沿岸是否违规设置入河排污口或者堆放、储存固体废物和其他污染物的情况，对可能出现的污染水资源环境事件是否建立行之有效的预警机制。

五是关注水生态环境工程实施情况。重点关注项目资金使用情况，检查资金是否存在挪用、占用、不及时支付情况。其次关注项目前期建设和后期维护以及项目产生的效益情况。（时间：2018 年 09 月 25 日　供稿单位：包头市审计局　吕志如）

9. 连云港市审计局积极探索水资源审计新思路

为促进全市水环境管理水平提升，2017 年下半年，连云港市审计机关上下联动同步对城区内玉带河、龙尾河、烧香河、东门河等 23 条黑臭水体整治情况开展专项审计调查。

审计人员通过实地勘察、审查完工进度等方式对黑臭水体整治相关法律政策措施执行情况、目标任务完成情况、相关资金筹集使用管理以及工程项目建设运行效果情况进行审计，发现在黑臭水体整治工作中仍存在控源截污工作进展迟缓、铺设污水管线等工程项目进展迟缓、码头整治工作迟缓、未按规定取得建设工程规划许可证、项目实施资金未落实等问题。

针对审计发现的问题，审计提出：一是建立健全协调机制和政策保障体系，加强整治责任部门间沟通协调配合，形成合力；以水环境保护行政法规、水污染排放标准体系、水环境保护地方性法规等为基础，构建多层次的政策保障体系，主要包括水污染防治以及关于水环境质量目标管理、水资源节约和循环利用等方面的法律法规。二是构建专家决策咨询和技术应用保障体系，组建由环保、生态、水利、园林等专家构成的咨询团队，建立技术评价、技术选择、推广运用的水污染治理平台，保证黑臭水体整治的针对性、科学性和有效性。三是要建立完善的监督管理体系，进一步发挥社会监督的作用。要发挥政府的监督职能，加强黑臭水体整治的督查力度；还要把公众参与和社会监督作为长效管理的重要手段，每隔一段时间要向社会公布整治工作进展情况，公开曝光工作中的突出问题，并对公众举报予以及时回应。可采用公众调查问卷等方式，对黑臭水体影响范围内的社区居民进行整治前后的效果调查，多措并举来保障黑臭水体整治的长效性。

　　该市城市黑臭水体整治办公室及有关责任单位高度重视审计工作，对审计发现问题"即知即改"，一方面加快控源截污、码头整治等工程项目的实施进度，确保工程项目能定期完工。另一方面，定期清理河道，保持河道清洁。市黑臭水体整治办公室牵头，协同海州区政府、市城管局等单位，打捞水面漂浮物，完善河道沿岸管护工作，共同形成合力，推进连云港市城市黑臭水体整治工作持续开展。（时间：2018 年 01 月 10 日　供稿单位：连云港市审计局　宋向婷、苗思宇）

　　10. 襄州区审计局促推该区开展水资源环境整治成效明显

　　最近，襄阳市襄州区审计局针对领导干部自然资源资产审计发现的问题，提出可行性审计建议，引起高度重视。该区区政府责成相关单位对照问题清单，逐项目逐条深刻剖析存在问题原因，制定整改措施，切实推进审计整改，确保广大群众生活在乐享宜人的河湖环境中。

　　该审计局在水资源审计中发现，全区 214 座大中型水库渔业养殖承包权现有合同承包期在 5 年以上的有 152 座，水域养殖权出租时间过长，导致投肥（粪）养殖、围网养殖行为屡禁不止，致使水资源资产质量受到严重影响，特别是有些水库已被划分为重要的水生态功能区，承担着农村安全饮水水源地功能，投肥（粪）养殖、围网养殖行为严重影响广大人民群众的饮水安全。为保护水环境，维护广大群众的共同利益，审计建议在 2017 年年底前，厘清管理权限，镇管水库和区管水库依法依规收回水库承包权，所有水库严禁投肥（粪）、围网养殖，利用冬季枯水期全部拆除围网养殖暗桩，严格保护水库水质，并委托具有监测资格的单位定期对水库水质进行取样监测，确保饮用水源不低于地表水环境质量三级标准的目标，同时，切实履行区、镇、村三级河库长一个半月、半个月、一周的巡察频率要求，对河库进行巡察，重点巡察河库乱投、乱养，河道违法采砂、采砂废弃物乱堆乱放影响河道安全，河道沿案垃圾倾倒等破坏水环境违法问题。

　　该区采纳审计建议，在全区范围内开展整治，厘清水库管理权限，明确水功能区划，对饮用水源地保护范围内的畜禽养殖场予以关闭，消灭水库、河道岸源污染，拆除了围网养殖网箱及暗桩，按照"谁发包，谁收回，谁管理"的原则，加强对水库养殖承包权的依法收回，定期对水质进行检测，确保饮水安全。同时，切实履行三级河库长制，积极履行职责，全面开展涉水专项整治，打击非法采砂、乱采乱挖、乱倒乱排，推进河库长制提档升级，提升全区环境质量，确保广大群众在乐享宜人的环境中过一个幸福安康的春

节。（时间：2018年01月10日　供稿单位：襄阳市襄州区审计局　雷明勇）

（二）资源环境审计技术方法的探索创新

1. 农安县审计局采取三项措施深化乡镇领导干部自然资源资产离任审计

2018年第三季度，农安县审计局按照省厅《2018年全省审计机关开展领导干部自然资源资产离任审计工作方案》要求，围绕自然资源资产实物量与生态环境质量状况变化情况、贯彻执行中央生态文明建设方针政策和决策部署等七个方面，认真组织开展乡镇党政主要领导干部自然资源资产离任审计。

一是多渠道调研，加强部门联动。为进一步了解领导干部任职期间的自然资源资产管理和生态环境保护情况，审计局积极协调县环保、土地、水利、林业等各职能部门给予配合，提供了被审计领导干部任期内案件的处理处罚情况、指标数据及相关资料等，并对相关政策、技术给予了详细讲解，使审计组对该镇的自然资源情况有了更全面的了解，为接下来审计工作的开展奠定了扎实的基础。

二是多种方式取证，完善证据链条。审计组实地踏查饮用水水源地保护监督情况、固体废物垃圾处理情况及污水管道、出水口等，采取拍照、证人证言的方式进行取证；汇总各职能部门数据指标，认真听取意见建议，收集相关资料；进村入户面对面了解当地群众对水、森林、耕地等资源开发利用和生态环境保护方面的意见；认真审阅账簿、会议记录、政策指标文件、台账等相关资料，梳理自然资源资产投入情况以及与其相关项目建设情况，掌握政策制度、措施的建立执行目标任务完成、决策情况等。

三是多方面借鉴经验，坚持方法与实践并举。借助长春市审计局在该县开展自然资源审计的契机，为进一步提高审计干部自然资源审计能力、计算机技术运用能力，该局积极创新培养培训模式，选派审计干部参与市局开展的领导干部自然资源资产离任审计项目，审计人员通过参与现场审计，不但掌握了运用地理信息系统（GIS）及SQL Server软件等辅助审计的先进技术方法，并在工作实践中，通过与审计组其他成员一起分析、讨论、交流，取长补短，进一步提高了审计人员的综合素质和专业技能。（时间：2018年09月19日　供稿单位：农安县审计局　刘春雪）

2. 呼和浩特市审计局开展森林资源审计离不开地理信息技术的助力

《中华人民共和国森林法实施条例》第二条对森林资源的定义是："森林

资源，包括森林、林木、林地以及依托森林、林木、林地生存的野生动物、植物和微生物。"由此可见，森林资源的概念之全面、内容之丰富，同时也意味着森林资源审计范围之广泛、审计难度之大。呼和浩特市审计局开展的是和林格尔县党政主要领导干部水资源和森林资源资产离任（任中）审计项目，面对的是全县 517 万亩行政区域面积，涉及林业部门认定的 219 万亩林地与国土部门认定的 147 万亩林地进行对比分析，如何在规定时间节点内有效准确完成对林地的查找、地域的界定、面积的丈量以及不同部门林地图的重叠与不重叠统计，传统的审计手段已无法实现。面对这些困难，我们积极探索新手段，借助 ARCGIS 地理信息软件、GPS 全球定位系统等先进的地理信息系统技术，对疑点、难点逐一击破。

地理信息技术的具体运用具体分为以下几步：一是审计准备。了解被审计单位使用的是什么 GIS 软件、有哪些地理信息数据及地理信息数据的坐标系统和投影参数等，如和林格尔县林业局与国土局常使用的是 80 坐标系，那么在需要使用 84 或 54 坐标系体现图像时需对 80 的数据进行坐标转换。二是数据的采集。针对林业部门与国土部门林地面积不一致、相互"打架"的问题，我们向林业部门采集了"2016 年林地二调成果图"（ARCGIS 数据），向国土部门采集"2016 年土地利用现状图""基本农田图斑"以及"遥感影像图"。三是数据的进一步处理。利用 ARCGIS 软件将国土部门提供的"2016 年土地利用现状图"的 DLTB 图层作为底图，结合审计需求，进行要素提取及图形编辑处理，生成一张只包括耕地的"2016 年耕地图"及一张只包括草地的"2016 年草地图"。四是数据的分析。将"2016 年耕地图""2016 年草地图""基本农田图斑"分别与"2016 年林地二调成果图"（ARCGIS 数据）作图层叠加相交，对重叠图斑进行裁剪，查看图斑属性，计算图斑面积。经分析发现林业部门认定的林地与国土部门认定的耕地、农牧部门认定的草地均有重叠。五是疑点的核实。对于采用地理信息技术得到的疑点图斑，审计人员转换成适合的坐标后导入 GPS 导航仪，选取面积较大、疑点较多的地块进行定位并赴现场勘察，从而保证审计质量，推动林业资源审计取得实效。

学习和运用 ARCGIS 地理信息软件的整个过程，都是在摸着石头过河，没有经过专业老师的系统培训，所使用到的个别功能是在林业部门、国土部门、农牧部门等相关工作人员的帮助下掌握的，数据证据的合理性和准确性有待进一步提高，今后需要加强对资源环境审计人员的技术培训，必要时可

聘请权威机构的专业人士协助审计工作。（时间：2018 年 11 月 16 日　供稿单位：呼和浩特市审计局）

3. 明光市审计局利用"三项新技术"开展领导干部自然资源资产离任审计工作

2018 年，明光市安排了 2 个乡镇领导干部自然资源资产离任审计工作。在前期的审计调查中发现，要完成好此项审计工作，掌握一定的地理信息系统（GIS）等新技术成为关键。明光市审计局利用"三项新技术"完成了领导干部自然资源资产离任审计工作：

一是利用 ARCGIS 地理信息分析技术。该局邀请了国土和林业方面的专家对审计组成员进行了 ARCGIS 地理信息分析软件的培训。通过培训，审计组成员初步掌握了卫星遥感监测图片与基本农田图片、林地图片等图层叠加比对技术。

二是利用"奥维互动地图"软件技术。该局审计人员在手机中下载了"奥维互动地图"软件，把在 ARCGIS 软件中发现的疑点发到微信中，在"奥维互动地图"打开，利用其导航功能，审计人员可以自行到达疑点地块进行现场核实，完全掌握了审计的主动权。

三是利用"谷歌地球"软件技术。该局审计人员同时在计算机中下载了"谷歌地球"软件，对不同时间、同一地块上的现状进行比对，为审计发现的问题，提供了可靠的证据。（时间：2018 年 10 月 24 日　供稿单位：明光市审计局）

4. 福建：自然资源资产审计关键技术研究科研项目获批立项

近日，福建省审计厅、福建省测绘地理信息中心和福建省师范大学地理研究所联合申报的"基于地理信息技术的福建省自然资源资产审计关键技术研究"科研项目正式通过福建省科技厅立项。

该项目主要研究自然资源资产审计数据规范的制定、审计数据库建设和审计服务系统原型开发等方面，基于地理信息的审计模型建设、内外业协同审计技术应用，重点解决多源多时相异构审计数据的标准融合技术。该项目引入了"地理信息＋"审计分析理念，形成一套地理信息审计服务模式，从空间维度破解自然资源资产审计难题。

目前，三方已经签订科技项目合作协议，明确了任务分工、责任与义务等，福建省审计厅主要负责参与自然资源资产审计数据规范制定、审计数据库建设、审计服务系统原型开发等研发工作，负责技术培训与研究成果的应用推广工作，以及定期与其他两方就项目开发情况进行沟通和技术交流，参与技术文档编写、阶段成果评审、项目验收等工作。（时间：2018 年 07 月 02 日　供稿单位：福建省审计厅　郑晓冲、茅金焰、魏大文）

5. 广州市审计局使用新技术开展 2018 年度县级地方党委政府主要领导干部自然资源资产离任异地同步审计

根据广东省审计厅的统一组织，广州市审计局派出审计组，从 9 月 3 日起赴韶关市乳源瑶族自治县开展当地党委政府主要领导干部自然资源资产离任异地同步审计。审计过程中，审计组组长刘南群带领审计人员，深入了解当地自然资源资产禀赋特点，准确把握审计方向和审计重点，全面分析审计疑点和重点问题，注重现场核查和原因分析，积极探索新的现场审计方法。审计组先后现场检查了重点产业基地、水源地保护区、供水和污水处理重点工程等建设和运行情况，仔细询问相关工作进展和存在困难问题。在审查土地利用总体规划执行情况时，审计人员在使用 ArcGIS 软件对土地利用总体规划和土地利用现状进行叠加分析筛选出疑点的基础上，使用无人机拍摄技术，对土地现状进行了全方位的拍摄取证，增强了现场取证的准确性、及时性和权威性，体现了新技术、新设备在转变审计思路和方式、提升审计效率方面的重要作用。（时间：2018 年 10 月 24 日　供稿单位：广州市审计局）

6. 苍梧县首次依托无人机技术力量助力自然资源资产审计工作

2018 年 10 月 31 日，在苍梧县狮寨镇自然资源资产审计中，苍梧县审计局首次依托无人机技术力量助力审计工作的开展。在苍梧县狮寨镇龙江村，广西地理信息测绘院的专家们在对无人机进行检查调试后，操纵着无人飞机缓缓驶向空中协助审计开展勘测作业。

此次自然资源资产审计涉及图斑较多、地点分散、距离较远，传统的审计方法难以胜任调查核实和取证工作。利用无人机进行作业，仅用了不到 1 个小时的时间，就完成了对狮寨镇现用水源地二级保护区 11651455.12 平方米范围内 15 个疑问图斑的现场调查取证工作，传输回来高清晰、大比例尺、小面积、高现势性的图像。"以机代步、以机代眼"的创新审计工作方法，大大缩短了审计时间，提高了审计效率。

苍梧县狮寨镇地处边远、山多地少，山区、土地、水域等自然资源数量庞大且分散，地理环境的限制制约了自然资源资产审计工作的开展。经县委、县政府研究，决定聘请广西地理信息测绘院专家团队，依托高科技遥感信息技术，利用无人机多用途多功能的优势，跨越地理限制，助力审计工作。利用无人机技术助力审计工作，打破了传统审计工作方式方法的局限，掀开了县级审计机关落实科技强审的"新的一页"，为深入高效地开展自然资源资产审计，准确反映自然资源资产管理使用中的问题提供了坚实的技术基础。（时间：2018 年 11 月 07 日　供稿单位：苍梧县审计局）

7. 常州市审计局利用无人机和遥感技术开展自然资源资产审计

常州市审计局在该市溧阳领导干部自然资源资产任期审计项目中，面对矿山面域广、距离远等情况，积极探索新技术使用，提高审计效率，拓展审计项目深度。一是使用无人机现场勘查结合卫片比对，调查了解在采矿山及废弃矿山项目现状，重点关注在采露天矿山分层开采、扬尘控制情况，已整治废弃矿山复绿及边坡稳定情况。二是使用地理信息系统与国土一张网系统结合，调查了解该市矿山规划执行情况，重点关注是否存在矿区范围与环保红线范围重叠、矿区与水源涵养地过近等情况。三是使用全站仪结合 gps 技术，调查了解该市矿山开采情况，重点关注是否存在超范围、超标高开采情况。图 4 为 10 月 25 日审计人员使用无人机现场勘查在采矿山情况。（时间：2018 年 10 月 26 日　供稿单位：常州市审计局　朱瑜亮）

8. 扬州市审计局使用大数据技术助推自然资源资产审计

自 2016 年在邗江区开展审计试点以来，扬州市审计局已连续 3 年实施了地方领导干部自然资源资产审计。审计实施过程中，该局适应信息化技术的发展，重视大数据分析能力，计算机审计成效明显。

一是辨别数据真伪，注重真实性审计。在业务数据采集过程中，该局注重收集、整理和汇总不同来源的数据，整合多途径了解的信息，以此来判断有关部门提供的数据真伪。比如在水资源审计过程中，在向当地环保部门采集河流断面水质监测数据后，又进一步采集了地方水利部门委托上级水文局监测的河流断面数据，并通过计算机软件开展大数据比对分析，从中筛选出上述两者数据之间的差异，在此基础上，进一步查阅原始采样和监测资料，最终揭示了当地环境监测程序不规范、选择性报送监测数据、瞒报地方水质污染等问题。

二是进行关联分析，突出重点审计。自然资源资产的数据牵涉到的部门多、数据广，工商、税务、环评、社保等多部门都有自己独立的信息系统，该局注重对上述多个部门的信息系统进行独立而又相结合的审计。例如，在某区审计时，在审查新办企业是否都履行环评审批程序时，审计人员将工商、税务与环保部门的信息系统进行关联审计，当发现工商信息显示的新办企业并未在环保审批项目数据中出现时，进一步分析企业的税收和社保数据，对已有开票销售收入的企业，到实地检查企业是否具有环评和排污责任，最终筛选出了 15 家未开展环境影响评价的新开工企业，其中 9 家为印染、金属表面处理等高污染行业。

三是关注原始台账，实施全面审计。除了开展相关部门的信息系统审计外，该局还注重对资源主管部门的原始台账数据进行比对分析。例如，在开展某区国土资源审计时，将国土部门的土地出让台账、预审台账，以及规划部门的建设用地规划许可证台账，发改部门的重大项目立项台账，建设部门的施工许可和竣工备案台账，以及环保部门的建设项目环境影响评价台账，以项目名称为关联，以时间为节点，通过计算机软件将上述台账数据整合成一张土地资源分析表格，最终发现了该区的 19 宗闲置土地、12 个未批先建项目、7 个建设项目无用地指标，以及 30 多个建设项目环评滞后等问题。

四是进行逆向分析，关注延伸审计。在审查某县水资源管理使用情况时，该局借用排污费收取情况倒查取水许可证办理情况，取得一定成效。首先，将取水许可证信息数据进行汇总整理后，对取水企业数量与当地的经济体量是否相称进行审计判断；其次，从环保部门采集排污费收取业务数据，突出筛选出了缴纳排污费的混凝土企业，因为这些企业对水质要求不高，取用地下水的可能性较大；最后，整理出缴纳排污费的混凝土企业名单，与取水许可证情况汇总表进行比对，并进行现场延伸确认，最终确认了 16 家混凝土企业未办理取水许可证、且未缴纳水资源费。

五是借助专业软件，实施专项审计。在开展某地国土资源审计时，该局有力借助了国土部门的 GIS 信息系统实施专业性审计。首先，取得地方关停和淘汰落后生产能力企业的相关业务数据，结合厂址和关停时间，通过 GIS 系统查看关停现状；其次，调取土地执法部门的执法记录，重点关注未立案或未处罚的记录，在 GIS 系统中找到相应地址，查看违规建筑物拆除情况，并与执法记录时间相比对，发现某厂违规占用未利用地（水面）2000 余平方米；最后，充分运用 GIS 系统，利用获取的基本农田图斑、土地利用现状图斑和遥感影像图等基础数据，通过叠加分析找出基本农田和房屋、道路、果园等相交疑点，导出疑点图斑，运用 GPS 定位仪至现场查看，核实土地即时现状，查出了当地占用基本农田建房造路等问题。（时间：2018 年 10 月 25 日　供稿单位：扬州市审计局　杨道龙）

9. 连云港市审计局运用无人机技术探索林业资源勘测新方法

连云港市审计局在进行领导干部自然资源资产离任审计工作中，不断探索使用新技术新方法，提高审计工作效率和质量。近日，该局在林业资源审计过程中，组织学习并运用无人机技术，进行林地面积测量、疑点定位查找等工作，极大减轻了夏日野外作业的负担，也为审计取证提供了更便捷的方法。（时间：2018 年 08 月 13 日　供稿单位：连云港市审计局　苗思宇）

10. 光泽县审计局引进无人机遥感技术助力乡镇领导干部自然资源资产审计

2018 年，光泽县实行乡镇领导干部自然资源资产离任审计全覆盖，该局努力克服审计人员少、任务重的矛盾，不断创新审计方法，多渠道丰富审计手段。坚持"开门搞审计"，聘请省基础地理信息中心、省测绘院专家到光泽县参与，为审计提供技术指导和咨询，首次在审计现场使用无人机辅助审计，这既是一次创新也是一次尝试，有效解决了审计现场分布广、路程远、空间和地形阻碍多等问题，切实提高了延伸审计的效率和质量。（时间：2018 年 10 月 18 日　供稿单位：光泽县审计局）

11. 重庆市审计局开展领导干部自然资源资产离任审计测绘地理信息"3S"技术培训

为促进审计人员增强专业知识储备，提升专业胜任能力，适应审计新形势、新要求，日前，重庆市审计局举办全市领导干部自然资源资产离任审计测绘地理信息"3S"技术培训班。

本次培训是市审计局对领导干部自然资源资产离任审计开展的首次业务培训，重在突出对基础知识的了解和工作实践运用的认识，培训内容包括遥感技术（RS）、地理信息系统（GIS）、全球定位系统（GPS）基础以及自然资源资产认知方式，重点突出自然资源资产空间数据处理、增减变化动态分析、空间数据属性和转换利用等方面知识讲解，使用 ArcGis 软件进行遥感专题图制作、专题信息自动解译以及自然资源数据处理转换的上机操作和结业考试。

为期 7 天的教学内容安排紧凑，课程讲解生动活泼，课堂教学互动频繁，学员们兴趣浓厚。该次培训既拓宽了审计视野，又为开展领导干部自然资源资产离任审计工作打下了良好的基础。下一步工作中，市审计局还将根据全市领导干部自然资源资产离任审计工作推进情况有步骤、有重点地开展多层次、多专题的业务培训。（时间：2018 年 05 月 30 日　供稿单位：重庆市审计局资环处　曹宝虹）

（三）资源环境审计成果与项目经验

1. 武汉市洪山区审计局展示自然资源资产审计新成果

今年以来，武汉市洪山区审计局突出绿色发展观念，以领导干部履行自然资源资产管理和生态环境保护责任情况为主线，根据被审计对象所在区域主体功能定位、自然资源资产禀赋特点和生态环境保护工作重点，聚焦土地资源、水资源、森林资源生态环境治理、大气污染防治等重点领域进行审计，揭露和查处损毁自然资源资产、破坏生态环境的违法违纪问题，还美丽洪山湖波荡漾碧水蓝天。

该局针对洪山区水多湖多的实际，选择水污染防治等事项作为主攻方向，组织对全区资源环境情况进行审计。今年先后开展沿江街乡领导干部自然资源资产审计、洪山区水污染防治情况审计等项目，分别对国有土地使用、湖泊利用和治理、污水处理、企业污染防治、生活垃圾处理等内容进行审计，对违建项目、湖泊围栏围网养殖、明渠排污口截污、污水处理站闲置、垃圾中转站二次污染等问题，多次组织召开整改工作会议，推动区政府出台《洪山区养殖湖泊拆除围栏网（箱）设施实施方案》《洪山区养殖湖泊拆除围栏网（箱）设施补偿意见》等政策，督促相关部门抓好落实，取得社会生态效益。通过审计，促成 2 宗违建项目、1 处污水分散处理站闲置问题整改完成；42 处湖泊围栏围网问题全部拆除验收完毕；28 起企业污染防治问题整改到位；3 座垃圾中转站通过完善沉淀池设施、完善除臭装置、及时处理进站垃圾三项措施有效解决二次污染问题；4 个湖泊 5 条明渠 208 个排污口全部纳入截污工程。

同时，该局全面客观评价被审计对象履行自然资源资产管理和生态环境保护责任情况，推动建立生态环境损害责任终身追究制，加强审计结果运用。5 月 3 日《湖北日报》第 9 版发表《洪山区审计局打响污染防治攻坚战发令枪》的新闻进行了报道，充分发挥审计在生态文明建设中的作用，走好生态优先绿色发展之路，做出了积极贡献。（时间：2018 年 07 月 21 日　供稿单位：武汉市洪山区审计局　王欣、李良祥）

2. 云南省自然资源资产离任审计空间辅助审计课题项目取得阶段性成效

今年 7 月，云南省审计厅与省测绘局地图院联合申报的《云南省领导干部自然资源资产离任审计空间辅助审计》课题通过省科技厅立项评审。近期，该课题中的核心内容——"审计眼"核查系统在项目验证承载地普洱市审计系统进行了落地测试，取得明显成效。

2016 年，审计人员在昭通市自然资源资产责任审计中尝试过该系统的基础应用，2017 年又在德宏等地进行了试点。在今年的课题研究中，省审计厅与省测绘局地图院组成的专业团队在普洱市对该系统进行深度研发，研究人员将系统的初级版本部署到普洱市审计局内网，初步实现了数据上传、平台分析、疑点下发、现场核查、取证回传等全过程应用，并通过普洱市审计局、思茅区审计局和省厅经责三处的分析应用，共发现各类自然资源资产管理问题线索 100 余个，涉及政府规划、政策执行、部门管理等各个环节，为审计人员开展核查提供了可靠依据，极大地提高了审计效率。

该版本的"审计眼"现场核查取证系统主要包括数据上传工具、时空大数据库、在线分析平台和现场核查系统等部分，目前已实现分散式数据采集上传、在线智能分析、在线自助模型开发、疑点集中下发、实时在线现场核实及取证、辅助审计文书模板生成等功能。该系统的应用将有效弥补审计人员对空间数据分析薄弱的短板，进一步增强自然资源资产离任审计的深度和广度，为地方党委政府和相关主管部门提供真实完整的决策和整改依据。

下一步，该系统将在全省多地开展的审计项目中进行远程网络测试，研究人员将根据测试结果继续对数据库架构进行优化，同时对模型开发、机器化评价、标准化取证、自动生成基础报告等功能进行深度开发，在反复测试的基础上实现系统的优化升级。可以预期，随着该系统的投入使用，必将有力促进空间地理信息等大数据分析在审计实践中的应用，为提高审计质量和效率奠定更加坚实的基础，在助力我省努力迈入全国审计系统自然资源资产离任审计工作前列的同时，为云南争当"全国生态文明建设排头兵"提供更加有力的保障。（时间：2018 年 09 月 18 日　供稿单位：云南省审计厅经济责任审计三处）

3. 保山市审计局多措并举推动领导干部自然资源资产离任审计试点工作取得成效

近年来，保山市审计局积极采取措施，着力推进领导干部自然资源资产离任审计试点工作并取得明显效果。

一是制度作保障。保山市委办、政府办先后印发了开展领导干部自然资源资产离任审计试点实施方案、工作规划等文件，明确了组织领导、工作目标、试点对象、计划程序、试点项目计划、审计内容和重点，对开展领导干部自然资源资产离任审计工作从工作机制建立、考核评价、人才储备、试点工作作了要求和部署。

二是培训打基础。保山市审计局将试点工作内容纳入机关重要工作议程，紧扣党的十九大及市委政府的要求，专题进行理论学习，统一思想认识；选调人员参与省厅组织的试点项目审计，积极培养审计骨干；组织审计业务人员进行视频学习、集中讨论等多种形式的培训，为做好审计试点打下基础。

三是试点抓落实。2016 年，市审计局在对某县党政领导干部经济责任审计中，把领导干部履行自然资源资产管理和环境保护责任情况纳入审计内容，首次开展试点工作。2017 年，科学安排和统筹全市审计机关的试点工作，全市共安排计划审计试点项目 8 项，涉及领导干部 13 名。

四是创新出效果。2017 年，市审计局在对某区区长自然资源资产责任审计时，将林业、环保、水务等方面专家纳入审计组，同时协调纪检人员配合审计，突破重大问题难的障碍，形成监督合力，有力提升审计效率效果。审计过程中，将地理信息、导航和计算机技术运用到审计当中，极大地提高了审计效率。（时间：2018 年 05 月 04 日　供稿单位：云南省保山市审计局）

4. 海安市审计局：自然资源资产离任审计整改有成效

近日，海安市审计局对去年实施的雅周镇党政主要领导干部自然资源资产离任审计进行审计回访。回访表明，该镇针对审计发现的"在履行自然资源资产管理和生态环境保护监督责任方面存在河道垃圾清理不及时、部分未能达到'清水工程'标准和要求；农业面源污染防治工作不到位；部分养殖户畜禽粪便处置不规范"等问题，认真将整改落到实处，出台了《雅周镇2018 年河长制工作方案及考核办法》《关于成立雅周镇生态文明建设污染防治攻坚战暨"263"专项行动及环境监管网格化管理工作领导小组的通知》《雅周镇畜禽养殖污染治理及禁养区养殖场关停工作领导小组和实施方案》《雅周镇生态文明建设污染防治攻坚战暨"两减六治三提升"专项行动实施方案》等多个办法和方案，并多次召开"河长制"暨畜禽养殖治理工作推进会，要求兽医站、环保办、水利站等相关部门通力协作，相互配合，确保完成整治目标任务。

截至 5 月底，全镇禁养区须拆除的 36 家养殖户已全部达成协议，其中有 30 户已经拆除并已经找到了其他就业门路和岗位；所有沉船、断网已按现要求清理完毕，镇村河长及时开展巡河工作，巡河过程中及时完成各相关部门交办的河坡、河面整治任务，全力打造天蓝、地绿、水清的新海安。

（时间：2018 年 07 月 23 日　供稿单位：海安市审计局　周素琴）

5. 永州市审计局专项督查督办领导干部自然资源资产离任审计见成效

近日，为督促做好领导干部自然资源资产离任审计工作，永州市审计局党组成员、副局长曾庆廉带队，对 11 个自然资源资产项目、18 名乡镇领导干部经济审计工作开展专项督查督办，推动该项工作有效开展。

据悉，此次督查督办主要采取座谈会的方式进行，通过听取审计工作进展情况、审计内容安排和人员调配情况、面临的困难以及解决的措施办法等，进一步达到交流工作经验、现场答疑解惑的目的，为各县区优质高效开展审计工作指明重点和方向。各县区审计局围绕审计重点，突出关注农村宅基地、商品房、经营性用房等土地管理和耕地保护情况；饮用水源、农村安全饮水工程实施和河湖长制落实等水资源保护情况；森林防火、生态公益林和防护林、巩固退耕还林工程实施等森林资源政策落实保护情况；乱开滥采砂石、非法砖瓦窑、破坏生态环境等矿产环境治理情况，以及乡镇垃圾收集、转运、处理，畜禽养殖退养和污染治理等农村环境综合治理情况等方面，加快审计进度，确保审计质量，推动领导干部自然资源资产离任审计工作扎实有序开展。

从督查督办的情况看，该市各县区审计局均能按规定的时间保质保量完成审计任务，确保了该项审计工作走在全省前列。（时间：2018 年 07 月 23 日　供稿单位：永州市审计局　蒋奇君）

6. 福建省积极探索自然资源资产审计大数据平台建设成效明显

近日，福建省审计厅和省测绘地理信息局联合召开会议进一步优化福建省自然资源资产大数据平台建设工作。2016 年以来，福建省审计厅积极探索自然资源资产大数据平台建设，加大对自然资源资产管理和生态环境保护相关信息系统基础数据的采集和分析，采用边试点边建设的方式，融合省地理测绘成果和技术资源，积极探索地理信息技术和大数据审计数据分析方法在自然资源资产审计中的应用，取得了明显成效。

该厅与省测绘地理信息局签订了战略合作协议，共同构建全省自然资源资产大数据平台，以 3S（遥感 RS、地理信息系统 GIS、全球定位系统 GPS）技术为基础，加大对自然资源资产管理和生态环境保护相关信息系统基础数据的采集和分析。

为拓展大数据环境下资源环境审计的深度和广度，该厅借助基础测绘数据和全国土地调查及最新年度土地变更调查成果等数据，对自然资源资产实物量和生态环境质量状况变化情况进行审计测算和核实。同时，积极协调有关主管部门和被审计单位归集土地、矿产、森林、海洋、水等自然资源资产基础数据，融合省测绘地理信息局地理国情普查、天地图·福建等测绘成果，初步构建多来源、多尺度、多时相的自然资源资产"一张图"数据库。目前，已归集森林、海洋、土地、矿产、水等行业资源电子数据 65GB，已完成部分海洋资源、森林资源、土地资源及乡镇的信息资源入库，建立存储数据表 51 张，逐步为福建省审计机关开展审计提供数据支撑。

该厅边试点边建设，探索地理信息技术在审计中的应用，开发建设了自然资源资产数据中心系统、数据库管理系统、审计业务支撑系统、审计成果系统、现场勘察取证系统等七大功能模块，完成了海洋资源、海水质量监测、森林覆盖率等专题数据集成，实现了地理信息数据分屏、叠加比对等审计数据分析方法，成功构建了相应审计方法模型，可自动计算违规开发利用的面积或长度，实现精确快速锁定审计疑点。例如，2016 年，该厅在开展莆田市领导干部自然资源资产离任审计试点中，对自然保护区、森林公园、重要饮用水源地等区域，运用大数据平台探索开展大数据分析技术核查；2017 年，在省审计厅开展的综合实验区海洋资源专项审计调查中，充分利用大数据平台的基础测绘成果、地理国情普查成果等空间地理信息数据进行关联分析，空间叠加分析技术对围填海活动进行影像内业核查，借助 GPS 定位及时进行外业确认，查找海洋资源管理中的问题、核实疑点。

此外，福建省审计厅和省测绘地理信息局已研发审计现场勘察取证设备，与自然资源资产大数据平台无缝对接，实现审计现场取证与平台之间的数据实时传输共享，提升现场勘察取证的精度和效率。（时间：2018 年 01 月 05 日 供稿单位：福建省审计厅）

二、制度建构

（一）两省出台领导干部自然资源资产离任审计相关制度文件

1. 省审计厅出台《关于加强领导干部自然资源资产离任审计助力打好污染防治攻坚战的意见》

为深入学习贯彻习近平新时代中国特色社会主义思想和党的十九大精神，进一步贯彻落实好中央和省委省政府关于开展领导干部自然资源资产离任审计的相关要求，充分发挥审计在全面加强生态环境保护坚决打好污染防治攻坚战、建设中国最美丽省份中的监督作用，近日，云南省审计厅出台了《关于加强领导干部自然资源资产离任审计助力打好污染防治攻坚战的意见》（以下简称《意见》）。

《意见》指出，全省各级审计机关和全体审计人员要从讲政治的高度，充分认识到开展领导干部自然资源资产离任审计，既是党中央、国务院推进生态文明建设的重大决策部署，也是审计机关承担的重大改革任务，是审计机关贯彻落实习近平生态文明思想的重要举措和具体行动。要深刻领会和把握习近平生态文明思想的科学内涵，坚持"依法审计、问题导向、客观求实、鼓励创新、推动改革"的原则，持续关注建设中国最美丽省份的推进情况、我省九大高原湖泊保护治理等8个标志性战役，坚决打赢蓝天碧水净土三大保卫战实施情况。通过审计，促进各级领导干部提高政治站位，牢固树立绿色发展理念，始终把生态文明建设和环境保护重大部署和重要任务落到实处，切实维护生态环境安全和人民群众利益。

《意见》强调，全省各级审计机关要准确把握领导干部自然资源资产离任审计的重点内容，关注各地大气、水、土壤等领域污染防治攻坚战实施情况；关注土地、水、森林、草原等自然资源保护情况；关注重大公共投资项目建设运营过程中对生态环境的影响情况；关注生物多样性保护、天然林保护、湿地保护恢复，荒漠化、石漠化、水土流失综合治理等重要生态系统保护和修复重大工程实施情况；关注生态保护红线、永久基本农田、城市开发边界三条控制线划定情况，着力揭示落实相关政策措施不到位、监督检查不力、效果不明显、决策与生态环境与自然资源方面政策法规相违背等问题，推动领导责任落实，推动突出问题有效解决、安全隐患有效防控。

《意见》要求，各级审计机关要把开展领导干部自然资源资产离任审计工作作为重要任务，准确把握"审什么""怎么审""怎么评价""审计结果怎么运用""审计工作有什么保障措施"等问题，扎实开展各项工作。各级审计机关主要负责同志是第一责任人，要提高政治站位，主动谋划、抓好落实。要加强资源环境审计能力建设和人才队伍建设，强化业务培训，增强审计人员专业知识储备、提升专业胜任能力，引入"外脑"提供专业技术支持，积极探索大数据审计，进一步提高审计工作质量和效率。要强化组织领导，明确职责分工，加强沟通协调，实现资源信息共享，审计结果互用，保障自然资源资产离任审计工作顺利开展。（时间：2018年11月01日　供稿单位：云南省审计厅）

2. 海南：出台开展领导干部自然资源资产离任审计工作实施意见

实施意见在内容上紧密结合海南生态文明试验区建设要求和热带海岛资源环境特点，进一步明确自然资源资产离任审计工作的重要意义、审计对象、工作原则、工作目标及主要审计领域和内容，就构建审计评价指标体系、审计结果转化运用、审计工作组织保障等作出具体规定，特别突出对海洋和海南中部生态核心区热带雨林资源的保护。实施意见的出台，对海南省全面推开领导干部自然资源资产离任审计工作将产生巨大推动作用。

早在 2017 年 9 月中共中央办公厅、国务院办公厅下发《领导干部自然资源资产离任审计规定（试行）》时，海南省就启动了具体实施办法的制定工作，由审计部门联合生态环境保护部门共同承担起草工作，纪委监委和组织部门及国土、林业等 10 个自然资源与生态环境主管部门参与征求意见，历经海南省政府两次会议讨论，最终由海南省委批准并印发。

近年来，海南省十分重视领导干部自然资源资产离任审计工作。2017 年，海南省将领导干部自然资源资产离任审计工作写入第七次党代会报告和各次省委全会文件。2016 至 2018 年，海南省连续三年将领导干部自然资源资产离任审计写入省政府的年度工作报告。2018 年 4 月，海南省认真贯彻落实党中央、国务院《关于支持海南全面深化改革开放的指导意见》，就领导干部自然资源资产离任审计工作列出 4 项细化措施。

从 2015 年开始，海南省审计机关开始实践领导干部自然资源资产离任审计工作，2016 年正式开展试点审计，截至 2017 年年底共实施试点审计项目 5 个，审计市县党政领导干部 6 人。通过审计，揭示海洋、森林、土地、水等领域自然资源资产管理和生态环境保护突出问题 91 个，提出处理意见 90 多条，提出审计建议 13 条，20 多名相关责任人被问责处理，促使被审计单位完善制度 6 项，有力促进各级领导干部树立绿色发展理念和正确政绩观。2018 年，海南审计机关安排自然资源资产离任（任中）审计项目 38 个，审计领导干部 52 人，全面推开领导干部自然资源资产离任审计工作，以实际行动"增绿护蓝"。（时间：2018 年 06 月 01 日　供稿单位：海南省审计厅　胡明国、钟宇靖）

（二）省级以下政府部门出台的自然资源资产审计意见

1. 红河州出台《红河州开展领导干部自然资源资产离任审计的实施意见》

近日，中共红河州委办公室、红河州人民政府办公室印发了《红河州开展领导干部自然资源资产离任审计的实施意见》（以下简称《意见》），促进和规范全州领导干部自然资源资产离任审计工作。

《意见》指出，要建立健全审计监督制度，推动实现审计全覆盖，提升审计工作科学化水平，促进领导干部履职尽责，实现有重点、有步骤、有深度、有成效的审计全覆盖。

《意见》要求，审计部门要积极创新，坚持问题导向，严密、审慎开展审计监督，坚持党政同责、同责同审、有责必审、有责必究，健全各有关职能部门之间的协调联动工作机制，加强组织领导，突出审计重点，创新审计方式方法，强化审计成果运用，充分发挥审计在全州生态文明建设中的监督保障作用。

《意见》的出台，是红河州全面深入贯彻落实党的十九大精神和习近平总书记考察云南重要讲话精神的具体实践，是着力推进生态环境保护、加强对领导干部履行自然资源资产责任情况审计监督的重要举措，为全州稳步深化领导干部自然资源资产离任审计工作提供了坚实的制度保障。（时间：2018 年 06 月 01 日　供稿单位：云南省红河州审计局）

2. 宣城市出台《关于做好 2018 年领导干部自然资源资产离任审计相关工作的意见》

日前，为扎实开展领导干部自然资源资产离任审计工作，宣城市审计局出台了《关于做好 2018 年领导干部自然资源资产离任审计相关工作的意见》（以下简称《意见》）。

《意见》要求，各县市区审计机关要切实联系实际，认真贯彻落实。一要统筹安排，突出重点，将领导干部自然资源资产离任审计纳入年度审计计划，建立经常性审计制度，同时注意做好与领导干部经济责任审计工作的结合；二要积极探索，创新方法，结合"审计管理创新年"活动，大力推进自然资源资产审计信息化建设；三要争取支持，加强联动，共同探讨审计方法，发挥监督合力；四要加强学习，提升能力，积极组织业务培训，进一步提高审计业务能力和水平。（时间：2018 年 03 月 19 日　供稿单位：安徽省宣城市审计局）

3. 南通市出台《关于开展领导干部自然资源资产审计工作的实施意见》

近日，南通市正式出台《关于开展领导干部自然资源资产审计工作的实施意见》，这是该市对 2014 年在全省率先出台的资源环境责任审计实施意见的修订，旨在推动南通市领导干部自然资源资产审计更加规范化、制度化，新规具有三大特点。

进一步突出责任落实。一方面，审计对象有所拓展，新规在原有地方党政领导干部的基础上，将自然资源资产管理和生态环境保护工作部门（单位）的主要领导干部纳入了审计范围。审计对象从地方各级党委政府到资源环境主管部门，实行全方位、全覆盖的审计监督。另一方面，审计结果运用更加严肃。新规要求对被审计领导干部任职期间自然资源资产管理和生态环境保护情况变化产生的原因进行综合分析，客观评价被审计领导干部履行自然资源资产管理和生态环境保护责任情况。审计结果向本级党委政府报送，被审计领导干部及其所在地区、部门（单位），对审计发现的问题应当及时整改。

进一步突出可操作性。新规根据中央要求，对审计内容进行了细分，包括贯彻执行上级生态文明建设方针政策和决策部署情况、遵守自然资源资产管理和生态环境保护法律法规情况、重大决策情况、完成目标任务情况、履行监督责任情况、组织相关资金征管用和项目建设运行情况、履行其他相关责任情况等。同时，新规优化了指标体系，围绕水、土、气、海洋四大要素，从自然资源资产的管理和利用、环境保护和改善、生态修复和效益、经济结构调整、环保能力保护五个方面，对评价指标进行了归类整合，形成 5大类 29 项指标体系，具有鲜明的南通地域特色。

进一步明确工作要求。新规明确，地方党政领导干部的自然资源资产审计在市"三责联审"领导小组的领导下，由市审计局牵头，市相关承担资源环保职能部门参与，形成了审前共商、审中协作、审后运用的合作机制。新规要求，各级党委政府要高度重视，加强组织领导，加大推进力度，促进本地区领导干部自然资源资产审计工作常态化；各有关部门要加强协作配合，发挥各自优势，实现数据共享，为领导干部自然资源资产审计工作提供支持。（时间：2018 年 11 月 13 日　供稿单位：江苏省南通市审计局　黄文华）

4. 兴化市出台《兴化市地方党政主要领导干部自然资源资产离任审计工作的实施意见》

为提高兴化生态文明建设水平，推动领导干部切实履行自然资源资产管理和生态环境保护责任，近日，兴化市委办公室、市政府办公室印发了《兴化市地方党政主要领导干部自然资源资产离任审计工作的实施意见》（以下简称《意见》）。

根据兴化市自然资源资产的特点，《意见》明确要求重点关注提水养殖、蟹塘复垦、标准良田改造、土地整理项目实施；关注不锈钢等高耗能、高污染项目供地及偷排偷放污水及固体废弃物造成耕地重金属污染问题；关注退渔还湖、里下河湖荡湿地生态修复、现代田园水乡靓化、生态精品农业提升等生态经济示范工程重点项目实施情况。

《意见》要求各乡镇（街道）、各有关部门充分认识自然资源资产离任审计的重要意义，积极支持和配合领导干部自然资源资产离任审计工作，加强各职能部门的组织协调和合作机制，加大自然资源资产违法违规问题查处力度，充分运用审计结果，强化审计发现问题的整改落实，确保自然资源资产离任审计取得实效。（时间：2018 年 06 月 06 日　供稿单位：江苏省泰州市审计局）

5. 苏州市吴中区审计局出具首份领导干部自然资源资产离任审计意见

近日，吴中区审计局出具了首份领导干部自然资源资产离任审计意见，标志着该局在自然资源资产审计上的探索取得了阶段性的成果。

该局从 4 月开始对临湖镇主要领导干部任期内的自然资源资产管理和生态环境保护责任履行情况进行了审计。临湖镇紧邻太湖，拥有丰富的耕地、森林、地热等自然资源资产，在开展项目前该局进行了长达 1 个月的审前调查，赴多个部门和临湖镇多地进行调研，最终确定审计方案。审计重点关注土地利用、水资源利用保护、生态环境保护、森林资源情况、湿地情况、美丽乡村建设等情况。审计中运用地理信息系统技术对土地利用现状等进行分析核对。出具审计意见前以书面和座谈协商相结合，多方征求被审计单位和区自然资源相关的主管部门意见，进一步完善审计意见内容。

审计意见对临湖镇领导干部在自然资源资产方面的履职情况进行了客观评价，把土地、水、森林、湿地、生态环境四大类资源细化为 26 个二级指标分别进行了评价。通过此次的审计探索，初步建立了吴中区乡镇领导干部自然资源资产离任审计的评价指标和实施方法，为今后吴中区自然资源资产审计实施办法制定、审计指南开发打下了坚实的基础。（时间：2018 年 06 月 06 日　供稿单位：江苏省苏州市审计局　李亚鸽、高放）

6. 江西省抚州市出台《关于进一步加强领导干部自然资源资产离任审计的实施意见》

近日，中共抚州市委办公室、市政府办公室正式出台了《关于进一步加强领导干部自然资源资产离任审计的实施意见》（以下简称《实施意见》）。

《实施意见》明确，全市领导干部自然资源资产离任审计工作应当做好明确审计对象、突出审计重点、推动责任落实、促进问题解决、客观评价、依法作出处理、强化结果运用、注重衔接配套 8 项主要任务。

《实施意见》强调，各级党委、政府要加强对本地区领导干部自然资源资产离任审计工作的领导，及时听取本级审计机关的审计工作情况汇报，不断解决审计工作中出现的新情况、新问题，推动审计工作规范、有序发展；建立领导小组工作机制，全面落实相关文件工作要求，研究制定适合本地区的规章制度、监督检查审计工作开展情况；加强部门工作联动，形成合力，全面推进自然资源生态文明建设和环境保护工作。

《实施意见》的出台，为构建起抚州市领导干部自然资源资产离任审计工作的整体格局，推进抚州市生态文明建设、全面推动领导干部自然资源资产离任审计工作提供了强有力的制度保障。（时间：2018 年 06 月 06 日　供稿单位：江西省抚州市审计局）

7. 湖北省十堰市审计局出台《关于推进领导干部自然资源资产审计工作的实施意见》

围绕贯彻落实省委、省政府和市委、市政府关于坚决打好污染防治攻坚战的决策部署，充分发挥审计在推进国家生态文明建设中监督保障作用，近日，十堰市审计局出台了《关于推进领导干部自然资源资产审计工作的实施意见》（以下简称《实施意见》），细化和明确领导干部自然资源资产审计工作总体要求、主要任务、审计重点和审计评价，全力推进领导干部自然资源资产审计，为建设美丽、绿色、生态十堰贡献审计力量。

《实施意见》明确，要坚持"因地制宜、重在责任、稳步推进"的基本原则，通过开展领导干部自然资源资产审计试点，探索并逐步完善领导干部自然资源资产审计制度，进一步推进领导干部守法、守纪、守规、尽责，切实履行自然资源资产管理和生态环境保护责任，促进自然资源资产节约集约利用和生态环境安全。《实施意见》要求，要以全市水利、林业、农业、国土、环保、住建、统计、发改等单位以及乡镇、街道党委政府主要领导干部为审计对象，重点对土地、森林、水、矿山生态环境保护和大气污染防治五大领域进行审计，督查自然资源资产是否有序开发、节约集约利用，是否存在重大损失浪费、重大生态破坏和污染环境等突出问题。

《实施意见》强调，要依照相关法律法规、政策规定及考核制度，结合被审计对象的特点和实际情况，将定性评价与定量评价相结合，客观评价领导干部履行自然资源资产管理和生态环境保护责任情况，进行责任界定。同时，建立领导干部自然资源资产审计情况通报、结果公告、整改落实及结果运用等制度，及时向党委政府通报审计结果，并作为干部考核、任免、奖惩的重要依据。对审计发现的严重损毁自然资源资产和重大生态环境污染损害责任事故，需追究领导干部责任的，审计机关将严格按照有关规定及干部管理权限移送组织、纪检监察和司法机关，依纪依法依规追究相关人员责任。

《实施意见》还制定了十堰市自然资源资产审计的三年实施计划和工作机制。要求自然资源资产审计建立"一年搭平台，两年求深化，三年出成果"的目标，力争到 2020 年形成自然资源资产审计标准操作规范，推进全市自然资源资产审计全覆盖。同时，进一步加强市县统筹，推动县（市、区）审计局成立自然资源资产审计工作领导小组，全力争取地方发改、财政、国土、水利、农业、统计、林业等部门的配合，形成良好的工作协作机制。进一步坚持正确的舆论导向，做好政策宣传解读，加快推进相关改革，建立健全制度规范。（时间：2018 年 10 月 16 日　供稿单位：湖北省十堰市审计局　陈洪波、刘簪）

8. 福州市出台《福州市党政领导干部自然资源资产离任（任中）审计实施意见》

日前，福州市委、市政府办公厅印发了《福州市党政领导干部自然资源资产离任（任中）审计实施意见》（以下简称《实施意见》），《实施意见》深入推进全市党政干部自然资源资产离任（任中）审计工作，充分发挥自然资源资产离任（任中）审计在服务生态文明建设中的作用；并结合了该市探索自然资源资产负债表编制工作及价值实现机制研究成果，在创新审计方式方法、充实审计重点内容、提出评价指标体系、推动审计结果的运用等方面进行重点明确，形成一套比较成熟、符合实际的审计规范，用于指导该市开展审计工作。

《实施意见》分为总体目标，基本原则，审计对象、范围和实施计划，审计内容和重点，审计评价和结果运用，工作保障六个部分。明确的审计对象包括三类：福建省审计厅授权审计的县（市）区地方各级党委和政府主要领导干部；市县两级发展改革、国土资源、环境保护、水利、农业、林业、能源、海洋等承担自然资源资产管理和生态环境保护工作部门（单位）的主要领导干部；乡镇、街道、开发区等市管处级党委和政府主要领导干部。重点检查党的十八大以来地方各级领导干部任期内在主要自然资源资产管理和生态环境保护工作中的履职尽责情况，重要事项可视情况延伸审计相关年度。

《实施意见》有五大主要特点：一是结合最新出台的《大气污染防治行动计划》《水污染防治行动计划》《土壤污染防治行动计划》《关于全面推行河长制的意见》《湿地保护修复制度方案》等政策措施，充实审计重点内容。二是参考《国民经济和社会发展第十三个五年规划纲要》确定的资源环境类约束性指标和《生态文明建设考核目标体系》《绿色发展指标体系》，提出全市开展党政领导干部自然资源资产离任审计八大类型 34 项评价指标体系。三是采取有别于经济责任审计的评价方式，在全面分析问题原因的基础上，审慎做到"三个区分"，即区分无意过失与明知故犯、工作失误与失职渎职、探索实践与以权谋私，按照"好、较好、一般、较差、差"五个层次客观审慎作出审计评价。四是审计机关坚持"开门搞审计"，意见中明确各相关部门责任分工，充分借助部门的专业优势，结合管理部门提出的评价意见进行再评估。五是注重审计整改，将审计发现问题的整改落实作为一个重要环节体现，并扩大了结果运用的范围，充分发挥审计防护体系作用，着力促进机制体制完善。

从 2014 年开始，在福州市委、市政府和福建省审计厅的领导下，福州市审计局积极探索、勇于创新，结合领导干部经济责任审计、县区政府财政决算审计、专项审计等试行该项审计，而且自加压力在向乡镇铺开，取得一定成效。为了推进乡镇审计工作，近期，该局还将出台了《福州市乡镇领导干部自然资源资产离任（任中）审计工作的指导意见》。（时间：2018 年 11月 05 日　供稿单位：福州市审计局）

(三) 资源环境审计其他方面的制度创新

1. 采纳审计建议　填补制度漏洞　长沙市出台《长沙市水利专项资金管理办法》

近期，长沙市水务部门高度重视审计发现的问题，与长沙市财政局联合出台了《长沙市水利专项资金管理办法》（以下简称《办法》），填补了水利专项资金管理方面存在的制度漏洞。

2017 年下半年，长沙市审计局在对该市水务局领导干部任期经济责任审计中发现，该局尚未制定水利资金管理规范性文件，每年数亿元的水利专项资金存在管理风险，审计建议市水务局会同市财政局出台管理办法，明确水利专项资金分配和使用细则。市水务局高度重视审计建议，召开专题会议进行研究，并出台了《办法》。

《办法》明确规定了水利专项资金的使用范围、申报审批程序、拨付办法、监督管理等事项，从制度上保障了水利专项资金的规范使用。同时，《办法》规定区县（市）水利行政主管部门在申报水利项目时应同时进行绩效目标申报，建立规范化、标准化、可量化的绩效评价指标体系，开展绩效自评，市水利局及财政局将在此基础上开展绩效评价，并将其本年度绩效评价结果作为下年度项目审核的参考依据，切实提高了水利专项资金的使用效益。（时间：2018 年 10 月 18 日　供稿单位：长沙市审计局　周本瑜、喻平）

2. 昆明市出台《昆明市领导干部自然资源资产离任审计评价办法（暂行)》

近日，昆明市人民政府办公厅印发了《昆明市领导干部自然资源资产离任审计评价办法（暂行）》（以下简称《办法》）。该办法的出台是昆明市深化生态文明体制改革、推进生态文明建设的一项重要举措。

《办法》共分为七章十四条，包括评价的依据、范围、原则，评价内容，评价指标，评价标准，评价方法及程序，评价结果等级划分，评价结果运用及责任界定等内容。《办法》依照中央两办印发的《领导干部自然资源资产离任审计规定（试行）》，确定了 6 个一级指标和 24 个二级指标，其中定性指标 21 个，定量指标 3 个。突出地方、区域自然资源资产禀赋特点，结合昆明市实际，确定了 11 个三级定量指标，内容包括基本农田保护面积、耕地保有量、矿山修复面积、森林面积、森林蓄积量、城市绿地、水环境优良水体比例、空气质量优良率等，其中以大气、水、土壤污染防治行动计划完成情况为审计评价的重要内容。

《办法》坚持依法评价、客观公正、权责一致、突出重点、以审定评的原则，做到重要性与谨慎性相结合，历史背景与现实情况相结合，定量分析与定性分析相结合。《办法》的出台，为促进昆明市自然资源资产节约集约利用和生态环境安全、推动领导干部切实履行自然资源资产管理和生态环境保护责任将起到重要作用。（时间：2018 年 10 月 18 日　供稿单位：昆明市审计局）

3. 玉溪市出台《玉溪市审计机关自然资源资产离任审计专家库管理办法（试行）》

为进一步做好玉溪市自然资源资产离任审计工作，充分发挥专家学者和有关专业人员在自然资源资产离任审计工作中的咨询辅助作用，提升自然资源资产离任审计质量，近日，玉溪市审计局建立了由省、市、县（区）相关部门人员组成的自然资源资产离任审计人员专家库，并制定出台了《玉溪市审计机关自然资源资产离任审计专家库管理办法（试行）》（以下简称《办法》）。

《办法》明确了专家库成员由省、市、县（区）具有土地、森林、水资源、矿产及矿山生态环境治理、大气污染防治及土壤污染防治等专业知识和经验，并在上述相关领域具有一定代表性的专家、学者和专业管理人员组成；同时还明确了受聘人参与审计工作范围、基本职责、享有的权利、应当履行的义务及法律责任等。《办法》同时规定，受聘的专业人员应当接受玉溪市审计局的管理，在工作过程中必须严格执行审计机关有关质量控制要求，服从受聘单位工作安排，遵守国家审计的法律、法规、规章制度及相关保密纪律和审计工作纪律等，如发现和核实存在专家提交虚假咨询意见、结论材料或者与有关单位串通舞弊，利用受聘工作获取不正当利益等行为将承担相应的法律责任。（时间：2018 年 07 月 11 日　供稿单位：玉溪市审计局）

三、公告概览

（一）审计署公告

1.2018 年第 48 号公告对污染防治"三大攻坚战"审计情况的披露

推进重点区域大气、水环境治理，加强生态修复工程建设方面的经验。例如：京津冀三地加强大气污染联防联控机制建设；湖北省宜昌市通过分类管理、引导企业转型升级等方式破解"化工围江"难题；江西省推进电能替代工作，减少煤炭等带来的污染物排放；宁夏回族自治区隆德县加大投资治理黄河支流渝河水体污染；甘肃省庆阳市实施"再造子午岭"生态修复工程。

审计发现的问题：部分地区未完成污染防治任务，未严格落实生态保护与修复等工作，有的项目建设缓慢或建成后闲置。被审计地区和有关部门持续加强生态环境保护工作，加大污染防治资金投入，积极推动相关目标任务完成，推进生态环境修复等项目建设，但仍有 13 个省部分地区未完成大气、水污染防治目标任务；3 个省部分园区循环化改造和项目环境影响评价等工作未按要求完成；14 个省的 59 个环保项目未按期开（完）工、建成后闲置或未经环评违规建设，涉及投资 17.62 亿元；2 个省的水源保护区内尾矿库综合治理等 2 项生态保护与修复工作不到位；2 个省的 3 个市县部分污水直排。

2. 2018 年第 45 号公告对污染防治"三大攻坚战"审计情况的披露

加强污染防治，推进生态文明建设的经验。各地围绕打好污染防治攻坚战，大力推进大气、水、土壤污染治理任务落实和项目建设。例如：山西省推进燃煤机组超低排放改造工作，促进绿色发展；广西壮族自治区南宁市"控源截污"，对城市黑臭水体进行全流域治理。

推进污染防治方面发现的问题。一是 7 个省部分地方未完成大气、水污染防治方面目标任务。二是 5 个省的 9 个市县有 37 个污染防治项目未按期开（完）工或建成后闲置，涉及投资 4.49 亿元。三是云南省威信县、镇雄县和宁夏回族自治区盐池县对自然保护区生态保护不到位。四是海南省和山东省的 5 个市县生活垃圾处理能力不足。

3. 2018 年第 3 号公告：长江经济带生态环境保护审计结果

为深入贯彻党的十九大和十九届二中、三中全会精神，推动落实习近平总书记关于长江经济带发展的重要指示和国务院"十三五"生态环境保护规划，2017 年 12 月至 2018 年 3 月，审计署对长江经济带 11 省市（包括云南省、四川省、贵州省、重庆市、湖北省、湖南省、江西省、安徽省、江苏省、浙江省、上海市，本报告对省级行政区统称为省）（以下统称 11 省）2016 年至 2017 年生态环境保护相关政策措施落实和资金管理使用情况进行了审计，重点抽查了 59 个地级市（区）。

从审计情况看，11 省认真学习贯彻党中央、国务院关于长江经济带发展的方针政策和决策部署，积极采取各种措施保护生态环境，取得了一些成效。一是生态环境保护有序推进。2016 年以来，11 省共召开相关会议 152 次，制定或修订制度等 293 项，15.99 万名党政领导干部担任河长、湖长；开展各类专项行动 665 次，查处非法倾倒、偷排偷放、乱占滥用、乱砍滥伐等违法案件 9.78 万件，移送司法机关处理 4147 件、2635 人，较好地遏制了生态环境破坏行为。二是污染防治能力有所增强。据相关部门数据反映，11 省污水和垃圾处理能力近两年分别增加 8% 和 11%。水、大气等污染治理部分阶段性工作任务完成情况较好，各省共取缔"十小"企业 2486 户，占已公布取缔名单的 99.84%，省级及以上工业集聚区约 9 成已建成污水集中处理设施。三是生态环境质量有所改善。据 11 省提供的资料，2017 年化学需氧量、氨氮、二氧化硫和氮氧化物等主要污染物排放总量比上年分别削减 2.97%、4%、9.24% 和 3.97%；国家地表水环境质量监测考核断面的水质优良率为 73.9%，比上年提高 0.6 个百分点，劣 V 类水质断面（3%）比上年下降约 0.3 个百分点。

审计发现的主要问题：

生态环境保护相关资金管理使用方面存在的问题。一是截至 2017 年年底，8 省有 12.56 亿元水污染防治、石漠化综合治理等专项资金结存在相关地方财政部门，有 8.21 亿元结存在项目主管部门及实施单位，均超过 1 年。二是 2013 年 12 月至 2018 年 1 月，8 个地方政府主管部门及所属单位违规使用生态环境保护相关资金 2580.49 万元，主要用于弥补行政经费、其他项目支出等；5 个县级地方政府重复申报退耕还林还草专项资金 105.6 万元。三是 10 省有 197 个污染治理和生态修复项目未按期开（完）工，5 省有 19 个项目建成后效果不佳。

资源开发和生态保护方面存在的问题。一是截至 2017 年年底，10 省已建成小水电 2.41 万座，最小间距仅 100 米，开发强度较大。5 个省"十二五"期间新增小水电超过规划装机容量，8 个省有 930 座小水电未经环评即开工建设，6 个省在自然保护区划定后建设 78 座小水电，7 个省有 426 座已报废停运电站未拆除拦河坝等建筑物，7 个省建有生态泄流设施的 6661 座小水电中有 86% 未实现生态流量在线监测。过度开发致使 333 条河流出现不同程度断流，断流河段总长 1017 公里。二是 7 个省有关市县突破国家、省两级审批制度，自行设立开发区 249 个（其中 2016 年以来新设 8 个），占地 447 万亩，其中有 72 个设立 5 年以上但建成率不足 5 成，还有 10 个与基本农田重叠 2.77 万亩。有 62 个开发区位于重点生态功能区或与禁止开发区域重叠，其中 18 个是在全国主体功能区规划实施之后设立或扩建的。三是 10 个省有 501 家单位无证取水，60 家单位超量取水；截至 2017 年年底，7 个省有 667 个违规占用岸线项目尚未整改到位。四是 2016 年以来，3 省有 21 个新建或扩建的化工、造纸等项目，未履行环评或产能置换等审批手续。五是网络非法销售电鱼机等问题缺乏监管，助长了非法电鱼行为。11 省近 4 年共发生非法电鱼案件 3.46 万起，年均增长 8.8%，其中 149 起发生在珍稀鱼类保护区内，胭脂鱼等珍稀鱼类被电亡，还导致超过 30 人死亡。

污染治理方面存在的问题。一是长期持续整治的洞庭湖、鄱阳湖等 5 个国家重要湖泊，由于统筹治理不到位等原因，2017 年的水质仍为 IV 类及以下。二是 75 个开发区未依法开展规划环境影响评价；106 个开发区未建设污水集中处理设施；70 个开发区虽建成污水集中处理设施，但未按规定安装在线监控装置或与环保部门联网；46 个开发区因管网不配套等，污水处理效果不佳。三是截至 2017 年年底，9 省有 118 座敏感区域的城镇污水处理厂未按国家要求达到一级 A 排放标准。因污水处理能力不足、管网损坏等，6 个省 2017 年有 2.24 亿吨污水未有效收集处理或直排入河。四是截至 2017 年年底，3 个省的 9 个垃圾填埋场或焚烧厂超负荷运行；2 个省 132 处无防渗措施的非正规垃圾堆放点未完成清理；5 个省的 20 个垃圾填埋场或中转站产生的 285.75 万吨渗滤液排入城市管网或周边水体，还有 197 万吨渗滤液积存场内。7 个省的 48 家单位未按规定存储、转运或处置危险废物，4 个省的 6 家单位未按规定处置医疗废物。五是截至 2017 年年底，9 省的 56 个饮用水水源地一级保护区内存在排污口、养殖场等建设项目；3 省的 7 个城市饮用水水源地和 71 个乡镇饮用水源地断面水质超标。六是截至 2017 年年底，10 省有 5.61 万个地下储油罐（占应改造总数的 52%）未更换为双层罐或进行防渗改造；3 个省有 348 台 10 蒸吨及以下燃煤小锅炉未淘汰；2 省的个别市县还有 8 家小型造纸、电镀企业未关停；3 个省有 46 户禁养区内规模以上畜禽养殖场应关未关，3 个省有 413 家养殖场未建配套治污设施。

（二）省级政府审计工作报告

1. 贵州

领导干部自然资源资产离任审计情况。

2017 年，按照省政府部署，省审计厅加大自然资源资产审计试点工作推进力度，统一组织实施了黔东南州（重点审计了州本级并延伸抽查所辖16 个县）和七星关区等 12 个县领导干部自然资源资产离任审计。从审计情况看，这些地区认真贯彻中央和我省关于生态文明建设决策部署，积极推进生态文明建设，守好发展和生态两条底线，取得一定成效。审计发现的问题主要有：

一是部分地区生态文明体制改革任务推进不及时，未按时完成相关目标任务。例如：截至 2016 年年底，麻江县未完成农村集体建设用地和宅基地确权工作。

二是部分地区未严格执行自然资源和生态环境相关法律法规。例如：麻江等 2 个县的 48 家企业未按规定对矿山地质环境进行治理恢复；习水等 2 个县的 13 家企业未取得许可擅自采矿。

三是部分资金征收、管理及使用不规范。例如：黔东南州本级和七星关区等 21 个县未按规定及时足额征收、缴交土地出让收入、育林基金、水资源费等 13.85 亿元；黔东南州本级和花溪区等 7 个县挤占挪用、未按规定用途使用自然资源资产资金 1.02 亿元；六枝特区等 21 个县滞留、截留自然资源资产资金 1.77 亿元。

长江经济带生态环境保护审计情况。

根据审计署统一部署，省审计厅对铜仁等 3 个市（州）2016 年至 2017 年长江经济带生态环境保护情况进行了审计。从审计情况看，相关市（州）认真贯彻党中央、国务院关于长江经济带发展的方针政策和决策部署，积极采取措施保护生态环境，取得了一些成效。审计发现的主要问题有：

一是部分资金和项目绩效不高。截至 2017 年年底，铜仁市本级和瓮安等 2 个县有 5868.75 万元石漠化综合治理、重金属污染防治等专项资金结存 1 年以上；都匀市和印江县违规使用生态环境保护相关资金 1114.86 万元，主要用于弥补行政经费及其他项目支出等；铜仁等 2 个市（州）本级和贵定等 8 个县 38 个项目建设进度缓慢，部分石漠化综合治理项目实施效果不佳。

二是有的地区资源开发和生态保护不够到位。六盘水市本级和三都等 8 个县有 11 个工程项目未履行环评审批即开工建设；水城等 2 个县 4 家单位无证取水；铜仁市本级和沿河等 12 个县在禁止开发区、重要生态功能区、生态敏感区违规开矿、建设，存在污染隐患。

三是有的地区污染治理不够有力。4 个开发区、园区未按规定建成污泥、污水处理设施；部分市、县城镇生活污水处理能力不足，收集管网不健全；3 个市（州）本级有 4 家单位未按规定处置医疗废物；六盘水等 2 个市（州）有 250 个地下油罐未更换为双层罐或进行防渗改造；龙里等 2 个县禁养区内的 28 家畜禽养殖场未按规定关闭或搬迁。

审计指出问题后，相关市县已归还资金 161.11 万元，部分畜禽养殖场已关停，部分污水管网已建成，部分项目正在补办完善相关建设、审批手续等，其余问题尚在积极整改中。

2. 浙江

领导干部自然资源资产离任审计情况。

对云和县等 3 个县和省林业厅实施自然资源资产离任（责任）审计，同时在市县党政主要领导干部经济责任审计中加大对自然资源资产的审计力度。审计结果表明，被审计领导干部认真贯彻执行国家和省生态文明建设方针政策和决策部署，较好地履行了自然资源资产管理和生态环境保护责任。审计发现的主要问题：

一是侵占自然资源资产问题时有发生，监督执法不到位。宁波市北仑区等3个县2014年至2016年违规侵占省级以上公益林73.75公顷。有2个县监督执法不到位，如乐清市落实执法处罚措施不到位，对2012年至2014年间越界、超量开采石料等部分矿山企业未及时收取罚金，涉及金额1745.41万元。

二是部分县未完成目标任务。宁波市镇海区"十二五"期间、云和县2014年至2016年的单位GDP能耗未完成上级下达的目标任务。2014年至2016年，宁波市北仑区近岸海域大榭等4个监测点水质为劣Ⅳ类，海水富营养化严重，没有达到《宁波市海洋功能区划》规定的标准。

三是省林业厅湿地保护工作部分职责履行不够到位。一是湿地名录制管理与国家规定要求不符。2016年国务院出台法规要求将所有湿地纳入保护范围，我省仍采用名录制方式管理，现有111.01万公顷湿地面积中仅把列入名录的36.79万公顷湿地纳入保护范围。二是未能及时准确掌握全省湿地变化情况。在2012年完成第二次湿地调查后，没开展过湿地增减情况调查，2016年编制的"十三五"规划中湿地保有量仍采用2012年基础数据。审计发现湿地保护名录外的1.48万公顷湿地已被占用，省林业厅尚未掌握其变动情况。

长江经济带生态环境保护审计情况。

按照审计署统一部署，对湖州市、金华市、台州市的长江经济带生态环境保护情况审计结果表明，各市坚持"共抓大保护、不搞大开发"，服务长江经济带建设、加强生态环境保护取得较好成效。审计发现的主要问题：

一是生态环境保护措施落实不到位。一是生态红线划定不规范，小水电站淘汰退出缓慢。金华部分县839.95公顷湿地保育区等未按规定划入生态红线范围；武义县有16座小水电站位于生态保护红线内，其中5座在禁止开发区内。二是小水电站生态流量监测不到位，超规划开发。武义县等2个市县有201座小水电站未建流量监测设施；磐安县41座小水电站无生态流量数据，夹溪流域13座小水电站总装机容量为规划可开发量的1.17倍。三是东阳市等7市县部分公益林被占用或损毁。

二是水污染防治不够有力。一是污水处理厂验收不到位、监测数据超标、超负荷运行。金华市23家污水处理厂未完成一级A排放设施环保验收，台州市 13 家已运行的污水处理厂未完成环评验收。湖州市等 2 个市 65 家污水处理厂在线监测数据显示存在不同程度的超标记录。台州市等 3 个市 17 家污水处理厂超负荷运行。二是未经审批设置入河排污口。台州市等 2 个市纳入环保部门统计的污水直排企业 262 家，比水利部门审核同意设置入河排污口的企业数多 172 家。

三是环境监管不够严格。一是环评监管不到位。金华市 110 家企业未经环评审批擅自投产，湖州市 4 个省级工业集聚区未通过规划环评。二是废气、废水监管不到位。东阳市 1392 家红木企业中，仅 100 多家安装喷漆废气收集处理设施；湖州市 18 家小型造纸企业废水直排入河；金华市百事达石材市场污水通过露天沟渠排入婺江（金华江），污泥露天堆积。

3. 山东

水环境保护和污染防治情况。组织对省本级、15 个市及所属 68 个县进行了审计，发现的主要问题：一是水生态环境保护有待加强。6 个县 11 处一级水源地保护区内有 52 处违章建筑未按规定拆除，1 处二级水源保护区内存在 42 处养殖场或采砂点。二是水污染防治工作推进不到位。2 个市和 3 个县的 67 家企业存在超标排放问题；1 个市和 2 个县的 901 家工业、医疗企业未按规定办理排放许可证。三是水污染防治项目推进缓慢，少征污水处理费和排污费。5 个市和 23 个县的 51 个水污染防治项目未按期完工，20 个项目未开工，12 个项目闲置未发挥效益；7 个市和 13 个县少征收污水处理费 5096 万元、排污费 2970.21 万元。审计指出问题后，相关部门和市县采取措施加快工程建设，建立健全规章制度，部分违章建筑或违法活动治理工作已完成。

京津冀大气污染传输通道城市煤炭压减情况。组织对部分省直部门单位、7 个市和 14 个县进行了审计，发现的主要问题：一是 1 个市未按要求完成煤炭消费控制目标。二是部分县推进清洁采暖工作不到位。有的"气代煤"改造用户未享受居民用气定价，审计后相关部门已督促企业将差额部分退回；有的未对"气代煤"工程项目组织验收即投入使用，存在安全隐患；个别地方为完成改造任务以"保证金"名义从村民手中借款，加重群众负担，审计后已归还部分借款。三是部分市未按照省委、省政府要求，对环保专项资金进行统筹整合，造成 2.06 亿元资金闲置在财政、环保等部门。

另外，对 1 个市和 15 个县开展了领导干部自然资源资产离任审计试点，发现主要存在规划体系不健全，大气污染防治、森林覆盖率和水质量改善等约束性目标未完成，土地资源集约节约利用不够等问题。

4. 福建

为加快推进生态文明建设，我省审计机关 2014 年以来持续组织开展领导干部自然资源资产离任审计试点工作，重点关注领导干部履行自然资源资产管理和生态环境保护责任情况。2017 年，组织开展对 11 个市、县（区）的党政主要领导干部自然资源资产离任审计试点，同时，为推动生态文明建设相关政策在基层落实，打通"最后一公里"，指导南平市开展了 30 个乡镇的领导干部自然资源资产离任审计试点。2018 年，领导干部自然资源资产离任（任中）审计已在全省全面推开。为服务打好污染防治攻坚战，2018 年上半年还组织开展全省加强生态建设和环境保护专项审计，包括美丽乡村建设、重点流域生态补偿等 10 个专项，涉及 69 个县（市、区）、490 个乡镇。审计结果表明，各级党委政府认真落实《国家生态文明试验区（福建）实施方案》部署要求，扎实推进各项重点改革试验任务，中央部署的 38 项重点改革任务有 37 项已形成改革成果，重点生态区位商品林赎买等一批改革经验和制度成果已向全国推广，较好地发挥了试验区的示范引领作用；各级党政主要领导干部认真履行自然资源资产管理和生态环境保护责任，积极推进生态建设和环境保护政策落实，在新一轮美丽乡村建设、加大污染防治力度等方面取得积极成效。但有些地方存在政策落实不够到位，专项资金使用、项目建设管理不够规范等问题。

5. 广东

对珠海市斗门等 28 个县区 2012 至 2017 年自然资源资产管理及污染防治情况进行审计。审计结果表明，28 个县区能够贯彻中央和省关于生态文明建设决策部署，认真落实生态环境保护"党政同责"和"一岗双责"，扎实推进打好污染防治攻坚战的各项工作，推动生态文明建设。审计发现的主要问题是：

一是自然资源资产管理方面。有 5 个县区未能保障被征地农民合法权益，未按规定安排村集体征地安置留用地 3217.88 亩，未按规定落实 1.15 万名被征地农民社保、养老保障政策。有 8 个县区违规调整容积率或违规改变土地用途，涉及建筑面积 241.16 万平方米，土地面积 357.12 亩；11 个县区执法不严，未按规定处置闲置土地、未依法查处违法用地等，涉及土地面积 6534.37 亩、建筑面积 669 万平方米；6 个县区共有 56 座矿山没有按规定开展恢复治理或矿山复绿工作；11 县区未按规定征收自然资源税费

3.37 亿元，未及时追缴环境恢复保证金 9635.42 万元；6 个县区未按规定征收、管理和使用土地出让金、土地使用税 32.81 亿元。

二是环境污染防治方面。有 1 个县区未编制"十二五""十三五"县海洋事业发展规划和海洋功能区划。有 3 个县区未按规定编制水资源保护规划、8 个县区未落实水资源保护措施。12 个县区污水处理设施及配套管网建设滞后，有 44 座污水处理厂建设滞后或运营效果差，最低水处理负荷率低至 16.13％。有 6 个县区存在水环境污染问题，水质合格率偏低。有 4 个县区 5 家重点污染源企业污染源排放未达标，3 个县区 3 座垃圾填埋场渗滤液排放超标造成二次污染。有 1 个区 1 个污水处理厂超标排放水污染物，涉嫌人为干扰自动监测设备正常运行。有 13 个县区环保执法不到位，未按规定对建设项目实施环评监管、对重点污染企业实行全覆盖监测以及对排污企业进行处理处罚。

6. 海南

领导干部自然资源资产离任审计情况。

重点通过对 2 个市市长自然资源资产离任审计，揭示生态环境保护、污染防治及自然资源资产管理方面存在的问题。

一是对破坏自然资源和生态环境问题监管查处不力。1 个市政府对 3 个非法用海案件处理履行职责、整改不到位；对 11 宗饮用水源保护区内的违法建筑拆除工作不力；105.65 亩海防林改造项目存在质量问题；2 家企业毁林和越界采矿，其中非法占用林地并毁林 336.71 亩；25.27 亩基本农田被占用进行非农建设。1 个市 28 个项目未批先占用林地 745.46 亩。

二是生态环境保护基础工作推进不力。1 个市 2015 年和 2016 年安排预算 5720.73 万元用于退果还林工程，但均未实施；1 个景区未建设污水和垃圾处理设施。1 个市生活垃圾处理设施和城区污水处理设施不能满足需要，城区供水漏损率较高；部分环保工程建设严重延期或未及时开工。

三是耕地保护政策未落实到位。1 个市划定的永久基本农田中，有 1688.33 公顷质量不高；耕地占优补优政策落实不到位，96.27 公顷耕地未按质量要求补充。

四是资源环境收费管理不到位。1 个市应收未收城镇生活垃圾处理费 6285.69 万元，占应收金额的 21.5％。1 个市应征未征、少征资源费及污水处理费 1076.16 万元。

经审计督促整改，已追缴城市生活垃圾处理费 400 万元、资源费

677.41 万元和污水处理费 119.12 万元。

7. 新疆

生态环境污染防治政策落实方面。

一是未按时完成土壤污染治理与修复规划工作。根据国家《土壤污染防治行动计划》及《自治区土壤污染防治工作方案》，要求 2017 年年底前，由环保厅牵头制定土壤污染治理与修复规划，截至 2018 年 3 月 30 日，该规划还在征求意见阶段，未按规定时间完成。

二是未严格执行国家《水污染防治行动计划》。根据国家相关规定，在 2017 年年底前，由自治区经信委、环保厅应牵头建成 84 个污水集中处理设施，并安装自动在线监控装置，截至 2018 年 3 月 30 日，已建成 25 个，完成率仅为 29.76%。

三是水污染防治工作滞后。因部门间沟通协作机制不畅，未及时共享信息，导致《自治区水污染防治工作方案》落实不到位。例如：根据国家及自治区有关规定，在 2016 年年底前，应由自治区经信委、国资委牵头编制高风险企业或仓储设施风险源清单，制定风险源转移、搬迁年度计划，对城市建成区内现有钢铁、有色金属、造纸、印染、原料药制造、化工等污染较重的企业有序搬迁改造或依法关闭，但截至 2018 年 3 月 30 日，此项工作尚未完成；在 2017 年年底前，应由畜牧厅牵头开展对全区 96 个县（市）禁养区划定工作和 334 个养殖场关闭或搬迁工作，但截至 2018 年 3 月 30 日，全区尚有 10 个县（市）未完成禁养区划定工作，80 个养殖场（小区）未关闭或搬迁；在 2017 年年底前，应由商务厅牵头的 1797 座运营加油站全部更新为双层罐或完成防渗池设置，但截至 2018 年 3 月 30 日，仅完成 800 座地下油罐的防渗改造。

四是入河排污口监管不到位，依然存在"违规设置、擅自排污"现象。各级水行政主管部门和流域管理机构未全面开展入河排污口的登记审批工作，存在现状不明、监管权责不清、监管不到位等现象。截至 2018 年 3 月底，各地（州）共设置入河排污口 265 个，其中：非法设置 10 个，未经审批的 87 个，占 32.83%。

8. 四川

各地强化绿色发展理念，加大环境保护和污染防治工作力度，生态环境持续改善。去年 7 月以来重点对长江经济带生态环境保护、部分市县医疗废物处置和自然保护地保护情况进行了审计和调查。审计发现的主要问题：工业布局不尽合理，22 个工业集聚区 336 家企业距离主要河流及支流不足 1 公里，其中部分属于高污染行业。超标排放时有发生，乐山、宜宾市 3 家企业排放的废水中总磷或氨氮超标。危险废物亟待处置，7 家企业违规堆放危险废物 11 万吨，21 个市县化学性医疗废物长期存放，4 个县每年约有 120 吨医疗废物未集中处置。环保设施建设滞后，17 个工业集聚区未按要求在 2017 年底前建成污水集中处理设施并投运，152 个乡镇未建立独立污水处理设施，20 个环保治理项目未按期开工或竣工。自然保护基础薄弱，部分自然保护区无专职管理机构或人员，存在无序开发、生态被破坏等问题。部门监管不够到位，有 85 个建设项目未经竣工环保验收即投运，8 家企业长期无证取用地表水或私自打井取水，部分入河排污口及垃圾堆放点未有效整治，2012 年以前建成投运的部分小水电既未补办审批手续，也未按规定关停，存在一定生态环境隐患。

9. 湖北

长江经济带生态环境保护和领导干部自然资源资产审计情况。

组织对长江沿线的 3 个市长江经济带生态环境保护、16 个县长江流域水污染防治和 8 个市县领导干部自然资源资产情况进行了审计。从审计情况看，各地党委政府深入贯彻习近平总书记重要讲话精神，按照中央和省推动长江经济带发展战略部署要求，把长江经济带发展作为推动湖北经济高质量发展的重要内容，持续加大自然资源管理和生态环境保护力度，突出抓好长江干线非法码头与采砂整治、城市黑臭水体治理、农业面源污染整治和沿江化工企业关改搬转等工作，生态环境质量得到一定改善。审计发现的主要问题：

一是湖泊和水源地保护基础工作未完全落实。5 个市县的 153 个湖泊未勘界立桩和划定保护范围；2 个市县的 7 处饮用水源地保护区未设置地界、警示标志或防护设施，部分警示标志和防护设施被人为拆除；12 个市县地方政府和水利、环保等部门未编制湖泊保护和水污染防治规划，未排查湖泊水污染源底数和设立保护标志等，涉及 289 个湖泊，占这些地方列入《湖北省湖泊保护名录》湖泊总数的 84.5%。

二是部分地方水污染防控措施不到位。一是部分污水和垃圾处理设施未建成或不配套。9 个市县的 93 个乡镇尚未建成污水处理厂、13 个市县城区污水处理设施建设滞后，污水直排河湖；10 个市县的 20 个工业园区或企业，将未经处理或处理不达标的工业废水排入河渠；3 个市县污水管网、垃垃收运等设施不配套，导致项目建成后资产设备闲置，涉及投资 6849.57 万元。二是禽畜养殖污染防治不到位或围栏围网未拆除，破坏水资源环境。4 个市县的 235 家禽畜养殖场，未配建污染防治设施或仅有少量简易设施，大量养殖粪污流入湖泊或附近水域；3 个市县的 48 个养殖户违规围栏围网养殖，涉及网箱 519 口，面积 3.86 万平方米。三是 4 个市县的 15 处饮用水源地一、二级保护区内建有排污口、码头、船舶修造厂等设施，存在饮水安全风险隐患。审计发现，少数湖泊河流水质较差。4 个湖泊 2015 年以来水质明显下降，有的由 2015 年的三类下降至 2017 年的五类，有的由 2016 年四类下降至五类；31 个湖泊水质为五类或劣五类；4 条河流水质未达到三类水质的阶段性目标。

三是违规采砂采矿或占用林地，造成资源毁损或生态环境破坏。19 个采砂户从事非法采砂，7 家企业在湿地公园禁采区内采砂约 120 万立方米，4 家企业越界采矿 19 亩、采石 2770 吨，2 家企业逾期采矿 5 亩、采石 1064.5 吨。此外，5 个市县的 30 家企业、2 个村和 4 名个人违规占用 47 宗 2961 亩林地，用于采矿、采石和办厂。

审计指出问题后，相关市县已建成污水处理厂 4 座、拆除网箱 519 口；6 个市县污水处理厂及配套管网项目正在加快建设；44 家企业或个人已停止违规采砂采矿生产经营。

10. 辽宁

自然资源资产和生态环境保护审计情况。

先后组织对 1 个市和 1 个省直部门主要领导进行了自然资源资产离任审计。从审计情况看，有关地方和部门加强环境保护和生态修复，提高了资源能源利用效率。审计发现的主要问题：

一是保护区、产业园区存在环境安全隐患。1 个国家级自然保护区违规建有 39 处养殖池和采油、制砖、晒盐等设施；68 个一级水源保护区均存在违章建筑、违规设施；在湿地布局建设石化产业园区，并将未经防渗处理的天然潮汐水沟作为事故应急池。

二是近岸海水和河流部分污染物超标。近岸海水全部监测站位均存在无机氮超标现象；8 个入海排污口总磷年平均测值持续超标；部分河流断面水质主要污染物年均数值有升高趋势；2 个主要水功能区监测结果总氮全部超标、粪大肠菌群多次超标。1 个污水处理厂超负荷运行，部分污水未经处理直排进入河道。

三是林地保护政策法规落实不到位。林地保护利用规划中林地面积指标执行不到位；湿地保护规划编制不完善；部分国家级森林公园未编制总体规划；未出台永久征用、占用林地许可审核内部控制制度；23 处重要湿地未开展动态监测、6 处未设立保护界标；处罚决定执行不严，被破坏的植被未得到有效恢复。

四是相关资金征收管理使用不规范。部分单位 179.94 万元排污费征缴不及时；应收未收水资源费 1047.14 万元；5 宗土地欠缴土地出让金 3124 万元；向非项目承建单位分配千万亩经济林财政补助资金 243.6 万元；将湿地保护专项资金用于基本支出 19.1 万元。

审计指出问题后，有关地区和部门加强环境监管，关闭违规设施，防治污染物超标排放，规范资金管理使用。

11. 湖南

生态环境保护审计情况。

重点对常德、益阳、张家界 3 个市生态环境保护情况实施了审计。2016 年至 2017 年，3 个市共实施生态环境保护项目 583 个，到位资金 66.82 亿元，整治污染企业 683 家，整治排污口 102 个；取缔"十小"企业 100 家；关闭和搬迁禁养区内规模畜禽养殖场 6866 处、337.1 万平方米。审计发现的主要问题：一是生态保护区红线执行不严格。张家界市生态公益林保护红线与耕地保护红线交叉重叠面积 0.99 万公顷；益阳等 2 个市有 4.81 万公顷土地应划入未划入生态保护区。二是水源保护区存在污染隐患。张家界等 2 个市饮用水源保护区 16 个排污口存在污水直排现象；益阳市有 1 家企业在水源保护区露天堆存废渣 15.9 万立方米，直接影响下游饮用水源安全。三是污染防控不到位。张家界等 2 个市有 115 个乡镇未建立生活污水处理厂；益阳市有 42 个排污口未完成截污；张家界市有 20 个乡镇未建垃圾转运站；3 个市有 850 座油罐防渗漏改造工程未完成；益阳等 2 个市有 9 个污染问题治理项目未及时完工。四是生态保护专项资金管理不规范。益阳市少征水资源费、排污费 30.97 万元；张家界等 2 个市将生态保护专项资金 203.25 万元，用于企业公共厕所建设和林业部门工作经费等；益阳市环保局以虚假票据等方式，套取洞庭湖区重点工业污染源排查整治等专项资金 125.13 万元，用于发放干部职工津补贴。

针对上述问题，审计提出了牢固树立绿色发展理念，加快推进生态文明体制改革；强化担当意识，层层压实责任；加强法治绩效意识，完善监督管理体制等建议。

12. 河南

生态环境保护审计情况。

对周口市和18个县（市、区）开展了领导干部自然资源资产离任审计，重点对生态环境保护相关政策、资金和项目进行了审计。审计结果表明，这些地区和领导干部基本能够落实自然资源资产管理和生态环境保护责任，生态环境治理和保护工作取得一定成效，但审计也发现一些问题。一是少数地区生态环境保护未达到预期。7个市县存在水、大气质量指标未完成目标或未得到明显改善等情况，个别县2015至2016年PM10、PM2.5年均浓度不降反升；3个市县管控不严格，存在矿山地质环境治理工程实施不到位、超采地下水引起水位下降等问题，生态未及时得到修复。二是部分环保资金和项目绩效不高。6个市县专项资金3.42亿元闲置一年以上；6个市县28个污染防治和生态环境保护项目未按期开（完）工；6个市县21个项目因可行性论证不科学等原因，建成后效果不佳或处于闲置状态；6个市县少征污水处理费等相关资金1.09亿元。审计还发现，部分市县重点排污企业存在无证排污和未按规定安装自动监控设施、未纳入环保部门自动联网监控等问题。

13. 广西

对珠海市斗门等28个县区2012至2017年自然资源资产管理及污染防治情况进行审计。审计结果表明，28个县区能够贯彻中央和省关于生态文明建设决策部署，认真落实生态环境保护"党政同责"和"一岗双责"，扎实推进打好污染防治攻坚战的各项工作，推动生态文明建设。审计发现的主要问题是：

一是自然资源资产管理方面。有5个县区未能保障被征地农民合法权益，未按规定安排村集体征地安置留用地3217.88亩，未按规定落实1.15万名被征地农民社保、养老保障政策。有8个县区违规调整容积率或违规改变土地用途，涉及建筑面积241.16万平方米，土地面积357.12亩；11个县区执法不严，未按规定处置闲置土地、未依法查处违法用地等，涉及土地面积6534.37亩、建筑面积669万平方米；6个县区共有56座矿山没有按规定开展恢复治理或矿山复绿工作；11县区未按规定征收自然资源税费3.37亿元，未及时追缴环境恢复保证金9635.42万元；6个县区未按规定征收、管理和使用土地出让金、土地使用税32.81亿元。

二是环境污染防治方面。有 1 个县区未编制"十二五""十三五"县海洋事业发展规划和海洋功能区划。有 3 个县区未按规定编制水资源保护规划、8 个县区未落实水资源保护措施。12 个县区污水处理设施及配套管网建设滞后,有 44 座污水处理厂建设滞后或运营效果差,最低水处理负荷率低至 16.13%。有 6 个县区存在水环境污染问题,水质合格率偏低。有 4 个县区 5 家重点污染源企业污染源排放未达标,3 个县区 3 座垃圾填埋场渗滤液排放超标造成二次污染。有 1 个区 1 个污水处理厂超标排放水污染物,涉嫌人为干扰自动监测设备正常运行。有 13 个县区环保执法不到位,未按规定对建设项目实施环评监管、对重点污染企业实行全覆盖监测以及对排污企业进行处理处罚。

14. 上海

按照审计署统一部署,市审计局对宝山、青浦和奉贤等 3 个区落实长江经济带生态环境保护政策措施情况开展了专项审计。从审计情况看,相关区积极贯彻执行中央及本市生态文明建设的决策部署及政策措施,加强污染防治工作。审计发现的主要问题:

一是污水未及时处置,影响周边环境。一是有的区城镇污水处理能力不足,污水管道长期高水位运行,导致日均 4.63 万立方米纳管污水无法处理,部分区域污水冒溢。二是 2 区的 15 座农村污水处理设施报废、损坏或停用,污水直排,影响周边河道水质。三是有的区污水管网建成后,仍有部分沿线单位污水未及时纳管,直排河道。

二是污泥处置监管不到位,存在二次污染隐患。一是 2 个区河道整治疏浚出的 143.08 万立方米底泥,未经检测直接施用或堆放在农村闲置土地上,其中部分重金属超标。二是 2 个区对排水管道疏通产生的 3.17 万吨污泥,未跟踪记录其最终去向和用途,或记录不完整。三是有的区 2 家污水处理厂 4.09 万吨污泥,重金属含量超过园林绿化栽植土的指标限值,仍直接用于园林绿化。

三是生活垃圾未有效处理,影响垃圾综合治理效果。一是有的区生活垃圾分类产生的废弃轮胎、油漆桶等有毒有害垃圾,长期滞留分拣点,且未采取污染防控措施。二是有的区的 12 座已封场垃圾填埋场、在用中转站及压缩站产生的渗滤液,每年约有 180 吨未经检测和处理,直接排入管网或运至污水厂。

15. 内蒙古

2017 年，自治区审计厅聚焦污染防治攻坚战，继续深入贯彻习近平总书记"努力把祖国北部边疆这道风景线打造得更加亮丽"的重要指示，牢固树立"绿水青山就是金山银山"理念，审计厅和盟市审计局对 12 个旗（县、市、区）的党政主要领导干部开展了自然资源资产离任（任中）审计。审计结果表明，有关地区和领导干部认真落实自然资源资产管理和生态环境保护责任，资源集约节约利用取得一定成效，但仍发现一些问题：一是部分地区未编制自然资源保护与发展规划或规划工作不完善。比如，科尔沁区未编制草原保护、建设、利用规划；土左旗未编制水利发展规划、水资源综合规划和专业规划；根河市森林、水利发展建设、生态环境保护规划不完善。二是部分地区未制定目标责任状考核办法或未完成自然资源资产管理目标。比如，五原县未制定土地管理和耕地保护目标责任状考核办法；突泉县水资源部分目标责任制指标未完成。三是部分地区履行自然资源资产监管责任不够到位。比如，库伦旗存在无证开采、越界开采、矿山企业占用耕地、林地、草地的现象。

审计指出问题后，有关地区和部门积极采取措施整改，出台制度办法，编制和完善有关规划，加大保护资源和环境力度。

16. 陕西

对咸阳市、太白等"一市四县"领导干部自然资源资产责任情况开展试审。审计发现的主要问题：30 个工业园区均未进行水资源规划论证，也未编制水土保持方案；矿山环境治理缓慢，生态恢复不到位；建设用地超规划；8 个县（区）违规采砂、采石，占用河道、农田、耕地等；4 个市县地下水超采严重，取水许可管理不到位；4 个市县欠收水资源费、水土保持费等；3 个市县挤占挪用截留专项资金；部分市县未实现城市雨污分流。

对宝鸡、渭南等 7 个市及所属县区 2011 年至 2015 年水污染防治资金管理及使用情况开展了审计，发现的主要问题：25 个市县相关部门滞留挤占挪用专项资金；11 个县区专项资金闲置超过 6 个月；16 个县区财政配套资金未落实；17 个项目建设未及时开工；56 个项目建设未及时完工；14 个项目违规招投标；36 个项目基本建设程序不完整。

17. 河北

2017 年下半年，组织全省审计机关对"去产能"及大气污染防治政策措施落实情况进行了跟踪审计，共抽查 1345 个单位、615 个项目。审计发现的主要问题：承德市 2 个项目节能环保政策宣传及监管不到位；张家口市 3 个区县个别环保项目进展缓慢；邢台市去产能奖补资金和大气污染防治资金拨付不及时 323.51 万元；沧州市大气污染防治专项资金结存当地财政 1315.57 万元，结存项目实施单位 758.82 万元；冀中能源集团所属部分"去产能"企业调出设备手续不规范，未经冀中能源集团审批，涉及固定资产原值 3792.4 万元、净值 2042.9 万元。

18. 山西

部分污染防治措施未落实。截至 2018 年 5 月底，永济、壶关等 3 个县区未完成燃煤锅炉淘汰、清洁取暖改造任务；兴县、蒲县等 31 个县区未完成 331 座加油站地下油罐改造任务；交城、乡宁等 13 个县区 33 个水污染治理项目未按期开工或完工；岚县、古县等 8 个县区的断面水质不达标；忻州、吕梁 2 个市本级和孝义、浮山等 11 个县区的 PM2.5 和空气质量优良天数比例等指标未达上级考核要求。

19. 北京

对北京市机动车污染控制政策措施执行情况、燃气（油）锅炉低氮改造实施情况进行了审计，同时对北京市农村污水处理设施运行情况实施了审计调查。审计结果表明，北京市的机动车排放结构得以优化，空气质量明显改善；通过低氮改造，燃气（油）锅炉排放水平总体得到提升；采取多种措施，强化了农村污水治理。审计发现的主要问题：

一是部分财政资金未及时清算。由于 2016 年北京市对购置公交车形成的存量债务进行了置换，此前，市财政局拨付祥龙公司的 3173.96 万元采购新车还本付息资金已无法支出，但未及时予以清算。

二是公交车购置与老旧公交车淘汰补贴政策衔接不够。2016 年，北京市对地面公交行业市级财政补贴机制进行改革，公交车辆购置资金由财政全额保障，以前年度购车贷款余额由市财政统一安排资金解决。但是，由于未根据政策变化情况，及时研究制定老旧公交车淘汰补贴退出机制，市财政仍沿用原有政策安排公交集团和祥龙公司 2016 年淘汰补贴资金 5094.30 万元。

三是部分财政资金使用绩效不高。2016 年，市环卫集团使用财政资金购置 809 辆纯电动环卫车，由于充电桩建设滞后等原因，截至 2018 年 3 月底，有 248 辆车尚未投入使用，114 辆车购置以来行驶天数不足 50 天。

四是农村污水处理设施建设还需加快。截至 2017 年 9 月，2016 年已建设完成的 285 个村污水处理设施中，有 9 个村的处理设施未投入使用；2017

年应完成 311 个村的农村污水治理工作，仍有 113 个村未开工。

20. 天津

自然资源资产离任审计情况。

重点审计了宁河区和市海洋局。对宁河区审计发现：一是在七里海保护区内违法进行 15 项工程建设，出租 5000 亩苇地建设湿地公园及配套项目。二是造林绿化等目标任务未完成，"美丽天津·一号工程"永定新河项目少造林 937 亩，苗庄镇、宁河镇市级重点绿化工程少造林 104 亩，东棘坨镇高标准农田示范项目少建 3228 亩。三是潘庄小城镇周边绿化工程等 10 个项目未公开招标，涉及资金 3.5 亿元。对市海洋局审计发现：一是违规批准 600 余名游客进入古海岸与湿地自然保护区。二是"十二五"规划建设的 2 个海洋观测台站未完成，长期闲置资金 313 万元。三是海域勘界、预报减灾等专项资金结余 4258 万元未上缴市级财政。

21. 西藏

2017 年，自治区审计厅对 2 个市和部分县区自然资源资产管理和生态环境保护情况进行了重点审计，发现以下主要问题：

一是草原保护基础工作滞后，队伍不健全。1 个市未制定草原保护与建设发展规划，基本草原划定工作滞后，草原资源基础数据不完善，相关制度不健全。其专业防火应急队伍、专业草原监测队伍、国家级自然保护区管理机构及队伍建设也未达到要求，力量薄弱。

二是审批监管制度未严格落实。1 个市 10061.08 亩草原未履行征占用手续被非法占用。1 个市未经审批在珠穆朗玛峰国家级自然保护区核心区违规修建游客集散中心和探险服务中心。

三是土地资源管理不到位。超用地指标、协议出让土地和未收土地出让金等违规供地 4071.75 亩，未履行审批手续违规将 8946.87 亩农用地转建设用地，涉及 2 个市 5 个县。

四是资金征管用不规范，项目建设运行缓慢。1 个市未按规定征缴草原植被恢复费 2664.05 万元，挪用 134.78 万元专项资金用于单位食堂建设等支出。该市部分"十二五"期间的环境保护和草原资源投资未能按期完成，占应投资额的 42.51%，涉及资金 8180.93 万元。

22. 江西

根据审计署的统一部署和安排，开展了长江经济带生态环境保护审计，实施了领导干部自然资源资产离任（任中）审计。审计发现的主要问题：有的地区未建设或未使用污水集中处理设施；部分资金和项目绩效不高。有关地区环保专项资金滞留财政，部分污染防治项目进展缓慢。

23. 江苏

2018 年一季度，省审计厅组织对无锡、苏州、泰州三市 2016 至 2017 年长江经济带生态环境保护情况进行了审计，共抽查 103 家单位和企业，涉及生态环境保护资金 25.19 亿元、治理项目 38 个。从审计情况看，三市围绕长江经济带"共抓大保护、不搞大开发"决策部署，树立绿色发展理念，积极推进生态环境保护，取得了较好成效。审计发现的主要问题：

一是部分地区生态保护红线刚性约束不力。一是相关部门履职不到位，三市生态红线区内存在违规建设项目或设施 21 处。二是各类规划不衔接，"多规合一"推进缓慢，生态红线管控区内出现新增建设区，仅无锡市就有 1.47 万平方米。

二是部分地区污染防控责任落实不到位。由于重视不够、措施不力，一些地区多次发生违规倾倒污泥、废水偷排偷放等生态环境违法案件。兴化市戴南新源环保有限公司存在未经验收擅自投产、酸雾无组织外排、污泥处置不规范、大气污染防治设施不正常运行等严重污染问题。审计指出后，当地政府已责令停产整治，并对相关责任人进行处分。

三是部分地区生态环境保护资金使用效益不高。苏州市 2016 年以来，共有 2.35 亿元生态环境保护专项资金未落实具体项目，资金滞留在各级财政部门；2016 年年底应完工的 4 个生态环境保护项目，因拆迁矛盾、建设方资金不到位等原因未按期完工，涉及省级专项资金 2812 万元。靖江市 2017 年省级生态补偿转移补助资金 662 万元未使用。

（三）地方审计机关发布的自然资源环境审计专项公告

近日，编号为"浙审农意〔2018〕1 号"的审计意见标志着浙江省首份领导干部自然资源资产审计意见的出具。2018 年 3 月 20 日至 5 月 11 日，浙江省审计厅派出审计组，对浙江省林业厅厅长的自然资源资产管理责任履行情况进行了审计，这是省审计厅首次开展对党政部门领导干部自然资源资产责任审计。

区别于以往市、县（市、区）党政主要领导干部自然资源资产履责审计，部门领导干部自然资源资产履责审计有其显著的特点。一是审计范围的区别。自然资源资产审计范围是依部门法定职责确定，即林业部门管理的林业、湿地和物种资源，而市、县（市、区）主要根据地方自然资源禀赋来确定。二是审计方法的差异。由于自然资源资产的数据多样性的不同，部门的数据相对比较单一，要求在部门的数据上深度挖掘。三是评价重点的不同。市、县（市、区）主要摸清所在地区重点自然资源资产实物量和生态环境质量状况变化情况，评价履行自然资源资产管理和生态环境保护责任情况，而作为一个部门，还要侧重评价在行业管理上的决策、制度建立及目标任务的确定，评价一个省级部门尤其如此。

根据审计工作方案的要求，审计组结合省林业厅年度工作报告和省委、省政府对林业工作下达的目标任务，与省林业厅各个业务处室和下属单位座谈，了解各个业务处室和下属单位的职能、业务流程、所掌握的数据台账和指标数据形成的过程。审计中还充分利用地理信息等技术，组建专业团队实施对林业有关矢量数据进行解析，对林地保有量、森林覆盖率、森林蓄积量、省级以上重点生态公益林面积、阔叶林和针阔混交林面积比例、自然保护区和森林公园面积比例等指标实施验证，分析任务完成情况。

本次出具的审计意见，总体上客观评价了部门在林业资源资产的履责情况，对全省森林资源总量、森林质量及省委省政府确定的目标任务进行了评价，反映了湿地管理、林业改革目标设定、湿地和物种效益补偿制度、基础数据的建立和维护、森林植被恢复费的征缴管理工作等方面存在的问题。同时，还向省政府报送了建议提请修改完善《中华人民共和国森林法实施条例》和提高公益林效益补偿标准的信息。

这次审计作为一次有益的探索，为全省部门资源资产审计提供了可参考的样本。（时间：2018 年 07 月 19 日　供稿单位：浙江省审计厅　封泳）

四、前景展望

（一）前景展望

为推动领导干部自然资源资产离任审计高质量发展，深化审计管理创新，很多地方的审计机关都在积极探索领导干部自然资源资产离任审计新技术、方法应用研究，从审计署层面到省级层面都有很多自然资源资产审计相关课题立项，这为自然资源资产审计实践提供了强有力的智力支持，关于理论研究与实践探索的结合，还要注意以下三个方面。

一是在组织上，这种探索需要高位启动。成立由分管领导为组长，相关业务部门、大数据审计攻关小组及审计信息化建设小组人员组成的课题组，实现理论研究多专业融合、多视角分析，为课题研究的有序开展提供有力的组织保障。定期组织召开课题研讨会，促进实现集思广益、合力共享。

二是围绕"两个要点"。课题研究方向围绕 2018 年度"全面推开领导干部自然资源资产离任审计"和"树立大数据审计理念，加大自然资源资产和生态环境领域地理信息等数据收集、挖掘和分析力度，进一步推进资源环境审计信息化建设，提升大数据审计工作水平"的工作要点。

三是做好"两个结合"。一是课题研究成果与审计实务相结合。在实践中，审计机关应将课题研究成果应用于自然资源资产离任审计实务进行检验。二是课题研究与审计成果提炼相结合。在领导干部自然资源资产离任审计中，对创新运用 GIS 和 GPS 等技术、方法，及时总结和提炼，挖掘审计成果，逐步形成领导干部自然资源资产离任审计模式和样板。

（二）潜在的改进之处

一年来，党政主要领导干部自然资源资产和环境责任审计的制度不断落实和完善，对审计对象和总体要求、审计内容和重点、审计实施等方面都更加明确，并结合领导干部经济责任审计项目，在更大范围内开展了自然资源资产和环境责任审计，为生态环境发展贡献了审计力量。

从未来的发展角度讲，自然资源资产和生态环境保护责任审计指标评价体系、自然资源资产核算指标体系和相应的数据库系统以及开展研究成果的应用示范还需要进一步探索，各地出现的自然资源资产和生态环境保护责任审计评价新方法、新技术、新机制还需要进一步总结，为审计机关在自然资源资产及生态环境保护责任审计方面提供技术支撑和审计评价体系构架，推动地方生态文明建设，探索创造新的经验。

分报告 8：外资运用审计和境外审计
发展状况与前景展望

2018 年外资审计发展取得了明显的进步。一是很多地区高度重视外资审计业务培训，审计署举办了外资审计高级培训班之外，还有 6 个省举办了省级外资审计培训班；二是不断加强与国际接轨，努力挑拨外资贷款的要求。同时，外资审计的开展也取得了丰硕的成果。

一、经验探索

外资项目工程投资审计要处理好行政监督与民事合同、审计边界与审计全覆盖、全面审计与突出重点、提升成果与防范风险、执行规范与审计创新五个方面关系，进一步增强战略、法治、创新、廉政、辩证思维能力。

（一）审计署举办外资审计高级培训班

9 月 3 日至 9 月 28 日，审计署 2018 年度外资审计高级培训班在南京审计干部教育学院举办。副审计长秦博勇为培训班作专题讲座。

秦博勇指出，要提高政治站位，坚持以习近平新时代中国特色社会主义思想为指导，深入分析涉外审计面临的新形势和新任务，以更高的姿态、更新的举措、更大的作为，不断推进涉外审计工作。秦博勇强调，要深刻领会新时代审计工作的职责和使命，深刻领会审计全覆盖的要求，大胆开拓创新，采取更加科学的组织方式和审计方法，努力开创新时代涉外审计新局面。

此次培训是审计署首次组织中外学员共同学习的国内培训班，来自蒙古、孟加拉国、巴基斯坦、斯里兰卡、尼泊尔、不丹 6 国最高审计机关的 12 名外籍学员参加了部分涉及审计技术方法研讨等课程的学习。（时间：

2018 年 09 月 28 日　供稿单位：审计署涉外审计司）

（二）省级审计机关举办外资审计培训班

今年，多省举办外资审计培训班，加强外资审计工作。

1. 云南省审计厅组织 2018 年度外资审计项目视频培训会

近日，云南省审计厅组织了全省 2018 年度外资审计项目培训会，省厅涉外处、昆明市审计局涉外处全体成员及 8 家今年参加外资项目审计的社会中介机构审计业务骨干参加了主会场的培训，楚雄州、昭通市、红河州和普洱市审计局相关人员通过视频参加了培训。

培训传达学习了外资审计相关文件精神，讲解了 2018 年度外资项目审计工作方案和审计外资项目采购、招投标、提款报账、财务报表等方面相关要求。参加培训的人员纷纷表示，将认真抓好工作落实，圆满完成审计署授权的 12 个外资项目审计任务。（时间：2018 年 03 月 30 日　供稿单位：云南省审计厅）

2. 宁夏回族自治区：掌握世行项目新要求　助跑新年度外资审计

2 月 27 日至 2 月 28 日，宁夏回族自治区审计厅外资处派员参加了世界银行驻中国代表处举办的采购检查培训班。其间，审计人员系统学习了世界银行采购后审要求、2017 年审计报告中发现的财务管理问题、2018 年待审查项目情况及注意问题、后审合同采购检查经验做法等内容，并就宁夏世行项目面临的问题向世行专家进行了沟通学习。

通过此次培训，审计厅外资处对 2018 年世行项目审计政策的新变化、新要求有了准确把握，对该类项目的审计重点、审计方法更加明确，为做好今后一个时期的外资审计打下了良好的基础。（时间：2018 年 03 月 05 日　供稿单位：宁夏回族自治区审计厅外资运用审计处　周剑、张校铭）

3. 湖北省审计厅举办全省外资项目审计培训会

3 月 6 日，湖北省审计厅举办 2018 年度全省外资项目审计工作培训会。副厅长焦跃华出席会议并讲话，全省 14 个市州审计局分管外资审计工作的副局长及相关科室负责人、外资项目主审以及厅外资处、投资处相关人员参加会议。

会上，焦跃华围绕贯彻落实厅党组决策部署，就提升外资审计工作成效，提出五点具体要求：一是准确把握外资项目审计重点。要进一步提高对外资审计工作的认识，准确理解厅党组决策和意图，突出外资项目工程审计重点，认真组织指挥和实施项目审计工作。二是高度重视审计质量。牢固树立"审计质量生命线"意识,在认识上、规范上、管理上、成果上、报告上进一步强化质量控制,切实提高审计质量。三是加大指导、督导力度。项目负责人要深入各审计小组,实时了解掌握各审计组的情况,深入各审计组参与、指导、督导审计工作,及时解决审计过程中遇到的难题。四是遵守法纪,不碰底线。要严格遵守审计工作纪律和廉洁从审有关规定,严守保密纪律,做到管好机、拎住包、关好门、管住嘴,做到文明执审,维护审计良好形象。五是加强协调,把握进度。全体参审人员要服从省厅统一安排调度,各司其职,按计划把握好节点,确保顺利高效完成各项审计任务。

会议通报了上年审计署外资项目审计质量检查情况,并就当前外资审计特点及基本要求、审计程序、常见错弊与审计方法等进行了专题辅导。(时间:2018年03月14日 供稿单位:湖北省审计厅 李兵、王娜)

4.福建省审计厅开展外资审计业务培训提升依法审计能力

一直以来,福建省重视外资项目审计培训工作,提高外资审计人员的业务素质。2018年,省审计厅根据外资项目特定要求和审计人员来自不同单位的现状,专门举办世界银行贷款中国(福建)卫生医疗改革促进结果导向项目审前、审后培训班。

审前培训共召集各地审计人员45人参训,分管厅领导亲自动员、全程指导,邀请省财政厅、省医改办和省卫健委的专家授课,拓宽了外资审计人员的视野,促进了外资审计工作依法依规进行。

在现场审计实施阶段结束后,又组织开展了审后培训,重点是总结交流世界银行贷款中国(福建)卫生医疗改革促进结果导向项目审计主要经验与做法,深入解读、研讨项目政策管理框架和审计工作存在的困难与问题,梳理项目审计编制的工作底稿和收集的审计证据,提出改进项目审计的意见和建议,为以后年度更好地做好此项审计工作打下基础。(时间:2018年09月13日 供稿单位:福建省审计厅外经处)

5.黑龙江省审计厅举办全省外资审计培训班

为贯彻落实全国外资项目审计培训班精神,提高黑龙江省外资项目审计水平,10月20日至21日,省审计厅举办了2018年度全省外资审计培训班。全省市(地)县审计局外资审计处、科(室)分管领导及外资审计人员、厅外资境外审计处审计人员共计35人参加培训。

此次培训采取集中面授与座谈讨论相结合的方式,传达了审计署涉外审计新精神和新要求,总结梳理了审计质量管理方面存在的问题,讲解了《世界银行亚洲开发银行贷款项目审计指南》的实践应用，座谈交流了外资审计工作经验做法。培训班还特别邀请省商务厅有关专家就国家对外投资政策与黑龙江省对外投资合作现状进行了讲解和介绍。省厅副厅长王学文作开班动员，对新形势下外资审计工作提出了要求。

副厅长王学文指出，面对新形势，黑龙江省涉外审计工作要突出工作重点，找准切入点，全面定位涉外审计目标，着力开展重大政策措施贯彻落实情况跟踪审计，突出大数据审计内容和技术运用，以规范性审计程序保证审计质量。（时间：2018 年 10 月 30 日　供稿单位：黑龙江省审计厅）

（三）外资审计技术进步与成效

1. 内蒙古自治区审计厅外资审计处：加强审计监督全面规范国外贷援款项目材料设备管理工作

工程材料设备审计，是国际金融组织和外国政府贷援款项目审计的一项重要内容，也是控制建设项目成本，规范相关财务收支及管理行为的关键性措施。2018 年上半年，内蒙古自治区审计厅对审计署授权审计的 5 个国际金融组织贷援款项目进行了审计。审计发现有 4 个项目在材料设备管理和会计核算方面存在违规问题，主要表现在：一是自行将利用国际金融组织贷款采购的材料设备用于其他国内项目建设，并在国际金融组织贷款项目账簿中核算其他国内项目成本；二是办理材料设备入库及入账手续不及时，已验收入库物资当年未进行账务处理；三是以材料设备出库单复印件核算设备投资；四是部分到货设备规格、型号、单价与合同不符，未及时签订补充协议或办理调整、变更说明；五是项目管理和内部控制制度不完善，领用材料设备缺少必要的签字确认手续；六是设备物资发放不到位或长期闲置。

针对上述问题，内蒙古自治区审计厅除依法进行处理外，还提出了项目执行单位应建立健全并严格执行材料设备管理制度，及时、准确、规范办理出入库手续及会计核算，加强材料设备的计划审批和执行监管，建立并落实问责机制，确保合规、有效使用材料设备等方面的建议。此外，审计建议项目执行单位应严格控制项目建设成本，积极防范并处理资产闲置、流失问题，努力提高国外贷援款项目管理水平及资金使用效益。

审计结果得到了被审计单位的高度重视，有关单位按照审计建议，建章立制，积极整改，进一步规范了国外贷援款项目的材料设备管理工作。（时间：2018 年 10 月 30 日　供稿单位：内蒙古自治区审计厅外资审计处　王

炜晗）

2. 四川省：深入贯彻，砥砺前行　全力开展 2018 年外资审计工作

外资运用审计处高度重视 2018 年全省审计工作会精神的贯彻落实，会后庚即传达学习贯彻并结合制定工作方案、细化工作举措，确保会议精神在全省外资审计工作落地落实。

一是深入学习传达，迅速统一思想和行动。会议召开后，外资运用审计处第一时间召开处务会，及时学习传达全省审计工作会议上陶志伟厅长主题报告精神，就贯彻落实会议精神作出安排。要求全处同志学深学透，把会议精神作为指导 2018 年外资工作的行动纲领，精心谋划、认真组织、周密安排，进一步增强贯彻落实讲话精神的自觉性和坚定性，推动外资审计事业更好适应新时代新要求。

二是突出工作重点，积极谋划 2018 年外资审计工作，充分发挥审计监督保障作用。在深入学习领会会议精神的基础上，紧紧围绕全省审计工作计划安排，结合外资审计职能职责，认真进行了分析研究，把与外资审计密切相关的重要工作、重大任务、重点项目纳入 2018 年工作计划，列入工作重点，分别明确了责任主体、牵头处领导，承办人员，严格落实责任，强化责任担当，确保各项工作落到实处。积极做好审计署新授权外资公证审计项目的审前调查，为下一步开展现场审计工作打下坚实的基础。

三是争分夺秒，全面开始 2018 年外资审计工作。根据 2018 年外资审计项目数量多，并且都有严格的完成时限要求的实际情况，争分夺秒，年前就开展了 1 个项目的现场审计工作，目前已出具审计报告征求意见稿。中德财政合作四川森林可持续经营项目等 5 个项目开始进场审计。

四是细化工作方案，形成全省外资审计工作"一盘棋"。按照审计署的统一部署，为做好 2018 年外资公证审计工作，上下联动，形成全省外资审计工作"一盘棋"，近日，外资运用审计处代厅办公室拟制并下发了《2018年国外贷援款项目审计工作方案》（以下简称《工作方案》），对全省外资审计工作进行了安排部署。《工作方案》安排了外资公证审计的审计项目执行单位及组织实施方式，明确了审计目标、重点等内容，提出了强化整体观念，加强联动与沟通；加大审计监督力度，提升审计成果；坚持规范操作，保证质量防范风险；严守审计纪律，确保不出任何问题等审计工作要求。

外资运用审计处将认真贯彻落实全省审计工作会议精神，明确目标方向、着力点位和工作措施，以更加敬业奉献的务实作风、昂扬向上的精神状

态，充分发挥审计监督职能，切实肩负起推动治蜀兴川再上新台阶、建设美丽繁荣和谐四川的历史使命。（时间：2018 年 02 月 26 日　供稿单位：四川省审计厅外资审计处）

3. 外资审计助推世行贷款上饶三清山机场项目规范实施并顺利通航

上饶三清山机场是中国民航和江西省"十二五"规划的重大基础设施项目，是首个利用世界银行贷款的中国航空交通项目，是国内首个践行绿色理念的支线机场，也是上饶市政府首个独立承担的世行贷款项目。2017 年世行团队中期检查评价该项目是一个实施顺利、项目机构工作得力、在财务、采购、环境安保各方面考核指标均满意、整体风险低的项目，是中国区内利用世行贷款项目中非常优秀的项目。

自 2013 年世行贷款协议签署并生效以来，江西省审计厅受审计署委托连续五年对该项目管理和资金使用以及对外履约情况依法全面履行外资审计监督职责，创新审计理念，促进国外贷援款项目顺利执行，推进提高项目管理水平，推动利用外资重大政策措施贯彻落实发挥了积极作用。机场通航之后，上饶三清山机场建设项目办公室专门向江西省审计厅发来专报，对外资审计工作表示感谢，指出"机场项目顺利实施，得益于贵厅在建设过程中的高度重视、大力支持，尤其是外资处在年度跟踪审计中认真负责、实事求是，促使项目管理科学、规范，使项目降低费用，少走弯路"起到了公证审计的作用。

在连续五年的跟踪审计中，审计署外资司李凤雏司长自始至终高度关注江西上饶三清山机场项目的实施并亲自到项目现场调研指导，与建设单位、审计人员共同研究外资审计如何推动项目规范运行。他要求江西外资审计人员要进一步强化质量控制、提升审计成果，强化创新方式、提高审计效率，强化现场管理、依法文明审计。江西省审计厅胡志勇副厅长多次到审计现场靠前指挥，率先垂范。他强调，外资审计要通过发现问题提出能对项目实施产生实实在在促进作用的意见建议，指出外资审计的根本目的在于服务发展、促进发展，推动外资项目的规范实施，维护江西省外资项目在国际上的良好形象。（时间：2018 年 02 月 26 日　供稿单位：江西省审计厅外资运用审计处　吴周平）

4. 孝感市审计局坚持"账实"结合严把外资使用关

近年来，孝感市审计局在外资审计工作中坚持财务审计与工程审计相结合，充分履行审计监督和公证职能。在外资项目实施中，除了查看各项内控制度执行情况、财务收支情况，还深入工程现场测量勘察，核实工程量，为加快外资项目建设进度、提高外资运用效益、促进孝感区域发展服务。（时间：2018 年 03 月 28 日　供稿单位：孝感市审计局　张萍、陈珍）

5. 荆门市审计局"两重奏"审计法助外资项目有序快速推进

近年来，荆门市审计局针对地方政府引进外资项目的领域和特点，推出"两重奏"审计法，助力本市外资项目有序展开。该市正在实施的外资项目进度居全省前列，受到上级部门通报表彰。

——准确无误奏响审计"主旋律"。将审计重点放在现场资料的审计上，把业务资料与财务资料进行比对，主要关注三大要素：一是关注项目流程的合法性，包括查看项目立项、可行性研究报告和初步设计等内容是否履行了审批程序；提供咨询服务中介机构的独立性和执业资质状况是否符合要求；政府建设项目是否指定有明确的项目法人；项目管理内控制度是否得到有效执行；发包合同的内容是否公允等问题。通过程序性审计，为领导责任界定提供依据。二是关注项目资金的合规性，主要检查资金来的依据是否合法、列收到账资金数量是否及时、资金投向是否符合规定、资金占用的原始凭证及附件是否齐备等情况。通过财务资金的审查，为揭露在财经政策执行中存在的违纪违规问题提供依据。三是分析资金使用的效益性。采取将批复的投资范围、规模、技术标准、年度计划安排等与实际推进状况进行对比，通过资料比对发现审计疑点，为后续现场查看提供方向。

——铿锵有力奏好审计"伴奏音"。在审计过程中，注重强化实地踏勘，将设计规范与实际状况进行对比，进一步验证被审计单位所提供资料的真实性。在实地踏勘内容中重点做到"三看"：一看项目理念的更新程度，通过与项目业主或施工人员的座谈，了解项目推行后的新理念与项目推行前的旧理念的区别，对比项目实施后对旧有理念的改造程度，评估项目推进所产生的社会效益；二看项目实际进度，通过将各年度施工计划与实际完成状况进行对比，经过现场实测，验证财务费用支出的数量和金额等的准确性，评估项目资金的经济效益；三看项目规划，通过将已完工部分和计划内将要实施的未执行部分进行现场对比，验证项目总体预期效应的可信度，评估项目完成后所产生的生态效益。该局在世行贷款项目审计中，通过账面审计与延伸调查相结合，累计查处挤占、挪用等不合规资金 1000 多万元，后续辅以跟踪审计、整改落实等手段，确保了项目资金的专款专用；在德国政府贷款森林资源可持续经营项目审计中，通过资料审计与现场踏勘相结合的手段，促使项目单位及时履行合约、加快了项目推进进度，得到了省厅的通报表彰。

（时间：2018 年 05 月 02 日　供稿单位：荆门市审计局　杜官法）

6. 十堰市审计局强化"四种导向"推进外资审计中期工作

近日，围绕贯彻省厅外资审计中期推进会精神，十堰市审计局赴宜昌市亚行贷款交通改善项目审计组认真对照会议要求，在总结前期经验基础上，仔细甄别审计重难点，进一步突出问题导向、绩效导向、质量导向和风险导向，确保在有限时间内高质量完成好本次审计任务。

一是突出问题导向寻找新突破。该局瞄准亚行贷款交通综合改善项目特点，抓重点，有的放矢。以亚行贷款项目资金拨付使用为主线，重点围绕项目资金、征迁资金、工程建设和建成绩效四大重点，聚焦重点项目、重点事项和重点部位，揭示外资运用领域重大损失浪费、重大风险隐患、重大管理漏洞和重大违法违规违纪问题，同时深入分析在决策、执行、管理等环节的瓶颈障碍，推动问题整改，助力打通"关节"。做到既提升外资运用的严肃性、规范性，又提出有针对性的建议，推动体制机制创新。

二是突出绩效导向提升新层次。注重短期效益与长期效益相结合，在综合分析项目效益的基础上，跳出局部看整体、跳出一隅看全局，将 2017 年度亚行贷款项目阶段性绩效审计与项目最终应实现目标结合起来。对照《世界银行亚洲开发银行贷款项目审计指南》《贷款协定》《亚行项目管理手册》等指标评价体系，采取投入产出分析方法、目标评价等方法，关注项目建设是否达到设计要求。特别是对市民关心的"BRT 快速公交运载能力和时速"关系快捷出行的民生热点问题，运用公众评价法进行延伸调查，将项目的经济价值产出、受惠覆盖面等预期目标与亚行贷款资金投放的实际效果进行对比，综合评定经济效益、社会效益和环境效益情况，从长远角度分析判断存在的问题，提出减少损失浪费、挖掘提高经济效益内在潜力的审计建议，促进发挥外资运用的示范效应和辐射作用。

三是突出质量导向对标新规则。全面落实全省 2018 年外资审计工作会议精神，对照《审计署对 2017 年湖北省省国外贷援款项目审计质量检查情况》，把好审计质量关。对审计发现的问题线索，做到财务审计人员与工程审计技术人员相互配合，在取证过程中严格遵守世亚行规则程序，逐项核实，所附证据和证明材料准确、充分。对大的疑难问题，主审及时召开碰头会，群策群力共同对问题线索进行分析，查清查实，查深查透。同时注重运用"三个区分"和省审计厅《审计工作围绕中心更好服务改革发展的指导意见》，辩证性评判审计中发现的问题线索，确保发现的重大违纪违规和案件线索事实清楚、证据确凿、定性准确、处理处罚适当，做到铁"案"如山。

四是突出风险导向严防新问题。对前一阶段开展的审计内容进行回头看，认真分析，精确查找审计盲点。同时，科学评估审计风险，做好项目收尾阶段的审计任务规划，努力做到应审尽审、审全审透，全面落实覆盖范围；进一步厘清审计内容，在坚持"内资、外资一起审"的原则基础上，不仅关注资金的使用，更关注其背后的经济管理活动，拓宽审计领域，深化审计内容，聚焦项目整体从论证、立项、实施、绩效全过程的规范性和合法性；正确区分世亚行贷款审计指南与国家审计准则等国内法规制度的相通性和差异性，审计结果不仅需满足合规性，更需满足合法性、真实性和公允性的深层次要求，做到既符合国际金融组织的要求，又依照党纪党规和法律的刚性条款揭示问题，确保审计结果经得起多方、多角度检验，防范审计风险。（时间：2018 年 04 月 19 日　供稿单位：十堰市审计局　金亮、李桂印）

7. 湖北省审计厅紧盯外资项目内控管理促提项目建设质量

多年来，湖北省审计厅在开展外资运用项目审计中，持续关注项目内部控制和管理情况，有针对性地指出相关制度建立和执行、目标完成进度、项目实施进展等方面存在的薄弱环节，提出建设性意见。该厅连续 7 年实施亚行贷款武汉城市环境改善项目审计，推动该市出台一系列整改措施，查缺补漏，健全规章制度，切实提升外资运用项目管理水平和建设质量。

一是进一步做实前期规划设计工作。该市外资管理部门根据审计建议，在前期规划设计阶段即与项目涉及的所在区政府对接，听取意见，深入了解诉求，将相关意见反馈至规划和设计部门，反复从城市总体发展远景、投资规模、经济分析等方面进行多轮论证，再按程序报送政府相关审批部门审批，提高了效益，在一定程度上避免了重复建设带来的浪费。

二是进一步提高环境保护措施。根据审计建议，项目办专门委托市、区环境监测中心进行该项目施工现场的专项监测，动态掌握施工期对环境的影响数据并适时调整施工时序，最大限度地减少对受影响人群的影响，同时将监测结果按期报亚行办，得到亚行办的一致好评。

三是进一步加强项目实施过程管理。针对项目实施过程因不可测原因，导致工程变更，致使延误工期的问题，审计建议该市外资管理部门进行制度化管理，一方面在严格执行原有的各项管理规定的基础上，出台"外资项目变更管理办法"；另一方面对一些重大变更事项，严格按规定上报原概算审批部门审批，同时报外资机构审核，做到规范化控制管理。

四是着重抓好安全管理。严格按照安全生产相关要求，审计部门促使该市项目办进一步强化安全防范意识，消除麻痹侥幸思想，切实做好安全生产管理工作，对各项目代建单位、项目办各部门层层签订责任状，切实做到"有岗必有责"，使每个单位、每个个人都有安全责任，防范和减少安全责任事故。（时间：2018 年 06 月 14 日　供稿单位：湖北省审计厅外资审计处丁建新、邓延浩、姚政宇）

8. 十堰市审计局运用"三镜"确保外资审计与亚行组织要求无缝对接

日前，围绕贯彻落实省厅督导组对亚行贷款宜昌综合交通改善项目现场督导意见，十堰市审计局赴宜昌审计组进一步聚焦目标成果，在发挥审计"显微镜""望远镜"和"放大镜"作用上下功夫，确保项目审计与亚行组织要求无缝对接。

一是用好"显微镜"确保审计预期目标。按照省厅督导组现场提出的意见，该审计组对照审计方案定位目标和期望值，对前期审计发现的工程分包与转包的区分、工程变更履行报批手续不及时的描述、取证五要素的完善、项目资本金不到位的辩证认定等问题逐个梳理和复核，通过深层次分析，摸清其背景和实质。重新归类、整合、提炼，严格按照法规条文认定业主、施工方、监理方责任。做到在客观对待审计发现的问题、取证无瑕疵、问题准确定性的前提下，出具有分量的审计报告符合公证审计要求。

二是用好"望远镜"布局项目终期审计。针对被审计的外资援贷项目进入后期的实际情况，进一步拓宽审计视野，充分利用计算机技术对工程数据、财务数据对项目整体进行宏观审计分析。在延续历年以工程造价审计为支撑的基础上，审计重点侧重向"亚行交通改善项目"宏观管理方面等核心问题拓展，例如对项目前期论证的合理性、管理是否存在漏洞、工程变更程序合规性、项目生态效益实现情况等问题，做到准确把握新时期审计工作的职能定位，以促进外资项目大额资金使用优化结构、提高绩效、化解重大风险为目标，从制度设计、管理体制和资金的运行机制上提出建设性的终期审计建议，为下年度顺利完成项目的全面终期审计打下坚实的基础。

三是用好"放大镜"推动成果转换提升。针对省厅督导组提出，亚行贷款交通改善项目"体检"出具的审计报告，不仅要将病看得准，而且把药开得好的目标，审计组从亚行 BRT 项目工程审计思路、项目实施绩效探析、业主方高效推进项目实施进度等不同的角度和方面，最大限度地挖掘审计成果，推动多点开花。同时，从实事求是的角度提出推动整改落实的合理建议，深化结果运用。针对项目配套资金不到位、工程变更履行报批手续不及时等问题，建议"对症下药"、符合客观实际，不仅能够在实质上影响、规范公共决策，更需要使建议具有可操作性，不对项目推进产生反作用，真正发挥出审计监督"四两拨千斤"的效应，提升外资审计服务宏观决策、服务民生改善水平。（时间：2018 年 05 月 15 日　供稿单位：十堰市审计局　金亮、李桂印）

9. 福建省外资审计坚持问题为导向取得好成效

近年来，福建省外资审计坚持以问题为导向，突出审计重点，揭示和查处国外贷援款项目在实施运营过程中存在的违法违规问题，并获得被审计单位积极整改落实。

2018 年 6 月，省审计厅对世行贷款福建渔港项目 2017 年度的执行情况进行审计，并对审计发现的问题发出了《限期整改清单》和《备案整改清单》。省海洋与渔业厅针对审计发现的项目实施严重滞后等问题，专门发函要求项目单位认真落实审计整改，具体包括督促有关单位限期完成相关问题整改、尽快督促协调解决项目实施过程中遇到的问题、尽快完成有关工程评标和授标工作、尽快完成有关工程设计审批、将整改落实情况持续反馈 5 条措施。（时间：2018 年 09 月 13 日　供稿单位：福建省审计厅外经处）

10. 青海省审计厅推进外资项目绩效审计

近期，厅金融与外资运用审计处在日本协力银行贷款青海湖周边地区生态环境综合治理项目审计过程中，重点关注项目的目标实现情况和各项设施在实施完成后运行维护及作用发挥情况，促进项目生态环境综合治理作用的发挥。一是在审计抽查项目的选取上兼顾农区、牧区的不同地域，使审计结果具有更强的代表性。二是关注项目实施目标的实现情况，对林业项目人工造林的成活率进行了样方抽查，发现补植补栽的部分苗木成活率较低，未达到目标要求等问题。三是在农业项目审计中关注农业设施建成后作用发挥及运行维护情况，发现了部分农户自行拆除畜棚及运行中出现的质量问题。四是在水土保持项目中关注水保设施运转和作用发挥情况，发现部分水土保持设施毁坏破损的情况。针对发现的问题，审计组逐一提出了审计整改建议，要求项目单位立即进行整改，充分发挥了审计在生态环境综合治理项目中的监督推动作用。（时间：2018 年 09 月 18 日　供稿单位：青海省审计厅金融

与外资运用审计处）

二、公告概览

省级政府审计工作报告

1. 黑龙江

审计了 9 个国外援贷款项目，涉及世界银行贷款项目 1 个、亚洲开发银行贷款项目 3 个、全球环境基金赠款项目 3 个、国际组织赠款项目 1 个和德国复兴信贷银行贷款项目 1 个，审计资金总额 5.34 亿元。从审计情况看，黑龙江省国外援贷款项目总体运行状况良好，促进了黑龙江省城市基础设施建设、环境治理和农业发展。审计发现的主要问题：世行贷款高寒城市智能公交建设项目少计设备投资 1254.64 万元；亚行贷款农业综合开发项目多结转交付使用资产 125.83 万元；全球环境基金赠款中国东北地区野生动物保护景观方法项目未对赠款资金专账核算；亚行贷款黑龙江省集中供热项目部分子项目未办理竣工验收投入使用。

2. 河北

2017 年下半年，省审计厅对世界银行贷款大气污染防治项目进行了审计，审计金额涉及 5 亿美元。总的来看，贷款到位及使用情况较好，项目进展也较顺利，但也存在以下四个方面的问题：一是个别项目未按规定进行政府采购，涉及人民币金额 49.04 万元；二是个别地区支付专项资金不及时，涉及人民币金额 27 万元；三是个别地区黄标车补贴发放不合规，涉及人民币金额 12.2 万元；四是预算投入专项资金结存金额较大，支出进度较慢等问题。

3. 广西

根据审计署授权，对亚洲开发银行贷款西南边境城市发展项目等 11 个国际金融组织和外国政府贷款项目进行审计，审计总金额 13.70 亿元。审计结果表明，全区国外贷援款项目总体运行状况良好，促进了全区城市基础设施建设、环境治理和农业发展。但也存在一些问题：

一是部分项目合同履行不到位。有 2 个项目采购的部分设备、货物未按合同约定时间到位，涉及金额 1056.80 万元；1 个项目因缺乏设备安装指导和使用培训，造成部分已到位设备未及时安装使用。

二是个别项目财务管理不规范。有 1 个项目因会计核算不实造成多计项目配套资金 3993.32 万元；1 个项目部分竣工工程未及时编制竣工财务决算，涉及金额 1.16 亿元。

三是部分项目实施进度缓慢。4 个项目受征地拆迁慢、规划调整、消防节能新规实施、计划管理不力等因素影响，实施进度缓慢。

审计指出问题后，有关单位已整改 3993.32 万元，并积极督促合同履行和项目实施。

4. 广东

对省发展和改革委员会组织的广东省农村经济综合开发示范镇建设、省人力资源和社会保障厅组织的广东城乡社保一体化和农民工培训、省农业厅组织的广东农业面源污染治理以及汕头市潮南区政府组织的广东省潮南水资源保护和利用示范等 4 个国外贷援款项目绩效进行审计，审计涉及当年投资 4.72 亿元。审计结果表明，上述项目建设和实施在完善农业污染治理、促进城乡社保一体化和农民工培训、改善地区水资源保护、促进示范镇经济社会与环境建设等方面取得一定成效。审计发现的主要问题是：

一是 4 个项目均未能按年度计划完成建设进度。广东省农村经济综合开发示范镇建设项目计划完成合同 45 项，仅有 8 项按年度计划进度实施；广东城乡社保一体化和农民工培训项目未能按计划实施而频繁调整计划；广东农业面源污染治理项目部分项目未按计划实施导致配套资金闲置；广东省潮南水资源保护和利用示范项目未按项目协议的期限完成污水处理厂的建设。

二是有 2 个项目存在未严格执行世行或国内招投标规则的情况。广东城乡社保一体化和农民工培训项目有 3 个采购包中标信息公布不及时、不完整；广东农业面源污染治理项目个别采购包变相指定品牌和型号。

三是有 2 个项目的 3 座建筑物未经验收投入使用，有 1 个项目的监理单位在未经业主授权情况下将工程进行分包。

四是广东农业面源污染治理项目截至 2016 年年底已完工并试运行养殖场完成化学需氧量污染减排量仅占原阶段性目标的 6.90％和 12.55％，治污效果未达到阶段性目标。

5. 河北

2017 年下半年，省审计厅对世界银行贷款大气污染防治项目进行了审计，审计金额涉及 5 亿美元。总的来看，贷款到位及使用情况较好，项目进展也较顺利，但也存在以下四个方面的问题：一是个别项目未按规定进行政府采购，涉及人民币金额 49.04 万元；二是个别地区支付专项资金不及时，涉及人民币金额 27 万元；三是个别地区黄标车补贴发放不合规，涉及人民币金额 12.2 万元；四是预算投入专项资金结存金额较大，支出进度较慢等问题。

三、前景展望

根据近年来各地外资审计工作情况、利用外资政策落实跟踪审计做法，表明外资审计在审计查处力度，《审计操作指南》全程管控及信息化、规范化方面都取得了突出进步。随着外资审计业务的拓展，外资审计要提高站位、开拓创新、树立大外资审计概念，结合一些地方开展外资绩效审计的经验，提升审计质量，实现传统的外资财务审计向外资政策跟踪审计的转型升级。

各级审计机关要充分利用外资审计结果，借力、共享提升外资审计质量；要侧重于研究利用外资政策落实情况，找准外资政策跟踪审计切入点；针对开展绩效审计，将外商投资企业作为审计重点，通过调查报告向党委、政府反映情况，为政府制定相关政策提供参考依据；同时，要防范审计风险，针对外资工程项目子项目较多的现状，高度重视审计质量，发挥公证审计服务宏观经济的作用。

第3篇 专题报告

专题报告对审计出现的一些新问题进行专门的调研，2018 年选择了三个专题：党和国家监督体系中的国家审计；完善政府审计业务制度的十个问题；政府审计舆情分析。

专题报告之一：党和国家监督体系中的国家审计

【内容摘要】 国家审计特质是国家审计特有且稳定的品质，体现在监督客体、监督内容、监督目标、监督方法和监督结果应用五个方面，正是这些特质使得国家审计在党和国家监督体系中具有自己的独特地位。基于国家审计特质，在党和国家监督体系中，国家审计主要负责国有资源经管责任履行情况的监督，其他监督系统也可能涉及国有资源经管责任履行情况，但不是主要的监督主体。要实现国家审计在党和国家监督体系中的这种定位，国家审计制度需要在监督客体、监督内容、监督目标、监督方法和监督结果应用这些方面达到一些基本要求，而目前的相关法律法规及规范尚未达到这些要求，需要进一步完善。

【关键词】 党和国家监督体系　国家审计　审计制度　国有资源委托代理关系　国有资源经管责任

中图分类号： F239.44　　**文献标识码：** A

一、引言

建立健全党和国家监督体系是国家治理体系和治理能力现代化的重要内容。党的十九大提出，要建立"党统一指挥、全面覆盖、权威高效的监督体系"，要"把党内监督同国家机关监督、民主监督、司法监督、群众监督、舆论监督贯通起来，增强监督合力"。很显然，国家审计①是属于国家机关

---

① 目前，学术界及实务界并未严格区分国家审计和政府审计，所以，本文在同等意义上使用二者。

监督的一种专门监督，习近平总书记在中央审计委员会第一次会议上的重要讲话中提出，要"更好发挥审计在党和国家监督体系中的重要作用"①，国家审计作为一种专门监督，在党和国家监督体系中更好发挥作用的前提是正确地定位，并以这种定位为基础，建立健全国家审计制度。

现有少量文献从法学、政治学角度分析国家审计在党和国家监督体系中的定位，然而，如何以审计逻辑为主线，分析国家审计在党和国家监督体系中的定位及如何实现这种定位还是缺乏一个系统化的理论框架，本文拟致力于此。

随后的内容安排如下：首先是一个简要的文献综述，梳理国家审计在党和国家监督体系中定位的相关研究；其次是在此基础上，分析国家审计特质及党和国家监督体系中对国有资源经管责任监督的需求，提出一个基于审计逻辑的国家审计在党和国家监督体系中的定位及其实现的理论框架；最后是结论和启示。

二、文献综述

不少的文献研究党和国家监督体系的构造及优化（陈国权，1999；李晓广，2005；桑学成，周义程，陈蔚，2014）。也有不少的文献研究国家审计的本质及特征（杨纪琬，1983；阎金锷，1989；郭振乾，1995；刘家义，2008；2010；2014）。少量文献以党和国家监督体系为背景来研究国家审计，李俊平（2015）分析了审计监督在党和国家法治监督体系中的定位，结论是"宪法赋予了审计机关明确的特殊的法律地位""经济法把审计监督确定为高层次的经济监督，具有超脱独立的地位和更大强制性、权威性，以及更强的综合性和专业性""党的十八届四中全会把审计监督作为党和国家监督体系的一种重要形式，更加鲜明地突出审计监督的地位和作用"。杨宇婷（2016）分析了国家审计在党和国家监督体系中的独特地位和独特作用，国家审计的独特地位体现在以下几个方面："党政同责、同责同审是审计监督独有的特征；审计监督重点围绕党和政府工作中心开展工作；经济责任审计是实现党

---

① 习近平主持召开中央审计委员会第一次会议强调：加强党对审计工作的领导更好发挥审计在党和国家监督体系中的重要作用，来源：央视网 2018 年 05 月 23 日 19：15。

政同责、同责同审的重要手段；一岗双责制度为党政同责、同责同审提供有利条件；对党政部门预决算执行情况进行嵌入监督是审计监督的法定要求。"杨宇婷（2016）认为，国家审计的独特作用体现在以下几个方面："保障国家重大决策部署贯彻落实的作用；维护国家经济安全的作用；推动深化改革的作用；促进依法治国的作用；推进廉政建设的作用。"徐彰（2017）分析了政府审计在党内监督中的特征，认为"政府审计具有独立性、专业性、全面性和法定性四个方面的优势"。

上述这些文献主要从法学、政治学角度来分析国家审计在党和国家监督体系中的定位，对我们进一步探究这个问题有一定的启发，但是，未能贯通审计逻辑。如何以审计逻辑为主线，分析国家审计在党和国家监督体系中的定位及如何实现这种定位还是缺乏一个系统化的理论框架，本文拟致力于此。

三、理论框架

国家审计作为一种国家机关监督，在党和国家监督体系中有效地发挥作用的前提是正确定位，如果不能正确定位，可能与党和国家监督体系中的其他监督重复，难以形成监督合力。那么，如何定位才是正确的呢？我们认为，最重要的定位原则是以国家审计特质满足党和国家的监督需求，任何偏差这个原则的定位，都会影响国家审计在党和国家监督体系中有效地发挥作用。从根本上来说，国家审计的正确定位是国家审计以其特质作为一种监督供给与党和国家的监督需求相吻合，任何偏差这个吻合区域的国家审计定位，都会影响国家审计在党和国家监督体系中有效地发挥作用。下面，我们按上述逻辑来具体分析以下三个问题：国家审计特质是什么？以上述特质为基础，国家审计在党和国家监督体系中的定位是什么？实现国家审计在党和国家监督体系中的上述定位的基本制度要求是什么？

（一）国家审计特质

国家审计特质（specific character）是国家审计特有且稳定的品质，正是这些特质使得国家审计区别于党和国家监督体系中的其他监督，也正是这些特质使得国家审计在党和国家监督体系中具有其自己的独特地位，如果国家审计没有自己的特质，国家审计在党和国家监督体系中可能就是关紧要、甚至是可有可无的。

那么，国家审计特质是什么呢？关于国家审计本质的主流观点有经济监督论和国家治理免疫系统论，这两种观点能否显现国家审计特质呢？

经济监督论认为，国家审计是对财政、财务收支及其有关经济活动的真实性、合法性和效益性的独立监督（杨纪琬，1983；阎金锷，1989；郭振乾，1995）。很显然，这种观点将审计范围界定在财政、财务收支及其有关经济活动，并且从真实性、合法性和效益性三个维度界定了审计目标，还要求具有独立性，这些内涵都从一定的维度显现了国家审计特质。但是，经济监督论这种观点存在的最大问题是，无法将国家审计这种经济监督与专门经济监督相区别，例如，财政监督、税收监督、金融监督、物价监督、国有资产监督等专门经济监督，都是经济监督，都可以关注真实性、合法性和效益性，都要求独立于被监督客体，所以，根据经济监督论，国家审计作为一种经济监督与这些专门经济监督相比较具有的特质难以显现出来。也正是因为这个原因，有人提出，国家审计是综合性、高层次的经济监督（郭振乾，1994），希望通过"综合性、高层次"来显现国家审计与专门经济监督的区别。本文认为，综合性只是显现了国家审计监督的范围更加广泛，而高层次只是显出了国家审计可以对专门经济监督本身也进行监督，并未从实质意义上显现国家审计特质。

国家治理免疫系统论认为，国家审计是国家治理免疫系统，具有预防功能、揭示功能和抵御功能（刘家义，2008；2010；2014）。这种观点以人体免疫系统的作用来类比国家审计在国家治理中的作用，在一定程度上显现了国家审计在国家治理中的特质。但是，在国家治理体系中，类似人体免疫系统并具有预防功能、揭示功能和抵御功能的，并不只是国家审计，党和国家监督体系中的其他各类监督系统都具有上述特征，可以认为，所有这些监督系统都是国家治理体系中的免疫系统。所以，国家治理免疫系统论是对国家治理体系中监督系统的整体特质的表述，在显现国家审计与国家治理中其他监督系统相比所具有的特质方面，还需要进一步深化。

那么，国家审计特质究竟怎样才能显现？本文认为，需要将国家审计的对象、需求、功能、目标、客体、内容及方法联系起来，才能显现国家审计特质，为此，本文提出关于国家审计的以下表述：国家审计是以系统方法独立鉴证、界定和评价国有资源经管责任履行情况，以发现国有资源经管责任履行中的代理问题和次优问题，并将审计结果传达给利益相关者或直接应用审计结果，以促进国有资源经管责任履行的制度安排（郑石桥，2015a）。

这一表述包括了国家审计的对象、需求、功能、目标、客体、内容及方法。从对象来说，国家审计是对国有资源经管责任履行情况的鉴证、界定和评价，这是审计一般对象在国有资源经管领域的体现；从需求来说，国家审计源于国有资源经管责任，这里的国有资源包括国有资金、国有资产和狭义的国有资源（也就是生态环境资源），而国有资源经管责任则是国有资源委托代理关系中，代理人作为责任承担者应该承担的受托责任，正是因为国有资源经管责任承担者可能不会良好地履行其经管责任，才需要国家审计；从功能来说，国家审计具有鉴证、界定和评价三大基础性功能，还有审计结果应用功能，包括直接应用审计结果和将审计结果传达给利益相关者；从目标来说，国家审计的直接目标是发现国有资源经管责任履行中的代理问题和次优问题，这里的代理问题是责任承担者由于自利而有意而为的对国有资源经管责任履行有负面影响的行为，而次优问题是责任承担者由于其有限理性而无意而为的对国有资源经管责任履行有负面影响的行为，而国家审计的终极目标则是促进国有资源经管责任履行，发现国有资源经管责任履行中的代理问题和次优问题，是为了抑制这些问题，进而促进国有资源经管责任履行；从客体来说，国家审计所审计的是国有资源委托代理关系中的代理人，也就是国有资源经管责任承担者，这里的审计客体既可以是作为责任承担者的自然人，也可以是作为责任承担者的组织单元；从内容来说，国家审计关注的是国有资源经管责任履行情况，并不是没有边界，一般来说，可以分为两个方面：一是国有资源使用情况，二是承担的责任目标完成情况，并且二者是密切相关的，使用国有资源是为了完成责任目标，而完成责任目标则必须使用国有资源；从方法来说，国家审计强调两个方面：一是系统方法，二是独立性，系统方法保障了审计结果的科学性，而独立性则保障了审计结果的客观公正性。

基于国家审计表述的上述理解，本文认为，相对于党和国家监督体系中的其他监督，国家审计有以下特质：

（1）就监督客体来说，国家审计是监督国有资源经管责任履行中的责任承担者，承担国有资源经管责任的组织单元可以是审计客体，而这些组织单元的主要领导也可以作为审计客体。凡是不承担国有资源经管责任的，都不是国家审计的监督客体。

（2）就监督内容来说，无论是组织单元还是主要领导，国家审计的监督内容都是国有资源经管责任履行情况，国家审计关注的是国有资源经管责任履行情况,主要包括两个方面的内容,一是国有资源使用情况,二是目标责任完成情况,不属于上述两个方面的内容,一般不属于国家审计的监督内容。有一种观点认为,国家审计是公权力监督(程乃胜,2017),这个观点本身并无错误,但是需要限定国家审计所能监督的公权力的范围,国家审计所监督的公权力只能是使用国有资源以履行其经管责任的权力,本质上也就是履行国有资源经管责任,是对责任的另一个角度的表述。

(3)就监督目标来说,国家审计关注国有资源经管责任履行情况,终极目标是促进国有资源经管责任承担者履行国有资源经管责任,为了实现这个终极目标,国家审计的直接目标是寻找国有资源经管责任承担者在履行国有资源经管责任中存在的问题(包括代理问题和次优问题),从这个意义上来说,国家审计是问题导向,通过寻找问题,并处理处罚责任者以抑制这些问题的发生。

(4)从监督方法来说,国家审计是采用系统方法对国有资源经管责任履行情况独立地鉴证、界定和评价,鉴证就是搞清楚国有资源经管责任履行的真实情况,界定就是确定国有资源经管责任承担者对国有资源经管业绩及问题应该承担的责任程度,而评价就是对国有资源经管责任履行的水平进行判断。鉴证、界定和评价具有逻辑顺序,同时,鉴证、界定和评价本身还有各自的系统方法。

(5)从监督结果应用来说,国家审计对于审计结果有两种应用:一是直接应用审计结果,通常表现为审计结果公开和审计处理处罚;二是将审计结果传达给利益相关者,通常表现为报告审计结果、提出审计建议和移交相关部门三种方式。通过审计结果的应用,国家审计能发挥四种作用:信息真实性保障作用、行为合规性保障作用、制度健全性保障作用、绩效水平保障作用。

以上分别讲述了国家审计所具有的五个特质,更为重要的是,理解国家审计特质,需要将上述各方面的特质联系起来,不能割裂开来认知国家审计特质,正是上述这些特质组合起来,使得国家审计在党和国家监督体系中有自己的独特定位。

(二)国家审计在党和国家监督体系中的定位

尽管国家审计具有自己的特质,那么,党和国家监督体系中是否存在对具有这种特质的监督系统的需求呢?或者说,国家审计在党和国家监督体系能否找到自己的独特定位?

　　党和国家监督体系也就是公共权力监督体系，它由相对独立又共处一体的各权力监督主体所构成的对权力运行进行分工协作监督（李晓广，2005），建构公共权力监督体系应遵循法治原则、权能原则和合理原则，法治原则是指要按照法定的程序和权限对权力进行监督，权能原则是指要充分考虑各种监督所固有的权能，合理原则也就是整合互补原则，即相互补充以形成一个整体（金波，2008）。党的十九大则提出，要建立"党统一指挥、全面覆盖、权威高效的监督体系"，并将党和国家监督体系划分为"党内监督、国家机关监督、民主监督、司法监督、群众监督、舆论监督"六大监督。

　　从监督内容来说，这些监督都是监督公共权力的运行，公共权力与公共责任是相对应的，公共权力是用来履行公共责任的，享受公共权力的同时，必须承担公共责任，而要承担公共责任，必须拥有相应的公共权力，公共权力还包括控制和使用公共资源，公共责任的履行也必须使用公共资源。所以，公共权力的运行过程，也就是公共资源的使用过程和公共责任的履行过程。公共权力监督、公共资源使用监督和公共责任履行监督是三位一体的。

　　公共责任有多种，国有资源经管责任是其中最重要的责任之一，它是一定的主体使用国有资源（包括国有资金、国有资产和狭义的国有资源）来完成一定的目标责任，其内容可以分为两个部分：一是使用国有资源；二是完成目标责任。前者可以简称为财务责任，后者可以简称为业务责任。一般来说，由于财务责任主要涉及资源的使用，所以，基本类似于财政财务收支，而业务责任则涉及资源使用所从事的活动，基本类似于相关经济活动，所以，国有资源经管责任主要属于经济责任，而履行国有资源经管责任的活动则主要属于经济活动，对国有资源经管责任履行情况的监督，可以定性为经济监督。同时，国有资源经管责任履行过程中，还必须具有一些决策权，这些决策权主要属于经济权力，所以，国有资源经管责任履行过程，也就是这些经济权力的运用过程。所以，国有资源经管责任的履行过程，事实上是国有资源使用、国有资源经济权力行使和国有资源经管责任履行三位一体的过程。

　　那么，国有资源经管责任承担者是否会按国有资源委托人的期望来履行上述责任呢？或者说，国有资源经管责任承担者是否会按国有资源委托人的期望来使用国有资源？或者说，国有资源经管责任承担者是否会按国有资源委托人的期望来行使国有资源经济权力？上述三个问题是三位一体的，答案相同，都是"不一定"！其原因是，在国有资源委托代理关系中，作为代理人的国有资源经管责任承担者，可能偏差国有资源委托人的期望，从而不能很好地履行国有资源经管责任，其前提是激励不相容，其条件是信息不对称和环境不确定性。就激励不相容来说，国有资源经管责任承担者具有自利倾向，其追求的利益可能与国有资源委托人存在差异，对国有资源委托人有利的事，并不一定能带来国有资源经管责任承担者的利益最大化，所以，国有资源经管责任承担者可能具有这种动机——为了自己的利益而偏离国有资源委托人的利益。信息不对称是指国有资源经管责任承担者就国有资源经管情况掌握的信息优于国有资源委托人，正是这种信息优势，为其谋取自己的利益提供了条件，如果没有信息优势，国有资源经管责任承担者想要谋取自己的利益，也会被国有资源委托人发现，从而其行为不能得逞。环境不确定性是指国有资源经管责任履行的最终结果是由多方面因素造成的，既有国有资源经管责任承担者努力的因素，也有环境因素的作用，国有资源经管责任履行的好业绩可能是环境的作用而不是国有资源经管责任承担者努力的结果，而国有资源经管责任履行的不好业绩也可能是环境的影响而并不是国有资源经管责任承担者不努力的结果，当然，如果能将国有资源经管责任履行业绩区分为环境的影响和国有资源经管责任承担者努力的影响这两部分，则国有资源委托人可以从国有资源经管责任履行业绩来判断国有资源经管责任者的努力程度，从而国有资源经管责任者的偏差行为就容易发现。但是，由于环境因素的不确定性，其对国有资源经管责任履行业绩的影响也不能确定，这就为国有资源经管责任者的自利行为提供了掩护。现实生活的国有资源委托代理关系，恰恰是激励不相容、信息不对称和环境不确定性同时存在，所以，国有资源经管责任承担者完全有可能偏离国有资源委托人的利益来谋取自己的利益，或者说，完全有可能不会良好地履行其国有资源经管责任（郑石桥，杨婧，2013），正是因为如此，这就产生了对国有资源经管责任履行情况进行监督的需求，也可以说是对国有资源使用情况进行监督的需求，还可以说是对国有资源经济权力使用情况进行监督的需求，三者是三位一体的。

问题的关键是，主要由何种监督主体来履行这种监督职责呢？根据党的十九大报告，党和国家监督体系划分为党内监督、国家机关监督、民主监督、司法监督、群众监督、舆论监督，那么，何种监督主体适宜作为国有资源经管责任履行情况的监督主体呢？

党内监督是指作为执政党的中国共产党为保证权力的正确运行，依据党章党规，对党的各级组织和全体党员的活动进行的监督（谢志高，2004）。很显然，党内监督与国有资源经管责任履行情况并无必然联系，尽管党内监督也可能涉及国有资源经管责任的履行，但是不宜将党内监督作为国有资源经管责任履行情况监督的主要监督主体。

民主监督主要是人民政协通过提出建议和批评，协助党和国家机关改进工作，提高工作效率，克服官僚主义（郑宪，2004）。由于民主监督主要通过建议和批评的方式来进行，不具有法律的约束力和纪律的强制性，所以，民主监督也可能涉及国有资源经管责任的履行，但是不宜将民主监督作为国有资源经管责任履行情况监督的主要监督主体。

司法监督是指国家司法机关依据宪法和有关法律对相关主体是否遵守法律法规所实施的监督（梁平，李庆保，2014）。从监督客体来说，司法监督客体远远超出国有资源经管责任承担者；从监督内容来说，司法监督内容也远远超出国有资源经管责任；但是，从监督维度来说，国有资源经管责任履行情况的监督则超出了单一的合规性。所以，司法监督也可能涉及国有资源经管责任的履行，但是，不宜将民主监督作为国有资源经管责任履行情况监督的主要监督主体。世界上有些国家实行司法型审计体制，以合规合法性为目标的审计业务发展较好，而以真实性和效益性为目标的审计业务的发展则受到抑制（董大胜，2001）。

群众监督是人民群众对国家行政机关及其工作人员的工作所进行的监督（张华，胡松，2003），舆论监督是社会各界通过广播、影视、报纸、杂志等大众传播媒介，发表自己的意见和看法，形成舆论，从而对一切有悖于法律和道德的行为实行制约（南振中，2005）。很显然，群众监督和舆论监督也可能涉及国有资源经管责任的履行，但是，不宜将它们作为国有资源经管责任履行情况监督的主要监督主体。

没有权威文献界定国家机关监督，但是，对照党的十八届四中全会提出的八大监督，党的十九大报告确定的国家机关监督主要包括人大监督、国家监察和国家审计。

人大监督是指各级人民代表大会及其常务委员会，依照法定形式和程序，对由它产生的国家机关的宪法、法律的实施情况所进行的检查、调查、督促、纠正、处理的行为（程湘清，2002）。根据《中华人民共和国各级人民代表大会常务委员会监督法》，其监督内容和方式主要有七个方面："听取和审议由它产生的国家机关的专项工作报告；听取和审议国民经济和社会发展计划、预算的执行情况报告，审查和批准决算，听取和审议审计工作报告；法律法规实施情况的检查；规范性文件的备案审查；询问和质询；特定问题调查；撤职案的审议和决定。"上述七个方面的监督内容，都可能涉及国有资源经管责任的履行，但是，又远远超出国有资源经管责任的履行，所以，人大监督可以作为国有资源经管责任履行情况监督的主要监督主体，但是，由于人大监督监督内容及其广泛，需要在人大监督内部设立专门的机构来负责国有资源经管责任履行情况的监督——这就是立法型审计体制的产生原因。

国家监察是指国家监察机关依法对国家机关及其公务员行使权力的行为进行的监督、调查和处置（姜明安，2017）。根据《中华人民共和国监察法》，国家监察的内容主要包括三个方面："（1）对公职人员开展廉政教育，对其依法履职、秉公用权、廉洁从政从业以及道德操守情况进行监督检查；（2）对涉嫌贪污贿赂、滥用职权、玩忽职守、权力寻租、利益输送、徇私舞弊以及浪费国家资财等职务违法和职务犯罪进行调查；（3）对违法的公职人员依法作出政务处分决定；对履行职责不力、失职失责的领导人员进行问责；对涉嫌职务犯罪的，将调查结果移送人民检察院依法审查、提起公诉；向监察对象所在单位提出监察建议。"很显然，国家监察也可以涉及国有资源经管责任的履行，但是，其监督客体更为广泛，监督目标主要是行为的合规合法性，所以，不宜将国家监察作为国有资源经管责任履行情况监督的主要监督主体。世界上也有个别国家实行监审合一的审计体制，但是在这些国家的监审机构中，监察和审计还是有各自相对独立的机构（田雅琴，2005；方宝璋，朱灵通，2010），监察并未取代审计。

以上分析表明，党和国家监督体系中的党内监督、国家监察、民主监督、司法监督、群众监督、舆论监督都不适宜作为国有资源经管责任履行情况的主要监督主体，人大监督如果要作为国有资源经管责任履行情况的主要监督主体，则必须设立专门的机关——这就是国家审计机关。当然，还存在另外一种可能性，就是在国家机关监督中，建立专门的国家审计，由这个机关作为国有资源经管责任履行情况的主要监督主体（秦荣生，2004）。问题的关键是，国家审计为什么适宜作为国有资源经管责任履行情况的主要监督主体？其原因在于国家审计特质。

本文前面的内容中已经从监督客体、监督内容、监督目标、监督方法和监督结果应用五个方面分析了国家审计特质，从监督客体来说，国家审计是监督国有资源经管责任履行中的责任承担者；从就监督内容来说，国家审计的监督内容是国有资源经管责任履行情况；从监督目标来说，国家审计监督的终极目标是促进国有资源经管责任承担者履行国有资源经管责任，直接目标是寻找国有资源经管责任承担者在履行国有资源经管责任中存在的问题；从监督方法来说，国家审计采用系统方法对国有资源经管责任履行情况独立地鉴证、界定和评价；从监督结果应用来说，国家审计一方面直接应用审计结果，另一方面将审计结果传达给利益相关者。正是国家审计的这些特质，吻合了党和国家监督体系中对国有资源经管责任履行情况进行监督的需求，可以说，国家审计正是国有资源经管责任履行情况监督之需求所催生的一种监督系统。没有国家审计，国有资源经管责任履行情况监督就会呈现碎片化、局部化；有了国家审计，国有资源经管责任履行情况监督就有可能做到系统化、整体化，从而为国有资源经管责任履行的良好履行奠定了制度基础。

综上所述，可以得出：在党和国家监督体系中，国家审计主要负责国有资源经管责任履行情况的监督。

（三）实现国家审计在党和国家监督体系中的定位的基本制度要求

在党和国家监督体系中，国家审计主要负责国有资源经管责任履行情况的监督。那么，要实现国家审计在党和国家监督体系中的这种定位，国家审计制度必须具备哪些基本要素？本文认为，这些基本制度要求要体现在国家审计特质各个方面，下面做详细分析。

1. 关于监督客体的基本要求

国家审计的监督客体是国有资源经管责任承担者，所以，凡是使用国有资源的组织单元或这种组织单元的主要领导，都要作为国家审计的监督客体，是否使用国有资源是确定国家审计监督客体的标准。当然，如果一个组织单元使用多种来源的资源，其中有一部分是国有资源，则国家审计对该组织单元的监督也只限于国有资源，而不是该组织的全部资源。

根据这个原则，现行法律存在缺陷。《中华人民共和国宪法》第九十一条规定："国务院设立审计机关，对国务院各部门和地方各级政府的财政收支，对国家的财政金融机构和企业事业组织的财务收支，进行审计监督。"《中华人民共和国审计法》第二条规定："国务院各部门和地方各级人民政府及其各部门的财政收支，国有的金融机构和企业事业组织的财务收支，以及其他依照本法规定应当接受审计的财政收支、财务收支，依照本法规定接受审计监督。"根据这两个法律，国家审计监督的客体包括政府各部门、地方各级政府及国有的金融机构和企业事业组织，很显然，许多使用国有资源的组织单元都未纳入国家审计的监督范围，如党委系统、人大系统、政协系统、检察院系统、法院系统都不属于法律明文规定的审计范围。

党的十八届四中全会提出："对公共资金、国有资产、国有资源和领导干部履行经济责任情况实行全覆盖"，中共中央办公厅、国务院办公厅发布的《关于完善审计制度若干重大问题的框架意见》指出，对"所有管理、分配、使用公共资金、国有资产、国有资源的部门和单位，以及党政主要领导干部和国有企事业领导人员履行经济责任情况进行全面审计"。这两个权威文件的规定将所有使用国有资源的组织单元及其主要领导都纳入了国家审计的范围，这是正确的政策要求，但是，这些政策要求尚需要体现在《中华人民共和国宪法》和《中华人民共和国审计法》的相应法条中。

与审计客体相关的一个重要问题是审计体制，由于《中华人民共和国宪法》和《中华人民共和国审计法》规定的审计客体是"政府各部门、地方各级政府及国有的金融机构和企业事业组织"，这些组织单元都属于行政系统，所以，实行行政型审计体制是有其内在逻辑的。但是，当国家审计的监督客体扩展到所有国有资源经管责任承担者时，大量的组织单元并不属于行政系统，此时，行政型审计体制就不合理了，由行政系统对党委系统、人大系统、政协系统、监察系统、检察院系统、法院系统进行监督，不符合政治逻辑，也难以保障独立性和权威性。中央审计委员会的设立，在一定程度上为国家审计独立性和权威性提供了保障，但是，国家审计还是需要从行政系统中分离出来，以符合政治逻辑。所以，《中华人民共和国宪法》和《中华人民共和国审计法》有关审计体制的条款还需要修改。

2. 关于监督内容的基本要求

国家审计的监督内容是国有资源经管责任履行情况，其内容可以分为两部分：一是使用国有资源，二是完成目标责任，前者简称为财务责任，后者简称为业务责任。无论是财务责任，还是业务责任，都有三个方面的基础性要求：一是真实地提供相关信息，以报告责任履行的真实情况；二是按相关法律法规的要求履行责任，以保障责任履行的合规合法性；三是建立健全责任履行的相关制度，为责任的有效履行奠定制度基础（郑石桥，2015b）。上述这些责任，归纳起来如表 1 所示。

表 1　国有资源经管责任的内容

项　目		责任类型	
		财务责任	业务责任
基础性要求	行为责任	按相关法律法规的要求开展各项活动	★	★
	信息责任	真实地提供相关信息	★	★
	制度责任	建立健全责任履行的相关制度	★	★
★表示有这种责任内容和要求			

　　根据表 1 所示的国有资源经管责任的内容，国家审计对国有资源经管责任的监督，主要关注三类问题：一是履行国有资源经管责任的各项活动是否符合法律法规，这种审计业务的审计主题是财务行为和业务行为，通常称为合规审计；二是与国有资源经管责任履行相关的各种信息是否真实，如果是财务信息，其审计主题是财务信息，这类审计通常称为财务审计，如果是业绩信息，其审计主题是业务信息，通常称为绩效审计，当然，绩效审计还可以评价这些业务信息表征的绩效水平的高低并分析绩效差异的原因；三是与国有资源经管责任履行相关的制度是否存在缺陷，这种审计业务的审计主题是制度，通常称为制度审计。

　　通过合规审计，寻找国有资源经管责任履行中的违规行为，通过审计结果应用，发挥行为合规的保障作用；通过财务审计，寻找国有资源经管责任履行中的财务信息虚假，通过审计结果应用，发挥信息真实的保障作用；通过绩效审计，寻找国有资源经管责任履行中的绩效信息虚假、绩效水平差距，通过审计结果应用，发挥绩效信息真实和绩效水平的保障作用；通过制度审计，寻找国有资源经管责任履行中的相关制度存在的缺陷，通过审计结果应用，发挥制度健全的保障作用。

　　总的来说，国家审计对国有资源经管责任履行情况的监督是通过基于四类审计主题的四类审计的五种作用来实现的。当然，也可以通过多种主题的综合审计业务来实现，领导干部经济责任审计就是多主题的综合审计业务。以上所述的各种情形，归纳起来如表 2 所示。

表 2　国有资源经管责任的审计主题、审计业务和作用

经管责任类型	审计主题	审计业务	发挥的作用
行为责任	业务行为	合规审计	行为合规保障作用
	财务行为	合规审计	行为合规保障作用

经管责任类型	审计主题	审计业务	发挥的作用
信息责任	财务信息	财务审计	财务信息真实保障作用
	业务信息	绩效审计	绩效信息真实及绩效水平保障作用
制度责任	财务制度	制度审计	制度健全保障作用
	业务制度	制度审计	制度健全保障作用
	信息制度	制度审计	制度健全保障作用
多种责任	多种主题	综合性审计	多种保障作用

从法律意义上来说，我国的国家审计似乎有审计主题，《中华人民共和国审计法》规定，审计机关对"财政收支或者财务收支的真实、合法和效益，依法进行审计监督"。《中华人民共和国国家审计准则》对"真实、合法、效益"进行了解释："真实性是指反映财政收支、财务收支以及有关经济活动的信息与实际情况相符合的程度"，"合法性是指财政收支、财务收支以及有关经济活动遵守法律、法规或者规章的情况"，"效益性是指财政收支、财务收支以及有关经济活动实现的经济效益、社会效益和环境效益"。根据这些解释，财务信息是真实性的审计主题，财政收支、财务收支以及有关经济活动是合法性的审计主题，属于行为主题，经济效益、社会效益和环境效益是效益性的审计主题，属于信息主题。但是，审计主题并未贯通到相关的法律法规，《中华人民共和国国家审计准则》是审计业务操作的基本规范，除了在总则中对真实性、合法性、效益性进行了解释之外，在后续内容中，大量使用"问题"这个词，全文有70余处使用"问题"，但是，并未能"问题"进行界定，这无疑就淡化了审计主题（郑石桥，2017）。

从审计实践来说，我国政府审计机关强调中国特色综合审计模式，刘家义（2008，2015）提出，"适应国家治理的高度融合性和复杂化的趋势，发展和完善多专业融合、多形式结合的中国特色综合审计模式"，但是，在审计操作中，查找违规成为主要的目的，相关行为是否合规合法成为最重要甚至唯一的审计主题（郑石桥，2017）。

笔者并不反对中国特色综合审计模式，但是，综合审计是多审计主题，而不是没有审计主题，更为重要的是，不同的审计主题需要不同的审计取证模式，进而能发表不同类型的审计意见，所以，审计主题在审计实施框架中具有基础性地位（郑石桥，2017）。

综上所述，本文认为，为了实现国家审计对国有资源经管责任的有效监督，在审计法律及操作规范中，必须建立以审计主题为骨架的审计实施框架。

3. 关于监督目标的基本要求

国家审计对国有资源经管责任履行情况进行监督的终极目标是促进国有资源经管责任承担者更好地履行国有资源经管责任，直接目标是寻找国有资源经管责任承担者在履行国有资源经管责任中存在的问题。这两个目标是密切相关的，一方面，直接目标是基础，没有直接目标的实现，终极目标难以实现，如果不能找出国有资源经管责任承担者在履行国有资源经管责任时存在的问题，则促进其更好地履行国有资源经管责任也就没有基础；另一方面，如果不能实现终极目标，直接目标的实现也就失去意义，如果通过审计找出了国有资源经管责任履行中的不少问题，但是，这些问题仍然存在，那么，找出这些问题也就没有意义了，找出这些问题的目的是抑制这些问题在今后的发生。

《中华人民共和国审计法》第二条规定，审计机关对"财政收支或者财务收支的真实、合法和效益，依法进行审计监督"。这里确定的"真实、合法和效益"主要是指直接目标，《中华人民共和国审计法》中没有相关条款确定终极目标。同时，对于直接目标的界定，要与审计主题相对应，"真实"和"效益"应对的是信息主题，"合法"对应的是行为主题，还缺乏与制度主题相对应的直接目标，本文认为，这种目标应该是"健全"，也就是寻找国有资源经管责任履行相关制度是否存在不健全之处。

《中华人民共和国国家审计准则》第六条规定："审计机关的主要工作目标是通过监督被审计单位财政收支、财务收支以及有关经济活动的真实性、合法性、效益性，维护国家经济安全，推进民主法治，促进廉政建设，保障国家经济和社会健康发展。"这是的"真实性、合法性、效益性"是指国家审计的直接目标，其存在的缺陷与《中华人民共和国审计法》相同。这里的"维护国家经济安全，推进民主法治，促进廉政建设，保障国家经济和社会健康发展"是国家审计的终极目标，本文认为，对于国家审计终极目标的这种界定过于抽象，在某种程度上还有夸大国家审计作用之嫌疑，也不便于直接目标与终极目标对接，更难以据此来评价国家审计机关的绩效。本文认为，国家审计的终极目标就是"促进国有资源经管责任承担者更好地履行国有资源经管责任"。

与此相关的一个问题是，国家审计是否要将反腐败作为其工作目标。有一种观点认为，反腐败是国家审计的主要工作目标之一（李明辉，2014；周泽将，修宗峰，2017），这里的关键是如何界定腐败，如果将国有资源经管责任履行过程中的违规行为、信息虚假行为、不作为或乱作为都界定为腐败，而国有资源经管责任履行的监督当然需要查处这些问题，此时，反腐败当然是国家审计的主要工作目标了，如果不这样界定腐败，则国家审计对这些问题的查处就不能理解为反腐败。当然，无论怎样界定腐败，国有资源经管责任承担者在履行其国有资源经管责任时，都有可能存在腐败行为，所以，国家审计在监督国有资源经管责任履行时，都有可能发现腐败行为，但是，这只是国家审计在监督资源经管责任履行情况时的副产品，所以，不宜将反腐败作为国家审计的主要工作目标。

4. 关于监督方法的基本要求

国家审计定位于国有资源经管责任履行情况的监督，其方法是采用系统方法对国有资源经管责任履行情况独立地鉴证、界定和评价。一方面，鉴定、界定和评价是具有逻辑顺序的，鉴定是基础，然后才能界定和评价，而界定又是评价的基础之一。不能没有鉴证，直接进行界定和评价。另一方面，鉴证、界定和评价本身还有各自的系统方法、不同的审计主题，其鉴证、界定和评价的系统方法有共性，但更有个性，财务信息、业务信息、财务行为、业务行为、制度这些审计主题，由于其审计载体不同、审计具体目标不同，需要的审计结论的保证程度也不同，所以，需要不同的审计取证模式及审计程序，正是因为这些原因，不同的审计主题需要具有针对性的审计准则或审计指南。

《中华人民共和国审计法》第五章审计程序，规定了审计工作的基本步骤（严格说明，这一章的名称"审计程序"是有问题，应该更名为"审计步骤"）；《中华人民共和国审计法实施条例》对各步骤做了进一步的规范。《中华人民共和国国家审计准则》第三章审计计划，第四章审计实施，第五章审计报告，都是规范审计步骤，在第四章第二节审计证据中，规范了审计取证的七种方法。这些法律及规范有两个方面的缺陷：一是未明确规定审计取证模式；二是未体现不同审计主题的差别，或者说，是不区分审计主题。本文建议，《中华人民共和国审计法》应该明确审计取证模式，而审计准则应该分为多个层级：一是共性的基本准则，无论何种审计主题都要遵守这种准则；二是个性准则，不同的审计主题甚至不同的审计事项都应该有专门的针对性的具体准则或指南（郑石桥，2015c）。

5. 关于监督结果应用的基本要求

前面已经指出，国家审计的直接目标是终极目标的基础，没有直接目标的实现，终极目标难以实现，如何通过直接目标来实现终极目标呢？关键环节是审计结果应用，审计结果应用是审计终极目标能否实现的关键，审计结果体现了直接目标，如果将审计过程类比为产品生产过程，则体现直接目标的审计结果类似于生产了一个审计产品，而终极目标则是消费者消费了这种审计产品之后产生的效果，所以，审计结果应用类似于审计产品的消费。如果只是生产审计产品，而这种审计产品没有消费者，则这种产品的生产是没有意义的，甚至是浪费资源。审计结果应用或审计产品消费有两种情形：一是审计机关直接消费这些审计产品，称为直接应用审计结果，通常表现为审计结果公开和审计处理处罚，这种审计结果应用的关键是审计机关是否有公开审计结果的授权及审计处理处罚决定能否得到执行，而是否有强制力来执行审计处理处罚决定是关键因素；二是将审计结果传达给利益相关者，一般有报告审计结果、提出审计建议和移交相关部门三种方式，这种审计结果应用的关键是，审计建议能否得到采纳以及审计移交能否有落实，而审计建议能否、审计移交能否有落实都是审计机关无法掌控的，都是需要审计结果应用的利益相关者切实有行动。

《中华人民共和国审计法》第四十一条规定：审计机关"对违反国家规定的财政收支、财务收支行为，依法应当给予处理、处罚的，在法定职权范围内作出审计决定或者向有关主管机关提出处理、处罚的意见"；第四十六条规定："对被审计单位违反国家规定的财务收支行为，审计机关、人民政府或者有关主管部门在法定职权范围内，依照法律、行政法规的规定，区别情况采取前条规定的处理措施，并可以依法给予处罚"；第四十七条规定："审计机关在法定职权范围内作出的审计决定，被审计单位应当执行。"这些条款在一定意义上赋予了国家审计机关处理处罚权，但是，"在法定职权范围内作出审计决定或者向有关主管机关提出处理、处罚的意见"含义不清晰，有不同的理解，实践中有不同的做法。同时，未赋予审计机关执行审计处理处罚决定的强制权。同时，未赋予审计机关公开审计结果的权力，也未明确规定利益相关者在审计结果应用方面的责任及其追究方式。这些都是《中华人民共和国审计法》需要进一步完善之处。

四、结论

国家审计是党和国家监督体系的重要组成部分，国家审计的正确定位及适宜的制度安排是其在党和国家监督体系中有效地发挥作用的前提。本文分析国家审计特质及党和国家监督体系中对国有资源经管责任监督的需求，提出一个基于审计逻辑的国家审计在党和国家监督体系中的定位及其实现的理论框架。

国家审计特质是国家审计特有且稳定的品质，体现在监督客体、监督内容、监督目标、监督方法和监督结果应用五个方面，正是这些特质使得国家审计在党和国家监督体系中具有自己的独特地位，国家审计正确定位的基本原则是以国家审计特质满足党和国家的监督需求，是国家审计以其特质作为一种监督供给与党和国家的监督需求相吻合。基于国家审计特质，在党和国家监督体系中，国家审计主要负责国有资源经管责任履行情况的监督，审计主题包括财务信息、业务信息、财务行为、业务行为、财务制度、业务制度和信息制度，审计业务包括财务审计、合规审计、绩效审计、制度审计和综合审计。党和国家体系中的其他监督系统也可能涉及国有资源经管责任履行情况，但是，不是主要的监督主体。要实现国家审计在党和国家监督体系中的这种定位，国家审计制度需要在监督客体、监督内容、监督目标、监督方法和监督结果应用五个方面达到一些基本要求，而目前的相关法律法规及规范尚未达到这些要求，需要进一步完善。

关于国家审计特质、定位及制度要求的讨论看似理论问题，实际上具有重要的实践意义。对上述问题的认知不同，国家审计制度的构建会不同。中国政府审计事业恢复三十五年来，取得了不少的成绩，但是，不能否认，这其中也走过弯路；中国政府审计事业有自己的特色，有些特色是必需的，不能否认，有些特色是没有必要的，甚至是落后的表现。以审计理论自信来建构中国审计制度自信是中国政府审计未来发展的必由之路。

参考文献

[1] 陈国权. 论我国政治监督体系的整合优化 [J]. 社会主义研究，1999
(3)：50—52.

[2] 李晓广. 论当代中国权力监督体系 [J]. 中国特色社会主义研究，2005

（1）：39—42.

[3] 桑学成，周义程，陈蔚. 健全权力运行制约和监督体系研究 [J]. 江海学刊，2014（5）：211—218.

[4] 杨纪琬. 关于审计理论的若干问题 [J]. 审计通讯，1983（12）：17—23.

[5] 阎金锷. 审计定义探讨——兼论审计的性质、职能、对象、任务和作用 [J]. 审计研究，1989（2）：7—14.

[6] 郭振乾. 郭振乾审计长关于研究审计定义的一封信 [J]. 审计研究，1995（1）：24.

[7] 刘家义. 以科学发展观为指导推动审计工作全面发展 [J]. 审计研究，2008（3）：3—9.

[8] 刘家义. 积极探索创新，努力健全完善中国特色社会主义审计理论体系 [J]. 审计研究，2010（1）：3—8.

[9] 沈新. 刘家义审计长就"国家审计与国家治理"关系提出新观点 [J]. 审计与经济研究，2014（4）：3.

[10] 李俊平. 浅谈审计监督在党和国家法治监督体系中的定位 [Z]. http://www.audit.gov.cn/n6n41/c64941/content.html，2015-04-30.

[11] 杨宇婷. 浅析国家审计在党和国家监督体系中的独特性 [J]. 审计月刊，2016（10）：7—10.

[12] 徐彰. 论政府审计在党内监督中的作用——基于国家监督体系类型化的比较 [J]. 财会月刊，2017（7）：89—93.

[13] 郭振乾. 贯彻《审计法》 强化审计监督 [J]. 中国金融，1994（10）：5—6.

[14] 郑石桥. 政府审计本质：理论框架和例证分析 [J]. 会计之友，2015a（12）：129—133.

[15] 程乃胜. 监审合一抑或监审分立——监察体制改革试点背景下的我国国家审计制度完善 [J]. 中国法律评论，2017（4）：193—198.

[16] 金波. 法律监督在我国监督体系中的地位与作用 [J]. 河北法学，2008（10）：182—187.

[17] 秦荣生. 公共受托经济责任理论与我国政府审计改革 [J]. 审计研究，2004（6）：16—20.

[18] 郑石桥. 政府审计对象、审计业务类型和审计主题 [J]. 会计之友，2015b（18）：97—103.

[19] 郑石桥，杨婧. 公共责任、机会主义和公共责任审计 [J]. 中国行政管理，2013 (3)：106—111.

[20] 谢志高. 党内监督概论 [M]. 北京：中国方正出版社，2004.

[21] 郑宪. 再谈民主监督 [J]. 北京：中央社会主义学院学报，2004 (2)：62—66.

[22] 梁平，李庆保. 论我国司法监督资源的优化整合 [J]. 法学杂志，2014 (11)：98—107.

[23] 董大胜. 对司法型审计体制的新认识 [J]. 中国审计，2001 (12)：14—15.

[24] 张华，胡松. 群众监督与社会主义民主 [J]. 江西社会科学，2003 (9)：149—151.

[25] 南振中. 舆论监督是维护人民群众根本利益的重要途径 [J]. 求是，2005 (12)：26—29.

[26] 程湘清. 论人大监督 [J]. 求是，2002 (2)：38—41.

[27] 姜明安. 国家监察法立法的若干问题探讨 [J]. 法学杂志，2017 (3)：1—10.

[28] 田雅琴. 韩国：监审合一的行政监察 [J]. 中国纪检监察，2005 (6)：59—60.

[29] 方宝璋，朱灵通. 民国时期的政府审计立法思想 [J]. 江西社会科学，2010 (2)：129—134.

[30] 郑石桥. 完善我国政府审计业务制度十个问题的思考 [J]. 新疆财经，2017 (3)：19—28.

[31] 李明辉. 政府审计在反腐败中的作用：理论分析与政策建议 [J]. 马克思主义研究，2014 (4)：106—115.

[32] 周泽将，修宗峰. 国家审计与腐败治理体系协同研究 [J]. 中国行政管理，2017 (7)：24—27.

[33] 郑石桥. 政府审计准则模式：理论框架和例证分析 [J]. 会计之友，2015c (21)：125—130.

专题报告之二：完善政府审计业务制度的十个问题

【内容摘要】对我国政府审计业务制度的十个问题进行学理分析，并在此基础上提出完善审计制度的建议，这十个问题是：审计主题应作为审计业务的核心要素；要以审计客体为基础形成审计业务分类体系；审计及时性要大力加强；电子数据分析要以审计主题及其分解为基础；非财务信息的真实性要独立鉴证；应明确区分合理保证审计意见和有限保证审计意见；审计重要性要的运用需要制定指南；审计定性要进行是否存在规则悖反的判断并需要权威性的指南；审计查出主要问题要建立一个科学的分类体系；审计准则要分层级制定。

【关键词】政府审计　审计业务制度　审计主题　审计重要性　审计定性　审计准则

中图分类号：F239.44　文献标识码：A

新中国的政府审计事业自 1982 年恢复以来，国家审计机关在维护国家财经秩序、推进政府依法行政和廉政建设、改善国家治理和组织治理中发挥了重要的作用。党的十八大以来，党和政府根据"四个全面"战略布局的要求，对政府审计提出了越来越高的要求，政府审计制度需要大力完善。完善政府审计制度完善涉及的问题很多，本文关注审计业务制度的完善，这方面已经有不少的工作性研究文献，本文从十个方面就审计业务制度的完善进行学理分析，并在此基础上提出一些建议，为我国政府审计业务制度的完善尽绵薄之力。

一、审计主题应作为审计业务的核心要素

从技术逻辑来说，审计就是对特定事项与既定标准之间的相符程度进行判断，并在此基础上发表审计意见，这里所判断的特定事项就是审计主题（郑石桥，郑卓如，2015；裴育，郑石桥，2016）。很显然，不同的审计主题决定了审计什么，也决定了对什么发表审计意见；同时，由于不同的审计主题有不同的载体，这也就决定了如何审计；进一步说，不同的审计需求者关注不同的特定事项，所以，审计主题也就决定了审计需求的满足程度及审计成果的应用程度。正是因为审计主题如此重要，所以，世界各国的政府审计机关基本上都以审计主题为核心开建构审计业务，INTOSAI 在其《Fundamental Principles of Public Sector Auditing》将审计业务类型区分为财务审计、绩效审计和合规审计[①]；美国 GAO（Government Accountability Office）2011 版《Government Auditing Standards》将政府审计业务区分为财务审计、鉴证业务和绩效审计[②]。上述分类框架中，财务审计关注的是财务信息是否真实，其审计主题是财务信息；合规审计关注所审计的这种特定行为是否符合相关的法律法规或合约，其审计主题是特定行为；绩效审计关注的是绩效水平及其原因，对绩效审计的理解不同，其审计主题也不同，一般来说，绩效信息是重要的审计主题；美国的鉴证业务类型还要细分，不同的鉴证业务其鉴证主题不同。加拿大的政府审计业务比较特殊，强调综合审计，但是，其审计准则指出，综合审计指的是一种审计工作方式，而不是一个审计种类的概念，就审计内容来说，还是包括财务报表审计、合规性审计、绩效审计（王严，1995；霍瑞熔，王智刚，1995），前面已经指出，这三类审计都有其明确的审计主题，所以，加拿大的政府审计业务也是有明确的审计主题。总的来说，世界各国的政府审计业务都有明确的审计主题，审计主题是组成审计业务类型的框架，正是对审计主题的选择不同，形成了不同的审计业务类型。

从法律意义上来说，我国的政府审计业务有很清晰的审计主题，《中华人民共和国审计法》规定，审计机关对"财政收支或者财务收支的真实、合

---

① http：//www.intosai.org.
② http：//www.gao.gov.

法和效益，依法进行审计监督"；《中华人民共和国国家审计准则》对"真实、合法、效益"进行了解释："真实性是指反映财政收支、财务收支以及有关经济活动的信息与实际情况相符合的程度""合法性是指财政收支、财务收支以及有关经济活动遵守法律、法规或者规章的情况""效益性是指财政收支、财务收支以及有关经济活动实现的经济效益、社会效益和环境效益"。根据上述解释，真实性审计的审计主题是财务信息；合法性审计的主题是财政收支、财务收支以及有关经济活动，属于特定特为；效益性审计的审计主题是经济效益、社会效益和环境效益，应该表现为一些效益指标，属于绩效信息。这些审计主题与 INTOSAI、美国 GAO 及加拿大审计署的规定并不实质性差别。但是，从审计实践来说，我国政府审计机关强调中国特色综合审计模式，刘家义（2008，2015）提出："适应国家治理的高度融合性和复杂化的趋势，发展和完善多专业融合、多形式结合的中国特色综合审计模式，从财政财务收支入手，以责任履行和责任追究为重点，将合规性审计与绩效审计融为一体。"在一次审计中，关注各种审计主题，这是一个高起点的要求，出发点也是好的，希望国家审计在国家治理中发挥重大的作用。然而，实践中却产生了一些问题，主体体现在以下两个方面：

第一，淡化审计主题。《中华人民共和国国家审计准则》作为审计业务操作的最重要规范，除了在总则中对真实性、合法性、效益性进行了解释之外，在后续内容中，大量使用"问题"这个词，全文有 70 余处使用"问题"，但是，并未界定"问题"是什么意思，这里的"问题"究竟是真实性问题、合法性问题、效益性问题，还是可以是这些问题之外的其他问题？准则并未明确。如此一来，本来清晰的审计主题就被"问题"所取代了，而"问题"本身又没有清晰的解释或界定。

第二，相关行为合规性成为主要的审计主题。由于《中华人民共和国国家审计准则》以"问题"替代审计主题，再加上现实生活中违规问题确实较多，并且查出违规问题能引起各方面的关注，所以，审计实践中，查找违规成为主要的目的，相关行为是否合规成为最重要的审计主题。这种审计主题的选择是有一定的道理，但是，这无疑是偏离了综合审计模式的初衷，因为这种审计并未针对财务信息是否真实、绩效信息是否真实、绩效差异的原因是什么、管理制度是否健全设计并实施专门的审计程序。

根据我国的国家治理现状，笔者并不反对中国特色综合审计模式，但是，综合审计也是有审计主题的，并且不同的审计主题需要不同的审计取证模式，进而能发表不同类型的审计意见，这就需要根据不同的审计主题来设计审计方案以获取各自的审计证据来支持其拟发表的审计意见，所以，综合审计模式不能转换为没有审计主题的审计模式。另外，我国有大量的纳入政府审计范围的单位未能得到及时的审计，如果对某些单位不采用综合审计模式，而选择特定的审计主题（如财务信息是否真实、内部控制是否健全），这可能有利于提升审计覆盖率，也便于公共部门审计业务外包。

二、要以审计客体为基础形成审计业务分类体系

政府审计业务分类有两个主要的路径：一是按审计内容来划分，一般分为财务审计、合规审计、绩效审计、综合性审计；二是按审计客体来划分，不同的审计客体分别形成不同的审计业务类型。按审计内容划分审计业务类型，清楚地表明了审计什么，而按审计客体划分审计业务类型，则清楚地表明了审计了谁，二者各有利弊。我国选择应该选择按审计客体划分审计业务类型，这有两个原因：一是我国强调综合性审计，当然就不可能按审计内容来划分审计业务类型；二是由于我国是社会主义国家，政府及各种国有单位在社会经济生活中的作用更大，所以，纳入政府审计范围的审计客体的类型更多，而不同的审计客体有其业务经营特征，按审计客体划分业务类型，便于政府审计机关内部的业务分工，也便于掌握审计客体的专业知识。

虽然是以审计客体为基础来划分审计业务类型，但是，我国政府审计业务类型的划分却经历了不同的划分方法，根据《中国审计年鉴》的资料，在一个相当长的时间内，政府审计业务划分为十类（本文称为分类模式 A）：预算执行审计、财政决算审计、专项资金审计、行政事业单位、固定资产投资审计、金融审计、外资运用审计、企业审计、经济责任审计、其他。

分类模式 A 主要是按审计客体来分类，但是，这个逻辑并没有贯穿始终，预算执行审计、财政决算审计并没有不同的审计客体，而是相同的审计客体，但不同的审计内容，所以，这个分类模式实际上有两个分类标志，逻辑上存在问题。后来，我国政府审计业务分类体系有了变化，根据《"十三五"国家审计工作发展规划》，并结合审计署领导在全国审计工作会议上的讲话，目前，我国的政府审计业务类型分为八类（本文称为分类模式 B）：政策落实跟踪审计、财政审计、金融审计、企业审计、民生审计、资源环境审计、经济责任审计、涉外审计。

分类模式 B 基本上是以审计客体来划分业务类型，政策落实跟踪审计的审计客体是政策措施（在业务类型中，不宜强调落实跟踪作为审计重点），金融审计的审计客体是金融机构，民生审计的审计客体是使用民生资金、承担民主责任的单位，资源环境审计的审计客体是资源环境，经济责任审计的审计客体是承担经济责任的领导干部。但是，财政审计、涉外审计的审计客体并不清晰，我们先来看财政审计。很显然，根据财政审计并不能表明究竟要审计谁，也许有人会说，财政审计的审计客体是财政资金的使用单位，这有一定的道理，但是，民生审计、资源环境审计也涉及财政资金的使用，这些审计业务为什么不作为财政审计呢？所以，财政审计的审计客体并不是所有使用财政资金的单位，而是有特指的，根据《"十三五"国家审计工作发展规划》，财政审计包括以下四个方面：财政预算执行及决算草案审计、部门预算执行及决算草案审计、税收审计、公共投资审计。上述四种财政审计业务的审计客体并不相同，财政预算执行及决算草案审计是政府本级，而部门预算执行及决算草案审计是纳入本级财政预算的行政事业单位，税收审计是税务机关，公共投资审计的使用公共投资的单位，将上述四类审计客体作为一类，过于简化，应该分别作为独立的审计客体。

我们再来看涉外审计的审计客体。根据《"十三五"国家审计工作发展规划》并结合审计署领导在全国审计工作会议上的讲话，我国政府审计机关的涉及包括四类：对外援助资金审计、驻外非经营性机构审计、利用外资审计、境外国有资产和国有企业境外投资审计。上述四种审计业务的审计客体有很大的差别，对外援助资金审计的审计客体是管理和使用外援助资金的单位，可以归结为行政事业单位审计，也可能包括企业审计；驻外非经营性机构审计的审计客体是建立和监管驻外非经营性机构的单位，也可以归结为行政事业单位；利用外资审计的审计客体是国内使用外部的单位，这个审计客体可以独立存在；境外国有资产和国有企业境外投资审计的审计客体是有境外资产和投资的投资者，一般来说，可以归结为企业审计。

根据以上分析，按审计客体来分类，我国政府审计业务包括十类：政策审计、政府本级审计、行政事业单位审计、固定资产审计、金融审计、企业审计、民生审计、资源环境审计、经济责任审计、外资运用审计。这里的审计客体包括四类：政策、单位、实物、自然人。在这个分类的基础上，再为各类审计业务类型明确其审计内容，则就形成了如表 3 所示的政府审计业务体系。

表 3　政府审计业务体系

项　目		审计内容				
		财务审计	合规审计	内部控制审计	绩效审计	综合性审计
审计客体	政策措施	★	★	★	★	★
	政府本级	★	★	★	★	★
	行政事业单位	★	★	★	★	★
	固定资产	★	★	★	★	★
	金融机构	★	★	★	★	★
	国有企业	★	★	★	★	★
	民生责任单位	★	★	★	★	★
	资源环境	★	★	★	★	★
	领导干部	★	★	★	★	★
	外资运用单位	★	★	★	★	★
★表示可能有这种审计业务类型						

三、审计及时性要大力加强

实践表明，审计及时性是审计效果的基础，缺乏必要的审计及时性，针对审计发现所能采取的行动就失去恰当的时机，审计成果应用也就较困难。由于审计资源有限等多种原因，我国政府审计的及时性存在较大的困难。我们先来看国有企业审计和国有金融机构审计。根据审计结果公告，不少的企业都在接受会计师事务所的年度报告审计之后，再接受政府审计机关的审计，且不论这里的重复审计，就审计及时性来说，可以肯定，政府审计机关是在国有企业的年度报告确定并公告之后再实施审计，缺乏及时性。对于重点的国有企业来说，如果要实行审计全覆盖，而政府审计机关又不能在年度报告规定的报出期限之前完成审计，则双重审计就成为常态，尽管审计主题有差异，但是，根据综合审计的构思，财务信息是否真实、内部控制是否健全也应该是政府审计机关的审计内容之一，至少这两部分内容是重复的。国有金融机构事实上也是国有企业，但是，其业务经营有独特性，单独作为一种审计业务类型，这当然有其道理，这些机构的审计及时性方面，与国有企业存在基本相同的问题。

对于政府本级及行政事业单位来说，如果预算执行审计和决算草案审计要真正发挥作用，必须在下一年度预算草案形成之前就完成，上一年度的预算执行情况是确定下一年度预算安排的重要依据。目前，对于政府本级的财政预算执行及决算草案审计，很难在下一年度本级预算草案形成之前就完成；对于作为部门预算单位的行政事业单位，实施的部门预算执行及决算草案审计，同样也难以在部门预算草案形成之前就完成。所以，从及时性来说，政府本级及行政事业单位审计难以使得审计结果在预算草案形成中发挥作用（当然，可以在本级预算调整方案中发挥作用）。另外，据悉，有关方面正在推动公共部门综合财务报告审计、公共部门内部控制报告审计，如果政府审计机关不能在规定的报出期限内完成审计，同类似于国有企业的双重审计将在行政事业单位出现！

　　政府审计的终极目标不是发现问题，而是抑制问题、解决问题，而其前提则是在适宜的时机发现问题，所以，审计及时性是政府审计效果的基础，缺乏应有的及时性，解决问题的动力及措施都会受到限制。很显然，依赖审计技术进步、政府机关内部的审计资源整合是解决审计及时性的措施，但是，政府审计业务外包也应该成为解决及时性的重要措施，这是国际惯例。

四、电子数据分析要以审计主题及其分解为基础

　　在信息化时代，电子数据审计成为审计取证的主要方式。然而，一些文献将其作为数据发掘过程，缺乏审计主题意识。《数据审计指南——计算机审计实务公告第 33 号》指出："审计人员应当充分利用历史积累数据以及数据准备阶段形成的基础表，采用适当的组织方式、方法、技术和工具进行数据分析，以便更高效地选择审计项目、确定审计重点、发现问题线索、得出审计结论。"冯国富、刘军（2009）指出："在当前的审计实务中，一些审计人员往往倾向于在提供的被审电子数据上下功夫，依据自身经验和知识，从所提供的表格字段中挖掘部分数据项之间的逻辑关联，这种方法具有经验性、盲目性和片面性。"有的文献指出："如何从审计客体海量的、结构化的、非结构化的数据中确定审计重点、审计内容以及审计范围，是审计数据分析所要解决的核心问题"（柳巧玲，黄作明，丛秋实，2014）。根据上述这些描述，电子数据分析存在的一个主要问题是，强调从数据中找"问题"，但是，对于"问题"是什么、如何分解并没有清晰的结构，本文前面已经指出，审计就是对特定事项发表意见，这个特定事项就是审计主题，所以，电

子数据分析首先要基于审计主题提出一个需要分析的"问题"究竟是什么、如何对"问题"进行分解，在此基础上，提出一个有逻辑结构的问题及其分解体系（类似于财务审计中的审计总目标和具体目标，是需要获得审计证据来证明的事项，本文称为命题及其分解体系），然后，针对这个体系进行数据分析，而不是根据经验性、盲目性和片面性的联想来进行试错式的数据分析。所以，为了规范审计数据分析，必须分别财务审计、合规审计、绩效审计、内部控制审计提出各自的命题及分解体系，为数据分析奠定逻辑基础，缺乏这个基础，电子数据分析的命题难以做到周延性，只能是事实发现型审计，而不是命题论证型审计，从而也就难以根据审计发现来推断审计总体的状况，审计期望差难以弥合（裴育，郑石桥，2016）。

五、非财务信息的真实性要独立鉴证

根据计量属性，量化信息区分为财务信息和非财务信息，财务信息是财务审计的主题，已经有相对成熟的技术，非财务信息在现实生活中非常广泛，各级政府都有绩效考核，政府对企事业单位也有绩效考评，各单位内部也有绩效考核，在各种绩效考核中，许多是非财务指标，这些指标的完成情况直接关系到被考核单位及单位负责人的利益甚至职位升迁，所以，这些非财务指标完全有可能被操纵，所以，许多时候需要对这些非财务信息进行审计（庞皓，2002；郑石桥、吕君杰，2016）。然而，就审计技术来说，如何审计非财务信息并无成熟的技术，一些审计机关的做法是（特别是经济责任审计中对业绩指标的审计），由被审计单位或相关部门提供数据，同时由这些数据提供单位再出具承诺函，对数据的真实性做出书面保证。

上述这种做法，混淆了管理层责任和审计责任，建立适当的控制措施以确保相关信息的真实性是管理层责任，所以，管理层如果提供了虚假的信息，当然要承担责任。但是，管理层的这种责任并不能取代审计责任，围绕相关信息的真实性获取证据以鉴证信息是否真实这是审计责任，这种责任并不能因为管理层提供虚假信息而推卸。所以，审计机关要独立地对非财务信息的真实性进行鉴证，而不能以提供者的书面承诺来取代这种鉴证。为此，审计机关要大力总结和研究非财务信息审计的程序和方法，将相对成熟的技术予以规范推广。从某种意义上来说，经济责任审计、资源审计、环境审计、社会责任审计等这些审计业务，如果没有非财务审计技术的开展，可能难以有实质性意义。

六、应明确区分合理保证审计意见和有限保证审计意见

根据保证程度，审计意见区分为合理保证和有限保证两种类型，前者的保证程度显著高于后者。而审计意见是以审计证据为基础的，所以，从本质上来说，审计意见的不同保证程度是基于审计证据的不同证明力水平，当审计证据能表征总体状况时，以积极方式发表合理保证审计意见，对总体状况形成结论；当审计证据不足以表征总体状况时，以消极方式发表有限保证审计意见，只报告审计发现的事实或未表明发现事实。审计结果公告显示，不少的政府审计机关采取合理保证方式发表审计意见，表 4 是从某审计机关的结果公告中摘录的针对企业及行政事业单位的审计评价意见。

表 4　审计意见（摘录）

被审计单位	审计评价意见
A 单位（行政事业单位）	审计结果表明，A 单位本级及本次审计的所属单位××年度预算执行基本遵守了《预算法》和相关法律法规，财务管理和会计核算基本符合《会计法》及有关财会制度规定，不断完善相关制度，认真整改以前年度审计发现的问题
B 企业	某审计机关的审计结果表明，C 企业基本能贯彻执行国家宏观经济政策，××年度财务报表总体上比较真实地反映了企业财务状况和经营成果。审计也发现，C 企业在生产经营、内部管理等方面存在一些问题，有的管理人员还涉嫌严重违法违纪

行政事业单位审计意见中，"A 单位本级及本次审计的所属单位××年度预算执行基本遵守了《预算法》和相关法律法规，财务管理和会计核算基本符合《会计法》及有关财会制度规定"是针对该单位整体的，是合理保证审计意见；企业审计意见中，"C 企业基本能贯彻执行国家宏观经济政策，××年度财务报表总体上比较真实地反映了企业财务状况和经营成果"也是针对该企业整体的，是合理保证审计意见；"审计也发现，C 企业在生产经营、内部管理等方面存在一些问题，有的管理人员还涉嫌严重违法违纪"只是报告审计发现，并未就该企业的生产经营、内部管理及违法违规性的整体状况发表意见，属于有限保证审计意见。

上述意见中，有限保证审计意见只报告审计发现，只要有审计证据支持，应该是没有问题的，那么，发表的合理保证审计意见是否合适呢？我们认为，就目前的审计取证模式来说，我国政府审计机关还是以经验判断为基

础的数据分析式审计，也有人称为数据式审计，这种审计模式还没有恰当的方法来保障审计发现能代表总体，即使是针对全部个体的数据分析，也不能代表总体（因为数据分析并不周延），所以，我国政府审计机关目前的审计取证模式并不支持根据审计结果来推断总体状况，只能发表有限保证审计意见，也就是说，只能报告审计发现，而不能根据审计结果来推断总体状况以发表合理保证审计意见（当然，如果审计发现已经超过总体重要性水平，能够对总体形成否定性意见，则也可以对总体发表否定性意见，此时的意见就是合理保证意见）。表4中的审计意见修改成有限保证审计意见如表5所示。

表5 审计意见（修改成有限保证）

被审计单位	审计评价意见
A 单位（行政事业单位）	依据获取的审计证据，未发现 A 单位本级及本次审计的所属单位××年度预算执行存在具有重要性的违背《预算法》和相关法律法规的行为；未发现财务管理和会计核算存在具有重要性的违背《会计法》及有关财会制度规定的行为；A 单位不断完善相关制度，认真整改以前年度审计发现的问题。
B 企业	依据获取的审计证据，未发现 C 企业存在具有重要性的违背国家宏观经济政策的行为；未发现××年度财务报表在反映企业财务状况和经营成果方面存在具有重要性的错报；C 企业在生产经营、内部管理等方面存在一些问题，有的管理人员还涉嫌严重违法违纪。

七、审计重要性要的运用需要制定指南

审计重要性是审计工作中选择"是"与"否"的分水岭，对审计工作效率效果及风险防范有着非常重要的作用，审计计划及审计实施阶段中对重要性的应用会影响审计效率，并决定最终审计质量，而审计意见形成阶段的审计重要性的应用会影响审计意见类型，并最终影响审计风险。目前，我国政府审计机关尚无审计重要性应用指南，实际工作中，特别是审计意见形成阶段，审计重要性的应用存在一定的混乱。表6是根据摘录的审计机关的审计结果公告中的会计信息审计意见及错报金额占利润总额的比例，这些摘录显示，审计意见形成中的重要性水平的应用存在两个问题：一是合理保证和有限保证之间的重要性水平应用不连贯，B 企业错报金额占利润总额的7.24%，发表了合理保证审计意见（也就是会计信息整体发表意见），而 G 企业错报金额占利润总额的5.28%，却发表有限保证审计意见（也就是只指出会计信息存在的问题，并没有对会计信息整体状况发表意见），这让人

困惑；二是有限保证审计意见中的重要性水平应用不规范，四个发表有限保证审计意见的企业中，E 企业和 G 企业发现的错报金额分别占利润总额的 0.02% 和 5.28%，也许不足以从总体上否定会计信息，而又不能根据审计发现推断总体的真实性，所以，发表有限保证审计意见是合理的，但是，F 企业和 H 企业已经发现的错报金额分别占利润总额的 19.48% 和 25.51%，就这些发现就已经足够从总体上否定会计信息的真实性，这种情形下，就不应该只是报告审计发现，而应该发表合理保证审计意见，从总体上否定会计信息的真实性；三是合理保证审计意见中的重要性水平应用不规范，四个发表合理保证意见的企业，都是"会计信息基本真实"，但是，发现的错报占利润总额的比例却存在较大的差异，最低的是 0.012%，最高的是 7.24%，难道这两种错报的水平没有区别？笔者认为，如果认为 7.24% 的错报是"基本真实"，则 0.012% 的错报应该是"真实"，而不是"基本真实"。

表6　审计结果公告中的审计意见及重要性水平

被审计单位	审计意见	错报金额占利润总额的比例	审计意见类型（笔者的分类）
A 企业	会计信息基本真实反映了企业财务状况和经营成果	0.05%	合理保证
B 企业	会计信息基本真实地反映了企业的财务状况	7.24%	合理保证
C 企业	会计信息基本真实反映了企业财务状况和经营成果	0.012%	合理保证
D 单位	会计信息基本真实反映了企业财务状况和经营成果	0.49%	合理保证
E 企业	部分所属企业在财务核算、重大决策和内部管理等方面仍存在不严格和不规范的问题	0.02%	有限保证
F 企业	存在会计信息不够真实、内部管理不够规范等问题	19.48%	有限保证
G 企业	在会计核算、财务管理、部分投资项目管理和内部管理等方面也存在不够规范的问题	5.28%	有限保证
H 企业	账务处理、薪酬管理、重大经济决策以及内部管理等仍存在不够规范和严格的问题	25.51%	有限保证

八、审计定性要进行是否存在规则悖反的判断并需要权威性的指南

规则悖反是指实施规则却导致与规则的宗旨背道而驰（余军，2013）。政府审计的最终目的是促进良治，为了促进良治，本身就需要良治，为了实现本身的良治，必须依法审计，然而，机械地理解依法审计，特别是审计定

性时简单地套用法条，在依法审计的旗号下，出现了两类问题：一是对不合理但非违规事项的宽容；二是对合理但违规事项的严厉，这两类问题都是规则悖反（郑石桥，2016）。

我们来做稍微具体的分析。对发现的嫌疑事项进行审计定性，其基本情况如表 7 所示。表 7 所示的四种情形中，情形 A 合理且合法，情形 B 不合理且不合法，都不会出现规则悖反；情形 C 合法但不合理，情形 D 合理但不合法，都可能出现规则悖反，对于这两种情形，不能简单地套用法条，必须进行规则悖反的救助，救助机制包括目的性扩张和目的性限缩，前者指根据相关法律的立法宗旨，将不合理但合法的嫌疑事项定性为需要追究责任的事项，后者是指根据相关的法律的立法宗旨，将合理但不合法的嫌疑事项不定性为违规。

表 7　嫌疑事项定性可能出现的四种情形

项　　目		嫌疑事项是否合法	
		合法	不合法
嫌疑事项是否合理	合理	A	D
	不合理	C	B

实践表明，由于我国处于社会经济转型中，各种体制机制制度还需要优化，在这种情形下，法律法规本身还存在许多缺陷，特别是随着社会经济环境的变化，原来的法律法规更是可能不适应当前的情形，所以，更加需要慎重地对待合理合法的关系问题，审计定性中的规则悖反的判断就更为重要。正是因为如此，2016 年 2 月，审计署向全国审计机关印发《审计署关于新常态践行新理念更好地履行审计监督职责的意见》，要求"审计人员要正确理解依法审计定性，正确把握改革和发展中出现的新情况新问题，既不能以新出台的制度规定去衡量以前的老问题，也不能生搬硬套或机械地使用不符合改革发展要求的旧制度规定来衡量当前的创新事项"。问题的关键是，由于规则悖反的判断具有较大的主观性，需要具有权威性的实施指南来规范和指导，目前还没有这种规范，在这种情形下，审计人员由于害怕承担责任，所以，淡化了规则悖反的处理。

九、审计查出主要问题要建立一个科学的分类体系

我国政府审计统计制度经历了多次变化，不同时期的统计口径有较大的

变化，这使得不同时期的审计成果不具有可比性。根据 2012 年颁布的《审计情况统计报表制度》，审计情况统计报表指标内容包括审计查出主要问题、审计项目开展情况和审计机关基本情况三类，其中，审计查出主要问题金额按问题性质分为违规金额、损失浪费和管理不规范三类。笔者认为，"审计项目开展情况、审计机关基本情况"两方面都需要增加内容以全面反映审计项目开展情况及审计机关基本情况，最需要改进的是"审计查出主要问题金额"的分类，现行统计制度分为违规金额、损失浪费和管理不规范三类，这种分类与审计内容不一致，也不利于体现审计目标的达成程度，本文前面已经分析了审计业务要以审计主题为核心要素，而审计主题包括财务信息、非财务信息、行为、制度四类，对于不同的审计主题，审计目标是不同的，对于财务信息、非财务信息，审计目标是真实性，查出的问题是信息虚假；对于行为，审计目标是合法性，查出的问题是行为违规；对于制度，审计目标是健全性，查出的问题是制度缺陷。所以，审计查出主要问题应该包括定量和定性两类，定量问题的分类应该是财务信息虚假金额、非财务信息虚假数额、违规行为金额；定性问题是制度缺陷，分为两类：法律法规缺陷、管理制度缺陷。当然，上述分类只是基础层级的，在此基础上，还要做进一步的细分，如对"行为违规"还可以分为"业务经营行为违规"、"财务收支行为违规"及"管理行为违规"这些类型。同时，对于不同的审计业务类型，这种分类应该具有逻辑上的可比性。

十、审计准则要分层级制定

审计准则一般包括一般准则、现场准则和报告准则三部分，对于现场准则和报告准则这两部分内容，有不同的组织方式，一种方式是不区分不同的审计业务，将各类审计业务综合起来，形成现场准则和报告准则，现场准则和报告准则不体现不同审计业务的特殊要求，相关的规定以共性要求为主，一般称为综合模式；另一种方式是区分不同的审计业务，分别用不同的审计业务来制定现场准则和报告准则，一般称为业务类型模式（郑石桥，2015）。

业务类型模式和综合模式各有利弊，由于不同审计业务在审计全过程中既有共性，也有个性，在业务类型模式下，由于按不同审计业务来建立准则，不同审计业务的共性部分可能会重复出现，但是，对于每类审计业务来说，审计准则都有完整的规定；在综合模式下，由于不区分审计业务，各种审计业务的共性要求不会出现重复，但是，对于每类审计业务来说，都没有具有针对性且完整的审计准则。现实生活中存在的各种审计业务类型，虽然有共性，但是，个性也是较强的，所以，绝大多数国家的政府审计准则都采用业务类型模式，如 INTOSAI（2007）颁布的最高审计机关国际准则分别财务审计、合规审计、绩效审计来制定现场准则和报告准则，GAO（2011）颁布的美国政府审计准则分别财务审计、鉴证业务、绩效审计来制定现场准则和报告准则。

我国政府审计准则曾经是典型的业务类型模式，既有共性的基本准则，也有针对每类审计业务的具体准则。2010 年颁布《中华人民共和国国家审计准则》（审计署令第 8 号）之后，我国政府审计准则的结构模式就不清晰了，《中华人民共和国国家审计准则》之后，再未见颁布针对每类审计业务或审计事项的具体准则或指南。我们认为，《中华人民共和国国家审计准则》是各类审计业务的共性要求，对具体审计业务或审计事项的指导还是原则导向的，为了提高审计工作质量，需要在总结现有经验的基础上，针对每类审计业务甚至重要的审计事项，分别制定具体准则或指南。当然，这里的前提是提出一个审计业务体系的分类框架。

中国特色社会主义是没有成功经验借鉴的，中国特色社会主义审计事业也是如此，在中国特色社会主义审计业务制度的建构过程中，既需要实践探索，更需要理性思考，前文从十个方面对我国政府审计业务制度进行了学理分析，在此基础上，提出了一些建议，有些分析或建议可能是肤浅的，甚至是不符合实际情况的，但是，笔者不揣冒昧做这篇文章的目的，是希望引发审计学术界和审计实务界对我国政府审计业务制度的完善之思考，最终促进这些制度的完善。

参考文献

[1] 郑石桥，郑卓如. 基于审计主题的审计学科体系创新研究 [J]. 会计研究，2015（9）：80－87.

[2] 裴育，郑石桥. 政府审计业务基本逻辑：一个理论框架 [J]. 审计与经济研究，2016（4）：3－11.

[3] 王严. 加拿大政府审计的特点 [J]. 山东审计，1995（1）：41－42.

[4] 霍瑞熔，王智刚. 加拿大综合审计的 FRAME 方法及借鉴 [J]. 河北审计，1995（7）：43－44.

［5］刘家义．以科学发展观为指导，推动审计工作全面发展［J］．审计研究，2008（3）：3—9.

［6］刘家义．国家治理现代化进程中的国家审计：制度保障与实践逻辑［J］．中国社会科学，2015（9）：64—83.

［7］冯国富，刘军．一种基于数据流图的审计分析模型构造方法［J］．审计研究，2009（4）：30—34.

［8］柳巧玲，黄作明，丛秋实．基于PDCA循环的审计数据分析［J］．商业研究，2014（3）：152—158.

［9］裴育，郑石桥．电子数据审计的技术属性和逻辑过程：一个理论框架［J］．江苏社会科学，2016（6）：37—44.

［10］庞皓．从"不做假账"说起——保证统计数据质量的制度建设［J］．四川省情，2002（12）：11—13.

［11］郑石桥，吕君杰．统计信息审计基本理论框架［J］．会计之友，2016（19）：127—133.

［12］余军．法律适用中的"规则悖反"及其解决方法［J］．暨南学报（哲学社会科学版），2013（11）：7—11.

［13］郑石桥．依法审计定性、规则悖反与救助机制——兼论新常态下的依法审计定性［Z］．南京审计大学审计科学研究院工作论文，编号WP201607，2016.

［14］INTOSAI. International Standards of Supreme Audit Institutions［S］. 2007.

［15］GAO. Government Auditing Standards（2011 Revision）［S］. 2011.

［16］郑石桥．政府审计准则模式：理论框架和例证分析［J］．会计之友，2015（21）：125—130.

专题报告之三：政府审计舆情专题报告

2018 年，我们采集了全国省级以上政府机关（不含港澳台）自 2015 年以来公开发布的各类政府审计信息包括审计要闻、图片新闻、审计动态等近 10 万条截至（2018 年 12 月 10 日）。其中 2015 年发布 2.4 万余条，2016 年发布 2.4 万余条，2017 年发布 2.6 万余条，2018 年（截至 12 月 10 日）发布 2.3 万余条。各年度政府审计信息公开力度持续稳定。

一、经验探索方面

在经验探索方面，自 2015 年以来公开发布的各类政府审计创新信息包括审计技术创新、审计创新的各种举措或措施、审计模式创新等 1940 条（截至 2018 年 12 月 10 日），其中 2015 年发布 386 条，2016 年发布 576 条，2017 年发布 535 条，2018 年（截至 12 月 10 日）发布 445 条。

（一）审计技术创新的经验探索

审计署及各地发布的审计要闻、审计动态、审计新闻中，标题同时包含审计、创新、技术的报道共 153 条，其中 2015 年发布 8 条，2016 年发布 6 条，2017 年发布 123 条，2018 年（截至 12 月 10 日）发布 16 条。2017 年尤为突出，通过来源分析，发现 2017 年安徽省审计厅把这一年定为技术创新年，仅安徽省 2017 年发布的审计技术创新的信息都超过 100 条（图 1）。

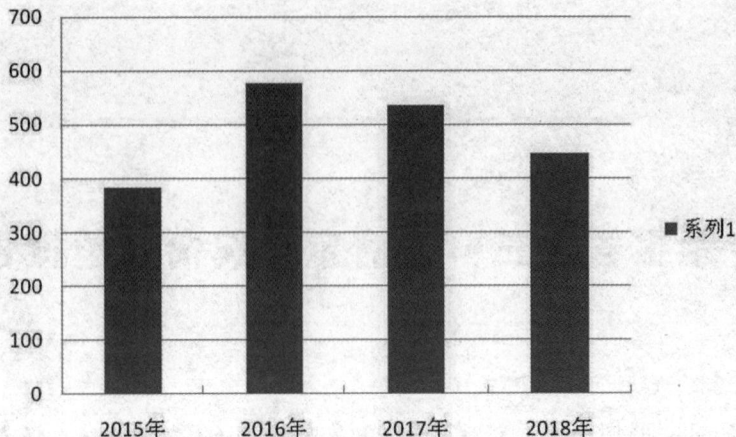

图1 审计技术创新信息数据

（二）审计模式创新

审计署及各地发布的审计要闻、审计动态、审计新闻中，标题同时包含审计、创新、模式的报道共138条，其中2015年发布27条，2016年发布38条，2017年发布38条，2018年（截至12月10日）发布35条（图2）。

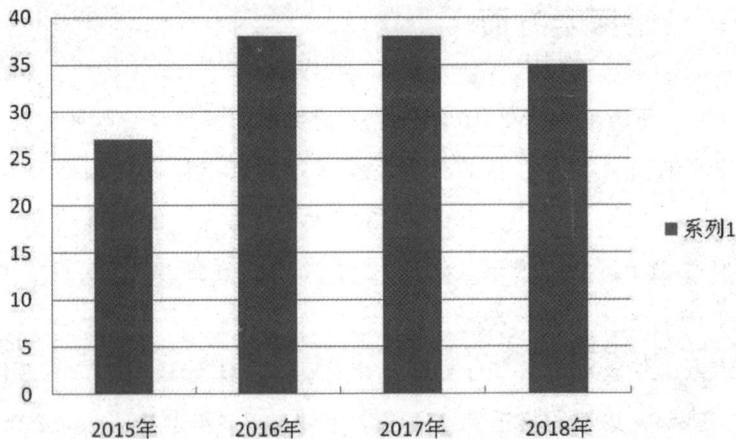

图2 审计模式创新信息数据

（三）审计创新采取的举措或措施

审计署及各地发布的审计要闻、审计动态、审计新闻中，标题同时包含审计、创新、举措或同时包含审计、创新、措施的报道共196条，其中2015年发布26条，2016年发布61条，2017年发布65条，2018年（截至12月10日）发布44条（图3）。

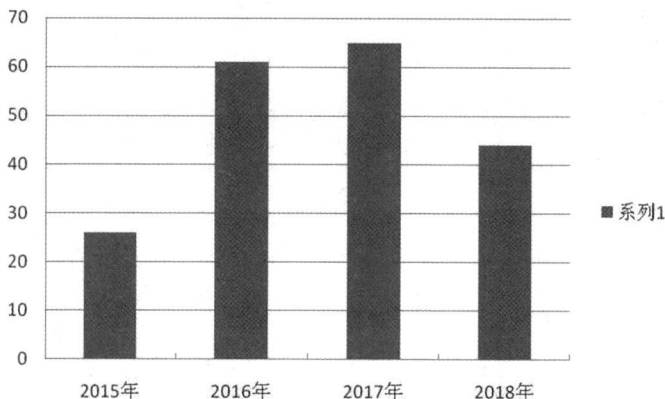

图3 审计创新举措或措施信息数据

（四）审计举行的培训或研讨

审计署及各地发布的审计要闻、审计动态、审计新闻中，标题同时包含审计、培训的报道共2690条，其中2015年发布621条，2016年发布637条，2017年发布774条，2018年（截至12月10日）发布658条。审计署及各地发布的审计要闻、审计动态、审计新闻中，标题同时包含审计、研讨的报道共779条，其中2015年发布209条，2016年发布192条，2017年发布218条，2018年（截至12月10日）发布160条（图4）。

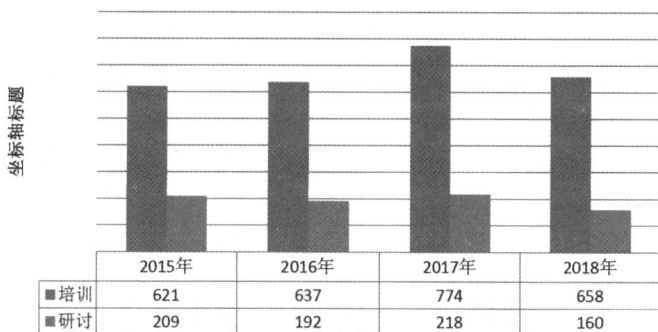

	2015年	2016年	2017年	2018年
培训	621	637	774	658
研讨	209	192	218	160

图4 审计相关培训或研讨信息数据

二、制度完善方面

制度完善方面，发布各类审计制度意见和审计制度方法共2387条，其中2015年发布610条，2016年发布568条，2017年发布575条，2018年（截至12月10日）发布634条。

（一）审计相关制度意见

审计署及各地发布的审计要闻、审计动态、审计新闻中，标题同时包含审计、意见的报道共 1309 条（包含转发及落实），其中 2015 年发布 351 条，2016 年发布 289 条，2017 年发布 333 条，2018 年（截至 12 月 10 日）发布 336 条。其中实施意见共 304 条，其中 2015 年发布 80 条，2016 年发布 52 条，2017 年发布 107 条，2018 年（截至 12 月 10 日）发布 65 条（图 5）。

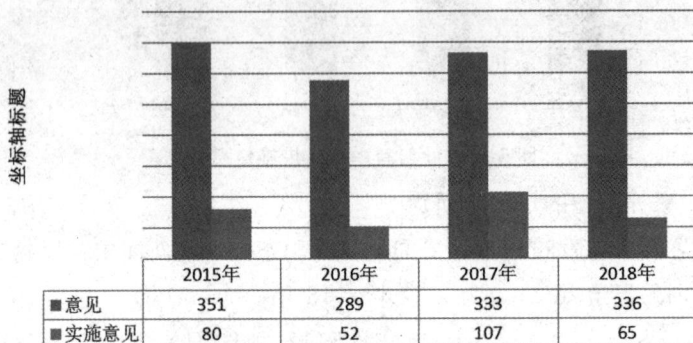

	2015年	2016年	2017年	2018年
■意见	351	289	333	336
■实施意见	80	52	107	65

图 5　审计相关制度意见信息数据

（二）审计相关制度办法

审计署及各地发布的审计要闻、审计动态、审计新闻中，标题同时包含审计、意见的报道共 1078 条（包含转发及落实），其中 2015 年发布 259 条，2016 年发布 279 条，2017 年发布 242 条，2018 年（截至 12 月 10 日）发布 298 条。其中实施意见共 103 条，其中 2015 年发布 23 条，2016 年发布 34 条，2017 年发布 21 条，2018 年（截至 12 月 10 日）发布 25 条（图 6）。

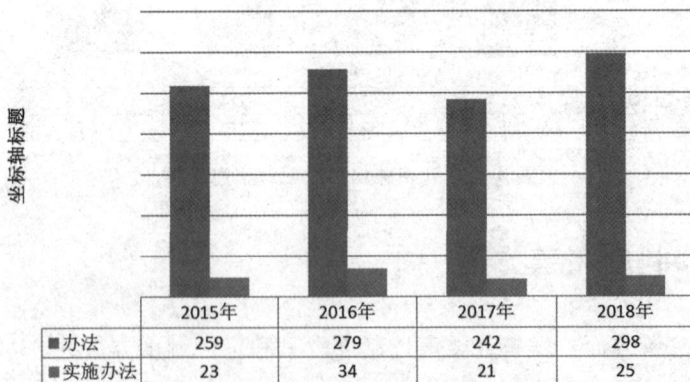

	2015年	2016年	2017年	2018年
■办法	259	279	242	298
■实施办法	23	34	21	25

图 6　审计相关制度办法信息数据